不论处境如何，始终保持心灵自由思考，是爱智者的本色。

冯契

冯契 著
陈卫平 缩编

中国哲学通史简编

Copyright © 2019 by SDX Joint Publishing Company.
All Rights Reserved.
本作品版权由生活·读书·新知三联书店所有。
未经许可，不得翻印。

图书在版编目（CIP）数据

中国哲学通史简编 / 冯契著；陈卫平缩编. --
北京：生活·读书·新知三联书店，2019.12
（通识文库）
ISBN 978-7-108-06726-5

Ⅰ.①中… Ⅱ.①冯…②陈… Ⅲ.①哲学史—中国 Ⅳ.①B2

中国版本图书馆 CIP 数据核字 (2019) 第 243246 号

责任编辑　杨柳青
封面设计　黄　越
责任印制　黄雪明

出版发行　生活·讀書·新知三联书店
　　　　　（北京市东城区美术馆东街 22 号）
邮　　编　100010
印　　刷　常熟市文化印刷有限公司
版　　次　2019 年 12 月第 1 版
　　　　　2019 年 12 月第 1 次印刷
开　　本　650 毫米 ×900 毫米　1/16　印张 27.25
字　　数　406 千字
定　　价　69.00 元

出版说明

在历史上任何的转型时代，总会有一部分读者产生读哲学的需要。他们希望通过阅读哲学经典，来获得思考的工具，寻求社会与人生问题的答案，并汲取心灵的慰藉。经典作品的数量总是有限的，而冯契先生（1915—1995）的名著《中国哲学通史简编》及《中国近代哲学史》，是这位中国当代著名哲学家多年研习中西哲学的总结，也是今天的读者仍然需要阅读的少数经典作品之一。

这两部名著，在20世纪八九十年代，曾由国内的两家出版社分别刊行。当时印量甚少，如今已很难寻得。我们此次重刊这两部书稿，一方面，是鉴于读者对这两部著作的需求；另一方面，也不失为对这位哲学家、思想家的一种纪念。

我们特别邀请冯契先生的学生和助手陈卫平教授，在保留原书风貌的前提下，重新校订了书稿，并进行了文字及格式上的整理。谨此致谢！

限于编辑水平，难免存在错漏之处，欢迎读者批评指正。

1991年版作者前言

本书是我的两种著作——《中国古代哲学的逻辑发展》和《中国近代哲学的革命进程》的缩编本。缩编工作由陈卫平同志担任,他为此花了不少时间和精力。最后我通读了全部书稿,作了一些修改,把它定名为《中国哲学通史简编》。

之所以要出版这个《简编》,是出于两点考虑:"古代"和"近代"两种著作共约 100 万字,对一般读者来说,分量未免太多了,此其一;国内外有些学者向我建议,搞一个缩本,便于译成外文,向国外介绍,此其二。

定稿之后,我觉得这个《简编》虽是个缩本,却也有它自己的个性。它把"古代"和"近代"两种著作合在一起,便成了名副其实的自上古至 1949 年为止的"中国哲学通史";又由于它是简化了的,贯穿其中的通史的线索便显得更加清晰,使读者容易把握。陈卫平同志的缩编工作是忠实于原著的,同时也是创造性的劳动。他多年从事中国哲学史的教学和研究,有许多心得、体会,很自然地灌注到这个缩本中,增添了它的个性特点。

本书的英译正由徐汝庄、童世骏两位同志协作进行中。他们从翻译的角度提出了一些很好的意见,使得本书的质量有所提高。

冯契
1989 年 11 月

目 录

绪 论

第一节 哲学史研究的方法论 003
第二节 中国传统哲学的特点 007
第三节 "古今中西"之争与中国近代哲学革命 013

第一篇 先 秦

第一章 儒、墨、道、法诸子的兴起 021

第一节 孔子的仁知统一学说 021
第二节 墨子及儒墨之争
　　　——经验论与先验论的对立 025
第三节 《老子》:"反者道之动"
　　　——辩证法否定原理的提出 030
第四节 《孙子兵法》以及法家之初起 035

第二章　百家争鸣的高潮　　　　　　　　　　　038

第一节　《管子》：法家和黄老之学的合流　　　038
第二节　儒法之争与孟子性善说　　　　　　　041
第三节　庄子："万物一齐，孰短孰长"
　　　　——相对主义反对独断论　　　　　　048
第四节　名家"同异""坚白"之辩
　　　　——相对主义和绝对主义的对立　　　056
第五节　后期墨家的名实观和自然观　　　　　059

第三章　先秦哲学的总结阶段　　　　　　　　　068

第一节　荀子对"天人""名实"之辩的总结
　　　　——朴素唯物主义与朴素辩证法的统一　068
第二节　韩非："不相容之事不两立"　　　　084
第三节　《易传》："一阴一阳之谓道"
　　　　——朴素的对立统一原理的确立　　　090
第四节　阴阳五行学说的发展
　　　　——辩证逻辑的比较法运用于具体科学　096

第一篇小结　　　　　　　　　　　　　　　　101

第二篇　秦汉至清代（鸦片战争前）

第四章　独尊儒术与对儒家神学的批判　　　　109

第一节　董仲舒和《淮南子》
　　　　——目的论"或使"说与机械论"或使"说的

　　　　　　　对立　　　　　　　　　　　　　　　　　110
　　第二节　王充：唯物主义的"莫为"说反对"或使"说　　118

第五章　玄学与儒、道、释的鼎立　　126

　　第一节　王弼"贵无"说和裴頠《崇有论》　　127
　　第二节　嵇康对宿命论的挑战　　132
　　第三节　《庄子注》："有而无之"
　　　　　　——"独化"说反对形而上学的本体论　　135
　　第四节　葛洪的道教哲学和僧肇的玄学化佛学　　141
　　第五节　范缜对"形神"之辩的总结
　　　　　　——唯物主义质用统一原理的运用　　146

第六章　儒、道、释合流的趋势　　151

　　第一节　天台宗："三谛圆融"和"无情有性"　　153
　　第二节　法相宗论"一切唯识"与华严宗论"法界缘起"
　　　　　　——唯心主义的经验论与唯理论的对立　　156
　　第三节　禅宗：佛学儒学化的完成　　160
　　第四节　李筌道教"盗机"说的唯意志论　　166
　　第五节　柳宗元、刘禹锡："天人不相预"与"天人交相胜"
　　　　　　——对"力命"之争的唯物主义的总结　　168

第七章　理学盛行和对理学的批判　　176

　　第一节　周敦颐、邵雍和二程：正统派理学的奠基者　　178

第二节　张载对"有无（动静）"之辩的总结
　　　　——以气一元论阐发对立统一原理　　　　181
第三节　朱熹的理一元论体系　　　　187
第四节　与程朱理学对立的"荆公新学"和"事功之学"　　　　195
第五节　王守仁的心一元论体系　　　　199
第六节　李贽的异端思想　　　　207

第八章　中国古代哲学的总结阶段　　　　210

第一节　王夫之对"理气（道器）""心物（知行）"之辩的总结
　　　　——朴素唯物主义与朴素辩证法相统一的
　　　　　　气一元论体系　　　　211
第二节　黄宗羲的启蒙思想与历史主义的方法　　　　227
第三节　顾炎武的"修己治人之实学"　　　　232
第四节　颜元论"习行"和戴震论"知"　　　　237

第二篇小结　　　　243

第三篇　近代（1840—1949年）

第九章　中国近代哲学的前驱　　　　257

第一节　龚自珍："众人之宰，自名曰我"
　　　　——近代人文主义的开端　　　　257
第二节　魏源："我有乘于物"和"及之而后知"
　　　　——"心物（知行）"之辩在近代的开端　　　　263

第十章　哲学革命的进化论阶段　　269

第一节　康有为：历史进化论的提出　　270
第二节　谭嗣同："冲决网罗"之仁学　　276
第三节　严复的"天演之学"与经验论　　280
第四节　梁启超论"我"之自由和"群"之进化　　288
第五节　章太炎："竞争生智慧，革命开民智"
　　　　　——社会实践观点的萌芽　　296
第六节　王国维：哲学学说的"可爱"与"可信"　　302
第七节　孙中山的进化理论与知行学说　　307

第十一章　哲学革命进入唯物辩证法阶段　　314

第一节　李大钊、陈独秀：由进化论到唯物史观　　315
第二节　胡适的"实验主义"和梁漱溟的直觉主义　　324
第三节　科学与玄学的论战及瞿秋白的历史决定论　　332
第四节　鲁迅论国民性及其美学思想　　338

第十二章　马克思主义哲学的中国化与专业哲学家的贡献　　345

第一节　李达、艾思奇：马克思主义哲学中国化的初步　　346
第二节　熊十力："新唯识论"　　351
第三节　朱光潜：美学上的表现说　　355
第四节　金岳霖："以经验之所得还治经验"
　　　　　——在实在论基础上的感性与理性、事与理的统一　　361
第五节　冯友兰："新理学"　　369
第六节　马克思主义者对传统思想的批判研究　　375

第七节　毛泽东：能动的革命的反映论
　　　　——历史观与认识论中的"心物"之辩的总结　　379

第三篇小结　　395

引证书目举要　　419
再版后记　　423

绪论

第一节　哲学史研究的方法论

要科学地研究中国哲学史，总结中华民族理论思维的经验和教训，首先需要有科学的方法论。本书在哲学史研究的方法论上，作了下面的探讨。

一、把握哲学历史发展的根据

哲学作为以理论思维掌握世界的方式之一，其发展的根据是什么？这是哲学史研究的方法论必须回答的问题。这个问题可以从普遍和特殊互相联结的观点来考察。

从理论思维的共同根据来看，哲学同科学和其他意识形态一样，根源于社会实践并受其制约，不过，社会实践的这种制约作用往往是通过某些中间环节来实现的。就哲学而言，这种中间环节有两个方面：一是反映一定时代经济关系的政治思想（以及伦理思想）的斗争；一是体现一定时代社会生产力的自然科学的发展，以及科学反对迷信的斗争。这两个方面就是推动哲学前进的两条腿，这两条腿立在同一个基础上，统一于社会实践。我们基于这样的基本观点来把握中国哲学历史发展的根据。

中国各个社会历史时期的重大政治思想斗争都给予哲学发展以巨大的影响，但也需要作具体的分析。一般地说，在先秦和近代这两个社会大变革的时期，政治思想斗争对哲学的推动比较显著。先秦时期反映地主阶级变法改革的"古今""礼法"之争和近代反映人民大众反对封建主义、帝国主义的"古今""中西"之争，都深刻地、明显地制约着这两个时期的哲学的发展，同时这两个时期的哲学革命又为政治变革作了先导。当然，我们也不能忽视这两个时期的科学发展与哲学的关系。例如，墨家、荀子的朴素唯物主义形态与古代自然科学是密切联系的，近代的进化论哲学是以西方传来的近代科学为基础的。

秦汉至鸦片战争前的哲学发展的情况，与先秦和近代这样的变革时期有所不同。这是封建社会相对稳定发展的时期，哲学斗争主要在地主阶级内部进行。地主阶级内部的政治思想斗争（如义利、理欲之辩）是这个时期哲学发展的一方面根据，然而，推动这一时期的哲学发展的，主要的、首先的是物质生产的发展带来的自然科学的进步。这个时期哲学的发展更多地依赖于科学反对迷信的斗争。例如，从王充到王夫之的唯物主义哲学都以气一元论形态出现，就与当时的农学、天文、历法、音律、医学等科学都以气分阴阳、阴阳相互作用的理论作为基本观点有关。可以说，这一时期有比较突出成就的哲学家，如王充、范缜、柳宗元、张载、王夫之、黄宗羲、戴震等，都与科学有比较密切的联系。

再从哲学的特殊矛盾来看，哲学不同于具体科学和其他意识形态之处，在于它将思维与存在的关系作为自己的基本问题。哲学的基本问题，在中国哲学史的各个不同阶段有不同的表现，这是需要在哲学史研究中认真考察的。例如，哲学基本问题在先秦表现为"天人"之辩、"名实"之辩；在两汉表现为"或使""莫为"之争和"形神"之辩；经过曲折的发展，到宋明又表现为"理气（道器）"之辩、"心物（知行）"之辩等。思维与存在的关系客观上包括三项，即物质世界、主观精神和概念（范畴、规律）。这三项在中国哲学术语里则分别是"气""心""理"或"道"。上述的哲学基本问题表现于中国哲学各阶段的争论，归结起来，就是争论物、心、理三者的关系。因而中国古代哲学发展到最后，就形成了三种形态：气一元论（主张物质第一性的唯物论）、心一元论（主张主观精神第一性的主观唯心论）、理一元论（主张概念第一性的客观唯心论）。

把思维与存在的同一作为一个辩证的发展过程来看，其中包括感性与理性、绝对与相对、客观规律性与主观能动性这些认识过程的必要环节。这些环节也构成矛盾，在一定条件下也成为哲学争论的重要问题。同时，哲学家在进行哲学争论时，都把逻辑范畴作为工具，以一定的方式来论证自己的学说并驳斥别人。这样，围绕着逻辑方法和逻辑范畴又引起了新的争论。比如，先秦时期的"同异""坚白"之辩，以及贯彻于中国古代哲学的关于"类""故""理"的逻辑范畴的探讨。这就说明，哲学的基本问题不仅在不同历史时期有不同的表现，而且还和其他从属的问题相联系。

综上所述，哲学一方面具有同科学和其他意识形态共同的根据——社会实践，另一方面还有其特殊的根据——思维与存在的关系这个基本问题。我们把上述两方面的考察结合起来，就能把握哲学的历史发展。

所以，哲学史的定义可以表述为：根源于人类社会实践，主要围绕着思维和存在关系问题而展开的认识的辩证运动。

二、历史的方法与逻辑的方法相结合

历史的方法与逻辑的方法相结合，是黑格尔哲学中的合理因素。这一合理因素为辩证唯物主义所吸取。这就要求我们在哲学史研究中，一方面坚持唯物主义，把现实的历史看作逻辑思维的出发点和基础；另一方面必须善于剥掉哲学体系的外在形式，摆脱历史偶然性的干扰，以便在历史现象中认出逻辑发展的环节来。所谓历史的方法，就是要把握所考察对象的基本的历史线索，看它在历史上是怎样发生的，根据是什么；又是怎样发展的，经历了哪些阶段。要真正把握基本的历史联系，就须清除掉外在形式和偶然的东西，以便对对象的本质的矛盾进行具体分析，对每一发展阶段或环节都能从其典型形式上进行考察，而后综合起来，把握其逻辑的联系和发展的规律，这也就是逻辑的方法。所以，历史的方法和逻辑的方法是统一的。

哲学史表现为互相对立的哲学体系更迭的历史，历史上每个重要的哲学家的哲学体系，都是对自己的宗旨进行阐明和论证而形成的概念结构。哲学史研究要完整地、准确地把握历史上的各个哲学体系，而又必须粉碎这些体系，把其中所包含的作为人类认识史的必要环节揭露出来。为了做到这一点，就必须把历史上每一个哲学体系放在当时的历史条件中进行考察，从它的社会历史条件和认识论根源来进行分析。比如，孔子的哲学，从社会根源来看，他的天命论反映了维护旧传统的保守立场；但从认识论根源来分析，他的仁智统一的学说在人类认识的大树上是有根基的，因为它包含着人类认识的辩证运动的一个必要环节：理性的能动作用。但孔子把这一环节片面地夸大了，把理性原则绝对化，变成了唯心论的体系。如果我们能够对历史上各种哲学体系作社会根源和认识论根源的具体分析，就能揭示出它们所包含的人类认识运动的一些环节。这样，我们就能把握作为人类认识史精华的哲学历史的逻辑发展。

用历史的方法与逻辑的方法相结合来考察哲学史，就可以看到，哲学史体现了认识的矛盾运动：哲学家们所争论的问题就是矛盾，某个矛盾产生、发展、解决了，另一个新的矛盾又产生，经过发展得到解决……这是一个在循环往复中前进的过程。这样的过程表现为近似于螺旋形上升的曲线或一串圆圈。所以，全部哲学史可以比喻为一个大的圆圈，而这个大圆圈又是由许多小圆圈构成的。

以这样的观点来看中国哲学史，那么，中国哲学主要有这么三个圆圈：中国哲学发端于原始的阴阳说，先秦时期争论的"天人""名实"关系问题，由荀子作了比较正确、比较全面的总结，达到了朴素唯物论与朴素辩证法的统一，仿佛回复到出发点，这可以说是完成了一个圆圈。秦汉以降，哲学上的论争后来归结到"理气（道器）"之辩与"心物（知行）"之辩，由王夫之作了比较正确、比较全面的总结，在更高阶段达到朴素唯物论和朴素辩证法的统一，完成了又一个圆圈。自鸦片战争开始的近代，哲学争论的主要领域是历史观和认识论，这两个领域后来都集中到"心物"之辩（意识和存在的关系），马克思主义哲学在中国化的过程中，吸取中国哲学的优秀传统，以能动的革命的反映论总结了近代哲学的"心物"之辩，仿佛是向荀子和王夫之复归，完成了一个相对独立发展的圆圈。这三个圆圈又可以分成若干更小的圆圈。正是这样一串圆圈构成中国哲学史发展的阶段，每经历一个圆圈，哲学向前推进了一步。所以，本书对中国哲学的论述分为三篇：先秦、秦汉至鸦片战争前、近代（1840—1949年）。

中国几千年的哲学史非常丰富，包含着很多值得我们吸取的智慧。然而，在中国历史上有影响的每个哲学体系，其积极因素与局限性常常是互相联系着的。因此，我们对于这些哲学体系，不能原封不动地加以吸取，而要在吸取其积极成果的同时，批判它们的局限性。同时，也绝不能因为它们有局限性就一笔抹杀，而是必须进行具体分析，批判地吸取其成果与教训。

第二节　中国传统哲学的特点

中国古代哲学是人类文化宝库中的珍贵遗产。其所以珍贵，原因之一在于它有着与西方哲学不同的特点。

一、 中国传统哲学的特点与认识论问题

关于中国传统哲学的特点，有一种流行的看法：中国哲学着重讲做人，西方哲学着重讲求知，所以中国哲学的认识论不发达。要判断这种看法是否对，就需要正确理解"认识论"这个概念。

哲学史上提出过的认识论问题，大体上可以概括为四个：

第一，感觉能否给予客观实在？

第二，理论思维能否达到科学法则，即普遍必然的科学知识何以可能？

第三，逻辑思维能否把握具体真理（首先是世界统一原理、宇宙发展法则）？

第四，人能否获得自由，即自由人格或理想人格如何培养？

如果把认识论狭义地理解为只研究近代实证科学知识之所以可能的条件，即限于上述前两个问题，便会觉得认识论在中国古代哲学中不占主要地位。但如果把认识论广义地理解为上述四个问题，便可知道这四个问题在中西哲学史上是反复讨论过的。中国古代哲学家并非对前两个问题不关心，例如孔、墨就已讨论了感性和理论思维的关系，庄子已对"感觉能否给予客观实在"和"理论思维能否达到客观真理"提出了责难。而欧洲近代哲学家虽然较多地考察了前两个问题，但德国古典哲学和马克思主义哲学也深入地考察了后两个问题。例如，黑格尔和马克思关于辩证法、认识论和逻辑学统一的原理，就是对"逻辑思维能否把握具体真理"所作的回答，马克思创立唯物史观，就是要解答"人如何从自在变成自为、由必然王国进入自由王国而实现真善美统一的理想"这个问题。

我们应当广义地理解认识论，由此出发，就可以看到：在中国古代哲学中，由于认识论与辩证法和逻辑相联系，与伦理学和美学相联系，因而是较多地和较长期地考察了上述后两个问题。逻辑思维能否把握宇宙发展法则的问题，发端于先秦的"名实"之辩；理想人格如何培养的问题，发端于先秦的"天人"之辩。"天人""名实"之辩贯穿于整个中国古代哲学史，所以正是在对这两个问题的考察上，显示出了中国古代哲学的特点。

二、 在逻辑学和自然观上的特点

认为中国传统哲学的认识论不如西方哲学发达的人，都以为中国哲学"重人生而轻自然，长于伦理忽视逻辑"。这一看法并非毫无道理。因为中国哲学确实注重伦理，中国人对形式逻辑的研究在《墨经》中虽有很高的成就，但后来却被冷淡了，确实不如欧洲人和印度人热心。

但是，上述的看法是不全面的。因为它无法回答中国古代光辉灿烂的科学技术是用什么逻辑和方法搞出来的。李约瑟提出了一个论点："当希腊人和印度人很早就仔细地考虑形式逻辑的时候，中国人则一直倾向于发展辩证逻辑。与此相应，在希腊人和印度人发展机械原子论的时候，中国人则发展了有机宇宙的哲学。"（《中国科学技术史》第3卷，第337页）我们基本上同意他的这个论点。

如果说西方有悠久的研究形式逻辑的传统，那么在中国古代则是朴素的辩证逻辑经历了长时期的发展。如《老子》的"反者道之动"，提出了否定的原理；《易传》提出"一阴一阳之谓道"的对立统一原理；荀子提出的"辨合""符验""解蔽"，包含了辩证逻辑方法论的基本原理。先秦所形成的辩证逻辑的雏形，不仅得到后世的哲学家张载、王夫之、黄宗羲等的进一步发展，而且在天文、历法、音律、农学、医学等科学中成为方法论。从先秦的《礼记·月令》和《黄帝内经》，以及后来的张衡、刘徽、贾思勰、沈括等著名科学家身上，都可以看到朴素的辩证逻辑运用于具体科学所取得的巨大成就。

在自然观上，中国比较早地发展了辩证法的自然观，而西方则比较早地发展了原子论的自然观。中国古代的辩证法的自然观以气一元论为基础，认为气分阴阳，阴阳的对立统一就是道，即自然发展的规律。中国的古代科学的天文、历法、音律、农学、医学等，就是建立在气一元论基础上的。中国人讲的"气"，类似近代物理学的"场"。西方的自然观长期与原子论相联系，类似"场"的思想虽然古代也有，但直到19世纪电磁场理论提出后，才受到充分重视。中国古代也有类似原子论的思想，例如《墨经》说："非半弗斫则不动，说在端。"认为具体的物体是由不可分割的粒子（端）构成的。不过，《墨经》的原子论思想在中国古代哲学和科学中没有得到发展。

与西方相比，原子论思想和形式逻辑没有得到充分发展，这是中国传统哲学的一个弱点；但是中国人却比较早地发展了朴素的辩证逻辑和气一元论的朴素辩证法自然观，从而对逻辑思维能否把握宇宙发展法则这个认识论问题作了肯定的回答和多方面的考察，这却是一个优点。

三、 在考察人的自由问题上的特点

关于人的自由，首先是理想人格如何培养的问题。在这个问题上，中国以儒家为主体的传统哲学，强调伦理学和认识论的统一，崇尚理性的自觉。

儒家的开创者孔子提出仁知统一的学说，认为伦理学和认识论是统一的。这一学说包含着这样的意思：人的道德规范以理性原则为根据，真正的道德行为是自觉的，而这种自觉性来源于理性认识，因此人可以通过教育和修养成为有道德的人。孔子以后的儒家，虽然分成不同的流派，但无论是孟子还是荀子，也无论是程朱、陆王还是王夫之、戴震等，都一致继承和发挥了孔子仁知统一的学说，注重伦理学上的自觉原则和"为学之方"（道德的教育和修养）。正是在这里显示出了中国传统哲学的特点。

道德行为包含着三个要素：第一，道德理想表现于人的行为，具体化为道德规范；第二，合乎道德规范的行为依据于理性认识，因此是自觉的行为；第三，道德行为应该是自愿的，是出于意志自由的活动，如果不是出于自愿选择而是出于被迫，那就谈不上行善或作恶。这些要素，西方的亚里士多德和中国的荀子都已经作了考察。虽然中国和西方的古代哲学家都指出道德行为要自觉自愿，但自觉是理性的品格，自愿是意志的品格，两者是有区别的。两者的这一区别，正是中西哲学在伦理学说上的不同之处。

在先秦，儒家（孔子、孟子、荀子）尽管注意到了自觉与自愿、理性与意志的统一，不过他们仍然是较多地考察了自觉原则，而较少地讨论自愿原则。他们也重视"志"，认为道德行为要由意志力来贯彻，而这种意志力则是凭借理性认识和进行持久的修养锻炼来培养的，所以他们认为意志应服从于理性，杀身成仁是出于理性的自觉。这并没有错，不过从中可以看到他们注意的是意志的"专一"的品格，而对意志的"自愿"的品格则是忽视的。孔子以为要"知天命""顺天命"才能"从心所欲不逾矩"。这样讲人的自由，实际上已陷入了宿命论。秦汉以降的儒家正统派为了替封建专制辩护，更加忽视了自由是意志的自愿选择，进一步发展了宿命论。理学家把三纲五常形而上学化为"天理"，而天理即在人性之中，所以只须认识这一点，通过"存天理，灭人欲"求得"复性"便能达到"浑然与物同体"的"无对"境界，获得自由。这种理论片面地强调了理性的自觉，实际上是说"天理（天命）"已决定一切，要求人们自觉地屈从于命运。这不仅是忽视了道德行为的自愿原则，而且把宿命论精致化。这是中国传统哲学中的糟粕。

相比之下，西方哲学较多地考察了自愿原则和意志自由问题。伊壁鸠鲁学派用原子的偏离运动来论证意志自由，反对斯多葛派的宿命论。卢克莱修在《物性论》中对此作了详细的讨论。西方的神学从中世纪到宗教改革，一直热衷于讨论原罪是否出于自由意志的问题；在近代，从康德、费希特、叔本华、尼采、柏格森、詹姆士以至存在主义，形成了一个很深的唯意志论传统。而在中国古代，虽然某些哲学家（如李贽、泰州学派等）有唯意志论倾向，却没有形成像西方那样悠久的传统。

由上述分析可见，中国传统哲学比较早地考察了伦理学上的自觉原则，显示出了民族的特色。但中国传统哲学中有一个以"乐天安命"为自由的宿命论的传统，这个传统阻碍着中国社会的前进。

四、 形成中国传统哲学特点的原因

我们来探讨一下形成上述的中国传统哲学特点的原因。

首先，从社会历史条件来分析。

中国传统哲学主要是封建时代的哲学。中国的封建制和宗法制密切联系，而且很早就形成了统一的封建专制和中央集权国家。同时，中国周围的其他民族在文化上都落后于中华民族，所以中国的封建制具有特别的稳固性。在长期的封建社会中，生产水平和科学技术在当时曾居世界领先地位。同时，中国封建社会的农民起义之多和规模之大在世界史上是仅见的。中华民族勤劳（发展生产）、勇敢（反抗压迫）和智慧（追求科学真理）的悠久深厚的进步传统，是中国古代哲学之所以具有源流深长的朴素唯物主义和朴素辩证法的社会原因。但是，封建专制以及与之相联系的宗法制度也给哲学打上了很深的烙印，例如宿命论和复古主义。

其次，从哲学与科学及其他意识形态的关系来分析。

科学和哲学的关系特别密切，因为两者都以理论思维的方式来掌握世界。封建经济的主体是农业，因此和农业相关的科学，如天文、历算、地学、医学、农学、生物学等在中国古代得到较大的发展。中国古代的这些科学把人和自然界看作有机联系和相互作用的，这就使朴素的辩证逻辑和辩证法的自然观较早地为人们所注意。中国古代哲学家把阴阳之气作为物质实体，这种自然观显然是和上面讲的那些与农业相关的科学得到较大发展有关的。而西方的原子论则同那些与工业相关的科学，如光学、力学、化学等的发展有较大的关系。

哲学的发展也同其他社会意识形态相联系。在西方的中世纪，宗教神学占据了意识形态的支配地位。中国封建社会则与之不同。中国人的宗教观念特别淡薄，全世界民族中，汉族最少有宗教信仰。中国人一开始就重现实、重人世，尽管佛教、道教也曾盛行一时，但占据统治地位的意识形态始终是儒学。正因为西方中世纪是宗教神学占主导地位，而中国封建社会是儒学支配一切，所以西方的道德理论和宗教密切相关，而中国的道德思想和儒学不可分割。信仰上帝，往往盲目而自愿；遵守礼教，往往自觉而并不乐意。这就形成了中国伦理学的特点，即比较强调自觉，而易陷入宿命论；西方伦理学的特点则是比较强调自愿，而易导致唯意志论。

再次，从哲学本身的演变、发展来分析。

先秦墨家这个学派和手工业生产有密切的联系，因而很自然地重视形式逻辑和产生原子论思想。以后墨学衰微，原子论思想和形式逻辑也就得不到发展。而《荀子》《易传》《内经》《月令》等所包含的朴素的辩证逻辑和辩证自然观则得到了较大的发展，产生了深远的影响。

汉代的儒学独尊以及魏晋的儒道合一，使得儒、道中的积极因素，如儒家的仁智统一学说以及道家崇尚自然的思想得到了发展，使伦理学上的自觉原则得到了比较早的考察。这对整个民族文化产生了巨大影响。

由于墨学的衰微，墨子的"非命"学说被人们逐渐遗忘了，而儒道的宿命论却深入人心。同时，汉代以后的儒术独尊实际上是儒法合流，只不过法家隐蔽于儒家的背后。这表现在封建专制统治者用仁义说教和刑罚两手来统治人民。统治者打着"天命""天理"的招牌，"以理杀人"，老百姓感到无法和"天命""天理"相对抗，于是宿命论就把人们驱向佛老，从宗教中寻求安慰。这就形成了中国传统哲学中根深蒂固的宿命论传统。

中国传统哲学的特点一直影响到近代，与中国近代哲学的发展有着密切的关系。

第三节 "古今中西"之争与中国近代哲学革命

近代中国经历了空前的民族灾难和巨大的社会变革，同时在哲学领域也发生了一次伟大的革命。它赋予中国传统哲学以新的生机，开启了中西哲学合流的趋势。

一、"古今中西"之争制约着中国近代哲学的发展

我们把哲学史理解为根源于人类社会实践，主要围绕着思维与存在关系问题而展开的认识的辩证运动，因而近代中国的社会实践就制约着近代哲学的发展。近代中国是一个社会革命的时代，所以，我们要着重考察中国近代的社会矛盾如何通过政治思想领域的斗争制约着哲学的发展。近代中国的中心问题就是"中国向何处去"，即中华民族怎样才能摆脱帝国主义的压迫而获得自由解放。这个时代的中心问题在政治思想领域表现为"古今中西"之争，其内容就是如何向西方学习，并且对传统进行反省，来寻求救国救民的真理，以便使中华民族走上自由解放的道路。这一政治思想领域中的"古今中西"之争，实质上是中国人民反帝反封建的现实斗争的反映。

当然，"古今中西"之争的内涵在历史的发展中是变化着的。从魏源"师夷长技以制夷"的口号到"中学为体，西学为用"的主张；从严复的"中之人好古而忽今，西之人力今以胜古"，把"中西"之争与"古今"之争看作一回事，到"五四"前后关于中西文化的论战，并在以后衍生出"全盘西化"论和"中国本位文化"论；从学习西方的革命民主主义到把马克思主义看作西方文化的最高成就。虽然不同的阶级、阶层对"古"和"今"、"中"和"西"有不同的理解，在不同的历史时期，"古今中西"的含义也有所不同，但是，"古今中西"之争始终贯穿于整个中国近代。

中国近代许多有成就的思想家，正是为了回答"中国向何处去"

的问题，为了解决"古今中西"之争，而去研究哲学的。要解决"古今中西"之争，就必须认识人类历史和中国历史如何从过去演变到现在，又如何向将来发展这样的规律性，因此历史观的问题在中国近代就显得非常突出。同时，要回答"古今中西"之争，就必须把从西方学到的先进理论与中国的具体实际结合起来，以便付之于实践，这就涉及很重要的认识论问题，即知与行、主观与客观的关系问题。在中国近代，关于思维与存在的关系的哲学论争，集中地表现于历史观和认识论这两个领域，这是同哲学要回答"古今中西"之争密切相关的。历史观和认识论两个方面的论争，后来在心物之辩上结合起来了，这是中国近代哲学发展的主线。中国近代哲学革命的伟大成果，就表现为马克思主义与中国革命实践相结合，用能动的革命的反映论科学地回答了在心物之辩上结合为一的历史观和认识论两个方面的哲学论争，正确地解决了"古今中西"之争，指明了"中国向何处去"的方向。

从哲学的相对独立的发展，即思想资料的批判继承关系来看，中国近代哲学既与中国传统哲学有纵向联系，又与西方近现代哲学有横向联系。但这些联系却因各家各派见仁见智而颇为不同，因而在这方面也有"古今中西"之争。这方面的"古今中西"之争也贯穿于整个中国近代。

西方哲学传到中国来的流派众多繁杂，其中影响最大的是进化论和马克思主义哲学。前者与资产阶级民主主义的文化相联系，它的输入标志着中国近代哲学革命的开始，从戊戌变法前后到"五四"前夕，整整一代的先进者都是信奉进化论的。后者与科学社会主义的文化相联系，它在"五四"以后被中国的先进者所接受，标志着中国近代哲学革命进入了一个新阶段，即由进化论阶段转变到唯物辩证法阶段，马克思主义哲学与中国革命实践相结合，使中国近代哲学革命获得了积极的成果。

除了进化论和马克思主义哲学之外，在传入中国的其他西方哲学流派中，较有影响的有两种：一是实证主义的思潮，二是非理性主义的思潮。马赫主义、实用主义、新实在论、逻辑实证论等，属于实证主义的思潮；叔本华、尼采、柏格森、克罗齐等，属于非理性主义的流派。这两种哲学流派在中国近代的影响，需要作具体的分析。例如，新实在论和逻辑实证论的主要代表罗素，对于数理逻辑有划时代的贡献。罗素的逻辑学，通过金岳霖的介绍，在中国产生了积极的影响。当然，他的唯心论观点通过张东荪、梁启超等人的介绍，在中国也产生了消极的影响。同时，外来的哲学理论传到中国来，它能起什么样的作用，会发生什么样的影响，固然要看它本身是否有合理的东西，但也取决于中国社会对它需要的程度。如尼采的唯意志论哲学和柏格森的直觉主义，在中国近代颇有影响，一些先进者曾介绍过它们，如鲁迅翻译尼采的作品，李大钊推崇柏格森的创造进化论。他们试图以这些西方的思想反对中国的封建主义。这种反封建的作用是尼采、柏格森的哲学在西方所不具有的。当然，中国近代也有些人借助柏格森的哲学为封建的孔孟之道作辩护，借助尼采为法西斯主义张目。这显然是违背历史进步的潮流的。

同时，中国近代的哲学革命是在中国传统哲学的土壤里发展起来的。近代的思想家大多向往先秦百家争鸣、诸子并兴的局面。先秦是中国文化的"童年时代"，它揭开了中国哲学史的光辉灿烂的第一页。近代中国人又一次回顾了这个具有"永久的魅力"的时代，从中吸取了丰富的营养。

明清之际的大思想家黄宗羲、顾炎武、王夫之等对中国近代哲学的影响是很大的。这些大思想家已经具有一些反对封建专制、带有民主主义色彩的思想因素。他们继承了先秦的朴素唯物主义和朴素辩证法的思想。这些人在中国近代的先进思想家的心目中，享有崇高的威望，如黄宗羲的《明夷待访录》这部书，在戊戌变法时期被大量翻印，起到了教育作用。中国的先进者在"五四"之后能比较快地接受马克思主义哲学，这也与中国固有的朴素唯物主义和朴素辩证法传统有关。哲学史的螺旋式发展，总是表现为仿佛是向出发点的复归。中国近代哲学就是向明清之际的大思想家复归，向先秦复归。

中国哲学的近代化是对经学的否定。自汉以来，儒学成了经学，正统派儒学用天命论和经学的独断论来维护名教。这是近代哲学革命的主要对象。但是，近代哲学在否定经学的形式和封建糟粕的同时，对经学也有所继承。例如，乾嘉学派的治学方法，在近代还继续发生影响。中国近代的一些思想家在批评乾嘉学派的治学方法的局限性时，也将近代实证科学方法与之相沟通。今文经学讲微言大义，讲经世致用，尤其是公羊三世说，对龚自珍、魏源直至康有为等人都产生了重大的影响。陆王心学在近代的影响有明显的二重性。在戊戌变法时期，康有为提倡心学；"五四"时期，吴虞反对封建礼教，推崇李贽，而李贽的思想是王学的向左发展。这些都说明王学在中国近代有其积极影响的一面。但是，后来有人用王学为所谓的"力行哲学"作辩护，那就是王学影响的消极面了。程朱理学自宋代以来就占据统治地位，是封建专制统治的官方哲学。所以，在近代哲学革命的过程中，先进人物大都对其持批判的态度。但是，程朱理学中所包含的理性主义精神在近代也有积极的影响。

此外，佛学也在一定程度上复兴了。在龚自珍、魏源、康有为、梁启超、谭嗣同、章太炎、梁漱溟、熊十力等人的思想中，都可以看到佛学的影响。

总之，中国近代的"古今中西"之争与近代哲学发展的关系，包括两方面：从哲学根源于社会实践来说，中国近代的社会矛盾，通过政治思想领域的"古今中西"之争，制约着哲学发展；从哲学本身的相对独立发展来说，哲学家就是把西方和中国传统的思想资料结合起来进行加工，来回答现实问题。

二、 中国传统哲学的特点在近代的演变

在"古今中西"之争的制约下，中国近代的哲学革命是中西哲学合流的过程，中国传统哲学的特点在中西哲学合流的过程中发生了嬗变。近代的先进思想家们随着近代社会革命的进展，越来越清楚地意识到，只有把西方近代文化的精华与中国传统文化的精华内在地联结起来，才能建立我们的新文化，而中国传统思维方式和自由理论方面的缺点，则必须加以克服。

关于思维方式，近代哲学已开始重视传统哲学所忽视的形式逻辑，同时也继承了固有的辩证法传统。严复明确提出要用近代的科学方法取代古代的经学方法。他认为，西方近二百年的学运昌明，首先归功

于培根的归纳法；他批评中国传统学术缺乏明晰的逻辑分析；他强调学习西方的逻辑学，以改变从"子曰""诗云"出发的经学方法。此后，章太炎、梁启超等对亚里士多德的三段论、印度因明和《墨经》的推理形式进行比较研究；胡适把清代朴学方法和西方实证科学方法相沟通，归结为"大胆假设、小心求证"；20世纪30年代，金岳霖在系统介绍罗素的数理逻辑的同时，和冯友兰一起运用逻辑分析方法于哲学研究。可以说，中国近代哲学与传统哲学的一个明显的差别，就在于形式逻辑不再被冷漠地丢弃在一旁。近代也有不少哲学家注意并发扬了中国传统哲学的善于辩证思维的特点，章太炎的《齐物论释》和熊十力的《新唯识论》，都试图把辩证法和唯心论相结合。中国的马克思主义者运用唯物主义辩证法研究社会革命问题，取得了重大成就，使得传统的朴素的辩证法获得了比较自觉、比较科学的形态。不过这主要是指历史的辩证法，在如何继承和发扬传统的辩证自然观方面，还缺乏系统的研究。同时，中国的马克思主义者对于经学方法未能彻底清算，这是明显的不足之处。

关于人的自由问题，近代中国的思想家在接触了西方文化之后，就意识到西方人比较强调道德行为的自愿原则，并着重探讨了意志自由问题。这对向西方寻求真理的中国近代思想家产生了很大的影响。严复、章太炎在伦理学上虽有功利主义与非功利主义的对立，但都肯定每个人有独立人格，自由意志是行为可以区分善恶、功过的前提。他们这种强调道德行为的自愿原则的观点，为后来"五四"新文化运动的倡导者们所赞成。然而过分强调自愿原则，就会引导到唯意志论去。中国古代没有一个强大的唯意志论传统，但在中国近代确实形成了这样的传统，并且首先在一些先进者身上体现了这一倾向。从龚自珍、谭嗣同等颂扬"心力"到鲁迅早年鼓吹"意力主义"等，就是明证。同时，儒家强调道德行为的自觉原则的传统，在近代继续有很大影响，这在许多革命者身上可以看到。但也有人片面强调自觉原则而陷入宿命论，例如冯友兰"新理学"的"道德境界"说。

唯意志论和宿命论的对峙，是中国近代哲学的重大理论问题，也是革命队伍产生"左"或右的错误的思想根源。中国的马克思主义者提出了群众观点，其基本精神是既要尊重群众的自愿，又要启发群众的自觉。但是，在中国的马克思主义者的理论中，也受到儒家传统的影响，比较强调自觉原则而对自愿原则有所忽视，因而在实际上，自觉与自愿相结合的原则未能得到始终如一的贯彻；在理论上，宿命论和唯意志论的对立也未能得到正确的解决。

可见，中国古代哲学的特点中的优秀传统，如朴素的辩证法和重视道德的自觉原则等，在近代哲学革命的过程里得到了发扬，并在更高层次上结出了新的理论成果。同时，中国古代哲学的特点中某些不足之处，如对形式逻辑的忽视和对道德的自愿原则的忽视，在近代哲学革命的过程中得到了一些克服。但也应该看到，在长期封建专制下形成的某些腐朽的传统，如独断论的经学方法以及宿命论等，尽管在近代哲学革命中屡遭批判，但并未彻底克服。这不仅造成了近代哲学的缺陷，而且使这些腐朽的传统在十年动乱中再度泛滥。

中国哲学的近代化进程虽然经历了曲折，但正如李大钊所说："我们的扬子江、黄河，可以代表我们的民族精神，扬子江及黄河遇见沙漠、遇见山峡，都是浩浩荡荡地往前流去，以成其浊流滚滚、一泻万里的魄势。"我们相信，我们民族的哲学也将如扬子江、黄河一样，无畏地冲过障碍，战胜险境，奔向大海，最终成为世界哲学的重要组成部分。

第一篇 先秦

中国哲学思想萌芽于原始社会，但其哲学思维开始的标志，则是大约在西周之初出现的《易经》和《尚书·洪范》。《易经》原是卜筮时的参考书，它的六十四卦由八卦重叠组合而成，而八卦又由"—"和"--"两个符号排列组合而成。它试图用这两个具有对立性质的符号以及排列组合来概括自然界和人类社会的种种现象，是原始的阴阳说。《洪范》用水、火、木、金、土五个范畴来说明自然现象和人事，是最初的五行说。这样的阴阳说和五行说是中国哲学思维的源头。

中国古文化经过长期积累，到春秋战国时期（前770—前221年）进入诸子创立哲学学派的时代。这个时期社会的大变动，是用封建制取代奴隶制，反映在思想领域里即是"古今礼法"之争。礼是奴隶制的上层建筑。新兴地主阶级的政治变革，要求用"法治"取代"礼治"；"礼法"之争往往和守旧与革新之争（即"古今"之争）相联系。诸子的百家争鸣首先围绕"古今礼法"之争而展开，在自由争辩中形成了有各自宗旨的哲学体系。

当时哲学上的论争中心之一是"天人"之辩。殷周的奴隶主贵族长期利用宗教天命论和鬼神迷信维持统治，到了春秋时期便成了理论批判的主要对象，进步思想家用无神论来反对宗教迷信，进而展开关于人与自然、人道与天道之间的关系的争论。在这样的争论中产生的"名实"关系，也成为哲学探讨的中心问题之一。"天人"之辩和"名实"之辩在战国末期，到荀子、《易传》达到批判总结阶段，仿佛是在向原始的阴阳说复归。

第一章 儒、墨、道、法诸子的兴起

春秋末期,随着"古今礼法"之争的展开,儒家、墨家、道家、法家、兵家等诸子开始出现,揭开了百家争鸣的序幕。

第一节 孔子的仁知统一学说

孔子(前551—前479年),名丘,字仲尼,鲁国陬邑(今山东曲阜东南)人。他的思想主要保存在《论语》一书内。孔子作为政治活动家,对于当时政治思想争论的中心问题——"古今礼法"之争,站在保守立场上,声称"信而好古"(《论语·述而》,以下引《论语》只注篇名),主张"为国以礼"(《先进》),认为自己的使命是恢复周礼。他反对晋国立法改革的"铸刑鼎"。孔子作为教育家,首创私人讲学之风,聚徒讲学,打破了学在官府的局面,并且在教学过程中整理了古代典籍。他的政治活动并不成功,但他在文化教育方面却有巨大的贡献。

孔子开创了儒家学派,他是中国哲学史上第一个建立体系的哲学家。他对于当时哲学领域里论争的"天人"之辩,既维护殷周的天命论,又着重考察了人道,提出了仁知统一的新学说。《论语》一书多次将"仁"

与"知"并举。如《颜渊》篇说:"樊迟问仁。子曰:'爱人。'问知。子曰:'知人'。"在孔子看来,仁且知是理想人格(圣人)的主要特征,而如何通过教育来培养这样的理想人格,则是儒家的理论和实践所要解决的主要问题。

一、仁与忠恕之道

"孔子贵仁。"(《吕氏春秋·不二》)"仁"是孔子的人道观(伦理思想)的核心。

"仁"这个范畴在孔子之前已经有了。《左传·昭公十二年》:"仲尼曰:古也有志,克己复礼仁也。"显然,孔子讲仁,是维护这个观念的守旧意义,要人们克制自己,使自己的言行都合乎正趋于崩溃的周礼。

不过,孔子对"仁"灌注了新意。这主要表现在他不仅用"爱人"来解释"仁",而且提出以"忠""恕"作为实行"仁"的根本途径。他说:"夫仁者己欲立而立人,己欲达而达人,能近取譬,可谓仁之方也已。"(《雍也》)他认为自己的学说是以"忠恕之道"来"一以贯之"的。所谓忠恕之道就是推己及人,"己欲立而立人,己欲达而达人";"己所不欲,勿施于人"(《颜渊》)。孔子要用推己及人的方式来实行仁,而要推己及人,实际上是以两个原则为前提:一是人道(仁爱)原则,即肯定人的尊严;二是理性原则,即肯定人同此心,每个人的理性都能判断是非、善恶,因而"能近取譬"。

孔子肯定人是天下万物中最为重要的。他认为同鬼神相比,首先应关心人:"未能事人,焉能事鬼?"(《先进》)他认为同牛马相比,也应首先关心人。有一次,马厩失火被焚毁,孔子退朝归来,"曰:'伤人乎?'不问马"(《乡党》)。至于人和人相处,孔子认为必须互相尊重、同情和信任。在当时处于奴隶制行将崩溃的历史条件下,孔子强调人道原则是有进步意义的。

孔子还认为,人们的理性能掌握判断是非善恶的标准。他说:"唯仁者能好人,能恶人。"(《里仁》)仁者根据理性来判断是非,所以在处理人和人的关系时,好恶、爱憎都是合理的。在孔子看来,道德行为是发自人的内心（理性）的要求，因此他说："仁远乎哉？我欲仁，斯仁至矣。"（《述而》）这种尊重理性原则的思想，在当时也是新观念。

人道原则与理性原则的统一，是孔子以"仁"为核心的人道观的最本质的东西。把握了这一点，就容易理解孔子为什么常常把"仁"与"知"并提了。

二、 认识论与伦理学的统一

孔子认为仁智是统一的。他把"仁"解释为"爱人"，把"知"解释为"知人"（《颜渊》）。在《里仁》篇，他又说："仁者安仁，知者利仁。"可见，他的"知"主要是指认识人们的伦理关系，认为有了这种认识，有利于实行"仁"，所以"知"是从属于"仁"的。反过来，"知"又是"仁"的必要条件，没有对伦理关系的正确认识，就不能有自觉的仁德，"未知，焉得仁"（《公冶长》）。这种仁与知的统一，也就是伦理学与认识论的统一。

孔子在认识论上提出了不少合理的见解。他说："知之为知之，不知为不知，是知也。"（《为政》）认为自知"不知"，也是一种"知"。他还提出要克服"意、必、固、我"等主观主义的表现；要"学"与"思"结合；要从言行一致上去判断人，"听其言而观其行"（《公冶长》）。这些都是符合认识规律的论点。但不能就此而说孔子已达到唯物主义认识论，恰恰相反，他是个唯心论者。他强调理性，却认为人的判断道德是非的能力是天赋的，"天生德于予"（《述而》）。他承认有"生而知之"的圣人，并把"天命"作为认识的终极目标，"不知命，无以为君子也"（《尧曰》）。这些都是唯心主义的观点。

需要着重指出的是：孔子的仁知统一学说，以为认识论即是伦理学，所以他的认识论命题都具有伦理学意义。从认识内容来说，"知"主要是"知人"；"学"主要是"学以致其道"（《子张》）；"思"主要是"言思忠，事思敬，见得思义"（《季氏》）等等。认识过程也就是德性培养过程，"知"代替"不知"，克服"意、必、固、我"，学与思结合，言与行一致……正是通过这样的过程，人的美德被培养起来。这和苏格拉底"美德即知识"说是相似的。

孔子的目标是要培养仁知统一的理想人格。他自己以"学而不厌，诲人不倦"的品德为学生树立了榜样。他认为对一个人有爱心，就要劝勉他，对一个人忠诚，就要教导他："爱之，能勿劳乎？忠焉，能勿诲乎？"（《宪问》）可见，诲人不倦正是仁的表现和忠恕之道的贯彻。他还认为师生之间应形成一种互相了解、充分信任的气氛，现在我们在《论语》中师生切磋与共同"言志"的那些章节里，还能深切感受到这种气氛。这对于人的真实性格的培养是有利的。

仁知统一的理想人格的培养，需要个人的主观努力。因此，孔子强调立志。他认为一个人只要有崇高的志向，发挥主观能动性，坚定不移地努力，那就一定可以做一个仁人。孔子说他自己是："吾十有五而志于学，三十而立，四十而不惑，五十而知天命，六十而耳顺，七十而从心所欲不逾矩。"（《为政》）这不是说他十五岁以前没有学，而是说十五岁才确立"志于仁""志于道"的终生努力的方向，从此"学而不厌"。孔子有见于人的意志的力量，说："志士仁人，无求生以害仁，有杀身以成仁。"（《卫灵公》）一个人始终不渝地志于仁，从事于仁，不断提高认识和觉悟，就可以达到"仁者不忧，智者不惑，勇者不惧"（《宪问》）的境界。这种坚持原则，勇于为理想而斗争的精神，在中国历史上产生了积极的影响。

不过，由于孔子认为德性是天赋的，德性的培养无非是唤醒天赋的道德准则，以至达到五十"知天命"、六十"顺天命"、七十能完全自由地按"天命"的规矩来行动，所以，孔子的仁知统一学说，归根到底，是以唯心主义天命论为根据的。

三、"敬鬼神而远之"与"畏天命"

孔子对于天道谈得不多，他同子产一样，抱有"天道远，人道迩"的态度。在鬼神问题上，他说："务民之义，敬鬼神而远之，可谓知矣。"（《雍也》）把"敬鬼神而远之"作为智者的一个特征，表现了孔子的理性主义思想。《论语》上还说："子不语怪、力、乱、神。"（《述而》）这些同当时的无神论思想有联系，具有启蒙作用。

不过，孔子并未由此引导到无神论和唯物论，他是把宗教迷信搞得更精致，建立了唯心主义的天命论。他所说的"天"已不同于宗教的上帝；而是一种抽象的精神，即人的理性和主观精神的绝对化。孔子宣称"天命"是不可抗拒的。他说："君子有三畏：畏天命，畏大人，畏圣人之言。小人不知天命而不畏也，狎大人，侮圣人之言。"(《季氏》)他不仅把"天命"放在"三畏"之首，还把历史说成是圣人根据"天命"创造的，说："唯天为大，唯尧则之。"（《泰伯》）尧效法天，创造了一套制度，以后的舜、禹、汤、文、武、周公代代相传。这套制度虽能损益，但不会根本改变。这种天命论的历史观是形而上学的。

总之，孔子尊重理性，有见于人的主观能动作用，从而使他提出一些合理见解；但也正因为他把理性原则和主观精神力量绝对化了，因而就构造了一个唯心主义体系。

第二节　墨子及儒墨之争
——经验论与先验论的对立

墨子（约前468—前376年），名翟，春秋战国之际鲁国人。他是先秦时期声望仅次于孔子的思想家。他创立的墨家学派是作为儒家的对立面而出现的。如果说孔子的思想具有贵族的色彩，那么墨子则是平民的哲学家。墨家学派主要代表了从奴隶制向封建制转变过程中平民和小私有财产者的利益。墨子的思想主要记载于《墨子》一书。

墨子对周礼持批评态度，"背周道而用夏政"（《淮南子·要略》）。他反对儒家的复古主义，说："吾以为古之善者则述之，今之善者则作之，欲善之益多也。"（《墨子·耕柱》，以下引《墨子》只注篇名）这是对孔子"述而不作，信而好古"的批评。可见，在"古今礼法"之争上儒墨是对立的。在哲学上，墨子建立了一个经验论的体系来同孔子的先验论相对立。以下我们通过儒墨的对比来论述墨子的哲学思想。

一、"兼爱"与功利主义

墨子和孔子一样，着重讲人道。但"孔子贵仁，墨翟贵兼"（《吕氏春秋·不二》）。墨子以"兼爱"对抗孔子的"仁"。"兼爱"是他的人道观（伦理思想）的中心观念。

孔墨虽然都讲"仁爱"，却有明显的区别。孔子讲的仁爱是"爱有差等"，以为在亲疏尊卑之间，爱是有差别的，可分等级的。墨子却提出"兼以易别"（《兼爱下》），就是要用"兼"来代替"别"。他认为讲爱不应有亲疏、厚薄的差别，应该是"兼爱"，即要求爱别人就像爱自己一样，使彼此的利益兼而为一，"使天下兼相爱，爱人若爱其身"（《兼爱上》），墨子以为天下普遍实行"兼爱"，就能达到"强不执弱，众不劫寡，富不侮贫，贵不敖贱，诈不欺愚"（《兼爱中》）的平等社会。把理想社会建立在"兼爱"的道德观念上，这只能成为空想。但墨子的"兼爱"说体现了对传统的"亲亲""尊尊"的宗法观念的批判，反映了广大平民对殷周以来的宗法等级制度的不满。这种平等思想和批判精神，在以后历代的农民起义中不断地得到复活。

墨子提倡"兼爱"，无疑是肯定了人道（仁爱）的原则。就此而言，"兼爱"和"仁"相通。所以，墨子说："兼即仁矣，义矣。"（《兼爱下》）后期墨家在解释"仁"时说："仁：爱己者，非为用己也，不若爱马者。"（《经说上》）认为真正的仁爱必定是"爱人如己"，把每个人都看作同自己一样的主体，而不是像牛马那样仅仅是供人驱使的工具。这就更明确地强调了人道原则，即肯定人的尊严和价值。然而，孔子的忠恕之道，是人道原则与理性原则的结合，而墨子的"爱人如己"，却是人道原则与感性原则的统一。墨子认为，人们都要求免于饥寒，过富庶的生活。爱人如己，就要从这种感性的肉体的要求出发来替人打算。孔子以为三年之丧是出于人内心（理性）的自然要求，而墨子却认为儒家主张的"厚葬"是把已成的财富埋于地下，"久丧"是长久禁止死者的子弟从事生产，并长久妨碍男女的婚配，所以根本违背了人们"求富"和"求众"的要求（《节葬下》）。儒墨关于丧礼的争论，正体现了理性原则与感性原则的对立。

"富"和"众"作为人们感性的要求，也就是墨子所谓"利"的基本内容。儒墨在伦理思想方面的争论（理性原则与感性原则的对立），是围绕"义利"之辩而展开的。孔子是非功利主义者，他说："君子喻于义，小人喻于利。"（《里仁》）而墨子则主张功利主义，提倡"兼相爱，交相利"（《兼爱中》）。他说："仁人之事者，必务求兴天下之利，除天下之害。"（《兼爱下》）以为为天下兴利除害是一切道德行为的目的，离开这个目的，就不能叫作"仁人之事"。在动机和效果问题上，孔子强调动机："苟志于仁矣，无恶也。"（《里仁》）认为只要真正确立了做仁人的志向，动机纯正，就不会有邪恶的行为了。而墨子则要求"合其志功而观焉"（《鲁问》），即要把动机（志）与效果（功）结合起来考察。

孔墨在伦理学上的非功利主义与功利主义、理性原则与感性原则的对立，同他们在认识论上的先验论与经验论的对立是有机联系着的。

二、"名实"之辩的开始

在先秦，认识论主要是围绕着"名实"之辩而展开的。

孔子在政治上主张"正名"说，就是要按周礼规定的等级名分来匡正当时的现实状况。这从认识论来说，就是用概念去规定客观实在的先验论观点。孔子的"正名"说主要着眼于政治，而墨子则把"名实"关系作为哲学问题明确地提了出来。他说瞎子也会说白和黑这两个名称，但一旦你把白黑两种东西混在一起要他择取，他就茫然不知了，所以我们说瞎子不知黑白，"非以其名也，以其取也"（《贵义》）。墨子在这里朴素地表达了一个唯物主义认识论的重要思想：概念应该受实践经验的检验。如果只能从名称、概念上分辨，而不能在实际上识别事物，那就称不上真正有知识。

关于名与实是否相符合的标准问题，孔子认为真理标准就在人的理性思维中，而墨子却认为判断是非和真伪的标准是客观的。这个客观标准就是墨子所谓的"三表"或"三法"。他指出：建立一种学说的依据或判断一种学说的标准有三条：第一，"有本之者"，是以历史上圣王的经验为依据，"上本之于古者圣王之事"；第二，"有原之者"，是要考察人们的直接经验，"下原百姓耳目之实"；第三，"有用之者"，是把某种学说付诸实施，看它的社会效果如何，是否对国家、人民、百姓有利，"发以为刑政，观其中国家百姓人民之利"（《非命上》）。这一"三表"说充分表现了墨子是朴素唯物主义的经验论者。他对人的感性经验抱有非常天真的信赖，相信感觉能给予客观实在，肯定人们能凭经验（见闻）来检验认识。他以为感觉所得的表象同实在事物是直接符合的，把感性原则加以绝对化，陷入了狭隘经验论。因此，他只是凭借虚幻的"众之耳目之实"，就肯定鬼神的存在是真实的。

关于感觉和思维、感性和理性的关系问题，孔子从理性原则出发，提出不少可取的见解。比如，他要求在多闻多见的基础上"默而识之"；他还要求君子有"九思"，即对感性的东西，通过思考来把握其中的原则；他提倡"举一反三"，很重视类比推理。墨子虽有狭隘经验论的倾向，但他实际上也非常重视在经验基础上进行逻辑思维。在这方面墨子是继承孔子而又大大前进了。这主要表现在他在中国哲学史上首先提出"类""故""理"三个逻辑范畴。墨子在辩论中驳斥对方时常说："子未察吾言之类，未明其故者也。"（《非攻下》）是说辩论的对方没能搞清我说的是哪一类事情，有什么根据。他还说："仁人以其取舍，是非之理相告，无故从有故也，弗知从有知也。"（《非儒下》）认为在进行论证驳斥时，肯定什么，否定什么，必须讲出一个道理来，没有根据的应听从有根据的，没有知识的应听从有知识的。墨子提出的"类""故""理"三个逻辑范畴，是互相联系的，所谓"以其取舍是非之理相告"，就是要"明故""察类"。

墨子认为在进行辩论讲道理时，要依据"类"的范畴。《公输》篇记载了墨子同公输般的辩论。在辩论中，双方都承认杀人属非义之"类"，墨子说："义不杀少而杀众，不可谓知类。"意思是说，公输般知道杀一人为不义，却替楚国造云梯去攻打无罪的宋国，要杀很多人，这是犯了不知"类"的逻辑错误。墨子所谓的"故"有两方面意义：一是指事情发生的原因，如医病就要先考察"疾之所自起"（《兼爱上》），即病因；二是指行动的目的，如造房子就要了解"何故为室"（见

《公孟》）。他认为自己提出的"兼爱"说的根据就在于，既针对了天下之害"所以起"的原因是"不相爱"，又说明实行这种学说的目的是为天下兴利除害（见《兼爱中》）。在墨子看来，当一个人能够"知类"（进行正确的类推）和"辩故"（立论有根据），就有了"取舍是非之理"。

墨子在考察逻辑思维时，还有一个特点：不仅很重视目的因（所以为之故），而且要求指明达到目的应采取什么手段。他认为理论不只是要给人指出行动的方向，还要告诉人如何去做。他说："言足以复行者常之，不足以举行者勿常。"（《耕柱》）这是说只能有变为行动的言论才是可贵的。可见，在言与行的关系上，墨子比孔子更强调行动的重要性。

墨子在"名实"之辩上，尽管有狭隘经验论的倾向，但他所提供的新东西是不少的。

三、"非命"与"天志"

在"天人"之辩上，墨子存在着理论上的矛盾：既有朴素唯物主义的"非命"思想，又有"天志""明鬼"之类的宗教迷信观念。

墨子对儒家的天命论作了批判。他说："教人学而执有命，是犹命人葆而去亓冠。"（《公孟》）儒家既讲"天命"是不能改变的，但又要人学习，这就好像叫人包头发而不用帽子，是自相矛盾的。与天命论相对抗，墨子强调人力。他说，禽兽有羽毛作衣服，有水草作食物，雄的禽兽不用耕地，雌的禽兽不用织布，而人则必须耕织才能生活，"赖其力者生，不赖其力者不生。君子不强听治即刑政乱，贱人不强从事即财用不足"（《非乐上》）。他认为无论是"君子"还是"贱人"，人和禽兽的区别，在于人必须耕织才能生活。这说明他已触及到了劳动是人的本质特征的思想，也说明他代表的阶层很重视物质生产，对不劳而获者则非常厌恶。但墨子对"非命"作了狭隘经验论的论证。他说："自古以及今，生民以来者，亦尝见命之物，闻命之声者乎？则未尝有也。"（《非命中》）用"见"和"闻"来证实"非命"显然是幼稚的。

墨子也用"见""闻"来论证鬼神的存在,并说鬼神能预知几百年以后的事,其智慧与圣人相比,犹如耳聪目明的人同聋子瞎子相比,不知要高出多少倍。墨子还时常把"天志"列为"三表"之一,将其看作天下万事万物的规矩和区分是非、善恶的标准。他用"天志"来解释自然界和人类社会的一切现象,认为天体的运行、季节的变化,以至降雨露滋润五谷麻丝的生长等等,都是"天之爱民之厚"的表现;建立国家制度,设立王公侯伯,进行统治,收赋税,使劳动者从事物质生产等等,也都是"天之爱民之厚"的表现(见《天志中》)。墨子之所以提出这种神学目的论的"天志"说,在于他错误地把人道原则和功利主义推广到自然界,以为一切自然现象也都是以人的利益为目的,而人的道德目的即是天的意志。

总体来看,孔墨之争是先验论与经验论之争,墨子基本上是唯物论的经验论,孔子基本上是唯心论的先验论。孔子有见于理性的作用,提出了一些合理的见解;墨子有见于实践经验的作用,在认识论和逻辑学上做出重大贡献。当然,墨子思想中"天志""明鬼"的消极面也是和他的经验论联系在一起的。

第三节 《老子》:"反者道之动"
——辩证法否定原理的提出

老子即老聃,姓李,名耳,字伯阳,楚国苦县(今河南鹿邑东)厉乡曲仁里人,曾当过周王朝的管理图书的史官。老聃的基本思想包含在《老子》一书中,其书可能成于儒墨盛行之后,因而本书将它放在孔墨之后进行论述。

对于"古今礼法"之争,《老子》的态度是否定礼法和主张复古。老聃作为隐士,代表的是破落了的贵族。他们对当时社会变革中出现的种种现象表示不满,却又无能为力,所以提出"无为而治"的主张。《老子》认为儒家要恢复周礼只能造成祸乱,"礼者忠信之薄,而乱之首"(《老子·三十八章》,以下引《老子》只注章数);对法家的法治,

《老子》也表示反对:"法令滋章,盗贼多有。"(五十七章)《老子》强调"知古始"(十四章),即认识远古的原始社会。《老子》把小国寡民的原始状况作为理想社会,主张人们返回到这样的社会去。这种历史倒退论是不足取的,但它在这里表现出对文明社会的批判精神。可以说,《老子》哲学是对奴隶社会(文明社会)的自我批判,是中国哲学史上第一个辩证法的思想体系。

一、"天人"之辩上的"无为"

《老子》哲学的最高概念是"道"。这个"道"是世界统一原理,也是宇宙的发展法则。

在"天人"之辩上,孔墨着重讲人道,而《老子》着重讲天道。它认为从天地的观点来看,人不过是万物中之一物,所以不应强调人道原则。《老子》说:"大道废,有仁义。"(十八章)认为像孔墨那样热衷于仁义,正是废弃了大道的表现。反过来说,要真正把握大道,则应"绝仁弃义"(同上)。可见,《老子》把天道和人道对立起来,以为天道就是对人道的否定。在《老子》看来,天和人的对立即"无为"(自然)和"有为"(人为)的对立,它主张"无为"。

《老子》的"无为"思想有两重性。一方面,"无为"即"自然"。所谓"道常无为而无不为"(三十七章),就是说"道"自然地而不是有意识地产生、推动、长成万物。《老子》的"道"不是一个有意志的造作者,这是对墨子"天志"说的否定,表现出比孔子更鲜明的无神论者的态度。《老子》还认为,圣人应当同"道"一样,"无为而无不为",圣人的所作所为只不过是"以辅万物之自然而不敢为"(六十四章),即按"无为"的原则辅助万物自然运行,而不敢有意造作。这种尊重客观自然法则的态度是可取的。另一方面,"无为"是反对实践,叫人不要有所作为。它说:"不行而知,不见而名,不为而成。"(四十七章)认为一个人无须实践经验就可获得知识,无所作为就可得到成功。这种观点的最后归宿是叫人顺从自然命运。《老子》把"归根"于道叫作"复命"。它以为人在自然命运面前是无能为力的,"天网恢恢,疏而不漏"(七十三章),谁也不能逃脱冥冥之中的"天网"的支配。这和儒家的天命论相通，而与墨子的"非命"说相反对。

二、"名实"之辩上的"无名"

在"名实"之辩上，《老子》不同于孔墨，而提出"无名"论。

所谓"无名"，即《老子》认为"道"不是用普通的语言和概念可以表达的，所以说"道常无名"（三十二章）。这有其正确性的地方，因为一般概念对于具体事物和宇宙发展法则确有不足以表达的一面，但《老子》夸大了这一面，走向了极端。它认为"道"这个浑然一体未经解剖的实体，不是感觉经验和理性思维所能把握的。《老子》说："视之不见，名曰夷；听之不闻，名曰希；搏之不得，名曰微。此三者不可致诘，故混而为一。其上不皦，其下不昧，绳绳不可名，复归于无物。"（十四章）说"道"是看不见、听不到、摸不着的，这有一定的道理。因为世界统一原理、宇宙发展法则，自然不是感官所能直接把握的，因此也就不能用明（皦）和暗（昧）等概念来摹写它。但《老子》把这一点绝对化了，说："不出户，知天下；不窥牖，见天道。"（四十七章）主张人闭目塞聪，与外界隔绝。这就导致了蒙昧主义。可见，《老子》的"无名"论具有两重性，它对于感觉经验、理性思维的局限性有所认识，但夸大了这种局限性，完全否认感觉和概念的作用。可以说，《老子》哲学不仅在"天人"之辩上是对孔墨的人道原则的否定，在"名实"之辩上也是对孔子的理性原则和墨子的感性原则的否定。

《老子》认为，要把握"道"必须依据它的"静观""玄览"的认识论。这种认识论也具有两重性。一方面，所谓"涤除玄览"，就是把心看作一面镜子，把它擦洗干净，一点瑕疵都没有。这里包含着要虚怀若谷，破除主观性的合理因素，《老子》说："不自见，故明；不自是，故彰；不自伐，故有功；不自矜，故长。"（二十二章）认为一个人不要自我表现，不要自以为是，不要自我夸耀，不要自高自大，没有主观主义，就能获得成功和智慧。这是要求人们丝毫不掺杂主观成见，按事物的本来面目去认识它。另一方面，《老子》讲的"静观"是一种神秘主义的直觉。它说："古之善为道者，微妙玄通，深不可识。"

（十五章）以为这种微妙深远的直觉，非一般人所能了解，而只能用一些玄之又玄的话来形容它。

三、首次提出辩证法的否定原理

《老子》的整个哲学体系是唯心主义的。它的"无为"和"无名"思想虽然有合理因素，但把"无为"和"无名"绝对化，认为"无"是世界第一原理。它说，"天下万物生于有，有生于无"（四十章）；"静为躁君"（二十六章）。把"无"看作"有"的根源，把"静"看成为动（"躁"）的主宰，这是以"虚静"作为世界本原的唯心主义观点。所以，《老子》的"道"实质上就是一种"绝对精神"。它认为万物都是由"道"派生的，构成了客观唯心主义的哲学体系。

但是，《老子》有很高的朴素辩证法成就。它提出"反者道之动"的命题，指出事物向相反的方面转化是合乎规律的运动，在中国哲学史上首次提出否定原理，构成了辩证法发展史上的一个重要阶段。

《老子》以为"道"不能用普通的概念、语言加以表达，在他看来，要如实地表达"反者道之动"，只有采取"正言若反"（七十八章）的方式。例如，"大直若屈，大巧若拙，大辩若讷"（四十五章），"生而不有，为而不恃，功成而弗居"（二章），"曲则全，洼则盈，敝则新"（二十二章）等等，都可说是"正言若反"的论断。列宁指出："一般说来，辩证法就在于否定第一个论点，用第二个论点去代替它（就在于前者转化为后者，在于指出前者和后者之间的联系等等）。"（《哲学笔记》，第224页）《老子》说："天下皆知美之为美，斯恶矣；皆知善之为善，斯不善矣。"（二章）表达了对事物的肯定的认识中包含着对它的否定。《老子》讲"正言若反"，对一般人都加以肯定的"第一个论点"，如"直者不屈""生而有""曲非全"，它用"第二个否定的论点"去代替它，如"大直若屈""生而不有""曲则全"等等。《老子》一书列举有无、难易、长短、高下、先后、善恶、美丑、智愚、损益、荣辱等多种矛盾，认为不论哪一种矛盾，对立双方的互相联系和转化是恒常的规律，"有无之相生也，难易之相成也……恒也"（三章）。由此，《老子》做出了一般性的概括，说："反者道之动。"

（四十章）

　　《老子》书中包含有不少军事辩证法，但它把军事辩证法提高到一般辩证法。例如，它把"正复为奇，善复为妖"和"祸兮福之所倚，福兮祸之所伏"（五十八章）联系在一起，说明战势的奇与正、社会生活中的善与妖、祸与福都是互相转化的。又如，它把"兵强则灭，木强则折"同"人之生也柔弱，其死也坚强；万物草木之生也柔脆，其死也枯槁"联系在一起，并得出结论："坚强处下，柔弱处上。"（七十六章）说明柔弱胜刚强不仅是战争的规律，而且是人类和自然界的一般规律。从个别的辩证法因素概括出一般的辩证法原理，是《老子》一书的突出贡献。

　　从个别上升到一般，包含"类"范畴的运用。在这里，"类"范畴和矛盾分析联系着。它说："三十辐共一毂，当其无，有车之用。埏埴以为器，当其无，有器之用。凿户牖以为室，当其无，有室之用。故有之以为利，无之以为用。"（十一章）《老子》在这里举了造车子、制陶器、造房子三个事例，进行类比，分析了"有"和"无"的矛盾关系：车毂中空，才有车轮的功用；陶器中空，才有陶器的功用；开凿门窗造房子，房子中空，才有房子的功用。通过这样的类比，概括出关于"有"和"无"矛盾关系的原理："有"给人以利益，是靠"无"起了作用。可见，《老子》运用"类"范畴，在于通过类比和分析以揭示事物的矛盾本质。作为归纳推理，这一章也是"故"范畴的运用。《老子》讲的"故"，除了普通逻辑的意义（即"所以"）外，也往往和矛盾分析相联系着。像这里的"故有之以为利，无之以为用"（二章），"故有无相生，难易相成……"等，都揭示了内部矛盾是事物的动因，运动即对立双方的相反相成。至于"不自见，故明；不自是，故彰"（二十章）等，则是用"正言若反"的形式，表达了矛盾论点的转化。虽然《老子》并没有把"类""故""理"（"道"）作为逻辑范畴考察，但在实际运用上已进入辩证思维的领域。

　　《老子》的朴素辩证法是半途而废的。它的"反者道之动"，虽然正确地指出了简单的、肯定的论断（正题）中包含着差别、联系和转化，有见于思维从肯定到否定的辩证推移，但它没有再前进。它不知道否定的论断（反题）中还包含着肯定，不知道肯定与否定的统一。

所以，它只是向后看，在讲了"反者道之动"之后，紧接着讲"弱者道之用"，以为懂得了物极必反的道理，最后是坚守柔弱的地位。此外，《老子》的"无为而治"，也是一种政治权术，这为以后的法家所吸取，在中国历史上产生了极坏的影响。

《老子》一书总体来看，着重考察了天道，以天道自然的思想，对孔、墨人道原则作了否定，提出了辩证法的否定原理，因而确立了它在中国哲学史上的重要地位。

第四节 《孙子兵法》以及法家之初起

法家和兵家的著作，是对春秋战国之际新兴地主阶级变法改革运动的总结。

一、《孙子兵法》的军事辩证法

《孙子兵法》是春秋末期的兵家著作，该书作者孙武，字长卿，齐国人，曾被吴王阖闾任为将。《孙子兵法》是世界上最早的杰出的军事学著作，具有丰富的军事辩证法思想。把《孙子兵法》和《老子》相比较，可以看到它的军事辩证法的特色。

和《老子》否定礼法不同，《孙子兵法》主张法治，反对礼治，说："善用兵者，修道而保法，故能为胜败之政。"（《孙子兵法·形篇》，以下引《孙子兵法》只注篇名）认为政治上实施法制对于决定战争的胜败是至关重要的。

孙子强调"能为"，显然不同于《老子》的"无为"。《老子》由"无为"导致唯心论，孙子讲"能为"，则既要求从客观实际出发，又要求指挥者充分发挥主观能动性。他认为要克敌制胜，首先要从实际出发，对客观情况有全面的了解。他说："知彼知己，胜乃不殆。知地知天，胜乃可全。"（《地形篇》）孙子还把"为"看作按照规律去创造条件的一个过程。他说："胜可知，而不可为。"（同上）即胜利可以预见而不可强求，因为战胜敌人的时机是否成熟并不完全由我方决定，还有待于敌人的弱点的暴露。孙子又说："胜可为也。"

（同上）所谓"可为"，即创造条件促使敌人暴露弱点，以决定进攻的时机。这就需要高度地发挥能动性，灵活用兵。孙子说："兵无常势，水无常形；能因敌变化而取胜者，谓之神。"（《虚实篇》）所谓神，即是主观能动性发挥到了神妙的地步。

《孙子兵法》考察了战争中的许多矛盾：敌我、主客、众寡、强弱、攻守、进退、奇正、虚实、动静、勇怯、劳逸、治乱、胜败等。孙子认为这些矛盾的对立面不仅互相依存，而且可以互相转化。他说，"乱生于治，怯生于勇，弱生于强"（《势篇》）；"投之亡地然后存，陷之死地然后生"（《九地篇》）。《老子》虽然也指出强弱、雌雄等许多矛盾，但认为应该自处雌弱地位，以避免矛盾的转化，而《孙子兵法》则与之不同，其主要着眼于如何促使矛盾转化，以赢得战争。孙子说："始如处女，敌人开户；后如脱兔，敌不及拒。"（《水地篇》）"如处女"可说是雌伏，但这是为了迷惑敌人，使其不加防备，以便我发动突然袭击时，敌人无法抵抗。所以，"静如处女"正是为了向"动如脱兔"转化，以获得战争的胜利，而绝不是"守其雌"。可见，孙子对于矛盾的考察表现出积极进取的精神，不同于《老子》对于矛盾的消极态度。

当然，《老子》把军事辩证法提高到一般辩证法，比《孙子兵法》仅限于军事领域的辩证法思想更富有哲学意义，但是，《孙子兵法》具有朴素唯物主义和朴素辩证法相结合的思想萌芽，也是难能可贵的。

二、范蠡：法家的先驱

范蠡，字少伯，楚国人，为越上将军，协助越王勾践灭吴，使越称霸中国。他后来弃官经商，成为巨富，自称陶朱公。

范蠡强调"随时以行"，"因时之所宜"（《国语·越语下》，以下引范蠡之语，均出自该书）。这种注重顺应时势而不拘泥古法的思想，表现了他在"古今"之争上的法家立场。

范蠡在"天人"之辩上，提出了一些值得注意的见解。他说："天道皇皇，日月以为常。"认为天道是广阔的，日月都遵循着它而有往返、盈缩的运动变化。这里的"天道"是指自然运行的规律，没有迷信的色彩。他又说："天道盈而不溢，盛而不骄，劳而不矜其功。"认为自然界是丰满、广大而运动不已的，但并不自满、自骄、自矜其功。这样的表述颇近似《老子》中的内容。范蠡和老子一样，强调人要效法自然，并提出了"因"这个范畴。他说："因阴阳之恒，顺天地之常，柔而不屈，强而不刚。""古之善用兵者，因天地之常，与之俱行，后则用阴，先则用阳；近则用柔，远则用刚。"（同上）这里讲的"因"，显然又不同于《老子》的"守柔"，而是主张按照条件不同，或则用柔，或则用刚，并且要柔中有刚，刚中有柔。范蠡讲"因"也不同于《老子》一书中的一切顺从自然，反对人为，而是主张把人事与自然条件结合起来。他说："夫人事必将与天地相参，然后乃可以成功。"（同上）这是说，人事变化与自然条件互相配合，是人们获得成功的必要前提。

范蠡在《国语·越语》中的某些话，在《管子》的《势》和《形势》篇中也可见到，并且在那里得到了发挥。他所讲的"因"，很接近《管子》中的"静因之道"。如果说，《管子》中的黄老之学为法家奠定了哲学基础，那么范蠡则是其先驱者。

第二章 百家争鸣的高潮

到战国时,新兴地主阶级的变法改革运动在各诸侯国蓬勃展开,并取得了胜利。这在思想理论上也得到了强烈的反映,因而始于春秋末期的"百家争鸣",在战国的中、后期达到了高潮。齐国首都临淄的稷下是百家争鸣的一个集中场所。

第一节 《管子》:法家和黄老之学的合流

在稷下的学者中,有不少法家和黄老学派。《管子》中保存了他们的著作。《管子》一书的特点,是法家和黄老之学的合流。

在古和今的关系上,《管子》一书表现了鲜明的法家观点。它说:"不慕古,不留今,与时变,与俗化。"(《管子·正世》,以下引《管子》只注篇名)这就是说不要迷信古代,也不要滞留在今天,一切政策措施要随着时代和习俗而变化。在礼和法的问题上,《管子》一书认为,圣君必须"任法"才能做到"身逸而天下治"(《任法》)。这和老子废弃礼法的"无为而治"显然不同。同时,这和商鞅讲法治也不完全一样,因为它不像商鞅那样排斥礼义,而是说:"所谓仁义礼乐者,皆出于法,此先圣所以一民者也。"(同上)认为仁义礼乐都是统治人民的工具，是从属于法的。但是，《管子》中又强调法来源于道："事督乎法，法出乎权，权出乎道。"（《心术上》）认为一切事都要用法来考察，而法所根据的权衡标准则出之于道。这就表现了《管子》一书将法家和黄老之学相结合的特点。

《管子》作为一部杰出的经济理论著作（其经济理论是把"道"和发展封建经济联接在一起），为法家的农战政策作了论证。这也表现了它的法家和黄老之学相结合的特点。

一、在"天人""名实"之辩上改造《老子》

在"天人"之辩方面，《管子》对《老子》的改造主要表现在它所讲的"道"上。

《管子》以虚无、无为来形容道，把道说成是天地万物的总原理，把德说成是具体事物所以然的原理，这些和《老子》是一致的。但《管子》对于《老子》的超时空的绝对精神的道，作了唯物主义的改造。《管子》所谓的道，是指气和它的运动规律。在《管子》中，道和气往往通用。比如在"气者，身之充也"（《心术下》）和"道者，所以充形也"（《内业》）这两句话里，道和气没有什么区别。《管子》把气（精气）作为天地万物的本原。它说："凡物之精，比则为此，下生五谷，上为列星，流于天地之间，谓之鬼神。藏于胸中，谓之圣人，是故名气。"（同上）认为物的精气相互结合，便产生出天地间的种种东西，包括所谓的鬼神和圣人。这是唯物主义的观点，即把物质性的气看作第一性，思想、认识等精神现象看作第二性的。《管子》认为规律是和物质性的气联系在一起的。它说："根天地之气，寒暑之和，水土之性，人民鸟兽草木之生，物虽甚多，皆均有焉，而未尝变也，谓之则。"（《七法》）就是说，规律（则）依存于物质性的气，是天时、水土、植物、动物以及人类等各种各类事物中共同的稳固不变的东西。它认为人们必须遵循自然规律才能成功，否则就会失败，"顺天者，有其功；逆天者，怀其凶"（《形势》）。这是对"天人"之辩的唯物主义回答。但《管子》强调的是顺应自然，而不是改造自然，这又有着《老子》"无为"思想的痕迹。

在"名实"之辩上,《管子》也对《老子》作了改造。这主要表现在：一方面《管子》摈弃了《老子》的"无名"论,另一方面又吸取了《老子》的"静观""玄览"思想。

《管子》说："物固有形,形固有名,名当谓之圣人。"(《心术上》)认为名称和客观实在相一致,才算是圣人的智慧。这种唯物主义的观点,显然不同于《老子》的"无名"论。《管子》说,要做到名实相当,应当"洁其宫,开其门,去私毋言,神明若存"(同上),认为使心灵("宫")或理性保持清明,打开感觉的门窗,排除私心杂念,智慧就产生了。不难看出,这里说的"开其门"和《老子》的"闭其门"即否定人们通过感官去接触外界的思想正相反,而所谓"洁其宫"则和《老子》的"涤除玄览"一脉相承。《管子》说："洁之者,去好过也。"(同上)就是要心灵在认识事物时排除主观的偏爱和成见。它把这样一种思维方法("心术")称作"因"或"静因之道"。《管子》说："因也者,舍己而以物为法者也。"(同上)静因之道就是抛弃主观成见而如实地反映(效法)客观事物。它以为主观反映客观就好比是"影之象形,响之应声也"(同上)。这是唯物主义的反映论,但它强调了认识的被动性,忽视了人在认识中的主动作用,因而是消极的直观的反映论。

《管子》在哲学上改造了《老子》,基本上是直观唯物主义体系。但是,《管子》的辩证法比《老子》要少了。按照《老子》的辩证法,"法令滋彰"要向反面转化,导致"盗贼多有",而《管子》为了给"法"提供哲学基础,所以需要的是独断论的"道"。

二、 以"道"作"法"的哲学基础

《管子》作为法家和黄老学派的合流,从天道观、人道观和认识论等方面论证了"法"以"道"为根据。

《管子》认为,制定各项法令和制度,都要依据客观的法则,"错(措)仪画制,不知则不可"(《七法》)。因而它把统治阶级的"法"看作同自然界运动规律一样的绝对正确的常道。它在《形势解》中说,"天覆万物"的"天之常"是"治之以理,终而复始","主牧万民"

的"主之常"便是"治之以法，终而复始"。这种"牧民之道"无疑是一种独断论。

《管子》认为这种"治之以法"的"牧民之道"还有人性论的根据。《管子》认为，人的本性是趋利避害，"见利莫能勿就，见害莫能勿避"（《禁藏》）。在这种趋利避害的本性的驱使下，人们为了争夺物质财富便会发生冲突，因而就需要有"法"来作权衡标准，以约束人们的行动。所以，《管子》说："尺寸也，绳墨也，规矩也，衡石也，斗斛也，角量也，谓之法。"（《七法》）法律之所以能成为犹如计量器具一般的衡量尺度，为大家所遵守，就在于它用刑罚（害）来制裁，用赏赐（利）来引诱，符合人的趋利避害的本性。《管子》说："夫法之制民也，犹陶之于埴，冶之于金也。故审利害之所在，民之去就，如火之于燥湿，水之于高下。"（《禁藏》）就像根据粘土和金属的本性制作陶器和进行冶炼一样，法律是根据人的趋利避害本性使其就范。

《管子》在认识论上，曾把理性和感性的关系比喻为君和臣的关系："心之在体，君之在位也。"（《心术上》）它认为老百姓受制于统治阶级和感性受理性支配、肉体受心灵指挥具有同样的必然性："君之在国都也，若心之在身体也。道德定于上，则百姓化于下矣。"（《君臣下》）这就论证了法家提倡的封建等级制度的"名分"，所谓"君子食于道，小人食于力，分也"（同上）。

《管子》以"道"作"法"的哲学基础，是为了赋予"法"以至高无上的权威。这样，《管子》的"道"就成了一种独断论。

第二节 儒法之争与孟子性善说

继孔子之后，把孔子开创的儒家学派加以发扬的，主要是思孟学派，特别是孟子，因而后人常以"孔孟之道"来称呼儒家思想。

一、儒法之争与思孟学派

孔子死后，儒家发生了分化。子夏的弟子李悝、吴起成了著名的法家，儒家中也有一部分人坚持复古循礼的主张，反对战国初期和中期的新兴地主阶级的变法改革。这就产生了儒法两家的对立。这在《商君书》中表现得十分明白。反对商鞅变法的甘龙、杜挚等，打出儒家法古循礼的旗号，商鞅驳斥道："前世不同教，何古之法？帝王不相复，何礼之循？"（《商君书·更法》）这里充分表现了儒法在"古今""礼法"之争上的对立。

但是，主张复古循礼的儒家中，也有一些人是顺应或维护当时新兴地主阶级统治秩序的，例如思孟学派。子思和孟子是战国初、中期的大儒。子思（前483—前402年），姓孔，名伋，孔子之孙。子思的思想主要保存于《中庸》一书。《中庸》明确地主张复古和礼治，但它认为从"明哲保身"的立场出发，最好不要公开坚持复古之道。它特别标榜"中庸"为处世哲学。"中"即不偏不倚、无过与不及；"庸"即平常的意思。子思要求君子"时中"，善于随条件变化而无时不"中庸"。这种安分守己、庸言庸行的处世态度，很近乎乡愿，但却是顺应新兴地主阶级统治的。

孟子（约前372—前289年），名轲，字子舆，邹（今山东邹县东南）人，其思想主要保存于《孟子》一书。他"言必称尧舜"，主张复古，反对法家的耕战政策，但他却和法家一样，也是新兴地主阶级的思想家。他和法家之间在"古今礼法"上的对立，是地主阶级内两种不同政治思想的争论。孟子在"法先王"的旗号下提出"仁政"学说，所谓"仁政"，核心是使每个农户保持一份能够养家活口的"恒产"即土地，从而给封建统治提供广阔的经济基础——小农经济。所以，孟子说："诸侯之宝三：土地、人民、政事。"（《孟子·尽心下》，以下引《孟子》只注篇名）就是说，首先要有土地和劳动力，并且让两者相结合，然后才谈得上政治统治。从把劳动力束缚于土地作为政治统治的前提出发，孟子提出了著名的"民为贵，社稷次之，君为轻"（同上）的论点。孟子的"仁政"说主张复古，是不及法家进步的，但他重视劳动力和土地的结合，则比法家更清楚地意识到了小农经济是封建地主经济存在的条件。

"礼法"之争发展到孟子与法家之间，已成了"王霸""义利"之辩。孟子说："以力假仁者霸……以德行仁者王。"（《公孙丑上》）

认为有两种统一天下的办法：一是王道，行仁政，以德服人；一是霸道，假仁义之名，以力服人。法家强调通过暴力来统一中国，《商君书·错法》说："凡明君之治也，任其力，不任其德。"《商君书》还认为儒家讲礼乐，只能造成淫佚，"礼乐，淫佚之征也"；只有使用刑罚，才能使人民产生良好的道德，"德生于刑"（《说民》）。孟子继承孔子的思想，反对功利主义。他曾对梁惠王说："何必曰利，亦有仁义而已矣。"（《梁惠王上》）认为仁义道德是排斥功利的。而法家公开讲功利主义："仓廪实则知礼节，衣食足则知荣辱。"（《管子·牧民》）认为道德是在通过发展生产使生活富足的基础上产生的。孟子和法家"王霸""义利"之辩，对后世也有深远影响。在当时的历史条件下，孟子和法家各有片面的道理，他们都把片面的道理夸大了，成了独断论。从地主阶级对农民的统治策略来说，暴力和德教都是必要的，所以儒法在秦汉以后趋于合流。

二、"性善"说与先验主义

"性善"说是孟子在哲学上的中心思想。

孟子的"性善"说发展了孔子的仁知统一学说，是伦理学与认识论的统一，人道与天道的统一。孔子对于人性讲得不多，到了孟子的时代，人性问题已成了"天人"之辩的重要方面。法家认为人性就是趋乐避苦、好逸恶劳这样一些情欲，因而只有凭借强制性的法律和政治权力，才能使人为善。孟子认为人天生有"善端"。他说："恻隐之心，仁之端也；羞恶之心，义之端也；辞让之心，礼之端也；是非之心，智之端也。人之有是四端也，犹其有四体也。"（《公孙丑上》）孟子认为，把这人人具有的四个善端扩大发展就是仁义礼智四种道德。所以这些道德是天赋的，"仁义礼智非由外铄我也，我固有之也"（《告子上》）。在孟子看来，由于人皆有"不忍人之心"，因而先王可以行"不忍人之政"（《公孙丑上》），即仁政。这样，他的"性善"说就为仁政的政治主张提供了哲学根据。法家提出"刑无等级"（《商君书·赏刑》），标榜在法律面前人人平等。孟子认为人人皆有四端，因而"人皆可以为尧舜"，即在道德面前人人平等。主张"刑无等级"、道德平等，在当时都有反对奴隶制的等级制和世袭制的进步意义。

当然，孟子的"性善"说把道德看成是先天固有的，表现了先验论的观点。孟子认为，不仅道德是天赋的，而且人的知识和才能也是天赋的。他把这种天赋的知识和才能叫作"良知""良能"。这样，他就从唯心主义先验论出发讲认识论和伦理学的统一。他说："仁之实，事亲是也；义之实，从兄是也；智之实，知斯二者弗去是也。"（《离娄上》）意思是说，仁义就是体现在事亲、从兄等伦理关系中的道德准则，而智的任务就在于认识这些伦理的准则，并且把它们保存不失。

在认识能力上，孟子区别了感性和理性。他把感性叫作"小体"，把理性叫作"大体"，耳目之官是"小体"，心是"大体"。他说："从其大体为大人，从其小体为小人。"（《告子上》）认为一个人应以理性来支配感性。因为在他看来，人的一切善行都是出于理性的自然要求，不过许多人并不认识这一点，所以需要通过教育来启发他们的理性自觉。孟子说："行之而不著焉，习矣而不察焉，终身由之而不知其道者，众也。"（《尽心上》）就是说，多数人行而不知，其行为和习惯自发地遵循着仁义之道，却没有对于道的明白清楚的认识。而没有对于道德的自觉的理性认识，孟子认为人就无法和动物相区别。他说："人之所以异于禽兽者几希！庶民去之，君子存之。舜明于庶物，察于人伦，由仁义行，非行仁义也。"（《离娄下》）在孟子看来，人之所以区别于动物就在于有理性，但君子保存了它而庶民丢弃了它，所谓的圣人（舜）只不过是把理性充分发挥了，所以能明察万事万物的规律和人与人之间应有的伦理关系，从而能自觉地"由仁义行"，而不是自发地"行仁义"。孟子强调真正的道德行为是自觉的，是和理性认识相联系的。这是和孔子相一致的理性主义观点。

按照这种观点，道德是可以通过教育培养成的。孟子所谓的教育，无非是唤醒人的理性自然要求，使之由自发变成自觉。由于"性善"说以为理性是天赋的，因此孟子强调：教育的过程就是把散失掉的理性天赋找回来，"学问之道无他，求其放心而已矣"（《告子上》）；教育的过程同时就是道德反省的过程，即所谓的"反求诸己"，使先天的仁义本性由"自在"变为"自为"。这是先验主义关于培养自觉的人格的基本观点。

三、"养浩然之气"与天人合一论

怎样通过教育来培养自觉的自由人格呢？

孟子和孔子一样，认为首先要立志。《告子上》记载：有人问孟子："士何事？"孟子曰："尚志。"再问："何谓尚志？"孟子曰："仁义而已矣。"就是说，读书人必须立志成为出于理性自觉而行仁义的人。如果没有这样的志向，孟子认为那便是自暴自弃。他说："自暴者，不可与有言也；自弃者，不可与有为也。言非礼义，谓之自暴也；吾身不能居仁由义，谓之自弃也。"（《离娄上》）认为出口毁谤礼义，叫作自暴；自称不可能成为有仁义的人，叫作自弃。对于自暴自弃者，是无法用言语来规劝、用行为来引导的。孟子反对自暴自弃，说明他认为人生道路是可以由自己选择的。自主的选择，正是意志的品格。

孟子说："我四十不动心。"（《公孙丑上》）这和孔子说的"四十而不惑"是一样的意思。孟子说他能做到"不动心"，在于"我善养吾浩然之气"（同上）。所谓"浩然之气"，孟子的解释是："其为气也，至大至刚，以直养而无害，则塞于天地之间。其为气也，配义与道，无是馁也。"（同上）孟子在这里说的"气"，类似我们现在讲的"勇气"或"理直气壮"之"气"，是指表现于肉体活动或实际行动中的精神力量。这种精神力量，一方面是靠理性认识掌握了道与义而形成的，如果行为有过错，内心感到理屈，便气馁了。另一方面还要靠持久不懈的修养和锻炼，即所谓"以直养而无害"。可见，孟子讲的"养气"在实际上也包含着意志的锻炼。孟子也讨论了"志"和"气"的关系，他要求"持其志，无暴其气"（同上），既要坚持自己实行道义的志向，又不要损伤自己的勇气。孟子既讲了理性认识与修养的关系，又讲了意志与勇气的关系，要求人们在实际行动中不断提高认识，不懈地注意修养，以锻炼坚强的意志，增强精神力量。

这种"养浩然之气"的理论，注意到了意志的作用。孟子认为培养理想人格，要始终不渝地发挥意志力量，克服困难，把在艰苦的环境中"苦其心志，劳其筋骨，饿其体肤，空乏其身，行拂乱其所为"（《告子下》），看作锻炼自己的机会。但是，他要学者"志于道""志于仁"，认为意志应服从于理性。他说，浩然之气是"集义所生"，所以一个人应不断地提高认识，提高觉悟，就像"原原混混"的流水，遇到坎穴，总是注满了才前进。孟子认为在理性的指导下，行仁义的自觉性越来越强，同时坚持不懈地锻炼自己的意志，就能把人培养成"富贵不能淫，贫贱不能移，威武不能屈"的"大丈夫"（《滕文公下》），甚至在必须做出牺牲时能自觉自愿地以身殉道，舍生取义。孟子这种高度推崇理性的自觉与意志的坚定的理论，对培养民族正气起了积极作用。

孟子把"浩然之气"的精神力量极度地夸大，认为一旦"浩然之气""塞于天地之间"，人就能达到"上下与天地同流"（《尽心上》）的境界。孟子说："尽其心者，知其性也；知其性，则知天矣。存其心，养其性，所以事天也。"（同上）就是说，一个人如果能充分发挥自己理性的作用，就能认识固有的本性，从而也就认识天道了；同时，要注意修养，保存本心不使散失，涵养善性不使受损，这就是事奉天了。这是神秘主义和主观唯心主义的天人合一论。由此孟子和孔子一样导致了天命论。他说："莫之为而为者，天也；莫之致而至者，命也。"（《万章上》）认为"天命"非人力所能为、所能致。不过，孟子区分了"性"和"命"。他认为仁义礼智是人的"性"，对此君子不讲"命"，而是努力通过学习和修养来追求，这就是所谓"圣人之于天道也，命也，有性焉，君子不谓命也"（《尽心下》）。这显然比孔子将"道"之兴废均归于"命"要有积极进取精神。

四、 对"性"（本质）范畴的考察

孟子的"性善"说比孔子更多地考察了理性的作用，特别是着重考察了"性"这个范畴。"性"这个范畴前人早已提出，孟子虽然主要考察了人性，但作为逻辑范畴，孟子的"性"大体相当于"本质"。

孟子与告子争论什么是"性"的问题，孟子认为，所谓人之"性"就是人类区别于动物的共同本质。告子说："生之谓性。"以为人生来具有的"食、色"等本能就是性，他看到的是人和动物的共同点。孟子反驳道，"性"有人之性、狗之性、牛之性，说"生之谓性"不就是认为"犬之性，犹牛之性；牛之性，犹人之性焉"（《告子上》）。

孟子认为要讨论人之"性"应当把握作为人类的共同本质，以同动物相区别。孟子强调这一本质区别在于人有理性。孟子将理性作为人区别于动物的根本特点是有合理因素的，而且从这里可以看出他认为"性"就是一类事物的本质。他说："故凡同类者，举相似也。"（同上）要求把握作为类的本质的性。但他由此认为既然圣人也属人类，圣人能"由仁义行"，那就说明人人都有理性的天赋即仁义，这就走向了唯心论。

孟子也运用"故"的逻辑范畴来考察"性"。他说："天下之言性也，则故而已矣。故者以利为本。"（《离娄下》）认为讲"性"是为了求所以然之"故"，而求"故"则是为了把握变化发展的根据，以便因势利导。孟子与告子辩论时，用杞柳与桮棬的关系来比喻人性和仁义。告子认为孟子以人性为仁义，就如以杞柳为桮棬，把原材料和制成品看成了一回事。孟子反驳说："子能顺杞柳之性而以为桮棬乎？将戕贼杞柳而后以为桮棬也？"（《告子上》）认为只有顺着杞柳的自然本性，才能将其加工为桮棬；同样，只有顺着人性才可达到仁义。孟子认为人性本善，按照这一本性，人可以发展为善。但人如果自暴自弃，主观上不努力修养和锻炼，那就会使自己的本性丢失。孟子提出"性善"说，意图在于说明善的"所以然之故"，说明根据人性的自然趋势，人是可以为善的，要求人们发挥主观能动性以促使可能变为现实。这有鼓励人上进的作用。但他从人可以为善而推论出人天性本善在逻辑上是错误的。

在孟子看来，人性的发展是有定向的，可能变为现实是合乎规律的发展过程。告子把人性比喻为回旋的水，说："人性之无分于善不善也，犹水之无分于东西也。"孟子反驳道："人无有不善，水无有不下。"人之向善，犹如水之就下，是必然的自己运动。水如不能直泻而下，是由于外在条件造成的，"其势则然也"，并非出于水的本性。同样，人之为不善，也并非出于人的本性，"人之可使为不善，其性亦犹是也"（同上）。孟子认为，人秉有善性，所以都自发地爱好理和义，因此要求在生活中遵循理和义，乃是必然的，只是很多人不自觉罢了。孟子区别了自发的道德行为（行仁义）和自觉的道德行为（由仁义行），强调人应自觉地遵循规律（理）和规范（义）来行动。这是合理的见解。不过，他所谓自觉是把天赋的理和义唤醒而已，这就成了唯心论。

由上述可见，孟子运用"类""故""理"的逻辑范畴来揭示"性"，对人类区别于动物的本质、善的所以然之故以及人如何由自发而变为自觉几个方面进行了考察，把人性问题的研究推进了一步。当然，他的"知类""求故"和"明理"的论证也有不合逻辑之处。

总之，孟子的"性善"说强调用理性来把握事物的本质与所以然之故，并自觉地培养人的德性，在中国哲学史上留下了自己的贡献。但是，他正是由于把理性绝对化而造成了先验论的体系，并且他的先验论比孔子更为鲜明和系统化。

第三节　庄子："万物一齐，孰短孰长"
——相对主义反对独断论

道家学派在老子之后也发生了分化：一部分成为黄老之学，与法家结合，为新兴地主阶级的统治服务；另一部分继续做"隐士"，与当政的封建统治者采取不合作的态度。杨朱、庄子便是这后一派的代表。庄子（约前369—前286年），名周，宋国蒙（今河南商丘县东北）人。庄子的哲学思想，主要见于《庄子》一书。

在"古今"之争上，庄子对现实政治抱悲观态度，因而他把《老子》"无为而治"的思想推到极端，连《老子》所描绘的那种"小国寡民"的社会也不要。他说："夫至德之世，同与禽兽居，族与万物并，恶乎知君子小人哉？"（《庄子·马蹄》，以下引《庄子》只注篇名）认为文明社会产生君子和小人的对立带来了祸害，因而应当回到人类原始的与禽兽同居杂处的社会状况去。在"礼法"之争上，他对儒家主张的仁义礼乐和法家鼓吹的暴力都予以抨击。如他发挥《老子》"绝圣弃智"的思想，说："绝圣弃智，大盗乃止。"（《胠箧》）又如他认为用暴力夺取政权是"窃国者"。庄子对封建统治者的愤激批评，在后世的"异端"那里引起了共鸣，产生了积极影响。但庄子本人在发了一通牢骚之后，就去做"逍遥游"的隐者了。

另外，庄子是个诗人和文学家，这也是我们研究庄子哲学时应当注意的。

庄子建立的是相对主义的哲学体系。

一、具有泛神论色彩的天道观

庄子和《老子》一样，也把"道"作为世界最高原理。他说："夫昭昭生于冥冥，有伦生于无形，精神生于道，形本生于精，而万物以形相生。"（《知北游》）认为有形的具体事物产生于无形的精神，而个别精神产生于绝对精神——道。这显然是唯心主义观点。但是，庄子的天道观具有不同于《老子》的泛神论色彩。

庄子认为，"道"不是天地万物之外的"造物者"，而是一切事物内在的原因。《知北游》记载："东郭子问于庄子曰：'所谓道，恶乎在？'庄子曰：'无所不在。'"东郭子仍要追问庄子道在哪里，庄子就作了"每下愈况"的回答，"在蝼蚁"，"在稊稗"，"在瓦甓"，"在屎溺"。最后庄子说："周、遍、咸三者，异名同实，其指一也。"他用"周、遍、咸"三个字来形容道的无所不在，与《老子》以"夷""希""微"三者"混而为一"来说明道，明显地表示出不同的意味：庄子强调"道"作为世界统一原理是内在于事物自身的，《老子》强调"道"作为世界统一原理是感官不能触摸的。

庄子认为，"道"既然是无所不在，那么，它和物之间应当是没有界限的。所以，他说："物物者与物无际。"（《知北游》）由此出发，庄子反对了在"道"和"物"关系上的两种对立的学说——"或使"说和"莫为"说。

所谓"或使"，是以某个超越万物的实体作为万物生成、变化的主宰者。庄子以为，万物变化多端，"而不知其所为使。若有真宰，而特不得其朕"（《齐物论》）。庄子否定有"真宰"的征兆，否认有造物主，表现了无神论的观点。所谓"莫为"，是说天地万物自然变化而无主宰者。庄子批评当时季真的"莫为"说是"无名无实，在物之虚"（《则阳》）。即把"道"看作在物之虚而莫为于物，把道和物、虚和实、无名与有名截然对立起来了。庄子强调宇宙是无限的："吾观之本，其往无穷；吾求之末，其来无止。"（同上）即观察事物的本原，只见往者无穷；探求事物的末端，只见来者无止。他认为既然宇宙是无穷无止的，那么讲"道"之为"无"，就意味着它只能是内在于物的理，"无穷无止，言之无也，与物同理"（同上）。庄子认为"或使"说和"莫为"说的共同错误在于没有认识到这一点。他说："或使莫为，言之本也，与物始终……或使莫为，在物一曲，夫胡为于大方。"（同上）"或使"说和"莫为"说，都是寻求事物的本原而把本原和物对立起来，这种对立就表示道和物之间有界限并有始终关系，所以这两种说法都有片面性，都没有认识无限的大道（大方）。

庄子认为"道"无所不在，与物没有界限，同时又指出天道和宇宙是无限的、绝对的、无条件的，这些都表现了他在天道观上的泛神论色彩。不过，他的天道观仍然没有脱离他的相对主义哲学。庄子的天道观强调运动变化是绝对的。他说："物之生也，若骤若驰，无动而不变，无时而不移。"（《秋水》）认为事物无时无刻不在变移，瞬息即逝，绝不停留于某一形态。庄子虽然有见于运动的绝对性，但他过分强调了这一点，因而否定了事物的质的规定性。他说："察乎盈虚，故得而不喜，失而不忧，知分之无常也。明乎坦途，故生而不悦，死而不祸，知终始之不可故也。"（同上）认为懂得了运动的绝对性，就能将性分的得失看作只是盈虚的变化，人和物的生死看作同属日新的坦途，所以得与失、生与死都失去了质的差别，也就无所谓喜悦与忧患了。可见，庄子的天道观最终还是归结为相对主义。

二、用自然原则反对人为

庄子用相对主义的观点看待人生，以为人只是万物中之一物，没有理由去特别强调人的尊严。他比《老子》更彻底地否定了儒墨的人道原则。

庄子认为，自然的一切都是美好的，人为的一切都是不好的。他说："牛马四足，是谓天，落（络）马首，穿牛鼻，是谓人。故曰：无以人灭天，无以故灭命，无以得殉名。"（同上）所谓"天"，就是本来就自然存在的，如牛马四足；所谓"人"，就是人的有意识的加于自然之上的作为，如络马首和穿牛鼻。庄子在这里强调不要以人为去破坏自然，不要以人的有目的活动去对抗自然命运，不要以得之自然的天性（德）去殉社会上的名分。

庄子从自然和人为是对立的、互相排斥的观点出发，认为出于人为的仁义道德是对自然天性的摧残，说："意仁义其非人情乎！"（《骈拇》）这与孟子以为仁义出于天性的观点正好相反。庄子还说，通常把殉仁义者叫作君子，殉货财者叫作小人；其实，仁义和货财都是出于人为，所以君子和小人尽管所殉的名义不同，但都是被人为破坏了自己的天性，"其于残生伤性均也"（同上）。既然人为只能破坏天性，那么，庄子必然要彻底地否定人道原则，所以，他要求达到"有人之形，无人之情"（《德充符》）的境地。

然而，庄子如此彻底地否定人道原则的本身也是一种人道观。这种人道观以自然为原则，以为真正的自由（自得、自适）在于任其自然（天性），具备了理想人格的人就是无条件地与自然为一的"至人"。

庄子认为现实生活中的事物都是不自由的，因为他们都"有所待"。所谓"有待"，是指事物都有其所依存的条件。他在《逍遥游》中说，大鹏高飞万里和列子御风而行看来似乎是自由自在的，但他们都是"有所待"：大鹏扶摇直上要靠巨大的翅膀；列子免于步行也要靠风的资助。所以，他们都算不上真正的自由。庄子理想的绝对逍遥只有"无所待"的"至人"。他说："若夫乘天地之正，而御六气之辨，以游无穷者，彼且恶乎待哉？故曰，至人无己，神人无功，圣人无名。"（《逍遥游》）凭借天地的正道，在"六气"（阴、阳、风、雨、晦、明）变化中不受限制地无穷遨游者，是无所待的"至人"（神人、圣人）。这样的"至人"是"无己"（忘我）、"无功"（不追求功绩）、"无名"（不追求名誉）的。"至人"与天道一体，就可以不依赖任何条件而绝对自由，达到"天地与我并生，万物与我为一"（《齐物论》）的境界。进入了这样的境界，对于生死、贵贱、贫富、毁誉都毫不在乎，都泰然处之。这种境界无疑是神秘主义的。

这样的超脱生死、利害的"逍遥游"最终就成了一切顺从自然，乐天安命的宿命论。庄子说："得者，时也；失者，顺也。安时而处顺，哀乐不能入也。此古之所以悬解也。"（《大宗师》）认为一切听从命运的安排，就不会有哀乐的干扰，这就叫作"悬解"即解脱。通过如此的解脱方法获得自由，只能是自欺欺人的梦呓。

但是，庄子的"逍遥游"是有合理因素的。因为人是自然的产物，人必须在与自然交互作用的过程中来发展自己，只能达到与自然为一（遵循自然规律而活动）才会感到自由。所以庄子要求"顺物自然而无容私"（《应帝王》），是有道理的。

三、"名实"之辩上的相对主义

在"名实"之辩上，庄子用相对主义和怀疑论回答了名称、概念能否反映客观世界的认识论问题。

在哲学史上，相对主义通常是作为独断论的对立面而出现的。在庄子之前或与庄子同时的哲学家，如孔子、墨子、《管子》、商鞅、孟子等，或有经验论的独断论倾向，或有唯理论的独断论的倾向。比如，墨子以为感性经验是唯一可靠的，强调耳闻目见的就是"有"，无人看见听见的就是"无"；孟子则对人的理性思维十分信赖，说"是非之心，人皆有之"，以为理性本身具有天赋观念，人生来就能判断是非。无论是哪种形式的独断论，庄子都表示反对。

庄子说，人喜欢吃牛羊肉，而鹿、蜈蚣、乌鸦则分别喜欢吃草、蛇和老鼠，人人都说毛嫱、丽姬很美，而鱼、鸟、麋鹿见了她们则或沉水、或高飞、或逃散。人和这些动物到底谁的感觉正确，谁知道"正味""正色"呢？（见《齐物论》）这就是说，色、味的"正"与"邪"是根据认识的主体的感觉经验如何而决定的，但感觉经验是千差万别的，因而"正""邪"并无客观标准。感觉经验是相对的，理论思维更是如此。庄子说："仁义之端，是非之途，樊然淆乱，吾恶能知其辩？"（同上）认为善和恶、是和非的界限是无法辩明的。这是因为庄子否认有判断真理的客观标准。他说，我与你之间进行辩论，你我自然无法判明是非，即使是请第三者来也不能对你我的意见分歧做出正确评判。因为，如果他的意见相同于你我任何一方，他就无法判定谁是谁非，而如果他的意见与你我都不同，或者都相同，那也无法判定谁是谁非（同上）。庄子用这种相对主义的理论来论证感觉和理性是不可信赖的，由此得出了世界是不可认识的错误结论。但庄子在这里对感性和理性提出的疑问，促使人们去思考"感觉能否给予客观实在""人类的思维（包括辩论、论证）能否达到科学真理"这样一些重大的认识论问题。这是庄子的贡献。

庄子用无是无非的观点来看待当时的诸子百家，他认为诸子百家的争辩是"以物观之，自贵而相贱"（《秋水》）。各家都囿于存在条件的限制，自以为是，将自己的学说认作终极真理，其他各家都不对。他主张"以道观之，物无贵贱"（同上）。认为从"道"的观点来看，物无贵贱即诸子百家是没有是非之区分的，"彼亦一是非，此亦一是非"（《齐物论》）。所以，庄子对待诸子百家采取所谓"不谴是非"（《天下》）、"和之以是非"（《齐物论》）的齐是非、和稀泥的态度。这种无是无非的观点是错误的。但庄子以此反对孟子谩骂杨朱、墨子为"无君、无父"和商鞅用行政手段禁止各学派的"壹教"主张的独断论和专制主义，表现了对诸子百家的宽容态度。他说：诸子百家"犹百家众技也，皆有所长，时有所用。虽然，不该不遍，一曲之士也"（《天下》）。认为诸子百家虽然都是掌握片面真理的"一曲之士"，无是非可论，但他们都有一技之长，不能对他们采取独断论的态度，把它们一律禁绝。《天下》篇对诸子的学说有批评也有肯定。这种宽容的态度是为辩证法所赞同的。

庄子认为一切是非的差别都产生于"成心"，说："未成乎心，而有是非，是今日适越而昔至也。"（《齐物论》）假如没有"成心"而产生是非之争执，那就同"今日适越而昔至"一样的不可能。所谓"成心"即主观意愿。庄子在这里包含着反对独断论主观片面性的合理因素。庄子还进一步指出，独断论者的主观片面观点即"成心"的产生是有原因的。他说："井蛙不可以语于海者，拘于虚也；夏虫不可以语于冰者，笃于时也；曲士不可以语于道者，束于教也。"（《秋水》）庄子认为，诸子百家都同井蛙、夏虫一样，受了空间（虚）、时间（时）的条件限制和所接受教育的束缚，因而都成了主观片面的"曲士"。这里包含着打破"一曲"之蔽，把握全面真理即庄子所谓"大道"

的合理因素。

"名实"之辩也是逻辑学的问题。庄子用相对主义对"言""意"（逻辑思维）能否把握"道"（宇宙发展法则）提出了责难。第一个责难，庄子认为抽象的名言不能把握具体事物。他说："道未始有封，言来始有常。"（《齐物论》）"道"不能分割，而人的语言、概念总是进行抽象，把具体事物分割开来把握；一旦作了分割，就有了界限，就不会是整体了；所以抽象的概念无法把握具体的"道"。第二个责难，庄子认为概念是静止的，无法表达变化。他说："夫言非吹也，言者有言；其所言者，特未定也。"（同上）又说："夫知有所待而后当，其所待者，特未定也。"（《大宗师》）"言"和吹风不同，"言"必有对象即"有所待"。人的认识只有与对象符合才是正确的，但对象是不确定的，瞬息万变的。事物的变化是绝对的，而概念反映事物则要求有一一对应的相对静止关系，所以庄子认为运动变化的"道"是无法用概念来把握的。第三个责难，庄子认为有限的概念不能表达无限。他说："夫精粗者，期于有形者也。无形者，数之所不能分也；不可围者，数之所不能穷也。可以言论者，物之粗也；可以意致者，物之精也。"（《秋水》）意思是说，语言可以表达物之粗略，用思想可以达到物之精微，但都限于有形的领域。而"道"是无形的和无限的，因而不能用数量来计算和穷尽。所以，"道"是不能以"言"和"意"来把握的。

庄子的三个责难，否认了语言、概念可以表达"道"，走向了不可知论的错误道路。但他揭露了逻辑思维中的抽象和具体、静止和运动、有限和无限的矛盾，推动了哲学思维的深化。

四、艺术意境理论的萌芽

庄子是诗人，善于用诗来表达哲理。在庄子看来，哲学就是诗，自然就是美。他说："天地有大美而不言。"（《知北游》）他认为天地之大美非名言、知识所能把握，却可以用诗和寓言来暗示。例如在"庖丁解牛"的寓言里，庄子用十分生动的诗的语言形容庖丁解牛时的一举一动："手之所触，肩之所倚，足之所履，膝之所踦，砉然响然，奏刀騞然，莫不中音，合于桑林之舞，乃中经首之会。"（《养生主》）就是说，庖丁解牛的熟练技巧已完全合乎舞蹈与音乐的节奏，他的劳动就是艺术。庖丁之所以能做到这一点，是因为他经过长期实践，已深刻地认识了牛的生理结构，能够"依乎天理"，"因其固然"，"恢恢乎其于游刃必有余地矣"（同上）。

在这个寓言里，有两点值得我们注意：第一，哲学思想（人的自由在于主观精神与自然规律相一致）体现于具体生动的艺术形象之中，成了诗的意境。第二，庄子在这里并不否定人为，而是要求由人为回到自然，由"技"进于"道"。必须经过长期的锻炼，达到"以神遇，而不以目视"（同上）的地步，才能与自然为一而获得自由。这里的自由不是道德上的自由，而是审美活动上的自由。

这两点意思，也见于《庄子》书中其他的一些寓言，如"轮扁斫轮""佝偻者承蜩""梓庆削镰"等。它们都是讲劳动的技艺达到神化的境界，成了完全自由的劳动，成了美的享受。而这种自由之所以能获得，是由于长期"用志不分，乃凝于神"（《达生》），达到了完全忘我而与自然为一。佝偻老人以竿取蜩（蝉），他专心致志，"不以万物易蜩之翼"；梓庆削木为镰（一种乐器），他忘了自己的四肢形体，在山林中选材加工时，能够"以天合天"，即以习惯成了自然的技艺与木材的天性相合。这些寓言故事，一方面朴素地把"自由是对必然的认识"的哲学思想表现于艺术形象之中；另一方面也触及了艺术创造作为精神生产的规律性，即由"技"进于"道"，由必然王国进于自由王国。可以说，中国古典美学中关于艺术意境的理论，在庄子的哲学思想中已有了萌芽。庄子在这方面对后世的影响，积极方面是主要的。当然也有消极方面，因为用自然原则反对人道原则，就会出现脱离人生的偏向。

《庄子》一书几乎对古代所有的重要问题都进行了探讨，达到了很高的思辨水平。特别是它深刻地揭露了逻辑思维的矛盾，考察了人在审美活动中的自由，给后世以深远的影响。庄子的相对主义哲学体系能够把人们从"独断的迷梦"中唤醒起来，提出了许多富有启发性问题，构成了哲学发展的一个必要环节。不过，庄子的怀疑一切的态度和无原则性的人生观，也产生了不可低估的消极作用，以后许多政治上失意的封建士大夫都从中寻找精神寄托,封建统治者也以此标榜清高和超脱,用来麻痹人民。

第四节 名家"同异""坚白"之辩
——相对主义和绝对主义的对立

先秦的诸子都对"名实"之辩发表了自己的见解。"名实"之辩包含着逻辑学的研究,在诸子中间,墨家和名家最为注重考察逻辑学问题。名家的主要代表是惠施和公孙龙。

一、 惠施:"合同异"

惠施(约前370—前310年),战国中期宋国人,曾在魏国为相,与庄子经常辩论问题。惠施的著作早已散失,只在《庄子·天下》《荀子》《韩非子》《吕氏春秋》中记载着他的某些哲学思想。

惠施主张"合同异"。《庄子·天下》记有惠施的"历物十事"(十个论题),其中的一个论题是:"大同而与小同异,此之谓小同异;万物毕同毕异,此之谓大同异。"认为"大同"属于一大类,"小同"属于一小类,例如以动物为"大同",兽类则为"小同",这种从种属关系来考察事物之间的同异,叫作"小同异"。"毕同""毕异"是说万物都有共同之处和相异之处,这就叫"大同异"。惠施强调"大同异",按共性说,万物都是"物",故"毕同";按个性说,每一物各具特性,故"毕异"。他揭示出事物同异关系的相对性,有其合理因素;但他夸大了这种相对性,抹煞了事物的质的差别,得出了"泛爱万物,天地一体也"(《庄子·天下》)的结论。意思是说,要无差别地去爱一切东西,把天地万物和自己看成血肉相连的一个整体。这里,他把抽象的"毕同"说成是实在的一体,混淆了"类同"和"体同"。

惠施和庄子是好朋友。他的一些论题和庄子很相似。庄子说:"方生方死，方死方生。"（《庄子·齐物论》）惠施也讲："日方中方睨，物方生方死。"（《庄子·天下》）两人都强调事物的变化是绝对的，事物刚产生就开始死亡。庄子说："自其异者视之，肝胆楚越也；自其同者视之，万物皆一也。"（《庄子·德充符》）惠施讲"毕同毕异""天地一体"。两人都强调从"异"的观点来看，万物都有差异，从"同"的观点来看，万物齐一。惠施和庄子一样，认为同异是相对的，因而一切概念都是可变的、灵活的，但以此抹煞了概念的稳定性，导致了相对主义。

惠施说："天与地卑，山与泽平。"（《庄子·天下》）在一般人看来，天地、山泽有上下、高低之分，两者不可混淆。在惠施看来，"地之上皆天也"，高山之上的天固然很高，而在那低洼的地方，天就很低，所以说"天与地卑"；而且不论高山与深泽，相对于覆盖于其上的天空来说，是平等的，所以说"山与泽平"。在这里，惠施指出高和低、上和下的对立是相对的、可变的，这有合理因素。但他因此而断言高和低、上和下、大和小、生和死等一切差别都可以抹煞，一切对立都可以无条件地相互转化。这就成了相对主义的诡辩。例如惠施一派的辩者提出"卵有毛""白狗黑"等论题，认为卵可以转化为有毛羽的禽类，所以毛羽是卵本来就有的；人们把瞎了眼睛的狗叫瞎狗，那么白狗有黑眼珠，也可以把它叫作黑狗。这些论题都是夸大了白黑、有无等概念的灵活性、可变性，使它们失去了在一定论域中的确定意义，违背了形式逻辑的同一律。

但是，惠施一派辩者的一些论题也揭示了事物的矛盾。惠施说："日方中方睨，物方生方死。"即太阳刚升到正中就开始偏斜，事物刚产生就走向死亡，这里揭示了事物静止中的运动以及运动的连续性。另外的辩者提出"飞鸟之景（影）未尝动也"和"镞矢之疾，而有不行不止之时"（同上）的论题，认为飞鸟的影子不曾动过，飞射出去的箭镞，有不前进不停止的时候，这里揭示了运动中的静止以及运动的间断性。惠施这类辩者的上述论题，揭示出物体运动既是持续的又是间断的，触及到了"运动本身就是矛盾"的辩证法思想。不过，他们的辩证法是偶然的。因为他们揭露了矛盾，却不认识矛盾就是事物以及概念的本质。

二、公孙龙："离坚白"

公孙龙（约前325—前250年），战国中期赵国人，其思想见载于现存的《公孙龙子》一书。公孙龙论证了"白马非马"的命题，并提出了"离坚白"的学说。

公孙龙在论证"白马非马"时说："马者所以命形也，白者所以命色也。命色者非所以命形也，故曰：白马非马。"（《公孙龙子·白马论》，以下引《公孙龙子》只注篇名）认为在"名实"关系上，"马"之名用来表示形体，"白"之名用来表示颜色，"白马"这一名称包括了形体和颜色这两个因素，而"马"只是指形体，所以说"白马"不是"马"。他还说，在实际生活中，当人们要匹马时，各种颜色的马都可以给，而当人们要匹白马时，黄马、黑马就不合要求了。可见，白马不是马（见《白马论》）。其实，在常识承认的"白马是马"这个简单命题里，包含着个别和一般的互相联结而又互相排斥的辩证关系。公孙龙强调"马"和"白马"这两个概念在内涵与外延上有区别，指出了个别和一般的互相排斥关系，在逻辑发展史上是有贡献的。但他将"马"和"白马"这两个概念完全加以割裂，认为一般的抽象的马可以脱离具体的马而独立存在，就割裂了一般与个别的辩证关系，成了诡辩。

公孙龙的"离坚白"学说，认为"坚"与"白"这两种属性不能同时是石头的属性，"坚"和"白"是分离的。他说："视不得其所坚而得其所白者，无坚也；拊不得其所白而得其所坚者，无白也。"（《坚白论》）意思是说，人们用眼看石头时，只能得到白的感觉而得不到坚硬的感觉，这时就没有"坚"；同样，人们用手摸石头时，只能得到坚硬的感觉而得不到白的感觉，这时就没有"白"。公孙龙由此得出结论：看得见的"白"和看不见的"坚"是彼此分离的，"见与不见离"；所谓分离，就是"白"和"坚"自己藏起来了，"离也者，藏也"（同上）。可见，公孙龙认为一般属性（坚、白）可以脱离具体事物（石）而独立存在，坚、白这些属性是互相分离的。他还进一步认为，一切属性都是互相分离的："离也者，天下故独而正。"（同上）天下的一切属性，各各相离，各自独立存在，各有其相当之名，这就是正名。

这种"正名"论把概念（一般属性或共相）看作独立自存的，这即公孙龙所谓的"指"。他讲的"指"与"物"的关系，即概念和实物、一般和个别的关系。他说："天下无指，物无可以谓物。"（《指物论》）认为事物是由概念产生的，如果没有概念，事物也就无法称其为事物了。这种唯心主义观点和西方的柏拉图相似，即认为在具体的世界之外，还有个概念的世界，任何具体的事物都是概念的表现。

公孙龙主张的"离坚白"有见于概念的差异不容混淆，说："故彼彼止于彼，此此止于此，可。彼此而彼且此，此彼而此且彼，不可。"（《名实论》）即认为称彼为彼而限于彼，称此为此而限于此，这是允许的；如果称此为彼而彼也成此，称彼为此而此也成了彼，那是不允许的。这里包含着这样的意思：概念和对象之间要有一一对应的关系，而这种对应关系是形式逻辑同一律的基础，是逻辑思维的必要条件。这是正确的。但公孙龙把形式逻辑的同一律绝对化了，以为既然称"坚"为坚限于坚，称"白"为白而止于白，那么"坚"和"白"是互相分离的，于是把坚、白和其他一切属性都割裂开来，并说它们可以脱离具体事物而独立自存。这就陷入了绝对主义和唯心主义，导致了诡辩。比如他讲"鸡三足"，认为"鸡足"的概念为一，实际鸡足数为二，加起来就是三。这显然是荒唐的。

惠施"合同异"的相对主义和公孙龙"离坚白"的绝对主义，实际上是揭露了逻辑思维的本质矛盾：一方面，逻辑思维有相对静止状态，概念和对象之间必须有一一对应关系，并且在思维过程中，有必要把具体事物分割开来考察。另一方面，为了把握事物之间的全面的活生生的联系和变化发展的法则，概念又必须是灵活的、能动的，在对立中统一的。公孙龙强调的是前一个侧面，惠施强调的是后一个侧面，所以他们的绝对主义和相对主义也都包含有认识发展的必要环节。

第五节　后期墨家的名实观和自然观

墨子死后，墨家在战国中期已分成了若干学派。现在统称这些学派为后期墨家。后期墨家的代表作是《墨经》，即现存《墨子》一书中的《经上》《经下》《经说上》《经说下》《小取》《大取》这六篇著作的统称。后期墨家很重视手工业生产技术，在他们的著作里研究了许多自然科学领域中的问题，尤其是在几何学、光学、力学等方面有杰出的贡献。

在"古今"之争上，后期墨家反对儒家的复古主义。《经说下》说："尧善治，自今在诸古也。自古在之今，则尧不能治也。"认为人们讲尧善于治理国家，是从当今推想到古代而言的，如果从古代考察到当今，古今异时，则知尧是不能治理当今的国家的。这显然是对儒家"言必称尧舜"的驳斥。在"义利"之辩上，后期墨家继承和发展了墨子的功利主义。墨子要求从"志"（动机）和"功"（效果）的统一的观点来评价人的行为。后期墨家进一步地明确指出，道德行为总是以利人之志功为本质特征。《大取》说："义，利；不义，害。之（志）功为辩。"义与不义的区别就在于志与功是利人还是害人。后期墨家又把利与害归之于喜悦与厌恶的感觉，"利，所得而喜也"；"害，所得而恶也"（《经上》）。这表明后期墨家进一步地贯彻了墨子将功利主义和感性原则相联系的思想。

一、"以名举实"的认识论

在"名实"之辩上，后期墨家继承和完善了墨子的唯物主义认识论。后期墨家说："举，拟实也。"（同上）"举：告以文名，举彼实也。"（《经说上》）认为"名"是对"实"的摹拟，即概念是反映客观实在的。

《墨经》主张的"以名举实"（《小取》）论，对于认识的被动性和能动性，感性认识和理性认识的关系有比较清楚的了解。它指出，人们获得的对客观世界的知识可以分成这么几个因素，"知，材也"；"虑，求也"；"知，接也"；"智，明也"（《经上》）。"知材"是指人具备的认识能力，如耳聪目明；若是耳聋目盲者便不能称其有"知材"，因为他们丧失了认识能力。"知虑"是指人主观上有意识地寻求、思索事物。"知接"是指人的官能接触外物，把客观事物摹写下来，即感性认识。"智明"是指人的理性认识，人们能运用心知对事物进行分析、比较，以把握事物的规律，达到更为深切著明的认识。

这是从人们认识的先后次序来考察"以名举实"的过程。

《墨经》还从获得知识的方式和内容与形式的关系来考察"以名举实"的过程。它说："知：闻，说，亲，名，实，合，为。"（同上）"知：传受之，闻也。方不㢓，说也。身观焉，亲也。所以谓，名也。所谓，实也。名实耦，合也。志行，为也。"（《经说上》）认为人们获得知识的方式有三种：闻、说、亲。"闻知"是指由别人传授给我的间接的知识。"说知"是指由推理获得的知识，所谓"方不㢓"是指"说知"不受特殊时间、空间条件的限制。"亲知"是指亲身观察获得的知识。就内容与形式的关系而言，"以名举实"的认识过程有四个环节：名，实，合，为。"名"是用以称谓事物的主观形式。"实"是称谓的对象的客观内容。"名实耦"是指主观形式和客观对象的统一（合），即达到真理性的认识。"志行，为也"是指认识表现为意向，见诸于行动，"为"是主观见之于客观的活动，也是对名实是否符合的检验。后期墨家把"为"看作认识过程的一个必要环节，对于墨子只依赖感觉经验的狭隘经验论倾向有所克服。

后期墨家从"以名举实"的观点出发，批评了公孙龙的"离坚白"说。《墨经》说："无（抚）坚得白，必相盈也。"（《经说下》）用手抚摸石头知其坚，用眼注视石头知其白，但在同一块石头上，坚白都是弥漫的，摸到了坚石，同时也就得到白石，"坚白不相外也"（《经上》）。这说明后期墨家的"以名举实"的认识论，是在同名家的争辩中产生的。

二、 科学的形式逻辑学说

"名实"之辩也同逻辑学相关，后期墨家的"以名举实"论，不仅是认识论，而且也是逻辑学。

《小取》篇曾概括地提出了后期墨家对于逻辑学的任务、思维形式和原则的看法。"夫辩者，将以明是非之分，审治乱之纪，明同异之处，察名实之理，处利害，决嫌疑。焉（乃）摹略万物之然，论求群言之比。以名举实，以辞抒意，以说出故。以类取，以类予。有诸己不非诸人，无诸己不求诸人。"这里表达的意思大致有这么几点：第一，辩说即进行逻辑论证和驳斥的任务，是分辩言论的是非，区别事物的同异，审察治乱之道和名实之理，正确处理各种利害关系和解决各种疑问；第二，为了完成上述任务，要客观地摹写、概括各种事物的真实情况，全面地对各种言论进行分析、比较；第三，用"名"即概念来摹写事物，用"辞"即判断表达思想、意义，用"说"即推理讲出一定的理由；第四，人们运用概念、判断、推理这些思维形式时，要根据"以类取"（由个别到一般的归纳）和"以类予"（由一般到个别的演绎）的原则；第五，在辩论时要有正确的态度，即自己犯了某种错误，就不要非难别人也犯有这种错误，自己缺乏某种认识，就不要强求别人有这种认识。

《墨经》明确地把"类""故""理"三个范畴联系起来，将它们作为逻辑思维形式的基本范畴。《大取》篇说："夫辞，以故生，以理长，以类行也者。"认为在进行论辩时，提出一个论断一定要有根据、理由（故）；在说明其得以产生的根据时，一定要遵循逻辑规律、规则（理）进行推理；不论何种形式的推理都要遵循事物间的类属关系（类）来进行。墨子曾分别地提出"类""故""理"三个范畴，其他一些哲学家在实际上也运用这三个范畴来进行逻辑思维。但是，唯有《墨经》将这三个范畴作为逻辑思维所必具的范畴而联系在一起，对逻辑思维过程本身进行反思，从而建立了形式逻辑的科学体系。下面分别就"类""故""理"三个范畴来说明《墨经》的逻辑学。

首先，《墨经》对于"类"的范畴，即同和异、个别和一般、部分和整体、质和量等作了考察。《墨经》在分析同、异时，曾区分了四种"同"和四种"异"，说："同，重、体、合、类。""异，二、不体、不合、不类。"（《经上》）"重同"是说两个不同的名称表达的却是同一个实物；如果两个不同的名称表达两个不同的实物，这种相异就叫"二"。"体同"是说各部分（体）相连接而同属于一个整体；如果没有这种隶属同一整体的关系，就叫"不体"。"合同"是说多种事物会合在同一处；如果两种事物不同在一处，就叫"不合"。"类同"是说不同的个体却有相同的属性，即属同类；如果两物没有相同的属性，就叫"不类"。

后期墨家按类属关系把名（概念）分为三种："名，达、类、私。"（同上）根据《经说上》的解释，"达名"是指最一般的类概念，如"物"这个概念包括了所有的事物；"类名"是指按事物的类别命名的概念，如"马"这概念包括了所有的马;"私名"是个别事物的名称,如"臧"这个名字,专指某个奴隶。这三种"名",按外延大小划分,体现了事物间的种属包含关系。根据这种观点,后期墨家批判了名家"合同异"和"白马非马"。因为从"达名"或最大类来说,万物"毕同";从"私名"或各个体来说,万物"毕异"。所以,惠施的"万物毕同毕异",就类属关系说是可以的,但"类同"不等于"体同",因而不能由此得出"泛爱万物,天地一体也"的结论。后期墨家指出,无论白马、黑马,都包含在"马"这个类概念中,"白马,马也。乘白马,乘马也。骊马,马也。乘骊马,乘马也"(《小取》)。因此,"白马非马"的命题是说不通的。

《墨经》还指出:"异类不比。"(《经下》)认为性质不同类的事物不能进行数量上的比较。它举例说:"异,木与夜孰长?智与粟孰多?爵、亲、行、贾,四者孰贵……"(《经说下》)木头和夜不能比长短,因为"木长"是空间的长度,而"夜长"是时间的长度;智慧和粮食不能比多少,因为"智"是精神财富,而"粟"是物质财富。同样的道理,官爵、血亲、德行、物价等四者因不属同一类,所以也不能比较贵贱。这实际上是说,逻辑思维不能违背质决定量的原则,对事物的度量必须在同类事物之间进行。

《墨经》的《小取》篇还提出了一系列的推理方法:"或""假""效""辟""侔""援""推"等。它在说明这些推理方法时,认为这些推理方法都是依照类属关系进行的。比如,《小取》篇解释"效"时说:"效者,为之法也。所效者,所以为之法也。故中效则是也,不中效则非也。"这里的"法"即墨子的"言有三法"之"法",指立论的标准、法式。所谓"效",就是建立一个法式作标准,符合法式的是正确的,反之则是错误的。而这所效之"法"就是类的概念。《经说下》说:"一法者之相与也尽类,若方之相合也。"即是说一类事物的法式,可以适用于这一类事物的任何个体。例如"方"作为法式,适合于所有的方物。可见,"效"作为推理和论证方法,其实就是科学研究中普遍运用的建立公式、模型进行推导的演绎法,而这就是以类概念作为法。应当说,《墨经》虽然没有像亚里士多德那样仔细研究三段论的格式,但它所讲的"效"已揭示了演绎推理的本质。

其次，关于"故"。《墨经》说："故，所得而后成也。"（《经上》）认为"故"就是论断得以成立的根据或理由。"故"又可分"小故"和"大故"。《经说上》说："故：小故，有之不必然……大故，有之必然，无之必不然。"所谓"小故"，是说有了这个条件，不一定产生那种现象，但没有这个条件，则一定不能产生那种现象。所谓"大故"，是说有了这个条件，就必然产生那种现象，如果没有这个条件，就必然不能产生那种现象。可见，从逻辑学上讲，"小故"指必要条件，但不充分；"大故"指充足而必要的条件。《墨经》提出"以说出故"，认为推理就是要提出"故"来作立论根据。《经下》每一条都讲"说在……"，而《经说下》则提出相应的"故"来作论证。下面举两个例子来说明：

例如，《经下》说："异类不比，说在量。"《经说下》以"木与夜孰长""智与粟孰多"等五个事例来论证。这实际是对五个事例进行归纳，说明量的比较必须在同类事物间进行。这些事例就是"异类不比"这个结论的"小故"。

再如，《经下》有"谓辩无胜，必不当，说在辩"一条，《经说下》说："谓：所谓，非同也，则异也。同则或谓之狗，其或谓之犬；异则或谓之牛，其或谓之马也。俱无胜，是不辩也。辩也者，或谓之是，或谓之非，当者胜也。"这里讲的"辩无胜"（在辩论双方之间分不出胜负、是非）是庄子的观点，后期墨家认为这种观点是不对的。《经说下》讲了"谓辩无胜，必不当"的理由。"所谓"即对象，对一个对象，两人或同谓，或异谓。如果当前对象是一只狗，甲说"这是狗"，乙说"这是犬"，两人同谓，这就没有"辩"。如果对这个对象（狗），甲说"这是牛"，乙说"这是马"，两人异谓，但都不对，不分是非胜败，这也不叫"辩"。"辩"在于分清是非，对于当前对象，作一判断，如说"这是狗"，对此判断或说是或说非，两者必居其一，而当者即胜。这一条"经说"作为"谓辩无胜，必不当"的论证，是用严密的演绎推理说出的"故"，是充足而又必要的条件。

再次，关于"理"，后期墨家接触到了逻辑思维的基本规律。《墨经》说："彼：正名者彼此。彼此可：彼彼止于彼，此此止于此。彼止不可：

彼且此也，此亦可彼。"（《经说下》）认为正名就是要分彼此，以"彼"谓彼而止于彼，以"此"谓此而止于此，则彼此就分明；如果以"彼"称此，"此"亦称彼，那么彼此就混淆。这和公孙龙《名实篇》的说法是一致的，都认为名和实要有一一对应关系。这种对应关系正是形式逻辑的同一律的基础和实质。

《墨经》还反对"两可"之说。它提出："彼，不两可两不可也。"（《经上》）"辩，争彼也，辩胜，当也。"（同上）"辩：或谓之牛，或谓之非牛，是争彼也。是不俱当。"（《经说上》）"彼"是指第三者，是争论的一个命题。如对"这是牛"这个命题，有人肯定，有人否定，两者矛盾，这就是"争彼"。在争辩时，对矛盾命题的双方不能"两可"，也不能"两不可"；在肯定与否定之中，两者必居其一，这包含着排中律的思想。两个矛盾命题也不能"俱当"即都正确，这就又包含着矛盾律的思想。

《墨经》建立了中国古典的形式逻辑体系，达到了很高的水平。同时，它在某些方面突破了形式逻辑的界限。例如，关于"同"和"异"的关系，《墨经》指出："同，异而俱于之一也。"（《经上》）认为相异的事物在某一点上相同，即称为"同"。这样用"异"来给"同"下定义，就包含着辩证法因素。《墨经》还提出"同异交得"（同上）的思想，并举很多例子来说明同与异互相联系，相得益彰。例如："比度，多少也。"（《经说上》）认为对事物进行度量比较，有多少之异，但比较度量是在同类事物间进行的。因此，多与少是对同类事物比较的结果，可见是同中之异，异中有同。"同异交得"的思想虽不能说辩证法的矛盾观，不过它揭示出了在最普通的逻辑思维中已经含有辩证法因素。

《墨经》的形式逻辑存在着某些局限性。例如关于论式方面，比较简略而不那么周密。又如它的个别论题，近乎诡辩，如"杀盗非杀人"等，后来遭到了荀子的批评。尽管有这些缺点，从整体上看，《墨经》的形式逻辑体系完全可以与古希腊的逻辑和印度的因明相媲美。

三、自然观上的原子论和经验论倾向

在"天人"之辩上，后期墨家没有像墨子那样大谈"天志"，也没有像儒家、道家和名家那样从思辨的高度来讨论天道观。但《墨经》在事实上有一个具有原子论色彩的朴素唯物主义自然观。

《墨经》提出了相当于西方古典原子说的原子概念——"端"。《经上》说："端，体之无厚而最前者也。""厚"即体积。惠施曾提出了"无厚，不可积也，其大千里"（《庄子·天下》）的命题，讲的是几何学上的面积，由于没有厚度，因而就没有体积，但是从广度上说，其大可至千里。而《墨经》则认为物体分割到"无厚"的地步，便达到了处于物体最前面即留到最后的质点，这就是"端"。

《墨经》认为，"端"作为物质的微粒是不可再分割的。它说："非半弗䀹则不动，说在端。"（《经下》）"䀹"就是砍的意思。在《墨经》看来，如果砍一尺之棰，日取其半，不断地截取下去，直到不可再分割的时候，便是达到了"端"。《墨经》还说："非：䀹半，进前取也。前则中无为半，犹端也。前后取，则端中也。䀹必半，无与非半，不可䀹也。"（《经说下》）认为有两种取"端"的办法：一是"进前取"，即自后往前地日取其半，到了最前处，必有一个不能再分的"端"；一是"前后取"，即在前后两头同时向中间取，今天砍这边，明天砍那边，那么最终不可再分的"端"，就是原来在中间的质点。无论是哪一种取法，都可以看到砍一物体就一定会分成两半，如果没有或者不能分成两半的质点，那就是"端"。

《墨经》从经验科学出发，认为具有一定特性的物质实体是由不可分割的粒子构成的。惠施一派的辩者则认为物质实体可以无限分割，提出"一尺之棰，日取其半，万世不竭"的命题。可以说，《墨经》和惠施一派辩者在这里表现出来的不同观点，是经验论与理性思辨的对立。

这种对立最明显地反映在时空观上。惠施说："至大无外，谓之大一；至小无内，谓之小一。"（《庄子·天下》）"无外"的"大一"是指无限的时空，而"无内"的"小一"，是经无限分割达到的极限，等于几何学上的点。这是理性思辨的"无限"观念。《墨经》则从经验中概括出时空观。它对时间和空间下了这样的定义："久，弥异时也。"（《经上》）"久：合古今旦莫。"（《经说上》）"宇，弥异所也。"（《经上》）"宇，冡东西南北。"（《经说上》）就是说，"久"

是指古今旦暮这样一些特定的有限的时间的总和，"宇"是包括东西南北在内的一切空间关系的总和。这样的时间和空间范畴，是对经验中的时间、空间的概括，是可以度量的。

《墨经》对"始"下的定义是："始，当时也。"（《经上》）"始：时，或有久，或无久。始当无久。"（《经说上》）"久"是时间的总和，亦即绵延，是有长度的；而"始"即时间的开端，还没有时间的绵延和长度，所以是"无久"。《墨经》认为"始"作为时间的开端是可以度量的，这显然是原子论的观点。对于空间的无穷，《墨经》是用经验论的观点来论述的。它说："穷：或不容尺，有穷。莫不容尺，无穷也。"（同上）如果一个区域（或）即具体空间，再往前不能用尺度量了，那便是有穷；假若度量了还可以往前度量，永远达不到极限，那便是无穷。这种观点和17世纪英国经验论哲学家洛克说的很相似。洛克说，人们用尺、码、时、日等数目来计量时空，把这些数目无穷无尽地扩展和推进，却总达不到清晰的无限概念，这就好像一个水手测量海深，只看到测锤不断地往下沉，却老达不到海底。从《墨经》的时空观上可以看出它在自然观上的原子论和经验论观点。

一般说来，后期墨家立足于经验事实，运用形式逻辑方法来讨论问题，而对思辨哲学不感兴趣，这是它的优点。但是，后期墨家由于厌恶思辨哲学而对阴阳学说和气一元论也不加理会了，因而它忽视了另一种以气一元论和阴阳学说为基础的朴素唯物主义的辩证自然观。这可以说是后期墨家自然观的弱点。

第三章 先秦哲学的总结阶段

战国后期,先秦哲学达到总结阶段。当时,诸侯割据称雄的局面,将由统一的封建国家所取代,地主阶级的政治变革到了进行批判总结的阶段。与此相适应,通过百家争鸣,在"古今礼法"之争的制约下,哲学本身在"天人""名实"关系上的争论,经过不同方面的考察,也达到了可以进行批判总结的阶段。

第一节 荀子对"天人""名实"之辩的总结
——朴素唯物主义与朴素辩证法的统一

担负起对先秦哲学批判总结任务的是荀子。荀子(约前313—前238年),名况,字卿,战国末期赵国人,曾在齐国的稷下学宫三次担任"祭酒"(学宫领袖)。他的著作保存在《荀子》一书中。

荀子站在进步的立场上,对"古今礼法"之争作了批判总结。关于"古今"之争,荀子的根本观点是:"善言古者必有节于今。"(《荀子·性恶》,以下引《荀子》只注篇名)强调要用当前的现实来检验古代传下来的道理。从这一根本观点出发，荀子以"法后王"的口号来反对思孟派的"法先王"。但是，荀子和思孟学派同属儒家。《荀子》一书中对"礼"讲得最多便是明证。不过，荀子对礼作了新的解释："礼者，法之大分，类之纲纪也。"（《劝学》）认为礼是法权关系和伦理关系的总纲。在荀子看来，礼和法是统一的，都是指封建的等级制度和统治秩序。与"礼法"之争相联系的是"王霸"之辩。荀子与孟子以王道反对霸道的观点不同，主张王霸道相杂。他说："隆礼尊贤而王，重法爱民而霸。"（《强国》）认为"隆礼"的王道和"重法"的霸道不是对立的，而是形成统一的中央集权的封建国家必不缺少的两个方面。他说："治之经：礼与刑，君子以修百姓宁。明德、慎罚，国家既治，四海平。"（《成相》）强调礼义和刑法是治国平天下的互相辅助的两翼。可见，荀子已有了礼法兼施、王霸统一的思想，开了汉代儒法合流、王霸道杂之先河。

一、"明于天人之分"的天道观

荀子对"天人"之辩的总结，突出地表现在他提出了唯物主义的"明于天人之分"（《天论》）的论点。这一论点的基本观点是：自然界（天）和人各有不同的职分，自然界的规律不依人们的意志为转移，因而不能用自然现象来解释社会的治乱，人的职分在于建立合理的社会秩序，利用自然规律以控制自然，获得自由。显然，荀子的这一论点包含着天道观和人道观两个方面。这里先从天道观方面来分析荀子的"明于天人之分"的论点。

荀子指出，所谓"天"就是无意识的物质自然界。他在《天论》中说明，人们一般所讲的"天"，在他看来就是指"列星随旋，日月递炤，四时代御，阴阳大化，风雨博施"的自然界。荀子吸取了道家"天道自然无为"的思想，认为物质自然界的运动是自然而然的、无意识的。他说："不为而成，不求而得，夫是之谓天职。"（同上）在荀子看来，"天职"（自然界的职分）在于没有有意的作为和追求，一切都是自然如此的。所以，他说："天能生物，不能辨物也；地能载人，不能治人也。"（《礼论》）自然界能够生育万物和人类并不是有意识的作为，因而不具有识别事物和治理人类社会这类意识活动。

荀子认为，既然自然界的职分是如此，那么自然现象的变化就和社会的治乱是不相干的。他说：日月星辰这些天体的运行，春夏秋冬四时的变化，作物的生长依赖于土地，这些在大禹和夏桀做统治者时都是一样的，但大禹把社会治理得很好，而夏桀则把社会搞得很乱，可见，"治乱非天"，"治乱非时"，"治乱非地"（《天论》），即治乱不是由自然界决定的。荀子由此反对了把自然界的变异和社会治乱看作有因果联系的"天人感应"这类迷信。他说，对于天上的星坠掉下来，树木发生鸣叫等现象，"怪之，可也；而畏之，非也"（同上），感到奇怪是可以的，害怕惊恐是没有必要的。

荀子认为，自然界不仅本身是没有意志的，而且也是离开人们的意识而独立存在的。他说，天并不因为人们厌恶寒冷而取消冬季，地也并不因为人们厌恶遥远而缩小面积。在他看来，自然界的运行有其恒常的规律，这是不依人们的主观意志为转移的。他有句著名的话："天行有常，不为尧存，不为桀亡。"（同上）即使是尧、桀这样的最高统治者也不能左右自然界运行的恒常的规律。

荀子继承和发展了《管子》中的气一元论，以气来解释自然界万物的自然而然的生成。他说："天地合而万物生，阴阳接而变化起。"（《礼论》）万物的生成和变化是天地合气、阴阳之气交接而引起的。荀子进一步从物质运动的各个形态来论证这一点。他说："水火有气而无生，草木有生而无知，禽兽有知而无义；人有气、有生、有知亦且有义，故最为天下贵也。"（《王制》）自然界的各种物质形态，由无机物（水、火）、植物（草木）、动物（禽兽）到人类，都是由气构成的。但它们又表现出多样性：水、火是无生命的，草木有生命但无知觉，禽兽有知觉但无道德，人既有生命和知觉又有道德。由于人是这样一种特殊的物质，所以在万物之中是最为宝贵的。可见，荀子认为知觉、道德等精神活动是依存于人的形体的。他说："形具而神生。"（《天论》）人的形体具备了，精神才随之产生。这种形神关系上的朴素唯物主义观点，比《管子》更明确了。

正因为荀子把人看作一种特殊的物质，所以他认为人有着不同于自然界其他万物的职分。荀子强调发挥人的主观能动性，利用自然规律改造自然,才是人的职分。这突出地反映在他"制天命而用之"的命题上。他说:"大天而思之,孰与物畜而制之?从天而颂之,孰与制天命而用之?望时而待之,孰与应时而使之?因物而多之,孰与骋能而化之?思物而物之,孰与理物而勿失之也?愿于物之所以生,孰与有物之所以成?故错人而思天,则失万物之情。"(同上)这段充满激情的话的大意是这样的:把天看得非常伟大而思慕它,怎比得上把天看作物来控制它?顺从天而颂扬它,怎比得上掌握自然变化规律来利用它?与其空望天时而坐待恩赐,不如适应季节而使天时为生产服务。与其听任万物自然增多,不如发挥人的智能促使其变化繁殖。与其幻想役使万物,不如按规律来调理万物而不使其丧失。与其指望万物自然生长,不如用人力来帮助它成长。所以,要是放弃人力而冥想天道,就不能获得万物的真实情况。从这段话里,可以看到荀子把"天命"了解为自然规律,认为人类具有掌握自然规律,改造自然的主观能动性,反对在自然界面前无所作为的消极态度。

可见,荀子的"明于天人之分"的天道观,正确地阐明了天和人,自然和人为的相互作用:一方面,只有尊重和遵循自然规律的客观性,才能事在人为;另一方面,只有通过人的作为,才能了解万物的真实情况,从而改造自然为人类谋福利。这样,荀子的天道观既反对了孟子片面夸大主观的唯心主义的天人合一论,也反对了"庄子蔽于天而不知人"(《解蔽》),即一味顺从自然而抹煞人的能动性的宿命论。可以说,荀子的天道观达到了朴素唯物主义与朴素辩证法的统一。

荀子在天道观上既唯物又辩证地总结了"天人"之辩。但在这中间也有缺点。比如荀子在天道观上有着循环论的观点。他说:"始则终,终则始,若环之无端也。"(《王制》)把自然界的运行看作犹如圆环一般的周而复始的循环。这显然同当时的天文、历法等科学只限于观测和记录天体的循环运行和四季循环变化是有关的。

二、"明分使群"和"化性起伪"的人道观

"明于天人之分"的论点在人道观方面,表现为"明分使群"和"化性起伪"两个命题。"明分使群"的命题表达了荀子的社会历史观;"化性起伪"的命题表达了荀子的人性论。

在荀子看来，人类要能够用自己的力量去控制自然，就必须建立合理的社会秩序作保障。因此，他提出了"明分使群"（《富国》）的思想。

荀子说：人"力不若牛，走不若马，而牛马为用，何也？曰：人能群，彼不能群也"（《王制》）。人的力量不如牛、马大，但人可以驱使牛、马。这是为什么呢？就是因为人"能群"而牛马则不能。所谓"能群"，即能够结成社会组织。荀子认为，人类要生活，就必须"财（裁）非其类，以养其类"（《天论》），即利用和制裁自然物来作为人类物质生活资料。单个的人是无力的，人之所以能利用牛来耕田，马来跑路，都是靠人类社会组织的集体力量。"人能群"是人能利用自然为自己谋福利的必要条件。荀子又说："人何以能群？曰：分。分何以能行？曰：义。"（《王制》）人何以能结成社会组织，是因为人有"分"，即一定的分配制度和社会分工。人之所以能行"分"，是因为有"义"，即一定的政治、法律和道德规范的保证和约束。

可见，荀子"明分使群"的思想认为，礼义的产生是为了人类建立合理的社会秩序以改造自然。那么，为什么建立合理的社会秩序需要礼义来调节和约束呢？荀子认为，这是因为人群中存在着争逐物质利益的矛盾。他说："礼起于何也？曰：人生而有欲，欲而不得，则不能无求；求而无度量分界，则不能不争；争则乱，乱则穷。先王恶其乱也，故制礼义以分之，以养人之欲，给人以求。使欲必不穷乎物，物必不屈于欲，两者相持而长，是礼之所起也。"（《礼论》）这是说，人生来有种种欲望，有欲望就有物质要求，如果这种欲求没有一定的分寸、界限，就会发生争夺，产生混乱，这样就必然使社会组织崩溃而造成穷困。所以，先王通过制定礼义，来规定人与人之间获得物质利益的数量的界限，从而使人们的欲望和要求能得到适当的满足。这就能使人的欲望不超过物资的供应，物质生产也不至于无法应付人的欲望。物与欲两者互为条件，互相促进。这就是礼义之所以兴起和必要的原因。

荀子的"明分使群"思想，表现出试图从物质生活来说明人类社会制度的起源的进步意义。但他的理想的社会组织是封建等级社会。

他说："制礼义以分之，使有贫富贵贱之等，足以相兼临者，是养天下之本也。"（《王制》）认为制定礼义规定贫富贵贱的等级一层一层地监视着，这是养息天下人民的根本途径。这种把封建等级制度看作天经地义的观点，表现了荀子的地主阶级立场。

荀子"明分使群"的思想，认为人生来有欲求，这已涉及他对于人性的看法。在人性论上，荀子从"明于天人之分"的观点引伸出"化性起伪"（《性恶》）的命题。

所谓"化性起伪"，首先就是要认识人性的"性"和"伪"的区别。荀子说："凡性者，天之就也，不可学，不可事……可学而能，可事而成之在人者，谓之伪。是性伪之分也。"（同上）"性"指天然生就的，无需通过学习和作为就能得到的自然禀赋，"伪"指人为，即要通过学习和作为才能得到的。可见"性伪之分"就是"天人之分"在人性论上的表现。荀子把人的本性看作原始的质朴的材料，"性者，本始材朴也"；而礼义法度却是人为的，"伪者，文理隆盛也"（《礼论》）。他认为圣人在于明白这种"性伪之分"，把"性"和"伪"结合起来，即对原始的材料进行后天的加工，"性伪合，然后成圣人之名"（同上）。

荀子把"性"和"伪"比喻为原始材料与后天加工的关系，这和告子、孟子以杞柳和桮棬的比喻来说明天性与德性的关系是相同的。但荀子不同意告子的"性无善无恶"说，也反对孟子的"性善"说。他提出了"性恶"论，认为人性这一原始材料是"恶"。荀子说："今人之性，生而有好利焉。"如果纵人之性，那么，"争夺生而辞让亡"；同样，人还生来就嫉妒、喜声色，如果任其发展，就会产生残杀、淫乱等恶行，使得"忠信""礼义"等荡然无存，所以，"人之性恶明矣，其善者伪也"（《性恶》）。正因为人性这一原始材料是"恶"，所以必须通过人们后天的努力，接受圣人制定的礼义法度的教育和规范，从而加工成为"善"。这就是荀子说的"化性起伪"的过程："圣人化性而起伪，伪起而生礼义，礼义生而制法度。"（同上）孟子的"性善"说认为"善"是顺着人们先天的善端发展的结果，犹如"顺杞柳之性而以为桮棬"（《告子上》）。荀子的"性恶"论则认为，人生来性恶，所以必须用礼法来矫正，犹如弯曲的木头必须经过工人的修正才能变直，"枸木必待檃括烝矫然后直"（《性恶》）。

这说明荀子的"性恶"论肯定人们的德性是后天养成的，反对了孟子"性善"说的天赋道德的先验主义。但是，"性恶"论仍然是唯心主义的，因为荀子不懂得善或恶作为道德评价，都是社会意识，是产生于一定的社会关系的，人不可能生来性善，也不可能生来性恶。因此，"性恶"论在荀子的朴素唯物主义哲学体系中是个唯心主义的赘瘤。

不过，荀子的"化性起伪"说仍然包含着明显的合理因素，这就是强调人是环境和教育的产物。荀子说："性也者，吾所不能为也，然而可化也。积也者，非吾所有也，然而可为也。注错习俗，所以化性也。并一而不二，所以成积也。"（《儒效》）认为天性不出于人为，但可以改造。后天的积习不是我本来具有的，但可以由人为而获得。生活安排和习俗，可以使天性改变；专一而不分心，就可以把经验和学问积累起来。荀子进而说明，正因为教育和环境的不同，所以，就天性来说是人人相同的，但有的人成为君子，有的人则成为小人。他说："故人知谨注错，慎习俗，大积靡，则为君子矣；纵性情而不足问学，则为小人矣。"（同上）就是说，知道在生活安排和习俗方面谨慎从事，不断地积累观摩切磋之所得，就成为君子；放纵情欲，不努力学习，就成为小人。可见，在荀子看来，重要的是要给人以学习的机会，加强对人的教育。

荀子强调道德是可以教育成的，这和孔子、孟子的观点是一致的。不过，孟子以为道德是天赋的，教育在于唤醒本心，把理性中自在的东西变为自觉，所以德性的形成即是复归于天性。荀子则以为道德出于人为，教育在于"化性起伪"，不断积累观摩、学习之所得，所以德性的形成犹如"积土成山，积水成渊"一般，是"积善成德"（《劝学》），对恶的天性不断矫正、教化的过程。

荀子"化性起伪"的思想最终是唯心史观的。因为他认为"伪"只对具体的个人发生作用，而对整个人类作为类的本质是不发生影响的，人类世世代代的人性永远是"恶"。同时，荀子说的"伪"只是指个人尤其是圣人的活动，他讲："礼义法度者，是生于圣人之伪。"（《性恶》）把人类文明归功于圣人的创造。

三、"制名以指实"与"制名"以"辨同异"

荀子提出了"制名以指实"(《正名》)的论点,对"名实"之辩作了总结。所谓"制名以指实"包含着两方面内容:从认识论来说,概念是实物的反映,名实相符有一个过程;从逻辑学来说,要达到名实相符,就必须使思维符合逻辑。下面就从这两个方面来论述荀子"制名以指实"的论点。

先从认识论方面来看"制名以指实"的论点。所谓"制名以指实",是说制定各种名称是用来指明各种事物的。这就肯定了客观存在的事物是第一性的,而名称(概念)则是第二性的,是用来摹写和指称客观事物的。荀子以这种唯物主义的名实观来考察人的认识过程。

首先,荀子认为世界是可以被人认识的,而人的认识是个不断积累的过程。荀子说:"凡以知,人之性也;可以知,物之理也。"(《解蔽》)这是说,人生来具有官能,有认识世界的能力,而客观事物的规律是可以认识的。人类能够在关于现实世界的表象和概念中正确地反映现实,达到名实相符。不过,荀子强调人们获得对事物的知识不是一蹴而就的。他说:"涂之人百姓,积善而全尽谓圣人。彼求之而后得,为之而后成,积之而后高,尽之而后圣。故圣人也者,人之所积也。人积耨耕而为农夫,积斲削而为工匠,积反(贩)货而为商贾,积礼义而为君子。"(《儒效》)荀子在这里说路上的普通百姓都可以成为圣人,和孟子说过的"人皆可以为尧舜"看来是很相似的,实际上却有根本差别。孟子主张先天的良知和良能。荀子则认为,知识都是"求之而后得",才能都是"为之而后成",并无先天的良知、良能。农夫、工匠、商人、君子都不是天生的,而是通过长期积累经验而成的。如果普通老百姓能把善积累到完全的地步,那就成为圣人了。可见,荀子在知识和才能的问题上反对了先验论,并把人的认识看作一个不断积累的前进、上升的运动。

荀子还考察了认识过程中感性和理性的关系。他说:"心有征知。征知,则缘耳而知声可也,缘目而知形可也。然而征知必将待天官之当薄其类然后可也。五官薄之而不知,心征之而无说,则人莫不然谓之不知。"(《正名》)荀子根据当时的科学水平,把心脏当作思维器官。"征"是检验的意思。"心有征知"是说人的理性思维能进行比较、分析、判断的活动。正因为理性思维有这样的作用，所以凭着耳朵可以识别声音，凭着眼睛可以认知形状。然而，为了要检验，首先必须有感性经验，这就要靠各种感官（天官）接触相应的外物才能获得。如果五官接触外物却无感知，或者心进行检验（把概念与事实比较）却不能做出判断，那么大家便说这是不知。荀子在这里既强调心有"征知"即理性思维的作用，又指出理性思维依赖于感觉经验，比较正确地阐明了认识过程中感性和理性的关系。

荀子在《解蔽》中曾写了一则寓言，讽刺轻视感觉经验的冥想主义者。他说：有个名叫觙的人，很善于猜谜并爱在这方面用心思。可是他一接触耳目之所欲，思维便被败坏，甚至听见蚊子嗡嗡叫，精神就会受挫伤。所以他摒除耳目的爱好，远离蚊子的嗡嗡声，到石洞里闲居静思去猜谜语。这则寓言很可能是讽刺"子思之儒"，因为子思名伋，并注重"内省"即闭门思维。这则寓言形象地说明，一个人如果完全脱离感性的东西来闭门思维，不管他说得多么玄妙，都不过是猜谜语罢了。荀子在《解蔽》中还写了一则寓言，讽刺轻视理性思维的狭隘经验论者。他说：夏首南边有一个名叫涓蜀梁的人，愚昧无知而又事事畏惧。他在一个月色明亮的夜晚走路，忽然低头看见自己的影子，以为是趴在地上的鬼；仰起头来瞥见自己的头发，又以为是遇到了直立的妖怪。他转身逃回家，刚进家门就断了气。这则寓言形象地说明，如果仅凭耳目感官而不用理性思维来区分真象与假象，就会把本来没有的鬼怪以为是有的。这可以看作对墨子的批评，因墨子曾以耳目的感官的见闻来肯定鬼的存在。

荀子对于认识过程中的"知"与"行"的关系，也作了比较正确的阐述。他说："不闻不若闻之，闻之不若见之，见之不若知之，知之不若行之。学至于行之而止矣。行之，明也……闻之而不见，虽博必谬；见之而不知，虽识必妄；知之而不行，虽敦必困。"（《儒效》）这段话把认识分为几个层次：一无所闻，不如有所闻。仅有闻知（间接经验），不如亲身经历；如果没有直接经验，所闻虽博却难免荒谬。仅有经验，不如对经验有所理解；如果没有理解，感性认识虽多却难免虚妄。仅有理解，不如把所理解的付诸实行；如果不去实行，理论知识虽敦厚却难免困顿。只有实行了,一个学习(认识)过程才算完成;而能实行,又正是因为有明澈的理解。荀子在这里达到了朴素唯物主义的知行统一观,他既指出了"知"指导"行",又肯定"行"高于"知"。

荀子上述的关于认识过程的理论,无疑是吸取了诸子关于"名实"之辩的合理见解,包含着很多真知灼见。但荀子的理论也有局限性。比如,他认为认识只是一个量的积累过程,积累到圣人的地步,就最终地完成了。还比如,他认为人心譬如一盆水,当处于清明状态就能正确无误地照见事物,表现了直观的反映论。

我们再从逻辑学方面来看"制名以指实"的论点。荀子认为,当时的情形是"名实乱,是非之形不明",所以要"正名"(《正名》)。根据"制名以指实"的观点,"正名"不是"以名正实",而是要使名称(概念)符合变化的现实。所以,荀子认为从逻辑学来说,"制名"是为了"辨同异",即把事物的同异辨别清楚。

荀子说:"若有王者起,必将有循于旧名,有作于新名。然则所为有名,与所缘以同异,与制名之枢要,不可不察也。"(同上)这是说,如果有王者兴起,一定会沿用一些旧名称,创制一些新名称,这就需要考察以下三点:

第一,"所为有名",即为什么要制定名称。荀子说:"制名以指实,上以明贵贱,下以辨同异。"(同上)"明贵贱",是说正名的政治目的在于使封建等级制度得到明确的规定;"辨同异",是讲正名的逻辑职能在于把客观事物间的同异关系分辨清楚。荀子说的正名作用,除了强调政治作用的阶级偏见之外,要求"辨同异"无疑是正确的,这和《墨经》的逻辑学是相一致的。

第二,"所缘以同异",即名称有同异的缘故。这是讲正名的认识论基础。荀子说:"凡同类同情者,其天官之意物也同;故比方之疑似而通,是所以共其约名以相期也。"(同上)这是说,凡是人同属人类,有同样情态,人类的感官对客观事物的反应也是相同的,因而人就能凭感官掌握千差万别的现象事态。但事物的现象异中有同,人可以运用理性思维加以比较,把相类似者放在一起,以一个概念去模拟它,共同约定一个名称来表达,这样就能交流思想了。

第三,"制名之枢要",即制定名称的主要原则。荀子认为原则是:

"同则同之，异则异之。"（同上）即强调"同实"一定要"同名"，"异实"一定要"异名"，名和实要有——对应的关系。这和后期墨家一样，主张形式逻辑的同一律是逻辑思维最为基本的原则。《墨经》曾根据事物之间的"类同"与"不类"而把"名"分为"达名""类名"和"私名"三种。荀子进一步指出：从种属关系说，高一级的类概念，可称为"共名"，即属概念；低一级的类概念，可称为"别名"，即种概念。但这种区分只是相对的。因为"共"上还有"共"，一直可以推到最高最普遍的类概念——"大共名"。"物也者，大共名也。"（同上）"物"的概念，就是最高的类概念。同样，"别"下也还有"别"，一直可以推到"无别"，即不可再分的个体。荀子阐明了种概念和属概念是相对的、互相推移的。可见，荀子不仅肯定了形式逻辑的同一律原则，而且实际上也从种概念和属概念的相对性上，揭示了个别与一般、同和异的推移、转化关系，说明了辩证法是普通逻辑思维所固有的。

荀子根据上述三方面对"正名"的考察，驳斥了三种诡辩。第一，驳斥"杀盗非杀人也"（后期墨家的学说）这类论题，是"用名以乱名者也"。但只要从名称的作用来考察一下，指出这些论题违反了"制名"在于"辨同异"的道理，就能把它们驳倒了。第二，驳斥"山渊平"（惠施的学说）这类论题，是"用实以乱名"，即以现象之间同异的相对性否认概念应有确定意义。但只要考察一下如何以感性事实为基础而形成概念的过程，就能把它们驳倒了。第三，驳斥"白马非马"（公孙龙的学说）这类论题，是"用名以乱实"，即把概念的差异绝对化，并强加于现实。但只要用人们共同约定的概念的定义来验证一下，指出其自相矛盾的逻辑错误，就能把它们驳倒了。

荀子批驳了惠施、公孙龙等人的诡辩，克服了他们的相对主义和绝对主义，从而对逻辑思维的矛盾本质有了初步的正确认识。他指出，为要发挥名称的"辨同异"的职能，就须考察名称有同异的缘故和制定名称的主要关键。在考察名称有同异的缘故时，他既指出形、色、声、臭等感性现象的千差万别，又指出人的理性能进行比较、概括，共同约定名称以交流思想。在考察制定名称的主要原则时，他既指出了名实要有——对应关系的形式逻辑原则，又指出共名与别名具有互相推移、转化的关系。荀子还说："名无固实，约之以命实，约定俗成谓之实名。"（同上）认为名实的关系并非是固定不变的，名称要以实在为转移，名言作为社会现象，是历史地约定俗成的。这些都说明，荀子既看到逻辑思维的"静"，也看到逻辑思维的"动"，因而他在一定意义上突破了形式逻辑的界限，有了辩证逻辑的思想萌芽。

　　荀子的辩证逻辑思想的萌芽，还表现在他对"名"（概念）、"辞"（判断）、"说"（推理）的探讨上。荀子没有像《墨经》的形式逻辑体系那样去研究名、辞、说的形式结构，而是注意从中揭示逻辑思维的辩证因素。荀子说："名也者，所以期累实也。辞也者，兼异实之名以论一意。辩说也者，不异实名以喻动静之道也。"（同上）就是说，"名"即每一个概念都概括同类的许多实物，"辞"即每一判断所包含的意思是不同概念的统一，"辩说"则是在不偷换概念（"不异实名"）的条件下来说明事物动与静的道理。可见，荀子强调名、辞、辩说都是同一之中包含差异；要能说明事物的动和静，一方面不能偷换概念，要遵守形式逻辑的同一律，另一方面概念又必须是灵活、生动的。可见，荀子认为思维形式本身应是动与静的统一。

　　荀子还不可能有自觉的辩证法，但是从他"制名"以"辨同异"的思想来看，已在一定程度上为我们指明：辩证法是普通逻辑思维所固有的。

四、"符验""辨合"和"解蔽"

　　荀子对先秦诸子所争论的"天人""名实"问题从哲学上进行总结，是与他的"符验""辨合"和"解蔽"的思想方法论分不开的。荀子的这一思想方法论，表现了客观地全面地看问题的辩证逻辑的基本要求。

　　荀子说："故善言古者必有节于今，善言天者必有征于人。凡论者，贵其有辨合，有符验，故坐而言之，起而可设，张而可施行。"（《性恶》）在这段话里，他对先秦诸子在政治上争论的"古今"问题和哲学上的"天人""名实"问题都作了总结。他认为，在"古今"关系上，善于谈论古代的一定要在现今的事实上得到验证；在"天人"关系上，善于谈论天道的一定要在人事上得到验证。显然，荀子是用唯物主义的名实观来总结"古今"和"天人"问题。至于名实关系本身，荀子认为，一切言论须经过"辨合"和"符验"，所谓"辨合"，就是分析和综合；所谓"符验"，就是理论要得到事实验证。做到这两点，就可以"坐而言之，起而可设，张而可施行"，即达到知和行、名和实的统一。荀子的这一段话提出了方法论的基本原理——分析和综合的统一，理论和事实的统一。

"贵有符验"是朴素唯物主义观点，"贵有辨合"则是朴素辩证法思想。荀子认为，分析和综合的客观根据是事物的同异关系，要正确地进行"辨合"，就必须正确地运用"类""故""理"的范畴。

荀子十分注重运用"类""故""理"范畴作为辩说或辨合的方法。他说："辨异而不过，推类而不悖；听则合文，辨（辩）则尽故；以正道而辨奸，犹引绳以持曲直；是故邪说不得乱，百家无所窜。"（《正名》）这段话的意思是说：第一，要辨别事物的差异而无过错，根据"类"的关系进行推理而不悖乱；第二，听别人的意见要善于吸取其中合理的东西，进行辩说要全面地阐明所以然之"故"；第三，要用"正道"来辨别奸言，就好像用绳墨来衡量曲直。做到这三条，一切邪说就不可能淆乱，诸子百家的谬论就无处逃窜了。

荀子在这里讲了三个互相联系的范畴："类""故""道"（理）。所谓"推类而不悖"，主要是指根据种属关系进行推理，不能违背形式逻辑。"辨则尽故"，是指辩论时要全面阐明理由。荀子在《非十二子》中批评了当时的许多学派，说这些学派虽然"持之有故，言之成理"，而在实际上却违背了"辨则尽故"的原则，因为他们都是"蔽于一曲而暗于大理"（《解蔽》），即被事物的一个片面所蒙蔽，而看不见全面的根本的道理。而全面的根本的道理就是"道"，所以荀子强调"以道观尽"（《非相》），即从"道"的全面的观点来看问题。用"道"观照万物，用荀子的话说也就是"以一知万"（同上）。这包含两层意思：第一，"壹于道而以赞稽物"（《解蔽》），就是要从统一的正道来考察万事万物，这是从一般到特殊的演绎。第二，"欲观千岁，则数今日；欲知亿万，则审一二"（《非相》），就是对一两个典型事物作了审察、研究，就可以从个别上升到一般，这是归纳。荀子关于"类""故""理"范畴的运用，表现了要全面地看问题以及个别和一般、归纳与演绎的统一的辩证逻辑思想。

荀子认为，要正确进行辩说或"辨合"，就要"解蔽"，即破除人们思想上的主观片面性。他分析了产生片面性的客观和主观的原因。他说："故为蔽：欲为蔽，恶为蔽；始为蔽，终为蔽；远为蔽，近为蔽；博为蔽，浅为蔽；古为蔽，今为蔽。凡万物异则莫不相为蔽，此心术之公患也。"（《解蔽》）这里的"心术"即思想方法。荀子指出，在客观上，事物都有着矛盾的对立面，如欲与恶、始与终、远与近、博与浅、古与今等，正因为客观事物存在着矛盾的两个方面，所以人们往往容易只见一面而不见另一面，产生片面性。在主观上，人们产生片面性往往是对于自己的知识和经验的积累有所偏爱。于是，"私其所积，唯恐闻其恶也；倚其所私以观异术，唯恐闻其美也"（同上）。就是说，对自己所偏爱的，唯恐听到有人批评，又从主观的角度去看不同于己的见解，唯恐听到有人赞美。正是针对产生片面性的主客观原因，荀子大力倡导"解蔽"。这一思想是从宋、尹"别囿"和庄子反对"曲士"的观点发展而来的。

为了"解蔽"，荀子提出了"兼陈万物而中悬衡"的观点，就是把握事物的矛盾的各个方面，以全面的"道"作为衡量的标准，这样就能不受蔽塞，而认识事物的本来面貌。荀子以这样的观点来分析诸子百家，指出他们是各有所蔽又各有所见。他说："墨子蔽于用而不知文，宋子蔽于欲而不知得，慎子蔽于法而不知贤，申子蔽于势而不知知，惠子蔽于辞而不知实，庄子蔽于天而不知人。"（同上）"慎子有见于后，无见于先；老子有见于诎，无见于信；墨子有见于齐，无见于畸；宋子有见于少，无见于多。"（《天论》）这两段话是说，墨子为实用所蒙蔽而不知礼乐文彩，宋子为欲望所蒙蔽而不知道德，慎子为刑法所蒙蔽而不知任用贤能，申子为权势所蒙蔽而不知需要明智，惠子为言辞所蒙蔽而不知真实的道理，庄子为天道所蒙蔽而不知人的作为。慎子对"后"的一面有所见，但对"先"的一面无所见；老子对"屈"的一面有所见，但对"伸"的一面无所见；墨子对"齐同"的一面有所见，但对"差别"的一面无所见；宋子对人的情欲的"少"的一面有所见，但对人的情欲"多"的一面无所见。荀子认为，诸子各自只看到矛盾的某一方面，即有所见，而恰恰就是这个"见"使他们蔽而不见矛盾的另一方面,见和蔽是联系的。荀子的这种分析批判,是两点论的辩证逻辑的方法。

但是,荀子的思想方法也有形而上学的局限性。他以为封建主义的"道"是永恒不变的,并认为君主用"道"来统一百姓的思想,依靠的是权力和刑罚,而用不着用辩说来阐明所以然之故。这是封建专制主义的观点。

五、 关于"成人"(培养理想人格)的学说

荀子作为儒家,他心目中最主要的问题也是如何"成人",即如何造就完善的人格。

荀子的《劝学》篇说:"君子知夫不全不粹之不足以为美也,故诵数以贯之,思索以通之,为其人以处之,除其害者以持养之。"就是说,完全、纯粹的人格才是真正的美的人格,为此,就要读书、思考以求融会贯通,身体力行、以道自处,还要注意自我修养,排除那些有害于道的思想情感。荀子接着指出,经过这样持久不懈的努力,于是就能终生由之,至死不变,这是真正的有德性、操守。"德操然后能定,能定然后能应。能定能应,夫是之谓成人。"(《劝学》)有德操,才能坚定,才能正确地应付事物;能定能应,才是真正造就了完美的人格。荀子在这里所用的语言,和孟子是差不多的。但两者有一个根本不同点:荀子以为"成人"的过程是"积善成德"(同上)的过程,人们通过学习、思索、修养等,使德性成为自然的习惯;孟子以为理想人格的培养,是通过学习和修养来恢复先天的本性。

荀子认为,"积善成德"是个"锲而不舍"的过程,需要依靠意志力来支持。他为此而考察了意志的特点。他说:"心者,形之君也而神明之主也,出令而无所受令。自禁也,自使也,自夺也,自取也,自行也,自止也。故口可劫而使墨(默)云,形可劫而使诎(屈)申,心不可劫而使易意,是之则受,非之则辞。故曰:心容,其择也无禁,必自见;其物也杂博,其情(精)之至也,不贰。"(《解蔽》)这里讲的作为"神明之主"的心,就是意志。意志具有自夺、自取等自由自主的品格,外力可以迫使嘴巴开或闭,迫使形体屈或伸,却不能

迫使意志改变，意志以为"是"便接受，以为"非"便拒绝。所以说，心理状态是这样的：它自由选择而不受限禁，必定自主地表现；它应接事物既杂且博，但专精之至，就不分心了。荀子在这里讲到了意志的双重品格，即自主与专一。

荀子认为，正因为意志自由选择而不受限禁，所以一定要由理性来掌握"道"，以便能正确地权衡是非。他说："君子壹于道而以赞稽物，壹于道则正，以赞稽物则察，以正志行、察论，则万物官矣。"（同上）这是说君子从统一的正道来考察万事万物，既有志向端正的行为，又有明察的理论，人就成为万物的主人而获得自由。所以在荀子看来，意志应服从于理性，自由来自对必然（道）的认识。这种理性主义观点和孔、孟是一致的。

荀子比孔、孟更重视礼乐在培养完美的人格中的作用，专门写了《礼论》《乐论》，他的后学又加以发挥，形成了儒家很完备的礼乐理论。荀子从哲学上（特别是美学上）来阐明礼乐的教育作用。

荀子在《乐论》中指出了音乐所包含的三个要素：第一，音乐表现人的情志。"君子以钟鼓道志，以琴瑟乐心"，君子用钟鼓琴瑟演奏，以表现自己的情志，因而乐对于满足人们感情的需要是不可缺少的，"乐者，乐也，人情之所必不免也"。第二，音乐的声音动静具有和谐的节奏。"乐则必发于声音，形于动静"，哀乐之情表现于人的声音和形体的动静（如手舞足蹈），而这些并非杂乱无章的，而是如雅颂之乐那样有和谐的节奏。第三，音乐体现了"道"，具有感染人的力量。"其曲直、繁省、廉肉、节奏足以感动人之善心，使夫邪污之气无由使接焉。"歌曲的曲折变化与节奏足以感动人的善心，而使邪恶之气无从和人接触。荀子在这里已提出了美学上"言志"说的基本论点——人的情志表现于有节奏的声音、形象，体现了一定的理想。荀子认为，"礼"也表达了人的情感。他说："凡礼……故至备，情文俱尽。"（《礼论》）最完备的礼是人情和仪式都表达得很充分。它体现了一定道德规范即道德理想的具体化，"故礼，上事天，下事地，尊先祖而隆君师"（同上）。

礼乐表现了人的情感，因而礼乐一旦被制做出来，便具有培养人、教育人的作用。荀子说："故乐行而志清，礼修而行成，耳目聪明，血气和平，移风易俗，天下皆宁，美善相乐。"（《乐论》）礼乐的教化使人情志清明、德行成就，使社会移风易俗，达到了美与善的统一。"美善相乐"，不仅是说音乐培养了人的内心的情志，而且是说人的道德（善）由于陶冶而从习惯变成自然，成了美的对象，人格本身以及人的生活都给人以美感了。这就是美学上说的"自由"。

荀子关于"成人"的学说，朴素地表达了真、善、美统一的思想。所谓"不全不粹，不足为美"，就是要求培养具有全面的认识（"壹于道"，即真）和纯粹的品德（"正志行"，即善）的完善人格，这种人格以雅颂之乐来培养自己的感情，达到了"美善相乐"。这些思想是很宝贵的。当然，荀子要培养的人格是封建地主阶级的君子。这就使得他的"成人"学说有着历史和阶级的局限性。

总的来看，荀子对"天人""名实"之辩作了出色的总结，达到了朴素唯物主义和朴素辩证法的统一，在天道观、认识论和逻辑学上都做出了杰出的贡献。在人道观上，他提出的"明分使群""化性起伪"和"成人"的学说，都有着不少的合理因素。当然，荀子思想中也掺杂有形而上学和唯心论的观点，特别是由于他所处的时代的条件，使得他有着比较浓厚的专制主义色彩。他主张对所谓"奸言"用武力镇压，"临之以势，禁之以刑"。这可以说是秦始皇"焚书坑儒"的舆论先声。荀子思想的这种封建专制主义倾向，在他的学生韩非那里有了进一步的发展。

第二节　韩非："不相容之事不两立"

在先秦哲学的总结阶段，出现了杂家的代表作《吕氏春秋》。它"兼儒墨，合名法"，包括了先秦的各家学说，以及天文、历法、医学等各方面的科学成就。《吕氏春秋》在哲学理论上是折中主义。它认为"一"就是"多"的折中，说："物因莫不有长，莫不有短；人亦然，故善学者假人之长，以补其短。"（《用众》）诸子百家各有所长和各有所短，能够采众家之长，折中起来就成为最完美的著作了。《吕氏春秋》就是根据这一理论编撰的。

如果说《吕氏春秋》强调对立面的统一，那么，韩非则强调对立面的斗争。韩非（约前280—前223年），出生于韩国，早年曾向韩王建议变法而未被采纳。后来，秦始皇看到他的著述，十分赏识，将其招到秦国。但不久韩非被李斯等陷害入狱，被迫自杀。韩非的著述保存于《韩非子》一书中。韩非作为法家，认为其他诸子百家都应取缔。"夫冰炭不同器而久，寒暑不兼时而至，杂反之学不两立而治。"（《韩非子·显学》，以下引《韩非子》只注篇名）认为就像冰炭不相容、寒暑不同时一样，法家和那些驳杂而悖乱的诸子之学是不可共存的。这种取缔"杂反之学"的主张，在实践上就是秦始皇的"焚书坑儒"；在哲学理论上就是用强调斗争、暴力的独断论反对折中主义，"不相容之事不两立也"（《五蠹》），以为彼此排斥、互不相容的双方是不可调和、折中的。

一、 法治思想与历史进化观念

在礼法之争上，韩非作为先秦法家的集大成者，提出了以法治为中心，"法""术""势"相结合的理论。所谓"法"，指由君主统一公布施行的政策、法令；所谓"术"，指君主的统治术；所谓"势"，指君主的权势。在韩非之前，商鞅重"法"，申不害重"术"，慎到重"势"。韩非作了批判的总结，以为这三者缺一不可，但最根本的是"法"，君主"抱法处势"（《难势》），用"术"来驾驭群臣，就能把国家治理好。韩非斥责称述礼义之说的儒家是"以文乱法"（《五蠹》），是"五蠹"之首。

此时的礼法之争已集中于"王霸""德力"之争。荀子主张德教与法治、仁义与暴力两手并用，韩非却认为德教与法治、仁义与暴力是对立的、不可调和的。他说："夫严家无悍虏，而慈母有败子，吾以此知威势之可以禁暴，而德厚不足以止乱也。"（《显学》）家规严就没有凶悍的奴隶，而慈母却养育出败子，所以，禁止暴乱要靠统治者的权势，而不能依赖德教。他还说："且民者固服于势，寡能怀于义。"（《五蠹》）人们本来是屈服于权势，而很少能心服于仁义的。韩非因此而认为孟子那种"以德服人"的王道是根本行不通的。

关于"古今"之争，法家首先明确提出了历史进化观。《商君书》

已指出，历史演变可分为"上世""中世""下世"等几个由原始状态逐渐向文明社会发展的阶段。韩非继承和发展了前期法家的历史进化观点。他在《五蠹》篇中描述了历史的演变过程：从"上古之世"（有巢氏、燧人氏）、"中古之世"（尧、舜、鲧、禹）、"近古之世"（夏、商、周三代）到"当今之世"（战国时期）。人类历史在这几个阶段中的物质生活和社会制度是逐渐向前发展的，所以，韩非认为如果现在还有人赞美过去的历史阶段，那是不足取的，"今有美尧、舜、汤、武、禹之道于当今之世者，必为新圣笑矣"。韩非在这里强调社会历史是不断进化发展的，无疑是正确的。

韩非试图用人口增殖和生活资料之间的矛盾来解释历史演变的原因。他指出，在古代"人民少而财有余，故民不争"，人很少而生活资料充足，所以人民之间用不着互相争夺。但现在一个人生了5个儿子不算多，每个儿子又各生5个儿子，祖父未死时就有了25个孙子。这样人口增殖速度超过生活资料增长速度，"人民众而货财寡"，因而即使"倍赏累罚"也不易制止争乱（见《五蠹》）。韩非还从物质生活条件来说明道德现象。他说："古之易财，非仁也，财多也；今之争夺，非鄙也，财寡也。轻辞天子非高也，势薄也；重争土橐，非下也，权重也。"（同上）古代的人轻视财物，并不是讲仁义，而是因为财物多；今天的人争夺财物，并不是心地卑鄙，而是因为财物缺少。古人轻易地辞掉天子不做，并不是因为他们的品德高尚，而是因为天子的权势很薄；今天的人郑重其事地争夺官位，并不是因为他们的品德卑下，而是因为官位的权势很重。

韩非关于社会历史、道德现象的这种解释，比之儒家的天命史观、道家的历史倒退论、阴阳家的历史循环论等，无疑是进步的。他由此得出"上古竞于道德，中世逐于智谋，当今争于气力"（《五蠹》）的结论，以为这是历史演变的客观规律。他认为，根据这样的规律，"世异则事异"，"事异则备变"（同上），历史的阶段不同了，社会的事情也不同，社会的事情不同了，采取的措施也应随之变化。所以，"仁义用于古而不用今"（同上），当今之世只能用法治、暴力来治理国家。这就为他的法家政治学说提供了历史观的根据。

当然，韩非片面强调法治，完全否认德教，认为暴力决定一切，这在实质上是唯心主义的暴力论。

二、"缘道理以从事"和"因人情"

韩非在"天人"之辩上继承了荀子的朴素唯物主义路线。他说："若地若天，孰疏孰亲，能象天地，是谓圣人。"（《扬权》）认为物质的自然界是没有意志的，对任何东西都不分亲疏，能像天地一样无私，就是圣人。韩非强调人应"守成理，因自然"（《大体》），即要求人按自然规律办事。但他过分强调"因自然"，比起荀子来，辩证法思想少了。

韩非在天道观上的重要贡献，是对"道"和"理"的考察。他说："缘道理以从事者，无不能成。"（《解老》）根据道和理来办事，没有不成功的。这里讲的"道"和"理"，即一般规律和特殊规律的关系问题。韩非说："道者，万物之所然也，万理之所稽也。理者，屈物之文也；道者，万物之所以成也。"（同上）认为"道"是万事万物所以这样那样的规律的总和，是无数具体事物的特殊规律的依据。"理"是各种具体事物的文理或条理即特殊规律，"道"是万事万物所以形成的总依据。作为具体事物的特殊规律的"理"，是各不相同的，各有其一定的制约范围，所以韩非称之为"定理"。具体事物变动不居，"故定理有存亡、有死生、有盛衰"（同上）。所以，定理不能叫作"常"。道则是超越于变易、超越于定理的常道，"常者，无攸易，无定理"（同上），因为道是与天地俱生而天地消散了还不死不衰的。但是，道又是"无常操"的，因为它又存在于万理之中，"道尽稽万物之理，故不得不化"（同上）。就是说，道不是僵硬的形式，而是随着时间、条件的推移和变化，总是和变化着的具体事物的规律相适应的。韩非在这里接触了一般规律和特殊规律的辩证关系：道是理的依据而又寓于理之中，即一般规律制约着特殊规律而又存在于特殊规律之中。

韩非在分析"天人"关系时，常常把"循天"与"顺人"连在一起。他所谓"因自然"包括"不逆天理，不伤情性"（《大体》）两个方面，关于人的情性，韩非说："夫安利者就之，危害者去之，此人之情也。"（《奸劫弑臣》）认为好利而恶害是人的天然本性。因此，韩非主张君主根据人的此种天性运用赏罚二柄进行统治，"凡治天下，必因人情。人情者有好恶，故赏罚可用"（《八经》）。慎到曾指出，人皆"自为"即都替自己打算，要改变人的这种天性而使他替我做好事，这叫"为我"，统治者只能利用人之"自为"，而不要求人之"为我"（《慎子·因循》）。韩非接受了这种观点，认为人都是自私自利的，"皆挟自为心也"（《外储说左上》）。他强调人与人之间的一切关系都是以利己主义为基础的交易关系。韩非举例说，医生吮吸病人的脓血，不是出于人道，而是为了赚钱；舆人造车，就希望人富贵，以便于出卖车子；匠人造棺，就希望人早死，以便于棺材有销路；后妃、夫人、太子等结成党，就希望君主早日死去。所以，韩非认为君主必须依靠法、术、势来治国。

这样，韩非就完全抛弃了人道原则。他说："人主之患在于信人，信人则制于人。"（《备内》）认为君主如果信任别人，就会受制于别人。对人尊重和信任，是孔墨倡导的人道原则的根本精神，它先是遭到《老子》和庄子的批判，最后又被韩非站在专制主义的立场加以彻底摒弃。

正是由于韩非偏激地否定了人道原则，他在"天人"关系上的唯物主义观点上有了严重的独断论倾向。这表现在：

第一，韩非片面强调了道超越于万物。他在考察道和理的关系时，虽然也讲到了道内在于万物，但他更强调的是："道不同于万物，德不同于阴阳……君不同于群臣……道无双，故曰一。是故明君贵独道之容。"（《扬权》）认为道就像君主超越于群臣一样，超越万物、超越阴阳，是独一无二的。

第二，韩非片面强调了对立面的区分和排斥。他在分析"定理"时，曾讲到对立面的联系和转化，如说："凡理者，方圆、短长、粗靡、坚脆之分也。"（《解老》）"定理有存亡、有死生、有盛衰。"（同上）但是，韩非更用"非此即彼"的语句来强调对立面的不可并存。他说："凡物不并盛，阴阳是也；理相予夺，威德是也。"（同上）认为阴和阳、威势和德教都是正反对立的，这些相对立的东西不可能并存而是"或夺或予"的关系，即有阴则无阳，有阳则无阴；有威势则无德教，有德教则无威势。显然，他把对立面的"斗争"绝对化了。

第三，韩非将明君看作"虚静无为"而"重积德"的圣人。他说：

"事在四方,要在中央。圣人执要,四方来效。"(《扬权》)这里的圣人就是实行中央集权的专制君主。这样的君主"独擅"大权,虚静无为,令众人莫测高深。"明君无为于上,群臣竦惧于下。"(《主道》)韩非把《老子》的"圣人不仁"推到极端,他所谓的"圣人"已成了令全体臣民恐惧、战栗的独裁者。

三、"因参验而审言辞"

韩非在"名实"之辩上,也继承了荀子的唯物主义思想。他说:"循名实而定是非,因参验而审言辞。"(《奸劫弑臣》)认为应当根据概念和实在是否一致来判定言论的是非,要经过比较分析和事实验证来审察言论的得失。

韩非讲的"参验",特别强调了要用实际效果(功用)来检验人的认识。他说:"夫言行者,以功用为之的彀者也。"(《问辩》)认为任何言行都以其预期的功用为目的。他说,譬如射箭,把箭磨得锋利,闭着眼睛发射,虽然也可射中某一点,但因其射中的不是预定的箭靶子,所以称不上好射手。同样,人的言行也不能无的放矢。韩非讲的"参验",也含有参伍、比较的意思。他说:"参伍之道:行参以谋多,揆伍以责失……言会众端,必揆之以地,谋之以天,验之以物,参之以人。四征者符,乃可以观矣。"(《八经》)就是说,参伍、比较,要作多方面的考虑,还要找出失误之处。言论要善于综合各方面的端绪,地利、天时、物理、人情四者都要加以考察,用它们来检验理论。如果这四方面都得到了验证,那么就是可观的言论了。这里所说的包含有全面地看问题和合乎逻辑地进行论证的要求。

韩非讲的"参验",还特别强调要根据逻辑的矛盾律审察言论。他在逻辑学上首次提出了"矛盾"的概念。《韩非子》有两处讲到"自相矛盾"的故事:楚国有个卖矛和盾的人,他先拿起一块盾夸口说,我的盾很坚固,没有任何东西可以刺穿它。过了一会儿,他又举起一支矛吹嘘说,我的矛锋利无比,任何东西都可以刺穿。这时,旁边有人问他:那么以你的矛来刺你的盾将会怎么样呢?这个卖矛和盾的人就答不上来了。韩非讲述这个故事,意在运用形式逻辑的矛盾律作为审察言论的武器。因此，他在《难势》中认为任贤与任势在逻辑上是矛盾的，在《难一》中认为尧之明察与舜之德化在逻辑上是矛盾的；等等。他认为凡是在逻辑上矛盾的东西不可能两者并存，否则就和那个自相矛盾的卖矛和盾的人一样可笑。

但是，韩非不懂得有些矛盾的关系不是单凭形式逻辑能解决的。他在许多地方（不是一切地方）把本来应该运用辩证法来处理的矛盾，当成形式逻辑的"矛盾"或"反对"了。他说："不相容之事不两立也：斩敌者受赏，而高慈惠之行；拔城者受爵禄，而信兼爱之说；坚甲厉兵以备难，而美荐绅之饰……举行如此，治强不可得也。"（《五蠹》）就是说，如下的行为在逻辑上是自相矛盾的：一方面要给杀敌者奖赏，另一方面却推崇仁慈的德行；一方面要给攻破城池者爵禄，另一方面却信奉兼爱学说；一方面要用坚甲厉兵以加强军备，另一方面却赞美儒生的服饰……如此自相矛盾，国家是不可能强盛的。总之，在韩非看来，力与德、势与贤、冰与炭、阴与阳等，都是"非此即彼"，"亦此亦彼"是不可能的。这就把形式逻辑的矛盾律当成世界观的基本原则，成了形而上学。所以，韩非讲"参验"，比之荀子的"符验"与"辨合"，辩证法少了而独断论多了。

综上所述，韩非阐发了法家的历史进化观念，在天道观上考察了"道"和"理"的关系，在认识论上提出了"参验"，都有其合理因素。但他过分强调了暴力、斗争，根本摒弃了人道原则，把对立面之间的互相排斥看成是绝对分明和固定不变的界限，这就成了形而上学的独断论。因而他的理论特别适合于封建专制君主的独裁统治。

第三节 《易传》："一阴一阳之谓道"
——朴素的对立统一原理的确立

《易传》是对《易经》的解释，这些解释共有十篇。本书认为，《易传》中的思想在战国时就有了，而成书则要较晚一些。

从"古今"之争来看，《易传》不同于先前的儒家著作，它具有历史进化观念。它对于历史进化过程的描述是，"古者包牺氏（伏羲氏）

王天下"时，拿绳子结网以捕鱼捉兽，那是渔猎时代；到了神农氏时，把树木加工为"耜"和"耒"这样的农具进行生产，并且"日中为市"，进行商品交换；到了黄帝、尧、舜时，进入了文明时代，有了家庭和私有财产，因而为了防备盗贼，设置了几重门，晚上敲梆守卫，也有了国家和武装力量，制造了矢以威服天下。（见《系辞下》）《易传》不但把人类历史看作不断演变、发展的，而且充分肯定社会变革在历史上的作用。它说："天地革而四时成。汤武革命，顺乎天而应乎人。革之时义大矣哉！"（《革·彖》）这里说，天地发生变革才有四季的形成；汤、武取代桀、纣的"革命"，是顺应天和人的要求的。所以说，变革时期的作用是十分伟大的。

从"天人"之辩看，《易传》建立了一个唯心主义的体系。《系辞上》说："一阴一阳之谓道，继之者善也，成之者性也。"认为一阴一阳的矛盾和统一就叫作道，把这道禀承下来就是善，把这道体现在自己身上并发扬光大，就是人的本性。这种继道而形成善性的观点，是对孟子先验主义性善论的发展。《易传》认为"易"的道理是永恒的、超时空的，先天就有的，是任何事物甚至天都不能违背的，这就是所谓的"先天而天弗违"（《乾·文言》）。由此《易传》提出了一个著名的命题："形而上者谓之道，形而下者谓之器。"（《系辞上》）认为无形无象的道在有形有象的器物之前。这无疑是客观唯心论。从这样的客观唯心论出发，《易传》提出了"观象制器"的说法。它说："见乃谓之象，形乃谓之器，制而用之谓之法，利用出入，民咸用之谓之神。"（同上）就是说，先天的"易"表现为"象"，形成具体事物即是"器"，圣人制作器物为人所用就是"法"即效法卦象，老百姓反复利用，广为受益，而不知其所由来，正体现了"易"的"神"。这与荀子的"制天命而用之"颇相似，不过荀子的出发点是唯物论，而《易传》的出发点是客观唯心论。

从"名实"之辩来看，《易传》是主张先验论观点的。它说："《易》之为书也，广大悉备，有天道焉，有人道焉，有地道焉……"（《系辞下》）认为《易》这部书里天道、地道、人道都具备了，它是整个世界的模式，世界上的一切都是从这一模式中派生出来的。它说："八卦成列，象在其中矣；因而重之，爻在其中矣；刚柔相推，变在其中矣；

系辞焉而命之，动在其中矣。"（同上）就是说，在八卦的排列中，就有天地间的法象；把八卦两两重叠而有六十四卦，每卦六爻，这些卦刚柔相推，互相转化，世界万物的变化就都在其中了；每个卦的爻适时而动，由爻辞来说明它的吉凶，人间万事的变动也就都在其中了。这就是认为圣人用八卦构造出来的思辨体系，足以摹拟天地万物变化之道。这显然是把"名"（卦象）看作第一性，把"实"看作第二性。

《易传》的唯心主义体系也带有神秘主义色彩，如说"天垂象，见吉凶"（《系辞上》），天通过各种迹象来暗示事物的吉凶。但是，《易传》在唯心主义和神秘形式的包裹下却有着丰富的辩证法思想。

《易传》把宇宙变化法则叫作"易""道"："生生之谓易。""一阴一阳之谓道。"（同上）生生不息、变化日新就叫作易，一阴一阳的对立和统一就叫作道。《易传》还说："一阖一辟谓之变。""乾坤成列而易立乎其中。"（同上）敞开的乾道和关闭的坤道循环不绝就叫作变；阳刚的乾和阴柔的坤排成了行列，交互发生变化，易道就在这中间建立起来了。以上这些命题认为阴和阳、乾和坤的对立就是天地万物的变化法则。这就朴素地表达了发展是对立面的统一的思想。《老子》首先提出"反者道之动"的否定原理和"正言若反"的辩证思维形式。但是，《老子》的辩证法半途而废。以后经过庄子和辩者的责难，名、言能否把握道，亦即逻辑思维能否把握宇宙发展法则和世界统一原理的问题，受到了更多的怀疑，也得到了更多的考察。其后的荀子着重对认识和概念的辩证法作了阐发，但对宇宙发展法则本身却很少论及。杂家强调统一，韩非强调斗争，又都陷入片面性。因而，在先秦只有到了《易传》提出"一阴一阳之谓道"并从多方面加以阐明，才可说真正确立了发展是对立面的统一的原理。

《易传》认为，这个对立统一的原理或宇宙发展法则是能用概念来把握的。它说"言不尽意"（同上），意识到了言与意、名与实的矛盾。同时，它又说："夫《易》……当名辩物，正言断辞，则备矣。"（《系辞下》）认为《易》这本书用恰当的名称（概念）来辨别事物，用正确的语言做出判断，因而一切都具备了。所以，《系辞上》说："《易》与天地准，故能弥纶天地之道。"《易》与天地之道即概念的辩证法与客观辩证法是同一的。这就对逻辑思维能否把握宇宙发展法则这个问题作了肯定的回答。

《易传》认为，每个现象代表一个类概念。因此，"当名辨物"也就是"以类族辨物"，而所有的类族，不外乎是阴和阳两个范畴的对立统一。它的"正言断辞"的论断形式，比《老子》的"正言若反"是前进了一大步。例如，它说："阖户谓之坤，辟户谓之乾。一阖一辟谓之变，往来不穷谓之通。"（《系辞上》）"穷则变，变则通，通则久。"（《系辞下》）这里所说的"穷则变"已包含着《老子》的"反者道之动"的意思，指出肯定的论断包含着差别、联系、转化。用"一阖一辟谓之变，往来不穷谓之通"来说明"变则通"，则进一步指出了否定的东西与肯定的东西的联系。这样，《易传》就比较完整地表述了辩证法的肯定与否定的对立统一的思想。《老子》片面强调柔弱胜刚强，《易传》则说："刚柔相推而生变化。"（《系辞上》）《老子》正如荀子批评的："有见于诎（屈），无见于信（伸）。"《易传》则说："往者，屈也；来者，信也，屈信相感而利生焉。"（《系辞下》）显然，比较《易传》和《老子》，可以看出无论是客观事物的辩证法还是概念的辩证法，《易传》都克服了《老子》的片面性，真正达到了辩证法的两点论。

《易传》把对立统一的思想贯彻于对"类""故""理"（道）范畴的考察。

《易传》认为，每个类都包含着矛盾，是同和异的统一，异中有同，同中有异。它对"睽"卦的解释是："上火下泽，睽，君子以同而异。"（《睽·象》）"天地睽而其事同也，男女睽而其志通也，万物睽而其事类也。"（《睽·彖》）"睽"卦（☲），上面三爻表示火，下面三爻表示泽，火与泽互相排斥而又是统一的，所以，要在观察事物时认识到"以同而异"，即看到每一类都是对立统一的：天地虽然相反，但它们的事功是相同的；男女虽然相反，但他们的志趣是相通的；万物虽然相反，但它们的功用是相类似的。类不仅本身包含着矛盾，而且又是互相转化的。《序卦传》讲到了卦象（类概念）的转化。例如，它在解释"泰"卦之后为什么接着是"否"卦时说："泰者，通也。物不可以终通，故受之以否。"这是说，"泰"是通达的意思，事物不可能永远都是通达的，到一定限度就要变为不通达了，所以"泰"卦之后要继之以"否"卦。"否"即阻塞的意思。《序卦传》强调《易经》卦象的排列就是这样的不断向对立面转化的过程。

关于"类"范畴，在先秦哲学家那里得到了不断深入的考察。《墨经》考察了"类"的形式逻辑的意义，要求根据种属关系进行推理。荀子既讲"推类而不悖"，又提出"统类"的观念，即要求从全面的一贯的观点看问题。《易传》则讲"以类族辨物"，明确地指出类本身包含矛盾，类是互相转化的。从荀子到《易传》，实际上已触及了"类"的辩证逻辑的意义，就是要求思维从全面联系的观点出发，比较各类事物的同异，把握所考察的类的矛盾运动与互相转化。这样运用"类"范畴来进行"辨合"，其实就是辩证逻辑的比较法。《易传》的"以类族辨物"尽管有不少荒唐的比附，如"乾"为天、父、马，"坤"为地、母、牛等。但《易传》在作这样的归类时，实际上是把卦象（类概念）看作代数符号。运用这些代数符号来规范现实，就为现象世界的各种事物、各种过程以及它们之间的有机联系和互相转化，提供了广泛的类比和推测。这种类比和推测，如能与荀子提出的"符验"密切结合，便能成为科学的方法。

从方法论来说，"以类族辨物"的主要任务在于"取象"，即形成正确的类概念并取法于它。所谓"取象"，《系辞上》说："极其数，遂定天下之象。"以为把五十根蓍草按照一定程序进行排列、组合，就可以确定卦象以"象其物宜"（《系辞上》），即把万物的性质适当地从卦象表现出来。这无疑是迷信，但它要求从事物的数量关系来把握类概念，在方法论上具有重要意义。同时，《易传》所谓"定象"并非说象是固定不变的。它强调"通其变"（《系辞下》），认为从"通变"的观点看，卦代表"时"，爻代表"位"，占卦预卜凶吉，既要看居什么"时"，又要看处什么"位"。这自然也是迷信，但这包含着方法论上的重要意义，那就是：要把事物放在一定时间条件下来考察它的变化发展，人的行动要随时势来进行。总之，《易传》已提出辩证逻辑比较法的一些主要环节，在运用"类"范畴进行"辨合"方面，比荀子又前进了一步。

关于"故"，《易传》以为《易》是"无思""无为"的虚静本体,但它"感而遂通天下之故"(《系辞上》),即感物而动,能通晓天下万物之所以然。这表现出先验论和神秘主义。但《易传》关于"故"范畴的考察也包含了辩证法思想。它强调要"知幽明之故"(同上),即认识事物隐蔽的和明显的原因,而乾和坤就是一切事物发展变化的原因。它说:"乾知大始,坤作成物。"(同上)认为乾是万物赖以开始的原因,坤是万物赖以生成的原因。就人的活动而言,"成象之谓乾,效法之谓坤"(同上)。人的作为开始时,有一个概念或计划作为"象",就叫作乾;而效法这个"象"来制作器物,成就功业,就叫作坤。总之,不论自然界现象还是人的活动,一切变化发展都可归结为乾和坤的对立统一。可见,《易传》认识到矛盾是事物变化的源泉。

关于"理",《易传》说:"冒天下之道。"(同上)认为《易》包括尽天下万物的所有规律。这是先验论的观点。但是,它明确指出自然规律是"无妄"即必然的:"天下雷行,物与无妄,先王以茂对时育物。"(《无妄·象》)"无妄"卦(☳),乾上震下,因而说"天下雷行",万物皆遵循必然规律,圣王可以运用规律,依据时间条件来养育万物。《易传》认为,根据规律与条件,人就可以"知几"。"几"即变化发展的可能性。"几者动之微,吉之先见者也。"(《系辞下》)"几"不是虚假的可能性,而是露出端倪的现实的可能性。圣人"极深而研几"(同上),能够深入到事物内在规律来把握发展的可能性,并根据人的目的来制作器物,以成天下之大业。

《易传》的辩证法是积极进取的,它的名言是:"天行健,君子以自强不息。"(《乾·象》)这和《老子》从"反者道之动"得出"弱者道之用"的消极结论,形成了鲜明的对照。不过,《易传》也有局限性。例如,它说:"天尊地卑,乾坤定矣。卑高以陈,贵贱位矣。"(《系辞上》)为封建等级制度作辩护,便陷入了形而上学。再如,它还没能摆脱"终则有始"(《恒·彖》)的循环论。同时,它还存在不少鼓吹迷信的糟粕。这一类糟粕在汉代《易纬》中得到膨胀发展。不过,《易传》辩证法对后世的巨大影响是积极的。

第四节 阴阳五行学说的发展
——辩证逻辑的比较法运用于具体科学

大体说来，荀子和《易传》已提出朴素的辩证逻辑的基本原理。但同时还有一种阴阳五行说，它作为自然哲学，与天文、历法、音律、医学、农学等有着密切联系，因此它所讲的逻辑更明显地具有科学方法的意义。可以说，在《吕氏春秋》和《黄帝内经》中，辩证逻辑的比较法已被运用于具体科学领域，而成为卓有成效的方法。

《吕氏春秋》"十二纪"的首篇合在一起，就是《礼记》中的《月令》，即十二个月的月历。《月令》体现了科学与神话的某种联系，反映了战国时天文、历法和农业生产知识的水平，也掺杂着十二个月都各配以相应的帝、神、虫、音、律、数、味等等的迷信。

《吕氏春秋·仲秋纪》说："凡举事，无逆天数，必顺其时，乃因其类。"认为凡做一件事，不能违逆历数，必须顺应其时间和因袭其所属的类。在讲到祭祀准备牺牲时又说："察物色，必比类，量大小，视长短，皆中度。"上面这两段话包含着阴阳五行学说的基本观点和方法，其主要的环节是："比类""取象""度量""顺时"。《月令》在运用这种观点和方法时，既有唯物主义的、科学的成分，也有唯心主义的、迷信的成分。如《仲秋纪》说的"是月也，日夜分，雷乃始收声，蛰虫俯户，杀气浸盛，阳气日衰"，"乃劝种麦，无或失时"等等，这样讲阴阳盛衰的"大数"，以及"顺时""因类"，是合乎科学的。但《仲秋纪》又说："其日庚辛，其帝少皞，其神蓐收，其虫毛，其音商，律中南吕，其数九，其味辛，其臭腥……"这里显然含有不少牵强附会的东西。

值得注意的是，《月令》所运用的逻辑范畴"数""类""时"等，都是和《易传》相似的。不过，《月令》讲"毋逆大数"，以十二律配十二月，更着重于从数量关系来把握类概念。古代人很早就知道律管的长短决定音的清浊，所以可用数量上的比例来说明音律的不同。

《管子·地员》首先提出音律上的"三分损益法"。《吕氏春秋·大乐》说音乐"生于度量",《音律》篇则用"三分损益法"来说明十二律。后来《淮南子·天文训》《汉书·律历志》也都如此。例如,以黄钟律管为九寸,为阳律,三分损一,下生林钟;林钟律管长六寸,为阴吕,三分益一,上生太簇;太簇律管长八寸,为阳律,三分损一,下生南吕……如此阴阳相生,共六阳律、六阴吕,合称十二律。中国人在春秋战国时对乐律的研究,已经相当精密,可见从数量关系来把握音律,确是科学的方法。同时,一年分四季、十二月,也是可以从数量关系即从日夜长短的变化、阴阳寒暑的消长来说明的。因此《月令》以为十二律可以和十二月相配,如以黄钟配十一月,林钟配六月,太簇配正月,南吕配八月等。律和历体现了共同的数量关系,是我国古代的根深蒂固的信念之一。推而广之,以为天体的运行、自然界万物的生长发育,人类社会的演变,同音律和历数一样,都是阴阳对立势力的消长,在数量关系上有其共同秩序,因此逻辑思维可以从数量关系来把握所考察的类的矛盾运动。这就是易学家所谓"取象""运数"的方法。这种方法,如果主观地加以运用,就不可避免地产生荒唐的见解(例如在汉代的纬书中);如果客观地加以运用,坚持荀子所说的"辨合""符验",那便是富有生命力的方法(在音律、历法的科学中便是如此)。

古代朴素的辩证逻辑与阴阳五行学说相结合,在医学领域中取得最显著的成就。《黄帝内经》用阴阳的对立统一和五行的相生相克来论述医学中的一些基本问题,具有丰富的医学辩证法。可以说,它在医学这一领域中,达到了朴素唯物主义与朴素辩证法的统一。

关于"天人"关系,《素问·举痛论》说:"余闻善言天者,必有验于人;善言古者,必有合于今;善言人者,必有厌于己。如此,则道不惑而要数极,所谓明也。"这几句话和荀子所说的大同小异,而用的口气是"余闻"云云,很可能是《内经》受了荀子的影响。在方法论上强调"符验",以为关于天道的言论应受到人事的验证,关于古代的言论应受到现实的验证,这和荀子是一样的。《内经》以为人和己相一致,荀子也说"以己度人,以人度人"。但是也有不同之处:荀子讲"明于天人之分"和"制天命而用之",比较强调人对自然的斗争；而《内经》则比较强调人和自然之间的有机联系，要求从有机联系的观点来考察人体。它说："自古通天者生之本，本于阴阳……九窍、五脏、十二节，皆通乎天气。"（《素问·生气通天论》）"内外调和，邪不能害。"（同上）"谨道如法，长有天命。"（同上）就是说，人体和自然界息息相关，一个人能做到内与外、人与天、阴与阳互相调和，邪气就不能侵害；遵循自然规律养生，就能长久享有天赋的生命。这是唯物主义的天人合一论。

关于"名实"问题，《内经》说："气合而有形，因变以正名。"（《素问·六节藏象论》）以为正确的名称、概念是根据形体变化而确定的，这也是明显的唯物主义观点。那么，怎样才能做到"因变以正名"，即正确地用概念把握客观变化过程呢？《内经》也强调要"度量"，说："若夫八尺之士，皮肉在此，外可度量切循而得之，其死可解剖而视之，其藏之坚脆，府之大小，谷之多少，脉之长短，血之清浊，气之多少……皆有大数。"（《灵枢·经水》）这是讲，要通过对人体的客观的观察和解剖来进行度量，以把握脏、腑、气、血等各方面的数据。这当然是科学态度。

《内经》还提出用"别异比类"（《素问·示从容论》）的方法来取象。例如，在诊病时，"脉之小、大、滑、涩、浮、沉，可以指别；五藏之象，可以类推"（《素问·五藏生成论》）。就是说，各种脉象，医生可以用手指来度量、辨别；而五脏之象，则可由内脏功能反映在体表的现象来比类推测。这里讲的类推，显然不是指根据种属关系进行推理，而是要求运用阴阳、五行的范畴来作观察、比较和推测。《内经》运用"类"范畴，也和《易传》相似，不过它不讲八卦，而是把人体和自然界现象归纳为木、火、土、金、水五大类，又概括为阴和阳两种属性的对立统一。运用这样的范畴进行类比，把五行和五脏、五官、五味、五种情志（喜、怒、悲、恐、思）、五种气候（风、暑、湿、燥、寒）、五个方位（东、西、南、北、中）、五个季节（四季加长夏）等等一一相配，当然不免有牵强附会之处。但是这里面却包含着一个很有价值的思想：即有机联系的观念。《内经》以为，人体是个有机的整体，五脏、六腑、五官、五体以及经络系统都是互相联系、分工协作的；人的生理变化和精神作用（喜怒等）也是互相联系、互相影响的;而且人体和自然界也是统一的,人的健康与疾病同自然界环境特别是气候变化有密切的关系。《内经》的"比类""取象"的方法,实质上是要求从普遍联系中来比较各类事物的同异,从而把握所考察对象的矛盾运动(阴阳的消长),以进行正确的推测。这就是辩证逻辑的比较法。

《内经》说:"阴阳者,数之可十,推之可百,数之可千,推之可万,万之大不可胜数,然其要一也。"(《素问·阴阳离合论》)所谓"其要一也",是说天地万物都可用阴阳的对立统一来概括说明。阴阳的矛盾是万物生成的总原因。就自然界说,"清阳为天,浊阴为地;地气上为云,天气下为雨;雨出地气,云出天气"(《素问·阴阳应象大论》)。天与地互相依存,而地气(水气)上升为云又转变为雨,天气(云)下降为雨又蒸发为云,这正说明阴阳互相依存又互相转化。而就人体说,"阳化气,阴成形",人体健康有赖于阴阳的协调。"阴胜则阳病,阳胜则阴病,阳胜则热,阴胜则寒,重寒则热,重热则寒。"(同上)就是说,如果阴阳有一方偏胜,便会使另一方削弱而成病。阳偏胜则出现热的症状,而热极反而出现寒象;阴偏胜则出现寒的症状,而寒极反而出现热象。这也正说明阴阳的互相依存又互相转化。因此,在诊断方面,《内经》指出:"善诊者,察色按脉,先别阴阳。"(同上)就是说,首先必须辨别病症属阴还是属阳。而在治疗方面,则又提出"阳病治阴,阴病治阳"的原则。可见《内经》作者善于辩证地思维,而从思维形式来说,这里举的一些论断,都比较完整地表达了肯定与否定的对立统一的思维的矛盾运动。

但《内经》认为,决不能主观地运用"阴胜则阳病,阳胜则阴病""阳病治阴,阴病治阳"这类原则,必须从实际出发,具体分析条件,因时、因地、因人制宜。《内经》非常强调"时",说:"谨候其时,病可与期;失时反候者,百病不治……是故谨候气之所在而刺之,是谓逢时。"(《灵枢·卫气行》)这种要求严格依据客观物质运动及其时间条件采取治疗措施的态度,是唯物主义的实事求是精神。

当然,《内经》运用"比类""取象"的方法,有时也不免流于主观比附,因而产生了一些荒唐的见解。例如,它说:"天圆地方,人头圆足方以应之。天有日月,人有两目。地有九州,人有九窍。天有风雨，人有喜怒。天有雷电，人有声音……岁有三百六十五日，人有三百六十节。"（《灵枢·邪客》）这样通过比附以论证"人与天地相应者也"，当然是荒谬的。不过，只要坚持唯物主义，不断地用事实来验证理论，这些荒谬之处是会逐步得到克服的。

阴阳五行学说在战国时期发生分化，有一派人向唯心论发展，其代表人物是邹衍（约前305—前240年）。《史记·孟子荀卿列传》中说他"其语闳大不经，必先验小物，推而大之，至于无垠"。邹衍虽说先验小物，但他一下子推到无限，并且也不再用事实来检验他的理论，便成"怪迂之辩"了。他讲历史，把五行推广到政治上，提出五德终始学说，认为土、木、金、火、水五种物质相克的循环变化，决定着历史上王朝的兴替和制度的改变。如夏、商、周三个朝代的递嬗，就是火（周）克金（商），金克木（夏）的结果。这显然是无法验证的学说，违背了荀子说的"善言古者必有节于今，善言天者必有征于人"的原则。

《吕氏春秋·应同》可看作邹衍一派的学说。它说："凡帝王者之将兴也，天必先见祥乎下民。黄帝之时，天先见大螾大蝼。黄帝曰：'土气胜。'土气胜，故其色尚黄，其事则土。及禹之时，天先见草木秋冬不杀。禹曰，'木气胜。'木气胜，故其色尚青，其事则木。"汤之时，金气胜，其色尚白。文王之时，火气胜，其色尚赤。代替周朝的应该是水德，水气胜，其色尚黑。这种说法把历史的演变同五行的生克进行牵强比附，是循环论的历史观。这也从反面告诫人们，运用"比类""取象"的方法，一定要坚持荀子所说的"符验""辨合"的原则。

第一篇小结

一

哲学是自然知识和社会知识的概括和总结。阶级斗争、生产斗争和科学实验是推动哲学发展的动力。春秋战国是社会大变动时期,哲学斗争是当时的政治斗争的反映;反过来,哲学革命又作了政治变革的前导。春秋末期,奴隶制逐渐崩溃,代之而起的是封建制这一新的剥削方式。和这种社会大变动相适应,儒、墨、道、法诸家兴起,围绕着"古今""礼法"问题展开了争论。当时代表新兴地主阶级的兵家、法家和黄老之学是主张法治、反对复古的,为地主阶级夺取政权和运用政权力量进行变法革新作了理论准备。儒家原来主张复古、恢复西周的礼制,代表了没落奴隶主阶级的利益。但是到了孟子,提出了"王道""仁政"的思想,已经是在"法先王"的旗号下,为地主阶级的利益打算。荀子讲"礼法兼施""王霸统一",为儒法合流开了先河。战国后期,无论是荀子、韩非,还是《吕氏春秋》《易传》,这些思想家和著作都是为建立统一的封建地主阶级的中央集权国家作舆论准备的。可以说,春秋战国时期通过百家争鸣而实现了一次哲学革命,为建立封建的中央集权国家作了前导。但这场革命是不彻底的，封建地主阶级国家为巩固统一，需要实行专制主义，需要形而上学和唯心主义。在战国末期，已经有了这种趋势。荀子、韩非、《易传》的哲学体系，尽管在朴素唯物主义和朴素辩证法方面取得重大成就，但也有适应封建专制主义需要的唯心主义和形而上学。

先秦哲学史也表明，哲学斗争同科学反对宗教迷信的斗争是直接联系的，哲学同科学是相互促进的。殷周以来，一直占据思想领域中心的宗教天命论和鬼神迷信，到了春秋时期就开始动摇了，无神论的思潮广泛流行。儒、墨、道、法诸家，有的对鬼神表示怀疑和否定，有的站在唯物主义的立场上反对天命论和宗教迷信。这种哲学上的成就也推动了科学的发展。科学在哲学的母体中孕育成长起来了。到了战国中、后期，自然科学有了很大的进步。天文、地学、历法、农学、医学都出现了专门的著作。力学、光学、几何学也有许多的成就，这主要保存在《墨经》中。正是在概括这些自然科学成就的基础上，产生了《墨经》和荀子这样的唯物主义认识论和逻辑学。整个先秦哲学，可以看作自然科学和哲学相互促进的历史。在古代，哲学和科学往往是不分家的。许多科学的篇章被保存在诸子著作中。又比如《黄帝内经》，既是医学著作，又是哲学著作。尽管当时的科学处于幼稚的状态，但它和哲学有密切的联系，这也是它的优点。我们讲到的一些先秦的哲学家往往同时也是科学家。但当时的自然科学是零碎的，因此要建立宇宙论、自然哲学，就不免要用虚构来代替真实。阴阳五行学说和《易传》就是如此。前者的唯物主义和后者的辩证法对科学的发展起了促进作用，但是那虚构的体系后来就和宗教迷信结合，成了汉代儒学的神学体系，适应于日趋保守的封建统治阶级的需要。

二

哲学的根本问题是思维和存在的关系问题，在先秦，诸子百家主要围绕着"天人"和"名实"的争辩来探讨这一哲学根本问题，而由荀子作了比较全面的总结。我们可以把先秦哲学的发展过程看作一个圆圈，从原始的阴阳说开始，经过曲折的发展历程，到荀子达到朴素唯物主义和朴素辩证法的统一。这个圆圈包括着两个小的圆圈：前一个是原始的阴阳说经孔子、墨子到《老子》；后一个是《管子》经孟子、庄子到荀子。哲学继续前进，荀子——《吕氏春秋》和韩非——《易传》，可说是总结阶段的一个小圆圈。

孔子尊重人的理性，强调人的能动作用，由此导致先验论，把传统的宗教天命论改造成为比较精致的唯心主义体系。墨子注重经验，对感觉能给予客观实在毫无怀疑，又主张"非命"，他的哲学基本上是唯物主义的；但和狭隘的经验论相联系，他讲"天志""明鬼"，这又有局限性。不论孔子和墨子，他们的哲学思想都着重讲人道，是对着重讲天道的原始阴阳五行说的否定。《老子》在天人关系上主张"无为"，在名实关系上主张"无名"，有丰富的辩证法思想。它着重讲天道，仿佛是回复到了原始的阴阳说。但《老子》把"无为"和"无名"绝对化了，对感觉和概念都采取否定的态度，就导致了唯心主义。《孙子兵法》讲"能为"，他的朴素辩证法与唯物主义结合了，不过只限于军事领域。

《管子》真正把天解释为物质的自然界，黄老之学克服了《老子》的唯心论，但它的唯物论是直观的，强调了人应适应自然和认识的被动的一面。孟子发展了孔子尊重理性的思想，提出性善说和唯心主义的天人合一论，认为认识过程就是唤醒人的天赋观念，强调了认识的能动的一面。孟子和《管子》虽有唯心论和唯物论的对立，但都是唯理论和独断论。庄子反对前人的独断论，有见于人的认识的相对性，却导致对一切都怀疑，否认客观真理，成了怀疑论和相对主义。惠施和公孙龙这两派辩者也是相对主义和绝对主义的对立。经过相对主义和绝对主义、怀疑论和独断论的斗争，对"天人""名实"之辩的考察深入了，特别是对"类"的范畴的考察深入了。后期墨家进而在朴素唯物主义认识论的基础上建立了一个形式逻辑的科学体系。最后，荀子对"天人"之辩和"名实"之辩作了总结，达到了朴素唯物主义和朴素辩证法的统一，这好像又是出发点的复归。

哲学继续向前发展。韩非往唯物主义的方向发展，但是他片面地强调斗争，辩证法就少了；《吕氏春秋》则片面地强调统一，成了折中主义；《易传》发展了辩证法，但是一个唯心主义的体系。因此，在先秦哲学的总结阶段也包含着一个小的圆圈。

我们把先秦哲学看作主要是围绕着"天人""名实"之辩而展开的相对完整的认识的辩证发展过程。在这个过程中，有先验论和经验论、相对主义和绝对主义、直观唯物论和唯心辩证法的对立，而唯物主义和唯心主义的斗争则贯穿始终。当我们把握了这些哲学家的体系，又粉碎了他们的体系，便可看到理性和感性、绝对和相对、唯物主义和辩证法是先秦哲学发展的一些必要环节。这些环节其实也是各个时期的哲学史、各门科学发展史的必要环节，也是每个个体认识发展的必要环节。

先秦哲学经历了螺旋形的发展过程，最后达到了对"天人""名实"之辩的比较全面比较正确的解决。从中我们可以看到：人类的认识经过什么样的途径才能达到辩证法的阶段，以及以辩证法为对象的认识运动是怎样展开的。辩证法本来是"自在之物"，是客观世界的本质和发展规律所固有的，也是人的认识世界的过程所固有的。要使"自在之物"转化为"为我之物"，需要经过不同方面的考察，不同意见的争论，以及对立的观点、对立的哲学体系的斗争。论争（以及一般地说理论思维）都要运用逻辑，并不断受到实践的检验。哲学家们起初自发地运用逻辑来进行论证和驳斥，进而对于思维形式及其基本范畴进行研究，这就有了逻辑学，并因而有了运用逻辑的自觉性（当然，这种自觉性是相对的）。墨子首先提出"类""故""理"的范畴。孟子运用它们来揭示"性"，庄子运用它们来阐明"道"，但他们的逻辑思想和方法并不是科学的。后期墨家才真正从科学的形式逻辑考察了这些范畴，荀子进而从辩证逻辑的观点把它们看作进行"辩合"的环节，《易传》又把"类""故""理"归结到对立统一原理。先秦哲学的发展说明：人类对逻辑范畴的掌握和运用是一个由自发到自觉、由较少自觉到更多自觉的前进运动，是一个由简单到复杂（揭示出越来越多的范畴，对它们的认识越来越深刻）的发展过程。不过在先秦，关于逻辑范畴的争论，主要集中在"同异""坚白"之辩，这是围绕"类"的范畴的争论。先秦哲学关于"类"的考察比较充分，关于"故"和"理"的考察则较少。

三

先秦哲学涉及天道观、认识论、逻辑学、社会历史观、伦理学、美学等领域，其中的合理成分是不胜枚举的，先秦哲学主要的积极成果在两个方面：认识论和逻辑学。

首先，认识论。先秦哲学家已概括出一些唯物主义的反映论原理和认识过程的辩证法。墨子、《管子》、后期墨家，发展了唯物主义认识论路线；孔、孟、老、庄、辩者也分别考察了认识过程的一些环节；荀子总结了前人的成果，做出了重要贡献。荀子肯定了知识和才能是后天获得的，朴素地指出了世界是可以认识的，认识是一个从不知到知，由知之不多到知之甚多的积累过程，是一个感性和理性、知和行的对立统一运动。荀子和《易传》以为，人们经过不同意见的争论，通过"解蔽"和正确地运用逻辑范畴，就能获得比较全面的真理，从而对言、意能否把握道的问题作了肯定的回答。他们也看到了认识过程是一个掌握客观规律以控制自然的过程，主观认识和客观必然性达到统一，人就获得了自由。尽管这些表达是朴素的，有局限性（如荀子和《易传》都不懂得社会实践在认识中的地位和作用，没有真正解决绝对和相对的关系），但是，先秦哲学家在认识论上的杰出贡献，仍然是后来的人，直至我们今天都必须加以肯定的。

其次，逻辑学。先秦诸子还围绕着"名实"之辩和"同异""坚白"之辩展开了逻辑问题的争论。庄子提出了种种责难；名家两派作了不同方面的考察；而后，后期墨家建立了形式逻辑的体系，提出"辞以故生，以理长，以类行"的形式逻辑基本原理，也触及了同一律、排中律、矛盾律等。在辩证逻辑方面，《老子》第一个提出否定原理。到了荀子和《易传》，辩证逻辑已具雏形。荀子明确地提出概念、判断、推理是包含矛盾的，进行辩说就要求"不异实名以喻动静之道"，所以辩证法是普通逻辑思维所固有的。他指出逻辑思维就是通过"辨合""符验"的运动，以求达到概念和实在的统一。他用"类""故""理"的范畴来说明正确地进行"辨合"的方法，强调要"壹统类""辨则尽故""以道观尽"，也就是全面地看问题；同时还要"解蔽"，即对各种谬误观点进行分析批判。《易传》则比前人更明确地表达了对立统一的原理，并认为可以用范畴的辩证推移来把握宇宙发展法则。

它还考察了"类"范畴的辩证逻辑意义，要求思维从全面联系的观点出发，比较各类事物之间的同异，把握所考察的类的矛盾运动。我们可以从《月令》和《内经》等著作中看到：这种辩证逻辑的比较法，在历法、音律、医学等具体科学领域中得到广泛运用，取得了显著的成就。当然，古代的辩证逻辑是朴素的，由于缺乏自觉性，所以"比类""取象"的方法容易被主观地加以运用，从而导致荒唐的见解。但是应该肯定，先秦哲学已提出了辩证逻辑的基本点，并且起了促进科学发展的作用，显示了它的生命力。这是个重大的成就。

虽然荀子的主观逻辑处处显示出客观逻辑，但是他对天道（宇宙发展法则）本身谈得不多。当然，《老子》说"反者道之动"，《易传》说"一阴一阳之谓道"，都是作为客观辩证法提出来的。对后世有深远影响的"气一元论"，已由《管子》、荀子和阴阳五行学说奠定了基础。

在人道观方面，古代当然不可能有真正科学的理论；但也提出了一些合理的见解，如法家和《易传》都已认识到历史有其演化过程，荀子用"明分使群"来解释国家制度和道德的起源等。特别是同人的自由问题相联系，儒、墨提出人道原则以及孔、孟、荀提出伦理学上的自觉原则，后来给民族文化以巨大影响；而美学上的意境理论，也已在庄子的寓言和荀子的《乐论》中萌芽了。

先秦哲学的每个学派、每个哲学体系都向我们提供了非常丰富的理论思维教训。不论是积极的创造性的成果还是理论上失足的教训，都是可宝贵的。先秦诸子这份历史遗产，对我们后代来说是取之不尽的宝藏。

第二篇

秦汉至清代（鸦片战争前）

自秦汉至清代（鸦片战争以前），中国社会一直处于封建时代。在意识形态领域，自汉代独尊儒术以后，历代统治者始终奉儒学为正统。不过随着社会矛盾的演变和科学的进步，哲学领域仍然有争论、有发展。儒家神学化在汉代受到王充等人的批判；到魏晋，盛行以"儒道为一"的玄学，而后出现了儒、释、道三教鼎立和互相影响的过程；到宋代，儒学取得了理学的形态而分成不同学派；至明清之际，中国古代哲学又一次达到总结阶段。

在这个历史过程中，哲学论争前后有很多变化。在汉代成为论争中心的宇宙论上的道和物的关系，至魏晋演变为本体论上的"有无（动静）"之辩，至宋代又演变为"理气（道器）"之辩。汉代的另一论争中心"形神"之辩，到佛学盛行后便演变为心物关系的论争，到北宋与"知行"之辩密切结合。同时，"天人"之辩和"名实"之辩也一直以不同方式继续着。这些论争最后由明清之际的王夫之作了总结，使朴素唯物主义和朴素辩证法的统一达到了一个更高的阶段，这就完成了中国古代哲学的逻辑发展的第二个大的圆圈。

第四章　独尊儒术与对儒家神学的批判

中国历史上第一个统一的封建帝国——秦王朝，只存在了短暂的15年，就被西汉王朝所取代。汉代统治者认为，秦王朝很快覆灭的关键，在于一味主张法治而排斥德治，暴力使用得太过分，激化了同被统治者（主要是农民）的矛盾。从这样的历史经验出发，汉代统治者由秦代的强调法治转向法治和德治并用。因此，汉宣帝说："汉家自有制度，本以霸王道杂之。"（《汉书·元帝纪》，中华书局，1964年，第277页）

西汉统治者在选择"王道"的形式时，又经历了由推崇黄老到独尊儒术的过程。主张"无为而治"的黄老之学在奉行休养生息政策的西汉初期风行一时，到了国力强盛的汉武帝时期，则转而采纳董仲舒"独尊儒术"的意见。从此之后，封建统治的意识形态的演变总趋势，就是公开打着儒家的旗号来实行王霸杂用、儒法糅合（其中也吸取了阴阳家、道家的一些成分）。

封建统治者为什么要"独尊儒术"，即公开打出儒家的旗号呢？这是因为在中国，当奴隶制度崩溃时，由氏族血缘关系发展起来的宗法制度虽受到了冲击，但依然根深蒂固。不仅封建专制制度和宗法制度密切联系着，而且地主经济以小农经济为条件，小农的自然经济也正是家长统治和宗法制度的天然土壤。所以，儒家那一套从奴隶社会传下来的思想，包括维护等级制的礼教和体现氏族血缘关系的孝悌等道德规范，只要作适当改造，就可以为封建统治服务。而儒家的仁知统一学说，强调在社会伦理关系中运用教育手段来提高人的自觉性，确实也有助于国家的长治久安。

但儒术独尊使得儒学走向神学化。封建统治者把儒学与政权、神权结合在一起，助长了宗教迷信的泛滥。从战国到秦汉，儒生和方士、儒家和阴阳家、神仙家等趋于合流，逐步形成一个庞大的唯心主义和宗教迷信相结合的神学体系。在这样的基础上孕育出了董仲舒的神学化的儒家理论。不过，两汉的科学技术也有了很大的进步，出现了《黄帝内经》《九章算术》等具有世界意义的科学著作，产生了张衡这样的大科学家，为中国古代天文学奠定了宇宙论的基础。科学是在反对宗教迷信的斗争中前进的，它与宗教迷信的斗争使得哲学论争的中心在汉代发生了变化。宇宙论问题和形神关系问题成了两汉哲学论争的中心。宇宙万物是由神创造的还是物质演变的结果？形体和精神孰主孰从？这两个问题同天文学和医学有着最密切的联系，并具有直接反对宗教迷信的意义。前者是关于宇宙的本原和形成的问题，它通过"或使""莫为"之争而展开，属于天道观上的道和物的关系问题。后者则主要是认识论的问题。

第一节　董仲舒和《淮南子》
——目的论"或使"说与机械论"或使"说的对立

一、西汉儒道之争的哲学理论表现

西汉初期，统治者提倡黄老之学。黄老之学和儒家的斗争颇为激烈。例如，窦太后喜好黄老之术，儒者辕固生在她面前贬《老子》为老生常谈，结果被罚"下圈刺豕"。西汉初期儒道两家在思想理论上的斗争，可以将董仲舒和《淮南子》作为代表。

董仲舒（前179—前104年），广川（今河北枣强县广川镇）人。他的主要著作有《举贤良对策》和《春秋繁露》。他是儒家今文经学的大师，以"罢黜百家，独尊儒术"作为旗帜。《淮南子》是由淮南王刘安（前179—前122年）和他的门客集体编著的，然而其主要思想倾向却表现出鲜明的黄老之学。例如，家喻户晓的"塞翁失马"这则寓言就出自《淮南子·人间训》，它生动形象地说明了《老子》"祸兮福之所倚，福兮祸之所伏"的道理。

与董仲舒排斥百家、儒术独尊的主张不同，《淮南子》继承了庄子对百家的宽容态度。它说："百家之言，指奏相反，其合道一体也。譬若丝竹金石之会乐同也，其曲家异而不失于体。"（《齐俗训》，《淮南子校释》，中华书局，1998年，第799—800页）[1] 认为诸子百家好比多种乐器合奏曲子，虽然不同乐器奏出来的音色各不相同，但汇合在一起便成为和谐的音乐。但是，在采取以仁义为本以刑法为末的策略实行封建统治这一点上，董仲舒和《淮南子》是没有分歧的。董仲舒说："教，政之本也，狱，政之末也，其事异域，其用一也。"（《精华》，《春秋繁露校释》，河北人民出版社，2005年，第178页）[2]《淮南子》说："治之所以为本者，仁义也，所以为末者，法度也……本末一体也。"（《泰族训》，第1422页）可见，董仲舒的儒学是阳儒阴法，儒法合流；而《淮南子》除了保持着《管子》的黄老和法家相结合的本色外，也掺入了儒家的"仁义"思想。

董仲舒的儒学宣扬"天人感应"论，以为人间的福祸和自然的变异是相沟通的，建立了神学唯心主义和形而上学的体系。《淮南子》有比较多的科学精神。《天文训》是一篇关于天文、历法、音律的重要科学著作。《精神训》则讨论形神问题，和医学有密切联系。正是哲学和科学的这种联系，使得《淮南子》有比较鲜明的唯物主义色彩，而与董仲舒的神学形成对立。但是《淮南子》中也掺入了长生不死之类的神仙家的学说。

董仲舒和《淮南子》作为西汉儒道之争的思想理论代表，在哲学上就是目的论"或使"说和机械论"或使"说的对立。

---

[1] 以下出自《淮南子校释》（何宁校释）的引文，只注篇名和页码。

[2] 以下出自《春秋繁露校释》（钟肇鹏校释）的引文，只注篇名和页码。

二、董仲舒：神学目的论的"或使"说

董仲舒把维护封建统治秩序的伦理道德——"三纲""五常"，说成是上天的安排，是永恒不可改变的。他的哲学理论就是为此作论证的。所以，他说："道之大原出于天，天不变，道亦不变。"（《对策三》，《汉书·董仲舒传》）天是世界的第一原理，天道永恒不变。因此，孔子在《春秋》中阐明的道，就是要求遵奉天命和效法古代圣王，"《春秋》之道，奉天而法古"（《楚庄王》，第25页）。董仲舒把孔孟的唯心主义天命论同阴阳五行说结合起来，构造了神学目的论的宇宙论。

董仲舒认为，"元"是天地万物的本源，"元者为万物之本"（《重政》，第320页）。万物渊源于"元"，而"元"在万物之前就存在，但又始终伴随着天地万物和人类。这个"元"也就是"天"，董仲舒说，"元犹原也"（《重政》，第320页），"道之大原出于天"。因此，他又将"天"作为造物主，"天者，万物之祖，万物非天不生"（《顺命》，第943页）。天是万物的祖先，派生和主宰万物。这样的天就成了人格化的神，所以董仲舒又说"天者，百神之大君也"（《郊语》，第911页）。由此出发，他认为构成宇宙万物有天地、阴阳、五行和人类这十个基本范畴，"天、地、阴、阳、木、火、土、金、水九，与人而十者，天之数毕也"（《天地阴阳》，第1085页）。他把阴阳五行作为世界的模式，认为自然界和人事按这模式互相感应，正体现了天意或天命。

董仲舒运用类、故、理的逻辑范畴来论证他的神学目的论的宇宙论。

董仲舒认为，从"类"的观点看，天人是相通的。他说："以类合之，天人一也。春，喜气也，故生；秋，怒气也，故杀；夏，乐气也，故养；冬，哀气也，故藏。四者天人同有之。"（《阴阳义》，第267页）春、秋、冬、夏，就是天的喜、怒、哀、乐，喜、怒、哀、乐就是人的春、秋、冬、夏；人是天的副本，是一个缩小了的宇宙，而宇宙则是放大了的人；人的活动是有意识、有目的的，自然的变化也是天有意识、有目的的活动，阳体现了天的恩德，阴体现了天的惩罚，自然

界的春、夏、秋、冬分别体现了天的庆、赏、罚、刑。可见，董仲舒的天人感应论是以天人同类为逻辑前提的。在他看来，凡是同类事物，就能彼此感应。比如，弹奏琴的宫音，另一瑟的宫音也会有共鸣，一马嘶鸣而其他马则相呼应。因此，如果论证了天人是同类的，那么，两者的感应是不言而喻的。

董仲舒认为，从"故"的范畴来考察，在同类相互感应的现象背后，还有一个外在的无形的动力，一切事物的变化都是由这个实在的力量促使的。他说：琴瑟的共鸣，"此物之以类动者也。其动以声而无形，人不见其动之形，则谓之自鸣也。又相动无形，则谓之自然，其实非自然也，有使之然者矣。物固有实使之，其使之无形"（《同类相动》，第814页），认为琴瑟共鸣并非自鸣和自然，而是有一个无形的"使之然者"；其他一切事物的变化也是如此，都由一个无形的"使之然者"在起作用。接着，董仲舒以武王见赤雀预示周朝兴盛的例子，说明所谓"使之然者"就是天意。由此董仲舒论证了事物变化是天意的表现。董仲舒在这里表现出了神学目的论的"或使"说的观点。在先秦已有了"或使"与"莫为"两种观点的争论。所谓"或使"是指一个外部的实在的力量推动事物的变化运动，有一个超越的实体作为事物的动力因。董仲舒对动力因作了唯心论的解释，他把天意看作最终动力，以为自然界的万事万物都是天有意识有目的的安排，是天的意志的体现。因此，董仲舒所说的促使"同类相动"的动力因就是目的因。他认为自然界的一切都是天有目的地创造出来供养人类的，例如天用可吃的东西来养人的身体，用可以表现威严的东西来做人的装饰和衣服，等等（《服制象》，第331页）。

董仲舒还运用"理"的范畴来论证天道的阳尊阴卑是永恒不变的。他认为，天意虽然"使之无形"，难以把握，但它体现在阴阳五行的运动中。董仲舒认为体现于阴阳之中的天道是"一而不二"的，即只有统一而没有矛盾的。他说："天之常道，相反之物也，不得两起，故谓之一。一而不二者，天之行也。阴与阳，相反之物也，故或出或入，或右或左。"（《天道无二》，第776页）就是说，阴阳作为相反之物，总是分布在不同的时空之中，从时间上说，阴出则阳入，阳入则阴出；从空间上说，阴右则阳左，阳左则阴右，所以阴阳之间不会构成矛盾。

董仲舒在这里用静止的孤立的观点看世界，把形式逻辑的同一律绝对化，作为世界观的基本原则，导致了典型的形而上学。董仲舒否定了对立统一原理，因而认为阴阳之间是不会转化的，阳永远处于主导地位，阴永远处于从属地位。天道永远是阳尊阴卑，"亲阳而疏阴"（《基义》，第791页）。这样，确立了君臣、父子、夫妇之间阳尊阴卑关系的三纲也就从天道上找到了永恒不变的根据。

董仲舒把他的神学目的论的"或使"说从天道观推演到人道观。他认为既然天是主宰者，因而人都"受命于天"（《顺命》，第947页）。这所谓的"命"即上天的命令，"天令之谓命"（《对策三》，《汉书·董仲舒传》）。对于上天的命令，人是不能违抗的，必须"承天意以顺命"（同上）。他认为天人同类，人是天的副本，因此"天两，有阴阳之施；身亦两，有贪仁之性"（《深察名号》，第633页）。人的贪仁之性是天的阴阳二气赋予的。由此他将人性分成三个等级："圣人之性"纯是善；"斗筲之性"全是贪；"中民之性"是"仁贪之气两在于身"，通过教化可以使之为善。这就是性三品说。董仲舒认为，"中民之性"是绝大多数，对他们要"明教化以成性"，而这一教化成性的过程，根据亲阳禁阴的天道，就应当是克服贪婪之情欲的过程，因而他一再强调"防欲""损欲"，道德行为应该是"正其谊不谋其利，明其道不计其功"（《汉书·董仲舒传》）。董仲舒讲"教化成性"，虽然也有先秦儒家经过教育而养成自觉德性的意思，但他的"成性"和"顺命""防欲"相结合，完全漠视了先秦儒家（尤其是荀子）指出的道德的自愿原则，而由宿命论居于支配地位。这为以后的正统派儒家所继承。

三、《淮南子》：机械论"或使"说

《淮南子》试图概括当时天文历法的成就，提出了它的机械论"或使"说的宇宙形成论。

《淮南子》继承道家的学说，认为万物不是天产生的，而是生于"无形"："无形者，物之大祖也。"（《原道训》，第57页）不过，《淮南子》和老、庄并不完全一样，它在描绘宇宙形成过程时也运用了阴阳五行的学说。它在《天文训》中指出：在天地未形成之前的混沌状态叫作"太始"。从道来说，开始于虚廓，然后有宇宙，又由"宇宙生气"。清阳之气，抟合快，先成为天，重浊之气，凝聚慢，后成为地。然后天地之气分为阴阳，阴阳衍为四时的变化、万物的产生。这种宇宙论体系与当时的自然科学水平是密切相联系的。当时的科学还很幼稚，《淮南子》对宇宙的原始状态及其演变阶段的描述，在整体上只能是虚构的体系。

但是，《淮南子》的宇宙论和董仲舒的神学目的论是不同的。它否认天是万物的主宰，而与董仲舒以天为万物之祖的观点相对立。它也反对董仲舒用目的论来解释世界，把天地万物看作天有意识创造出来供养人类的，而是认为自然界的变化是自然而然的，不是天有目的的活动。它说："故阴阳四时，非生万物也；雨露时降，非养草木也；神明接，阴阳和，而万物生矣。"（《泰族训》，第1380页）就是说，自然界阴阳四时，不是为了生育万物，有雨露也不是为了养草木；神明相接，阴阳相和，万物就自然而然产生出来了。同样，自然界的事物也不是为了人类的目的而被创造出来的。它说："天有明，不忧民之晦也；百姓穿户凿牖，自取照焉。地有财，不忧民之贫也，百姓伐木焚草，自取富焉。"（《诠言训》，第1022页）即是说，天上有阳光，地上有物资，并非是上帝对人类的恩赐，人类只要付出劳动就可以利用这些自然资源。

《淮南子》不用神学目的论解释世界，但其主张的也是一种"或使"说。它说："夫物类之相应，玄妙深微，知不能论，辩不能解。故东风至酒湛溢，蚕咡丝而商弦绝，或感之也……君臣乖心，则背谲见于天，神气相应征矣。"（《览冥训》，第450—451页）这里说的"东风至而酒湛溢"、"蚕咡丝而商弦绝"的感应现象是不科学的，所说的"或感之"则是承认有一种玄妙微深的力量使物类相感而发生变化；并且认为自然界和人类之间相感应的现象，是精微、神妙的气在起作用。《淮南子》认为，阳气与阳气、阴气与阴气的相互作用，使得万物同类而感应，它说："阳燧取火于日，方诸取露于月……阴阳同气相动也。"（《览冥训》，第454—456页）阴气与阳气之间也能互相感应互相作用，"阴阳相薄，感而为雷，激而为霆"（《天文训》，第 170 页）。

《淮南子》的这种"或使"说把变化的原因归结到阴阳之气，即归结为质料因。它说阳燧取火、方诸取水是阴阳"同气相动"，而雷霆则是"阴阳相薄"，这里的"相动"和"相薄"是一种机械作用，对具体事物来说，这是一种外来的力量。它以日常生活中小山丘不能生云雨和雨水中不能生鱼鳖，而牛马身上的气蒸则能生出虮虱的例子，说明"大生小，多生少，天之道也"（《泰族训》，第 1381 页）。而从广大的气蒸生出小物，则又证明是"化生于外"（同上），即把运动变化归之于外力的机械作用了。《淮南子》从这种外因论出发寻求第一因，最终以虚无为世界第一原理，"有生于无，实出于虚"（《原道训》，第 59 页）。这就不可避免地陷于唯心论。同时，在当时科学水平的限制下，《淮南子》讲的"物类相动"免不了牵强附会。它把天人也看作同类，也相信"天人感应"，以为国家危亡混乱，天就会以怪异现象来发出警告。虽然它以精气相荡来解释自然变化和社会治乱，不同于董仲舒把一切都归之天意，但这仍然要导致迷信。

四、两种"或使"说在形神之辩上的对立

董仲舒和《淮南子》在汉代哲学争论中的另一个中心问题——形神之辩上的观点也是很不相同的。

董仲舒肯定有鬼神作为祭祀和崇拜的对象。他说："祭然后能见不见。见不见之见者，然后知天命鬼神。知天命鬼神，然后明祭之意。"（《祭义》，第 1018 页）认为天命鬼神虽看不见形体，然而祭祀能使祭者与天命鬼神相交通。与董仲舒不同，《淮南子》主张无神论的观点。它发挥了《管子》"神为精气"的理论，说："烦气为虫，精气为人。是故精神天之有也，而骨骸者地之有也；精神入其门，而骨骸反其根，我尚何存？"（《精神训》，第 504 页）是说人与其他的物一样，都由气构成，只是精粗不同而已，精神则是一种特别精微的气；人死后，构成精神的气就回到元气中去了，而骨骸则在地下腐烂，哪里有"我"的存在呢？这里明确地指出人死后精气不会成为鬼神。

关于形神之间的关系，董仲舒和《淮南子》都认为神和形是主从关系。董仲舒也像《管子》那样,将形与神的关系比喻为臣与君的关系,说:"一国之君,其犹一体之心也。"(《天地之行》,第1069页)因此,正如臣必须忠君一样,形体必须顺从精神,董仲舒一再强调"尊神""贵神"(《立元神》,第385页)。《淮南子》认为,形体是生命的住所,在有生命的形体中,充满了气,而精神则是主宰者。它说:"夫形者,生之舍也;气者,生之充也;神者,生之制也。"(《原道训》,第82页)从神主宰形的观点出发,它主张"以神使形"。这和董仲舒的观点是一致的,所不同的是,董仲舒从神学目的论出发,认为精神主宰形体是出自天意;而《淮南子》则从机械论出发,认为"神使形"是靠物质的作用。当然《淮南子》以气之精粗来区分神与形,并未能克服形神二元论。

  董仲舒认为,圣人超于常人之处,就在于他们的精神旺盛专一,达到了"聪明圣神"的地步。他说:"故聪明圣神,内视反听,言为明圣。内视反听,故独明,圣者知其本心。"(《同类相动》,第814页)意思是说,圣人有无比的聪明智慧,只需返观自己的本心就能认识天意,所以说出的话就是代天立言的圣言。他说:"天不言,使人发其意……名则圣人所发天意,不可不深观也。"(《深察名号》,第647页)认为圣人制定的名言,都是合乎天意的。因此,圣人引用这些名来称号事物,就使事物的是非、曲直得以辨明,"名者,圣人之所以真物也……名之审于是非也,犹绳之审于曲直也"(《深察名号》,第658—659页)。这就把儒家的正名说和唯心主义天命论结合在一起。《淮南子》认为,圣人就在于清心寡欲,精神专一,达到了一般人不能达到的"神明"的地步。这和董仲舒的观点是差不多的。但是,《淮南子》认为具有神明的圣人并非是返观本心代天立言,而是能够"无为而无不为"。它说:"所谓无为者不先物为也,所谓无不为者,因物之所为。"(《原道训》,第48页)认为"无为"就是完全顺物之自然,而不是主观地先物而动。因此,《淮南子》强调,"无为"并非什么事都不做。它说:"若吾所谓无为者……循理而举事,因资而立功,推自然之势,[1]而曲故不得容者。"(《修务训》,第1322页)就是说,"无为"就是指按客观规律办事,凭借物质条件来建立功业,顺着自

---

[1] "因资而立功,推自然之势,"本作"因资而立权自然之势",依王念孙说校改。

然趋势向前推进，而不容许拿主观片面的东西作根据。这把道家推崇自然的思想向唯物主义方向推进了一步。

但是，如同《淮南子》的"或使"说在宇宙论方面不能把唯物论贯彻到底一样，它由于不能克服形神二元论，在形神之辩上导致了割裂形神的神不灭论，认为有一种与天地俱生的神人，形体磨灭，而精神不死，"形有摩，而神未尝化者"（《精神训》，第530页）。这也给后人留下了理论思维的教训。

第二节 王充：唯物主义的"莫为"说反对"或使"说

王充（27—100年），字仲任，会稽上虞（今浙江上虞）人。出身低微，曾到京师受业太学。当过几年小县吏，晚年弃官在家，勤奋著述，但流传至今的只有《论衡》一书。《论衡》对先秦的道家、法家、墨家等都有所批判和吸取；对于已被定于一尊的儒家，大胆地指出了其代表人物孔孟的错误，同时也吸收了儒家"仁政""德治"的主张。但是，《论衡》的根本宗旨，是批判汉代的儒家谶纬神学。王充曾直言不讳地道出了这个宗旨："《论衡》篇以十数，亦一言也，曰：疾虚妄。"（《佚文》，《论衡校释》，中华书局，1990年，第870页）[1]

自董仲舒的神学化的儒学被封建统治者肯定之后，儒学就进一步发展为谶纬神学。"谶"即符谶、图谶，是一种以隐喻来表示吉凶的宗教预言；"纬"即纬书，多数是用宗教迷信来比附儒家经典著作。把谶纬神学与封建纲常合而为一，在公元79年的白虎观会议上达到了高潮。这次会议的理论表现就是《白虎通义》。与此同时，汉代反对宗教迷信的斗争也没有停止过。西汉末年的杨雄反对神怪，东汉初年的桓谭公开抨击图谶，直至王充在《白虎通义》盛行时，对谶纬神学展开全面的批判。

谶纬神学的基本思想依然是董仲舒的目的论"或使"说，王充对谶纬神学的批判，在哲学上主要是用唯物主义的"莫为"说反对"或使"说。

---

[1] 以下出自《论衡校释》（黄晖校释）的引文，只注篇名和页码。

一、"莫为"说的天道观

王充用唯物主义的"莫为"说反对神学目的论的"或使"说，批判了从董仲舒到《白虎通义》的那套天人感应论。他说："自然之道，非或为之也。"（《自然》，第779页）明确地否认在自然之外有一个推动力。

王充继承和发展了《管子》和《淮南子》的气一元论，认为气是万物的本源，而气则是没有目的和意志的。他说："天动不欲以生物，而物自生，此则自然也。施气不欲为物，而物自为，此则无为也。谓天自然无为者何？气也。"（《自然》，第776页）这里否认了天意是主宰万物变化的外因，强调作为万物之本源的气是没有欲望的。由气派生万物的过程是自然而然的。王充认为，把万物看作天有目的地创造出来以供养人类的神学目的论正和他的天道自然无为思想相违背。他说："或说以为天生五谷以食人，生丝麻以衣人，此谓天为人作农夫桑女之徒也，不合自然。"（《自然》，第775页）显然，王充的天道观反对了神学化的儒学而吸取了黄老天道自然无为的观点，这正如他自称的，是"违儒家之说，合黄老之义"（《自然》，第785页）。不过，王充又发展了《管子》和《淮南子》的黄老思想。《管子》和《淮南子》都主张"或使"说，即把气看作超越万物的外因。王充则从"莫为"说出发，反复地强调"物自为"、"气自变"、"阳气自出"、"阴气自起"（《自然》，第776页）、"地固将自动"、"星固将自徙"（《变虚》，第211页），明确肯定天地万物都是自己运动。这就把黄老的天道自然无为思想朝唯物主义方向推进了一大步。

董仲舒和《淮南子》的"或使"说，尽管有目的论和机械论的区别，但两者有一个共同点，即以为天人同类，因而可以相互感应。董仲舒把自然界的一切看作天有意识有目的的活动，因而它和人的作为是同类的；《淮南子》认为自然界和人之间互相感应是阴阳之气相动，也把天人看作同类。王充批判天人感应论，用"莫为"说反对"或使"说，针锋相对地指出，天道无为，人道有为，因而天人并非同类。他说："夫天道，自然也，无为。如谴告人，是有为，非自然也。"（《谴告》，第636页）认为自然界的变化是无意识的，而人的作为如用语言谴告则是有意识的活动，神学目的论的天人感应说把自然灾变说成是天对于人的谴告，那就犯了把无为当作有为的错误。《淮南子》不讲"谴告"说，但它也赞同董仲舒的"寒温"说，认为人君的喜和怒会导致气温的温和寒的变化，因为喜和温同归阳，怒和寒同归阴，属于同气同类者就会相互感应。王充也批评了这种"寒温"说，他指出：寒温之类的气候变化是天道，"天道自然，自然无为"，而君主喜怒则与政事有关，"使应政事，是有为，非自然也"（《寒温》，第631页）。可见，王充既反对了董仲舒的神学目的论，也批判了《淮南子》的机械感应论。

王充在批判这种天人感应的"寒温"说时，还进一步指出，这种天人感应论的另一个错误，是把偶然遭遇当作了必然的因果联系。他说："然则寒温之至，殆非政治所致。然而寒温之至，遭与赏罚同时，变复之家，因缘名之矣。"（《寒温》，第628页）这是说，寒温是自然界的变化，和人的作为无关；但是，由于人君的赏罚与自然界的温寒，曾经偶然地同时发生，于是那些天人感应论者便说这是"因缘"，即必然的因果关系。王充认为，天人感应论以偶然遭遇作为根据，以此来论证天人之间具有同类相应的关系，从而走向了神秘主义。

在王充以前，汉代哲学家探讨宇宙万物的本源问题，提出了不同的学说。董仲舒以天为万物之"祖"，以为第一因是目的因；《淮南子》以"无形者"为万物之"祖"，以为第一因是质料因；《易纬》说："乾坤者，阴阳之根本，万物之祖宗也。"认为阴阳之气和天地万物是从乾坤的原理派生的，把形式因作为第一因。这几种说法虽然有所区别，但都以为有一个超越于天地万物的"祖"作为动因，所以都是"或使"说（外因论），并且都由于以偶然联系为根据而导致天人感应论。杨雄反对神学，赞同黄老天道自然无为的观点，以"莫为"说反对"或使"说，成为王充批判谶纬神学的先驱。杨雄以无形无象的"玄"作为宇宙第一原理，认为玄即体现于天地神明之中，表现出泛神论的思想，但这仍然是以形式因为第一因。王充在与谶纬神学的斗争中，批判了各派的学说，反对了在他之前的各种"或使"说，肯定质料因是第一因，并明确地阐明了物质自己运动的观点，从而发展了"莫为"说。不过，王充没有进一步去考察物质自己运动的源泉。

二、必然与偶然的区分和"命"与"性"的对立

王充的"莫为"说主张天道自然,他说的"自然"包括必然和偶然。他认为天人感应论正是把天人之间的偶然联系当作必然的因果关系,因此,在批判天人感应论的同时,王充对必然与偶然作了详细的考察。这在中国哲学史上具有开创性的意义。

王充认为,自然界的发展是有必然规律的。他说:"日月行有常度。"(《感虚》,第232页)万物之间的相互关系也存在着必然性,他说:"凡物能相割截者,必异性者也;能相奉成者,必同气者也。"(《谴告》,第638页)就是说,事物的相互间有着"同气相成""异性相截"这类必然性。这实际上是在肯定物质自己运动的前提下,用机械论来解释事物的感应现象。王充认为,自然界不仅存在必然性,也充满着偶然性。他说:"春种谷生,秋刈谷收,求物得物,作事事成,不名为遇。不求自至,不作自成,是名为遇。犹拾遗于涂,摭弃于野,若天授地生,鬼助神辅。"(《逢遇》,第9页)在王充看来,春天谷物生长,秋天成熟可以收割,这是物气的本性决定的,是必然;而如人拾遗于途,则是偶然碰到的事。必然和偶然虽然都是自然,但必然是人能预见的,如人们按照必然规律进行春播秋收,就能获得成功,而偶然却无法预见,对人来说是碰运气的事情。但是,既然自然界受客观规律支配,又为什么会产生偶然现象呢?王充对于这个问题,试图用两个必然系列的恰巧遭遇来说明。他指出,天气下降和地气上蒸是两个必然系列,这两个必然系列一旦正好相遇,万物就偶然地自己产生出来,"天地合气,物偶自生矣"(《物势》,第146页)。王充这样来解释偶然,并没有真正把握必然和偶然的辩证法,但这对于神学目的论是有力的批评。

既然事物是两个必然系列偶合而自然产生的,那么人的有目的活动在事物自然产生的过程中起什么作用呢?王充探讨了人为和必然、偶然间的关系。他说:"然虽自然,亦须有为辅助。耒耜耕耘,因春播种者,人为之也。"(《自然》,第780页)耕种是人的有目的活动,当人们的目的以及为实现目的而采取的必要措施以客观必然规律

作为依据时，人为对自然便起了辅助作用。王充同时还认为，谷种入地，便按自然的必然性日夜生长，并非人为，"及谷入地，日夜长大，人不能为也"（《自然》，第780页）。而谷子成熟有迟早，这种偶然的差异，也非出于人为，"及其成与不熟，偶自然也"（《物势》，第146页）。这些说法表现了尊重客观自然的唯物主义态度和科学精神，可以说是继承了荀子"明于天人之分"的思想，但缺乏荀子"制天命而用之"的气概和辩证法。

王充关于必然和偶然的学说，在人道观领域就成了宿命论。

王充把社会治乱归结于自然界的天时历数，因为气候的好坏会导致农业的丰收或歉收，而农业的丰收或歉收就将决定社会是否安定。他指出，"世之所以乱者"，就在于"贼盗众多"，"民弃礼义"，而这都是由于"谷食乏绝，不能忍饥寒"，谷食缺乏是因为"年岁水旱，五谷不成，非政所致，时数然也"（《治期》，第772页）。这表现出他在主观上想把唯物主义贯彻到社会历史领域，从物质生活方面来解释社会的治乱，但他的这种解释完全排斥了人的作为对于历史进程的影响。因此，他强调偶然性在历史中的作用。他说："贤君之立，偶在当治之世。""无道之君，偶生于当乱之时。"（《治期》，第774页）认为君主是否贤明并不影响社会的治乱，治乱是偶然的。这固然是否定了把国家安危系于君主一身，有其合理性，但把人的作为在历史中的作用一概抹杀，把社会治乱完全归于偶然，就不可避免导致宿命论。王充说："教行与止，民治与乱，皆有命焉。"（《治期》，第768页）历史完全由"命"来决定，这和孔子的唯心主义天命论就没有什么区别了。

至于社会历史中个人的"命"，王充以为有"二品"："凡人禀命有二品：一曰所当触值之命，二曰强弱寿夭之命。"（《气寿》，第28页）所谓"触值之命"，是指偶然遭遇的祸福、赏罚等；而"强弱寿夭之命"，是说每个人生来禀气有厚薄，禀气的厚薄就必然地决定了人的体强和体弱、长命和短命。然而无论是"强弱寿夭之命"还是"触值之命"，都是人力所不能奈何的。王充说："命则不可勉，时则不可力，知者归之于天。"（《命禄》，第20页）照此说法，王充以为汉高祖"命当自王"，辅助汉高祖定天下的韩信、张良之辈"时当自兴",双方各有其必然的时命,然而恰好碰在一起,"两相遭遇",就使得汉代兴起。这里王充也有用必然系列来解释偶然,但这已是在宣传对命运的迷信了。

在王充的哲学体系里,"命"和"性"两个范畴是密切相联系的。王充说:"用气为性,性成命定。"(《无形》,第59页)以为气禀不仅决定人的寿夭之命,也决定了人的贤愚、善恶之性。这显然是宿命论的观点。他认为性有善恶取决于禀气之厚薄,"禀气有厚泊,故性有善恶"(《率性》,第80页)。由于禀气厚薄的程度不同,王充也同意人性有上、中、下三品。但是,王充一方面说"性成命定"非人力所能左右,另一方面又认为人的天性是可以改变的,道德是可以教育成的。他说:"论人之性,定有善有恶。其善者,固自善矣;其恶者,故可教告率勉,使之为善。"(《率性》,第68页)这就是说,只要努力地学习,接受教育,任何人都可以改恶从善。这样,在王充的哲学里,"命"和"性"就成为对立的了,因为"性"可变易,"命"不可改变。他说:"临事知愚,操行清浊,性与才也;仕宦贵贱,治产贫富,命与时也。"(《命禄》,第20页)聪明和愚笨、品德的高下等是性与才,可以由教化和主观努力而变化,但贵贱、贫富等是由命与时决定的,人力无法改变。这反映了王充痛恨"庸人尊显,奇俊落魄"的不合理社会现象而又无力改变这种现象的惆怅。但王充在"命"与"性"上的逻辑矛盾,说明宿命论是他的哲学体系中的赘瘤。

三、"精神依倚形体"和"知物由学"

关于形神关系问题,在王充之前的桓谭曾以烛火比喻形神,认为人的精神依赖形体,就像火依附于烛一样,烛无火灭,形体不存,精神即灭。这就纠正了《淮南子》认为"神人"可以形体消亡而精神犹在的说法。王充发挥了桓谭的思想,说:"天下无独燃之火,世间安得有无体独知之精?夫物未死,精神依倚形体。"(《论死》,第825—882页)这是说,世上没有无燃烧体而独立存在的火,也没有脱离形体而独立存在、并有知觉的精神,精神依附着形体。王充表现了比桓谭更为鲜明的无神论观点。

但是，王充也没有克服形神二元论。他同《管子》和《淮南子》相似，把精神看作精微的物质，即"精气"。他认为人之所以具有聪明智慧，是因为有"精气"收藏于五脏。"精气"的知觉作用依赖于五脏与身体，身体与五脏的健康状况决定精神状态。人死后，五脏腐朽，"精气"没有依托就散失了，人由此便失去了知觉。所以，他的结论是："形须气而成，气须形而知。"（《论死》，第875页）认为形体须具有"精气"才成为生命体，"精气"须具有形体才有知觉作用，这就陷入了形神二元论。

与形神关系问题相联系，王充探讨了圣和神的区别。当时神学化的儒学如董仲舒和《白虎通义》，都认为孔子不仅是圣人，而且是神。在他们看来，圣人的神明是天生的，能和神灵相交通，所以有独见之明，前知千岁，后知万世。王充反对这种神秘主义的理论。他指出"圣"和"神"是不一样的，"圣者不神，神者不圣"（《知实》，第1100页）。因为所谓"圣"是指道德高尚，智慧才能出众，"贤圣者，道德智能之号"；所谓"神"则是不可捉摸的渺茫之物，"神者，渺茫恍惚无形之实"（《知实》，第1100页）。圣智是从学习而来的，而神是不学而知的，"所谓圣者，须学以圣"，"所谓神者，不学而知"（《实知》，第1082页）。王充在区分了圣和神的基础上，肯定一切知识都是后天学来的。他说："人才有高下，知物由学。学之乃知，不问不识。"（《实知》，第1082页）认为一切知识都来源于学和问，反对了先验论。

王充认为，"知物由学"即认识事物的过程有两个方面，一方面，"须任耳目以定情实"（《实知》，第1084页），就是要通过感官经验来考察事物；另一方面，"不徒耳目，必开心意"（《薄葬》，第963页），就是不能只依靠感官经验，还必须用心作理论思维。因此，王充认为对事物的正确认识必须有事实作检验和运用逻辑推理作论证，"事莫明于有效，论莫定于有证"（《薄葬》，第962页）。他正是这样驳斥迷信的。比如，他在《雷虚》篇中举了五条事实（受雷击的房屋、草木着火，人被雷击死则毛发、皮肤烧焦等）来检验"雷者，火也"，然后说："夫论雷为火有五验，言雷为天怒无一效。"（第

309 页）这是运用归纳法来作逻辑论证。

总之，王充的哲学，在天道观上反对了"或使"说，发展了"莫为"说，明确提出物质自己运动的思想，把关于世界统一原理或宇宙发展法则的考察提高到一个新的水平。这是汉代哲学探讨宇宙论问题的一个主要成果。此外，王充从"莫为"说出发，区分了必然和偶然，在形神之辩上反对了神秘主义和迷信，也都是有价值的。当然，他的哲学也存在着宿命论的缺陷。

第五章　玄学与儒、道、释的鼎立

汉代的"独尊儒术"随着汉代的崩溃而结束。继汉而来的魏晋南北朝时期，先是盛行由儒、道相互作用而产生的玄学，以后，随着道教、佛教的壮大，逐步形成了儒、道、释鼎立的形势。

魏晋南北朝时期，门阀士族即豪强地主占据统治地位。他们为了维护"上品无寒门，下品无势族"的封建等级制度，就需要儒家的名教。但自汉末以来，名教已陷入严重的危机。名教的危机来自两个方面：首先是下层农民对于封建等级观念的冲击，突出的表现就是黄巾起义；其次是封建统治阶级表面上标榜名教，实际上却不遵守名教，名教成为虚伪的东西，丧失了权威。为了挽救名教的危机，魏晋统治阶级需要寻找新的哲学理论以取代已遭到致命打击的儒家神学。于是他们援道入儒，以老庄释儒，把《老子》《庄子》和《周易》称作"三玄"，从中去找名教的形而上学的根据。这样，以何晏、王弼为代表的玄学就应运而生。同时，清谈玄学问题，也是当时的士大夫在社会很不安定的环境下明哲保身的一种方式。

在魏晋南北朝时期，科学上有不少新的发展。在医学上，汉末张仲景著《伤寒论》，奠定了辨证施治的原则；在农学上，北魏贾思勰著《齐民要术》，总结了古代农业生产的经验；在数学上，魏晋之际刘徽注《九章算术》，奠定了中国古典的算学理论基础。此外，在天文、历法、地学、炼丹术等方面也有重要成就。因此，在科学进步的推动下，哲学也有了发展。这个时期的哲学家一般不再搬用谶纬迷信。他们有的建立比较精致的注重思辨的玄学唯心论，如何晏、王弼，有的则具有唯物主义和无神论倾向，如嵇康、裴頠、范缜等。

　　这一时期哲学论争的中心问题是："言意"之辩和"有无（动静）"之辩。"言意"之辩是由先秦和汉代的"名实"之辩发展而来的。汉魏之际的思想家王符、仲长统等，为了揭露名教的虚伪和儒家经学的空洞，突出地讨论名实问题。王弼用"得意忘言"的方法注《易经》，尽扫汉《易》烦琐的"象数"和种种牵强附会的解释。于是，"名实"之辩就演变为"言意"之辩。这是玄学诞生的重要标记。汉代讨论得最热烈的宇宙形成论问题到魏晋便发展为本体论的"有无（动静）"之辩。除此之外，"形神"之辩继续着，并由南朝的范缜作了批判的总结；天人之辩也继续着，尤其是"命"和"遇"（必然与偶然）、"命"和"力"（天命与人力）的争论把天人关系问题的讨论引向深入。这个时期的哲学还有个重要的特点，就是它与文学艺术的关系很密切。当时的哲学家大多是"名士"，善于写诗作文，而且当时哲学讨论的"有无""动静""形神""言意"等问题和美学、艺术理论有很大关系，这在奠定中国古典文艺理论的著作《文心雕龙》中得到了充分的反映。

第一节　王弼"贵无"说和裴頠《崇有论》

　　玄学"贵无"说的主要代表是王弼。王弼（226—249年），字辅嗣，魏国山阳（今河南焦作）人。他虽然只活了23年，但在十余岁时已是享有高名的少年哲学家。他曾任尚书郎，其现存的著作今人汇编为《王弼集校释》。

　　王弼的"贵无"说，援道入儒，用道家"自然无为"的原则来挽救名教危机。汉代董仲舒认为纲常名教是天意的表现。王弼则不同，他不讲"天意"而讲"道"，认为纲常名教是从"道"或"无"这样的精神本体产生的。他说，"道"是"五教之母"，古今虽有不同，时移俗易，但五教之母是不变的。（《老子指略》，《王弼集校释》，中华书局，1980年，第195页）[1] 所谓"五教"即孟子说的"父子有亲，君臣有义，夫妇有别，长幼有序，朋友有信"这类纲常名教。正因为王弼把"道"和名教的关系看作母与子即本与末的关系，所以他强调守母存子，崇本举末。他说："母，本也；子，末也。得本以知末，不舍本以逐末也。"（《老子注》，第139页）王弼认为，如果"舍本逐末"，只注意用刑法和礼教来维护名分等级，那不免会造成混乱；正确的办法应当是君主自处"无名""无形"的地位，实行"无为而治"，使百姓无知无欲，这样"得本以知末"，名教就能自然而然地建立起来。

一、"以无为本"和"体用不二"

在天道观上，汉代哲人的兴趣在于宇宙论，而魏晋玄学则着重探讨本体论。因此，关于道和物的关系，汉代哲学是争论宇宙的起源、结构和演变问题，到魏晋则发展为"有无（动静）"之辩。

《老子》说："天下万物生于有，有生于无。"汉代哲人一般对此作宇宙形成论的解释，而王弼的注释却说："天下之物，皆以有为生。有之所始，以无为本。将欲全有，必反于无也。"（《老子注》，第110页）王弼在这里从本体论的角度对"以无为本"作了论证：具体事物都以"有"为存在，而任何"有"的产生，都以"无"为本体，凡"有"皆始于"无"，这不是说在天地形成之前有个"无"的阶段，而是说任何事物的生成要依靠"无"，因此在任何时候要保全"有"，必须"反本"守住"无"。

王弼认为，作为万物本源的"无"就是"道"。他说："道者，无之称也，无不通也，无不由也。况之曰道，寂然无体，不可为象。"（《论语释疑》，第624页）"道"就是对"无"的称谓，是贯通于一切事物的统一原理，是天地万物无不遵循的一般法则，但其本身却是寂静的、无形体的、不可以用言和象表达的。

王弼认为，"道"的"无"和"静"是绝对的，并非是相对于"有"和"动"而言。他说："凡动息则静，静非对动者也……然则天地虽大，富有万物，雷动风行，运化万变，寂然至无是其本矣。故动息地中，

---

[1] 以下出自《王弼集校释》（楼宇烈校释）的引文，只注篇名和页码。

乃天地之心见也。若其以有为心，则异类未获具存矣。"（《周易注·复卦》，第337页）寂静无形的本体是绝对的，"动"和"有"是相对的、暂时的，"天地之心"是以无为本，所以才能富有万物，如果"以有为心"，那就处于相对的、有条件的地位，不能包容一切。王弼这种以虚静为绝对本体的见解是客观唯心论的理论，但有泛神论的倾向。王弼在解释《论语》的"天何言哉"时说："以淳而观，则天地之心见于不言；寒暑代序，则不言之令行乎四时，天岂谆谆者哉！"（《论语释疑》，第634页）即是说，天不是一个会说话的人格神，天命或"天地之心"就体现于寒暑代序、四时行焉的规律中。这显然和汉代董仲舒的神学目的论是不一样的。

王弼在论证"以无为本"的过程中，在中国哲学史上首先明确提出了"体"和"用"这对范畴。王弼认为"体"和"用"是统一的，即体用不二。他说："故虽德盛业大，富有万物，犹各得其德……万物虽贵以无为用，不能舍无以为体也。"（《老子注》，第94页）认为圣人效法天地，有日新之盛德、富有之大业，这是"以无为用"，因为盛德大业就是道的作用和表现；但德业既然是依靠"无"的作用，那就不能"舍无以为体"。王弼在这里强调体和用是统一的，即只有真正的'以无为体"，才能表现出"无"的作用。这种把体用统一于"道"或"无"的观点，和他的客观唯心论是一致的。

值得注意的是，王弼的"体用不二"的思想包含着这样一个观点：本体（"道"）以自身为原因，天地万物是"道"的作用和表现，是以"道"作为原因的；但"道"并不是一个外力，而是一个内在于万物的原因。他说："道不违自然，乃得其性。法自然者，在方而法方，在圆而法圆，于自然无所违也。"（《老子注》，第65页）在他看来，"道"就在自然之中，"道"作为万物的原因，就是在方则效法方，在圆则效法圆，顺其自然。王弼由此出发，用"莫为"说反对"或使"说。他指出："天地任自然，无为无造。"（《老子注》，第13页）否认天意作为有意识造作的目的因支配着世界。王弼"体用不二"的思想，尽管是唯心论的，但指出本体内在于万物，万物就是本体自己运动的表现，包含着辩证法的因素。可以将汉代王充和王弼作这样的比较：王充反对神学目的论，明确提出事物自己运动的观点，但没有考察事物自己运动的原因，而王弼则指出动因内在于万物自身，但引导到唯心论去了。

二、"寻言观意"和"得意忘言"

魏晋时期，"名实"之辩演变为"言意"之辩。王弼在"言意"之辩上，主张"言不尽意"，认为微妙的真意非言、象所能说明和表达的。

王弼认为，象是达意的工具，言是明象的工具，达意要通过象，明象要通过言，所以他说："言生于象，故可寻言以观象；象生于意，故可寻象以观意。"（《周易略例·明象》，第609页）在这里王弼肯定要用言和象来把握意。同时，王弼又进一步认为，既然言和象都是为了说明和保存意的，那么，如果已经得到了意，就可以把言和象忘掉。他说："言者所以明象，得象而忘言；象者所以存意，得意而忘象。"（《周易略例·明象》，第609页）由此他强调只有"忘言""忘象"才能真正地"得意"，"忘象者，乃得意者也；忘言者，乃得象者也。得意在忘象，得象在忘言"（《周易略例·明象》，第609页）。

王弼这一寻言观意、得意忘言的理论，在当时具有反对汉儒的烦琐学风的意义。他指出，汉儒解《易》，往往拘泥于象数，只执着言和象，却把言、象要表达的内容（意）忘掉了。他举例说，以马和牛来说明乾和坤，是为了表达刚健和柔顺的原理，如果真正掌握了乾、坤的原理，何必"坤乃为牛，乾乃为马"（《周易略例·明象》，第609页）。汉儒只注重用具体事物比附卦象，结果是"案文责卦，有马无乾"（《周易略例·明象》，第609页），即记住了卦象的表达形式却丢掉了卦象的思想内容。王弼对汉儒的批评是有合理性的，但他过分强调了"得意"在于"忘象""忘言"，把"意"看作可以脱离言、象而独立自存的东西，由此导致了唯心论。

王弼的"得意忘言"强调的是"言不尽意"，认为言和意是矛盾的。他继老、庄之后，对逻辑思维能否把握"道"的问题提出了责难。他指出，名称（概念）用以"指事造形"（《老子注》，第1页），要求同对象有一一对应关系；这样"名以定形"（《老子注》，第63页），也就是把对象分解开来，"有形则有分"（《老子注》，第113页），成为片面性的东西;而道是"混成无形"(《老子注》,第63页),即全面而又无形象的,所以非名称(概念)所能把握。

比王弼稍后的欧阳建(约267—300年)则提出"言尽意"说,驳斥了"言不尽意"说。他在其唯一留存下来的著作《言尽意论》[1]中指出,名称(概念)是人们为了辨别事物和交流思想而制定的,因此,为了辨别形形色色的客观事物,就需要用不同的"名",为了阐发思想和道理,就需要用语言形式把它固定下来。但事物是在变化的,道理是在发展的,因此,"名逐物而迁,言因理而变,此犹声发响应,形存影附,不得相与为二矣。苟其不二,则言无不尽矣"。欧阳建强调名、言要随物、理的变迁而变迁,就像声与响、形与影的对应关系一样,如果做到了这一点,"言"就能表达任何的"意"。概念与对象具有一一对应的关系,是形式逻辑同一律的客观基础,欧阳建的"言尽意"说在这个意义上是完全正确的。但他仅仅强调言与意的统一,而对言与意之间的矛盾未免忽视了。

三、 裴頠的《崇有论》

裴頠(267—300年),字逸民,河东闻喜(今属山西)人。其父为西晋开国功臣,杰出的地学家。裴頠是博学多识、精通医学的。他对于当时盛行的"口谈虚浮,不遵礼法"(《晋书·裴頠传》)的风气深为不满,为了维护名教,写下了《崇有论》。在他看来,如果在理论上"贵无"而"贱有",那么就会导致"礼制弗存,则无以为政"(《崇有论》)[2]的局面。

裴頠批评了王弼"有生于无"即从抽象原理产生具体事物的唯心主义理论。他说:"夫总混群本,宗极之道也;方以族异,庶类之品也;形象著分,有生之体也;化感错综,理迹之原也……是以生而可寻,所谓理也;理之所体,所谓有也。"就是说,最高的"道"总括"万有","万有"区分为众多的物类。这些物类有形有象而彼此有别,都是有生化的实体;它们的变化和相互作用错综复杂,是客观规律的根源;

---

[1] 载于严可均辑《全晋文》,中华书局1958年重印本。

[2] 《崇有论》载于《晋书·裴頠传》,以下出自《崇有论》的引文,不再注明。

生化而有脉络可寻，就是"理"，"理"所依存的实体，就是"有"。在这里，裴頠用"理依存于物"的唯物主义观点，反对了"理（道）在物先"的唯心主义观点。

既然不是"有生于无"，那么"有"是从哪里来的呢？裴頠的回答是："有自生。"他说："夫至无者，无以能生，故始生者，自生也。自生而必体有，则有遗而生亏矣。"所谓"至无"就是绝对的"无"，即王弼讲的"道"。裴頠认为，"至无"的道不能生万物，万物的开始产生，都是自生的。万物"自生"就必然以"有"为体，因此，失去"有"也就是丧失了"生"。同时，裴頠进一步指出，作为具体事物的"有"，都是有限的、不自足的，所以都要凭借其他条件而存在，"有之所须，所谓资也"。裴頠认为，人也须凭借一定的条件才能生存，因此绝不能像"贵无"说那样，把无为解释为无所作为。他举例说：一个人睡着不动，就捕不到深水的鱼；拱手端坐，就射不中高处的鸟。可见，"济有者皆有也"，人只有有所作为，才能有益于自己。

裴頠认为，"以无为本"的人实际上是以精神为本体，把精神看作"无"，把事物看作"有"。他说："心非事也，而制事必由于心，然不可制事以非事，谓心为无。"认为"贵无"说以"制事由心"来证明"无中生有"是错误的，因为制事的心也是"有"，因此，类在与外物交接中认识自然，依据规律来从事生产和建立制度，以"有"济"有"。

裴頠的《崇有论》对"贵无"说的批评，表现了唯物主义的观点，他没有能从矛盾的观点来说明事物的"自生"，表现出把"有"和"无"截然对立的独断论倾向。

第二节　嵇康对宿命论的挑战

魏晋时期提倡玄学的人的目的也不尽相同，有的是以玄学来粉饰名教的危机，遮盖当权者的荒淫，有的则将清淡玄理作为对当权者表现抗议的方式。嵇康就是后者中的突出代表。

嵇康（224—263年），字叔夜，谯国铚（今安徽宿县西南）人，在魏做过中散大夫，不仅是思想家，也是文学家、音乐家，是"竹林七贤"之一。其著作辑为《嵇康集》。他曾公开声称"非汤武而薄周孔"（《与山巨源绝交书》，《嵇康集校注》，人民文学出版社，1962年，第122页）[1]，也是"竹林七贤"之一的向秀闻之大惊失色，劝他不要因此而闯下大祸，嵇康则仰天大笑，毫不在意。他鄙视儒学名教，提出"越名教而任自然"的思想，要求摆脱名教的束缚，满足人的自然欲望。他把名教和自然对立起来，以为名教违背了人的自然本性，这和老、庄的道家思想有承继关系。但是，嵇康和庄子的"避世""全生"的人生态度是不同的。他坚守自己的志向，当他的好友"竹林七贤"之一的山涛写信劝他不要与当权者顶撞时，他勃然大怒，当即挥笔写就绝交书。在他被扣上"言论放荡，非毁典谟"（《晋书·嵇康传》）的罪名而押上刑场时，依然执着自己的志向，从容不迫地弹奏了一曲《广陵散》。这是孔墨以身殉道的原则精神而不是道家的人生理想。

在天道观上，嵇康基本上是继承了汉代王充的气一元论。他说："元气陶铄，众生禀焉。"（《明胆论》，第249页）认为世界上一切都是由元气变化产生的。

嵇康的哲学思想，特别值得注意的是，他以封建专制统治下的"异端"的面目，向宿命论提出了挑战。

嵇康受到道教的影响，认为即使是一般人如果善于养生，清静寡欲，也能使所禀精气变得醇厚洁净，再通过"呼吸吐纳"的锻炼，加上药物的辅助，便可以活到数百岁，甚至千余岁。嵇康并不一定相信这种神仙家式的思想，他是为了反对"死生有命，富贵在天"的宿命论。

宿命论者认为，"命有所定，寿有所在，其祸不可以智逃，福不可以力致"，嵇康对此提出了批评："寿夭之来，生于用身；性命之遂，得于善求。然则夭短者，何得不谓之愚？寿延者，何得不谓之智？苟寿夭成于愚智，则'自然之命不可求'之论，奚所措之？"（《难宅无吉凶摄生论》，第277页）在嵇康看来，人的性命固然是自然的禀赋，但是能不能尽量达到性命的极限，则要看人的主观努力。同样是种田，因为耕作、培植不同，收成的结果可以相差很远；同样道理，人的生命，可以因愚于用身而夭折，也可以因智而善求得长寿。因此，在"力"和"命"的关系上，嵇康强调人力。他认为善养生者将荣誉、

---

1 以下出自《嵇康集校注》（戴明扬校注）的引文，只注篇名和页码。

富贵视之为身外之物。他说:"世之难得者,非财也,非荣也,患意之不足耳。意足者,虽耦耕甽亩,被褐啜菽,岂不自得。"(《答难养生论》,第173页)财富与荣誉并不是难以得到的,难以得到的是"意足",如果能"意足",即使过贫苦的生活也会感到快乐。所谓"意足",就是固守自己的志向。所以在他的心目中,人最主要的是"得志","人无志,非人也"(《家诫》,第315页)。

自从儒术独尊以来,董仲舒的天命论占据了统治地位。王充将必然和偶然对立起来,也导致了宿命论。王弼用体用不二的观点看待必然和偶然,认为必然性的常道和偶然性的变动是统一的,但他强调重要的是把握必然。他说:"物无妄然,必由其理。"(《周易略例·明象》,第591页)"无妄然"即必然,天地万物都要遵循必然的规律。王弼把这个规律叫作"天命",说:"天之教命,何可犯乎?何可妄乎?"(《周易注·无妄》,第343页)这样,王弼实际上用必然性吞并了偶然性,把宿命论变得更精致了。他说统治者是"上承天命",而被统治者是"顺命而终"。嵇康在人道观上肯定人力的作用,并突出了一个"志"字,具有向宿命论挑战的意义。这在当时可称为空谷足音。他认为,一个人不论是处于穷困的境地还是显达的高位,都应当要"遂其志"(《与山巨源绝交书》,第116页),即牢固地守住自己的志向,坚持不懈,保持节操;始终行心之所安,一切出之自然而非勉强。嵇康强调人应当成为这样的"守志之盛者"(《家诫》,第316页),犹如牧羊之苏武那样。

在这里,嵇康认为培养人的德性、节操,要靠意志力;道德行为,要出于意志的自愿选择,因为只有出于自愿,才会对自己的行为感到心安。先秦儒家已指出意志具有"专一"和"自愿"的双重品格,嵇康的独特之处,是把意志的自愿同道家的自然原则相联系。他说:"夫民之性,好安而恶危,好逸而恶劳。故不扰则其愿得,不逼则其志从。"(《难自然好学论》,第259页)他以为六经、名教引诱人们追逐名利,压抑人的自然欲望,就是对人性的"扰"与"逼"。所以,人们只有挣脱名教的束缚,不受外力的干扰和逼迫,行动出于自愿,才能真正安逸。他还说,在远古时代,没有文字和教育,但人们可以"不学而获安"(《难自然好学论》,第264页)。可见,嵇康强调的是伦理学上的自愿原则,而对自觉原则（通过教育来培养自觉的德性）未免有所忽视。不过，他敢于向宿命论挑战的精神，在中国传统哲学中是可贵的。

第三节 《庄子注》："有而无之"
——"独化"说反对形而上学的本体论

魏晋时期，围绕着"有无（动静）"之辩，王弼等提出"贵无"说，裴颜则明确地用"崇有"论来反对"贵无"说。向秀、郭象的《庄子注》主张"有而无之"（《庚桑楚》注，《庄子集释》，第4册，中华书局，1961年，第804页）[1]，"独化于玄冥之境"（《庄子序》，第1册，第3页），提出了有无（动静）统一的理论，实质上是用相对主义反对形而上学的本体论。

向秀（约227—272年），字子期，河内怀（今河南武陟西南）人。郭象（？—312年），字子玄，河南（今河南洛阳）人。关于《庄子注》的作者，历来有争议。一说是郭象剽窃了向秀的著作，一说是郭象在向秀原有著作的基础上，又做了大量的加工和修改。我们认为，应当把现存的《庄子注》看作向、郭两人的共同著作。

《庄子注》对于名教和自然的关系，认为名教即自然。它以儒道合一，将名教与自然统一起来。它指出，儒家讲的"圣人"与《庄子》讲的"神人"是合一的，"神人即今所谓圣人"。比如，尧舜作为圣人，是最高的统治者，是讲究礼教法制的，但在精神上却与绝对逍遥自在的神人无异。所以说："夫圣人虽在庙堂之上，然其心无异于山林之中。"（《逍遥游》注，第1册，第28页）从名教即自然的思想出发，《庄子注》重新诠释了老庄的"无为而治"。它认为，"无为而治"不是要人拱手静默，过隐居生活，而是要人各当其能，各安其位。它说："各司其任，则上下咸得而无为之理至矣。"（《天道》注，第2册，第465—466页）这就是说根据名教而规定的封建等级秩序是"天理自然"，完全合理的。这同老庄以"无为而治"的思想鞭挞和嘲讽现实统治的

---

[1] 以下出自《庄子集释》（郭庆藩撰，王孝鱼点校）的引文，只注篇名、册数和页码。

态度是不大相同的。

一、有无统一与"独化而相因"

《庄子注》同裴颜一样，否认"无中生有"。它说："非唯无不得化而为有也，有亦不得化而为无矣。"（《知北游》注，第3册，第763页）认为"有"和"无"不能互相生化，"有"即存在，"无"即空无。它指出，从总体上说，天地万物作为"有"，虽千变万化，但没有一个时候会变为"无"，"有"是常存的。"有之为物，虽千变万化，而不得一为无也。不得一为无，故自古无未有之时而常存也。"（《知北游》注，第3册，第763页）由于"有"是常存的，所以任何"有"都是"化尽无期"的（《田子方》注，第3册，第708页）。

《庄子注》以为"有"就是运动变化本身，"有"就是"化"。它说："夫无力之力，莫大于变化者也。故乃揭天地以趋新，负山岳以舍故。故不暂停，忽已涉新，则天地万物无时而不移也……今交一臂而失之，皆在冥中去矣。故向者之我非复今我也。"（《大宗师》注，第1册，第244页）这里说变化是"无力之力"，即认为变化后面没有一个力量（实体）来推动，而变化又确实有力地推动天地、山岳等一切事物的新陈代谢。天地万物的变化没有一刻停止，世界处于一个永恒的变化之流中，一交臂就失去了原来的状态，前一刻的"我"已不同于此一刻的"我"了。在这永恒的流变中，什么都留不住，一切现象即生即灭，"皆在冥中去矣"，"有"便成了"无"。这就是《庄子注》经常讲的"玄冥之境"："玄冥者，所以名无而非无。"（《大宗师》注，第1册，第257页）这个"玄冥"或"无"不是没有而是无形无象的虚无。《庄子注》肯定"有"和"化"是绝对的，把实有和变化统一起来，作为世界第一原理。但它实际上是对运动变化作了静观的描绘，认为物体在这个瞬间是在这个位置，在下一瞬间就在下一个位置，于是运动就被看作无数刹那生灭的连续。这样，最后就归结为玄冥，即虚无。《庄子注》的整个哲学体系就是"有而无之"，这个"无"不是没有而是"玄冥"，认为"有"和"无"统一，或者说是即"有"即"无"。

这种依据绝对运动来否定事物质的规定性，从而论证"虚无"的方法，是庄子早就用过的。《庄子注》的独特之处，在于提出了"独化于玄冥之境"的新学说，认为万物各自独化即自己运动而又彼此相因，万物在无形中联系成为一个有机整体，这种无形的联系即"玄合"就是"道"。

《庄子注》的"独化"说是一种"莫为"说。它明确肯定季真的"莫为"说，还说："物皆自然，无使物然也。"（《齐物论》注，第1册，第56页）认为万物都是自然而然，自己产生、变化，并没有一个力量使它们这样做。这就是《庄子注》所谓的"独化"。这种"独化"说表现出否定造物主和形而上学的精神本体的积极意义。

《庄子注》说："请问夫造物者有耶无耶？无也，则胡能造物哉！有也，则不足以物众形……故造物者无主，而物各自造。"（《齐物论》注，第1册，第111—112页）这里运用了形式逻辑的二难推论：造物者或是"有"或是"无"，只有这两种可能；"无"是不能造物的，而"有"是一个具体事物，不可能造出众多的事物来；由此得出结论——没有造物者。《庄子注》主张无神论，它既否定造物主，也反对神学目的论。它说："今一遇人形，岂故为哉？生非故为，时自生耳。"（《大宗师》注，第1册，第263页）就是说，一个人的形状不是上帝有目的地造出来的，而是在一定时间条件下，人自然产生的。这与董仲舒的"天地故生人"的说法是相对立的。《庄子注》和王弼一样，称道为"无"，但它的"独化"说不是把道看作"体"，而是提出"道无能也"的命题。它说："道，无能也。此言得之于道，乃所以明其自得耳。自得耳，道不能使之得也。"（《大宗师》注，第1册，第251页）认为道并不能派生万物，不能使万物得性，不是一个动力，万物都是自己成长，自然得性的。王弼以道作为精神本体，是先于天地万物的形式因，《庄子注》否认了这一观点。这就既反对了"或使"说也反对了"贵无"说，是接近唯物论的观点。

"独化"说肯定事物自己运动，否定造物主和在物之先的精神本体，具有合理因素。然而《庄子注》就此停步，以为无需更进一步探讨事物自己运动的源泉了。它说："无待而独得者，孰知其故，而责其所以哉？"（《齐物论》注，第1册，第111页）意思是说，所谓"独化""无待"，便是指事物的运动变化不依存于某一个根源，所以用不着到现象之后或之先去追问原因。在这一点上,《庄子注》接近于现象论。

《庄子注》在讲"独化"的同时又讲"相因",以为事物之间存在着普遍的有机的联系。但"彼此相因"是互相为"缘",而非所待之"故",并且这种联系是无形的"玄合"。正因为万物各自独化而无所待,才彼此相因,在无形中联系成为一个"玄冥之境"。《庄子注》说:"天下莫不相与为彼我,而彼我皆欲自为,斯东西之相反也。"认为天下万物都是互为彼我而对立的,然而相反相成,对立的彼我是不可分割地联系着的,就像"东西相反而不可以相无",就像唇齿那样虽各司其职却有"唇亡而齿寒"(《秋水》注,第3册,第579页)的关系。《庄子注》还说:"故虽区区之身,乃举天地以奉之。故天地万物,凡所有者,不可一日而相无也。"(《大宗师》注,第1册,第225页)这就是说,任何个体都和宇宙全体相联系,宇宙间所有现象互相联系着。《庄子注》中还讲:"天地阴阳,对生也;是非治乱,互有也。"(《秋水》注,第3册,第583页)这里说的"对生""互有",就是对立统一。这些都包含有辩证思维的因素。

但是,这只是一种主观的辩证法,它给人以似是而非的满足,并不能揭示客观世界的内在本质。《庄子注》所讲的种种对立统一,如"唇齿相依""东西相反而不可相无"等等,是对立的概念之间的反复推论,并不是矛盾的发展过程。它所谓的"独化于玄冥之境",实际上是说世界是个和谐的、无矛盾的统一体,所以归根结底这是一种相对主义理论,是变相的形而上学观点。

二、仁义出于人性与"所遇为命"

《庄子注》在人道观上,提出了仁义出于人性和"所遇为命"的命题。

《庄子注》在自然和人为的关系上,和庄子"蔽于天而不知人"的理论是不同的。庄子认为,络马首、穿牛鼻是人事对于牛马的天性的破坏。《庄子注》恰恰相反,认为这种"人事"就是"天然"。它说:"牛马不辞穿落者,天命之固当也。苟当乎天命,则虽寄之人事,而本在乎天也。"(《秋水》注,第3册,第591页)人类要服牛乘马,必须络马首、穿牛鼻,这是合乎自然的必然性的。从"人事"即"天然"的观点出发,《庄子注》也不同意庄子把仁义看作人为对于人的天性的破坏。它说:"夫仁义自是人之情性,但当任之耳。"(《骈拇》注,第 2 册,第 318 页)认为人伦关系也是出于天性。这就从天人关系上论证了名教即自然,把儒家的人道原则同道家的自然原则相统一。《庄子注》认为,仁义虽然出于天性,但人性是变化的,"夫仁义者,人之性也。人性有变,古今不同也"(《天运》注,第 2 册,第 519 页)。因此,出于人性的仁义也同样是历史地变化的,"况夫礼义当其时而用之,则西施也;时过而不弃,则丑人也"(《天运》注,第 2 册,第 516 页)。美与丑、善与恶的区别,就在于是否适性,是否当时。这比起人性不变的先验论来,显然有其合理因素。

《庄子注》在人道观上的另一命题"所遇为命"则是变相的宿命论。

《庄子注》也讨论了必然和偶然的关系。它以为道就是必然的秩序、规律:"所以取道,为有序也。"(《天道》注,第 2 册,第 471 页)事物合乎规律地生成,是不得不然的,"物得其道"(同上),"物无妄然"(《德充符》注,第 1 册,第 219 页)。世界上一切事物的运动变化都是"命之必行,事之必变"(《德充符》注,第 1 册,第 213 页)的过程。从这个观点出发,《庄子注》认为人类历史有其必然性。庄子曾认为禹治天下,使民心变坏了,引起天下大乱。《庄子注》却说:"承百代之流,而会乎当今之变,其弊至于斯者,非禹也……而天下必有斯乱。"(《天运》注,第 2 册,第 529 页)就是说,天下有斯乱,是"百代之流"即历史的长期演变与"当今之变"即当前的环境影响相结合而造成的,不能把过失推到禹一个人身上。从"百代之流"和"当今之变"来把握历史发展的必然性,这显然是《庄子注》对于必然性考察的合理因素。

但是,《庄子注》并没有真正地把握历史规律,它说:"其理固当,不可逃也……吾之所遇适在于是,则虽天地神明,国家圣贤,绝力至知,而弗能违也。故凡所不遇,弗能遇也;其所遇,弗能不遇也。"(《德充符》注,第 1 册,第 212 页)在《庄子注》看来,任何活动、任何遭遇都是必然的,即使是具有无穷的力量和智慧的神明、圣贤,也不能违抗他所遭遇的一切。这就是说,一切偶然现象都是必然的。由此《庄子注》得出结论:"遇"即是"命"。它要求人们,"冥然以所遇为命"(《人间世》注,第 1 册,第 156 页)。它虽然不认为"命"是外在的强制的力量,却要人随遇而安,听从命运的安排,"知不可奈何者,命也。而安之则无哀无乐"(《人间世》注,第 1 册,第 156 页),并认为这就是"逍遥"即自由。这同董仲舒和王弼的宿命论没有本质上的差别。

关于自然和偶然的关系,王充强调必然性和偶然性的区别,把两者割裂开来;王弼讲必然与偶然的统一,但用必然性吞并了偶然性;《庄子注》也讲两者的统一,却把必然性降低到偶然性。因此,他们在人道观上最后都导致宿命论观点。

三、形神统一与"因彼立言"

关于"形神"关系,《庄子注》说:"人之生,必外有接物之命,非如瓦石,止于形质而已。"(《山木》注,第 3 册,第 692 页)认为人不但有形质,还有精神活动,这种活动是接触外物而得的。这是唯物论的看法。《庄子注》特别强调形神在圣人那里是统一的,圣人"神全形具而体与物冥"(《齐物论》注,第 1 册,第 96 页)。它说圣人"放形骸于天地之间,寄精神于八荒之表"(《知北游》注,第 3 册,第 742 页),就是说,圣人日理万机的"见形"与精神上的逍遥自在是不矛盾的,是自然地融成一体的两个方面。显然,它是通过论证形神的统一以说明名教即自然。

《庄子注》把圣人"神全形具而体与物冥"的境界,描绘为泯除主观和客观的差别,与天地万物合为一体,不作逻辑思维的神秘境界。那么,在"言意"之辩上,能不能用语言、概念来表达这样的神秘境界呢?《庄子注》从"有而无之"的思想出发,认为"道"在言意之外。它说:"夫言意者有也,而所言所意者无也,故求之于言意之表,而入乎无言无意之域,而后至焉。"(《秋水》注,第 3 册,第 573 页)就是说,言意是"有",而言意要表达的"道"则是"无",所以必须把名言、概念全都抛弃,进入无言无意的领域,才能求得"道"。这种"无言无意"的领域也就是庄子说的"混沌"。

那么,《庄子注》是否认为什么也不用说了呢?也不是。它说:

"若不能因彼而立言以齐之，则我与万物复不齐耳。"（《寓言》注，第4册，第950页）认为真正达到了"无言无意之域"，那就我与万物为一，而我与万物齐一，是通过"因彼而立言"来实现的。所谓"因彼而立言以齐之"，就是强调概念的灵活性而泯除对立概念间的差别。《庄子注》以"小大之辩"为例，它说："所谓大者至足也，故秋毫无以累乎天地矣；所谓小者无余也，故天地无以过乎秋毫矣。"（《秋水》注，第3册，第566页）如果把"大"定义为"至足"，把"小"定义为"无余"，那么，天地也可以说无余，秋毫也可以说是至足，于是，"小"和"大"都成了可以引用于万物的"达名"，即反映事物最普遍属性的概念，"小"和"大"就没有什么差别了。这表现出某种注意概念灵活性的辩证思维因素，但并没有达到揭示事物的本质矛盾的客观辩证法，实际上是相对主义的。

从总体上看，《庄子注》既有精致化的唯心主义思辨，也有唯物主义和辩证法的因素。《庄子注》"独化"说的向右发展，就成为僧肇的玄学化的佛学；向左发展，就引导到范缜的《神灭论》。范缜在"有无""形神"问题上的观点无疑受到了《庄子注》的影响。同时，《庄子注》讲"有无（动静）"的统一和"形神"的统一，虽然是思辨的、抽象的，但如果密切结合形象，就立刻成为生动的具体的东西。这就为魏晋南北朝期间注重揭示形象思维辩证法的以刘勰《文心雕龙》为代表的文艺理论提供了思想养料。中国古典美学的意境理论在这一时期奠定基础，是同这一时期哲学家在"有无（动静）"之辩、"言意"之辩和"形神"之辩上的成就相联系的。

第四节　葛洪的道教哲学和僧肇的玄学化佛学

在东晋时，儒、道、释鼎立的局面已经形成。在这时期，道教和佛教的理论都有了较快的发展。

道教的兴起和佛教传入中国，都可上溯到汉代。东汉的《太平经》，为道教的建立作了思想准备。《太平经》是部内容庞杂的书，其中包含有反映劳动人民利益的思想和农民反抗剥削的呼声，在汉末黄巾起义中起了积极作用。因此，镇压了黄巾起义的曹操下令禁止道教。但是，以后的封建统治者又转而利用道教。到魏晋南北朝时，道教逐渐盛行。东晋葛洪作《抱朴子》，为道教提供了哲学根据。佛教传入中国后，由于它不像道教那样土生土长，所以同中国的传统思想颇多抵触。于是，佛教在中国经历了一个与中国传统思想相结合的过程。魏晋时玄学盛行，佛学的中国化首先表现为玄学化。当时，名士和名僧交游，盛行用老庄理论讲解佛学的风气。东晋南北朝所盛行的玄学化的佛学即般若学，僧肇是其中的主要代表之一。

一、 葛洪的《抱朴子》

葛洪（284—364年），字稚川，自号抱朴子，丹阳句容（今江苏）人。他的著作《抱朴子》分《内篇》和《外篇》两部分。他自己说，《内篇》属道家，《外篇》属儒家。可见，它对道和儒即自然和名教作了折中，一方面把道家术语附会于神仙、金丹的教理；另一方面又坚持纲常名教，并对魏晋以来的清谈风气表示不满。《抱朴子》在科学技术史上有重要地位。它的《内篇》记述了许多具体的炼丹的方法和药物，把炼丹术推进了一大步，而炼丹术则是近代化学的先驱。同时，葛洪对医学也有贡献，著有《金匮药方》《肘后备急方》。正是这种科学上的成就，使得葛洪的道教神学中包含有一些不容忽视的哲学思想。

从哲学上说，《抱朴子》主要讨论了"有无""形神"问题。

葛洪说："玄者，自然之始祖，而万殊之大宗也……因兆类而为有，讬潜寂而为无。"（《畅玄》，《抱扑子内篇校释》，中华书局，1985年，第1页）[1]认为"玄"是世界的本源，道就是玄，就是"有"和"无"的统一。葛洪的"玄"虽然神秘，但他认为天地万物都是自然形成的，他说，清气升而为天，浊气降而为地；天地之间，气交感而生万物，都是自然而然，"万物感气，并亦自然"，并非有意的作为，"天地虽含囊万物，而万物非天地之所为也"（《塞难》，第137页）。

葛洪认为自然界的生成是自然无为的，这显然吸取了道家的思想，

---

[1] 以下出自《抱朴子内篇校释》（王明校释）的引文，只注篇名和页码。

但在自然与人为的关系上,他与道家是不同的,道家主张"无为",而他则讲"能为"。在他看来,自然界是不断变化的,变化能使得事物从这一类变为另一类,即发生质的变化,因此,人也可以有这样的"变化之术"。他说:"夫变化之术,何所不为。"(《黄白》,第284页)认为这种变化之术可以无所不能。他举例说,用阳燧和方诸向日、月取火和水,铅经过化学变化可以变成红色的铅丹(即四氧化三铅),用药物可以人工制造雨雾冰雪等等。这些是有一定科学根据的。但他另外举的一些"变化之术"的例子则是毫无道理的,如修道者有隐身术,能使鬼神现形,男女易形,人还可以变为仙鹤、石头、老虎等。葛洪说:"变化者,乃天地之自然。"(《黄白》,第284页)认为根据自然变化规律,人创设条件,能动地改变事物。这是科学的见解。但是,无条件地讲一切物类可以互相转化,人的变化之术可以达到神奇莫测的地步,就成了神话、迷信了。葛洪说:"夫陶冶造化,莫灵于人。故达其浅者,则能役用万物;得其深者,则能长生久视。"(《对俗》,第46页)认为人发挥主观能动性,就能役用万物,这并不错,但过分夸大这一点,说人就此可以长生不死,则是道教的神学。

关于"形神"关系,葛洪说,"形须神而立","形者神之宅"(《至理》,第110页)。他一方面认为精神是形体的主宰,另一方面又认为形体是精神的住处,精神不能离形体而存在。他着重强调人可以通过修炼形体和服用药物而成仙,宣扬神不灭论。因而《抱朴子》不厌其烦地论述如何用炼丹、服药、导引、吐纳等方术以求长生不死。这些显然是神学的呓语,但其中包含着葛洪关于"命"和"力"的学说。他说:"命之修短,实由所值,受气结胎,各有星宿。"(《塞难》,第136页)把寿命的长短归结为受胎时遇到星宿所致,这是迷信。但是,这就把"寿夭之命"归结为偶然的触值之命。葛洪指出,一个人在母胎里受气成形,而后诞生于天地之间,他的"命"并非由天地和父母决定的,而是偶然的"适遇所遭"(《塞难》,第136页)。葛洪认为,人在结胎时所禀受的气的差异是出于偶然,而一个人能否成仙,不仅要看他所禀受的气,还要看他是否有坚强的意志。他说:"夫求长生,修至道,诀在于志。"(《论仙》,第17页)只有发挥主观意志的力量,百折不挠地坚持下去，才能得仙道。他把求仙学道归结到要靠信仰和意志力，表现了唯意志论的倾向。

在魏晋时期，"力命"之争从一个侧面反映了"天人"之辩。玄学的主流是强调"力"不能胜"命"，从王弼的"顺命"到郭象的"安命"，无不如此。嵇康向宿命论提出挑战，基本上是用唯物主义态度对待"力命"之争。葛洪则对"力命"之争采取了折中主义的态度，他一方面认为"命"由禀受的气所决定，表现了宿命论观点；另一方面又强调凭借"志"可以无所不能，表现了唯意志论倾向。道教讲"能为"，重视人力，包含有人力胜天的科学思想。但是，把"能为"的思想夸大了，便可导致唯意志论。这在以后的李筌那里可以清楚地看到。

二、僧肇的《不真空论》和《物不迁论》

僧肇（384—414年），后秦高僧，本姓张，京兆长安（今陕西西安）人。早年醉心于老庄，后转治佛学，以擅长般若学著称，著有《肇论》《维摩诘经注》等书。他是著名佛教翻译家鸠摩罗什的四大弟子之一。他在《不真空论》和《物不迁论》这两篇论文中，集中讨论了当时哲学争论的"有无（动静）"之辩，提出了"非有非无""即动求静"的观点。

僧肇从万物的本性和现象的关系入手，论证"非有非无"。他认为事物按其本性来说，是"无"，而事物作为形象显现出来，是"有"；但是，事物因其本性是"无"，所以现象之"有"只是假有，而不是实有、真有。"欲言其有，有非真生；欲言其无，事象既形。象形不既无，非真非实有。"（《不真空论》，《肇论校释》，中华书局，2010年，第56页）[1] 因为现象之"有"不是真有、实有，因而就是空无。不真即空，这就是所谓的"不真空"的意思。僧肇把这一"不真空义"比喻为幻化人，说："譬如幻化人，非无幻化人，幻化人非真人也。"（《不真空论》，第56页）就是说，世界上的一切都是幻象，幻象是不真实的，但不能说它是不存在的，所以就是"非有非无"。

僧肇的"非有非无"实际上是以虚静为第一原理的。他说："夫

---

[1] 以下出自《肇论校释》（张春波校释）的引文，只注篇名和页码。

至虚无生者，盖是般若玄鉴之妙趣，有物之宗极者也。自非圣明特达，何能契神于有无之间哉？"（《不真空论》，第33页）这段话表明，从本体论来讲，他把绝对的虚无寂灭看作万物的本体，即"宗极者"；从认识论来讲，他把绝对的虚静说成是智慧直觉的神秘境界，真正的圣明就在于把握有无统一的原理以达到这样的境界。

僧肇在《物不迁论》中提出："即动而求静，以知物不迁。"认为不能离开变动来讲静止，而是要以此来论证世界是完全静止的。他说："昔物自在昔，不从今以至昔，今物自在今，不从昔以至今。故仲尼曰：回也见新，交臂非故。如此，则物不相往来明矣。既无往返之微朕，有何物而可动乎？"（《物不迁论》，第17页）就是说，事物没有一个从过去发展到现在的过程。昔物在昔，过去的事物就是停留在昔日的事物；今物在今，现在的事物就是出现在当前事物。它们之间不相往来，所以说"物不迁"，世界完全是静止的。

僧肇的这个理论同先秦辩者的"飞鸟之影未尝动也"的命题一样，揭露出运动中的静止。但是，他不是在讨论运动和静止的矛盾，而是用绝对静止的观点解释运动。他所谓的"交臂非故"，其用语和庄子、郭象相同，意思却颇有差别。郭象说"我与今俱往"，也可以说是以静止观点描述运动，但他以"有即化"为世界的第一原理，认为运动是绝对的，世界是一个日新之流，事事刹那生灭，所以成了"玄冥之境"。僧肇以"至虚无生"为世界的第一原理，认为静止是绝对的，但静不离动，应当借万物的变动来揭示世界的永恒寂静。僧肇说："谈真有不迁之称，导俗有流动之说。"（《物不迁论》，第24页）认为讲变动，只是为了引导俗人，只有讲一切不变，才是真理。一切事物都处于绝对静止状态之中，没有任何发展和变迁，"古不至今，今亦不至古，事各性住于一世"（《物不迁论》，第27页）。时间是一个完全静止的架子，实际上就是没有时间或绵延。

僧肇的《不真空论》和《物不迁论》追求的是绝对的虚静，因而我们说僧肇是《庄子注》的向右发展。同时，僧肇从大乘空宗的观点来讨论玄学争论的"有无（动静）"之辩，说明这时佛学已成为中国传统思想的有机组成部分。

第五节　范缜对"形神"之辩的总结
——唯物主义质用统一原理的运用

南北朝的儒、道、释三家互相斗争，互相影响，当时多数统治者的态度是：既要利用儒家的纲常名教，又要利用佛教、道教的宗教迷信进行欺骗。神不灭论是佛教和道教的根本教义。因此，科学反对宗教迷信的斗争反映在哲学上，"形神"问题的论战就十分突出。南朝宋时著名的天文学家何承天驳斥了佛教神不灭论。齐梁时，范缜著有《神灭论》，对长期以来的"形神"之辩作了总结，将我国古代朴素唯物主义和无神论提高到一个新的水平。

范缜（约450—515年），字子真，南乡舞阴（今河南泌阳西北）人。出身于寒门庶族。他所著的《神灭论》问世后，先后受到梁武帝和王公朝贵等人的声讨。但范缜坚持真理，毫无惧色。他站在维护儒家名教的立场上反对佛教，认为名教与佛教是不可调和的，信佛教就会抛弃儒家的名教，对社会造成严重的祸害：破坏家庭，倾家荡产去求神拜佛，以求个人的解脱而不关心国计民生等。范缜的天道观受到《庄子注》"独化"说的影响，他关于"有无（动静）"之辩是这样说的："陶甄禀于自然，森罗均于独化。"（《神灭论》）[1]认为事物的生成是出于自然，天下万物都是自己运动、自己变化的。不过，范缜的唯物论观点却比《庄子注》要鲜明得多。他坚持唯物主义气一元论来回答形神关系问题："人之生也，资气于天，禀形于地。是以形销于下，气灭于上。"（《答曹舍人》，《弘明集·广弘明集》，上海古籍出版社，1991年，第59页）[2]以为人的气、形得自天地，人死了，形体归于土，而气则消散于空中，既然形腐朽，气消散，就不会有什么精神和知觉。

1　《神灭论》载《梁书·范缜传》。

2　以下《答曹舍人》的引文，均出自《弘明集·广弘明集》，只注篇名和页码。

一、以"质用"统一论证"形质神用"

范缜《神灭论》的基本观点是："形神相即，形质神用，名殊体一。"这表明范缜是运用唯物主义的"质用"统一原理来解决形神关系问题的。《神灭论》的质用统一，也就是"体用不二"的意思。范缜以为实体（体）即质料因（质），而作用（用）即实体的自身运动，或者说是质料（质性）的自然表现。他运用这样的观点来看待"形神"关系，指出：一方面，形是质料因、实体，神则是作用，"形者神之质，神者形之用"（《神灭论》），"用"依赖于"质"，精神不能离开形体而独立存在，"形存则神存，形谢则神灭"（同上）。另一方面，形神不二，"形称其质，神言其用，形之与神，不得相异也"（《神灭论》）。精神就是特定的形体（人体）的自身运动、自然表现；形与神并不是具有外在关系的两个东西，而是"名殊而体一"（《神灭论》），因此两者并不是可分可合的。这样，范缜就反对了以为形神可以割裂、神可以离形而不灭的唯心论和二元论。因为唯心论和二元论的一个重要论据是：形无知，神有知，两者相异，"生则合而为用，死则形留而神逝"（曹思文：《难神灭论》，《弘明集·广弘明集》，上海古籍出版社，1991年，第58页）。

范缜运用质用统一原理也有力地克服了以往唯物论者在形神关系问题上的理论缺陷。以往的唯物论者都以为形与神是精粗一气，神犹如火，由精气构成，形犹如烛或木，由粗气构成。从桓谭、王充以至何承天，都用薪火或烛火的比喻来说明形神关系，驳斥神不灭论。但是，这不仅不能克服形神二元论，而且会被有神论者利用。东晋佛教徒慧远曾利用这个比喻，说："火之传于薪，犹神之传于形；火之传异薪，犹神之传异形。"（《沙门不敬王者论》，《弘明集·广弘明集》，上海古籍出版社，1991年，第32页）认为火的燃烧可以由一根木头上传到另一根木头上，是无穷尽的，这就好比精神可以从某个形体转移到另一个形体而永不灭。于是，薪火之喻便转过来成了论证"神不灭"的武器。范缜摈弃了薪火之喻，他用刀刃与锋利的关系来比喻形神关系："神之于质，犹利之于刃，形之于用，犹刃之于利……舍利无刃，舍刃无利；未闻刃没而利存，岂容形亡而神在？"（《神灭论》）显然，范缜用刀刃与锋利的关系来比喻形神关系，说明形神是"质用"关系，即实体与作用的关系。这就克服了薪火之喻把形与神看作粗精关系带来的缺陷，从而使唯物主义者对形神关系问题的认识深入了一步。

范缜认为，实体与作用是统一的，所以不同的质有不同的用。精神活动并不是一切物质都具有的"用"。他指出，人之质与木之质是不同的，所以两者的作用是不同的，人之质有知觉作用，而木之质则无知觉作用，"人之质，质有知也；木之质，质无知也"（同上）。人一旦死了，其形体就和木之质一样了，因而不可能有活人的质所具有的知觉的精神作用。生者与死者，有质的不同，知觉的精神作用只有活的形体才具备。

范缜还用"形质神用"的观点来说明人的精神活动的生理基础。在生理学上，"质用"关系即是生理结构和功能（包括心理的功能）的关系。他把人的统一的精神活动分为两部分，一是感觉痛痒的"知"，即知觉；一是能判断是非的"虑"，即思维。他说："浅则为知，深则为虑。"（《神灭论》）以为知觉属感官而思虑属心器。他认为不同的精神作用依存于不同的生理器官，这有其正确的一面，但他简单地把"形神"关系说成是精神依赖于肉体，而没有认识到意识从一开始就是社会实践的产物，因而不可能彻底战胜唯心论。

同时，范缜在运用质用统一原理总结"形神"之辩时，并没有能正确解决必然与偶然的关系。他把人生比作一树花，随风飘落，有的飘在大厅漂亮的座垫上，就荣华富贵；有的飘落到厕所里，就卑下贫贱。这种认为富贵贫贱都是偶然性造成的观点，是对儒家天命论和佛教因果报应论的一种批判。因为儒家的天命论把贵贱等级秩序归之于天命，佛教则把富贵和贫贱归之于前世的行善和作恶。范缜的理论虽然有积极意义，但他主张"乘夫天理，各安其性"（《神灭论》），也还是"安命"的意思。范缜与《庄子注》一样，以"遇"为"命"，把必然性降低为偶然性了。

二、《神灭论》的"穷理"逻辑

我们从"名实""言意"之辩来分析《神灭论》。

神不灭论者从"名实"关系提出诘难:"形者无知之称,神者有知之名……神之与形,理不容一。"这是从"名"与"实"应该相对应的观点来立论的,似乎很有道理。范缜对此诘难的回答是,"形称其质,神言其用。形之与神,不得相异也……名殊而体一也"(《神灭论》)。这个回答包含有两层意思:一方面,形神殊名,各有所指,名与实确是相对应的,正如"利之名非刃,刃之名非利",形与神之名也不容混淆。另一方面,并不像欧阳建那样停留在"欲辨其实,则殊其名",而是进一步指出形神"不得相异也",要求从"殊名"中来把握"体一"(具体的统一)。他朴素地表达了这样一个思想:只有从联系中来把握形神关系,即全面地把握"形神相即""形质神用"的关系,才是真正把握"具体"。这实际上就是要求人们辩证地思维,从概念、范畴的联系中来揭示真理。

范缜严格区分了"穷辩"(诡辩)和"穷理"。他在《答曹舍人》中写道:"难曰:'其寐也魂交,故神游于蝴蝶,即形与神分也。其觉也形开,蘧蘧然周也,即形与神合也。'答曰:'此难可谓穷辩,未可谓穷理也。'"诘难者认为庄周梦蝴蝶,说明形与神可分开,而庄周醒来后发觉自己仍然是庄周,则说明形与神又相合了。范缜认为,这是混淆了梦境与现实的诡辩。他指出,如果庄周梦蝴蝶是真的变成了蝴蝶,那么醒来后既然神回到人体,就应该有死蝴蝶,但实际上并没有。所以,只要用事实来检验一下,这种诡辩就站不住脚了。

在范缜看来,真正的"穷理"就是要根据事实来提出"精据"(精密的论据),做出"雅决"(纯正的判断)(《答曹舍人》,第59页)。《神灭论》正是这样来"穷理"的榜样。它可分作三大部分:

第一部分即开头四段提出了全文的根据。待证的论题是"形存则神存,形谢则神灭",基本论据是"形神相即,形质神用,名殊体一",也就是运用唯物主义"质用"统一原理来论述"形神"关系,而"质用"统一原理则可以用刃与利不可分割的事实来验证。

第二部分是文章的主体,从不同侧面(人之质与木之质、生形与死形、是非与痛痒、圣人与凡人等)来展开上述论据,对"形神不二,形谢神灭"的论点作了多方面的论证。

第三部分即最后一大段,则是回答"知此神灭有何利用邪?"这个问题,亦即阐明理论的目的。

这三个部分可看作互相联系的三个环节,每个环节都有如荀子说的"辨合""符验",并对诘难者的谬误观点作了批判。这种"穷理"的逻辑结构,大体相当于辩证逻辑所说的分析与综合相结合的方法的三个环节:开始、进展和目的。当然,范缜并没有用明确的逻辑语言做出这样的概括,但《神灭论》确实自觉或不自觉地遵循了这种方法。

范缜之所以能在梁武帝组织的围攻下而不折其锋锐,正好说明了《神灭论》的"穷理"具有巨大的逻辑力量。

第六章 儒、道、释合流的趋势

随着隋、唐统一的封建王朝的建立，南北朝以来儒、道、释鼎立的格局开始打破了。儒、道、释虽然相互间仍有矛盾和争斗，但从总体上来说，是日渐趋于合流。佛教在隋唐进入全盛时期，道教则因唐王室自认为是李耳的后代，得到大力提倡，也十分兴盛。这两种宗教为了更适应汉族地主阶级统治的需要，在理论上越来越儒学化了。同时，儒家也不断地从佛教、道教中吸取思想资料，因而使得孔孟之道具有了僧侣主义色彩，最后就产生了宋代理学。不言而喻，这个合流的过程有着宗教神学和唯心论泛滥的一面。

不过，在这个合流的过程中，哲学还是在发展的。这时期不仅产生了像柳宗元、刘禹锡这样的唯物主义哲学家，而且在唯心主义的形式下，人类理论思维的某些环节、因素，也得到了比以前更为深入的考察。隋唐时期哲学的发展，主要表现为在宗教唯心主义的形式下曲折地前进，最后达到挣脱宗教唯心主义的束缚。宗教把世界两重化，将俗世和天国、此岸和彼岸对立起来。于是，魏晋时期所争论的名教和自然的关系问题，在隋唐就演变为俗世和天国的关系问题了。儒、道、释合流，就是意味着要把两个世界统一起来。禅宗和尚说："听说依此修行，天堂只在目前。"（《疑问品》，《六祖坛经笺注》，新文丰出版社，1984年，第43页）[1]他们宣称天国就在现实世界的日常生活之中。李翱也说："制礼以节之，作乐以和之，所以教人忘嗜欲而归性命之道也。"（《复性书》上，《李翱集》，甘肃人民出版社，1992年，第7页）强调提倡礼乐，正是为了教人过清静无欲的僧侣般的生活。不论是哪一种说法，实际上都是把现实世界"出世间化"了。这一基本态度反映到哲学上，就是儒、道、释的学士都以这样那样的方式来论证虚静的本体为世界第一原理。因此，隋唐时期，"有无（动静）"之辩继续成为论争的中心，而"心物"之辩也越来越突出了。

隋唐时期以佛学为最盛。自大乘佛教空宗、有宗相继传入中国以来，佛教学者便上承玄学，热衷于讨论"空有"关系问题，并且总是和"心物（性相）"之辩互相联系着。"人能否成为圣人和理想人格如何培养"这个老问题，在佛教徒那里就成了"人能否成佛以及如何才能成佛"。正是为了回答这个问题，佛教学者从本体论和认识论来考察人的精神现象，对"空有""心物""性相"等关系作了探讨。

与"心物"之辩、"有无"之辩相结合，"言意"之辩、"力命"之争也继续着。这些哲学争论在唯心主义的形式下经历了曲折的发展，最后，柳宗元、刘禹锡使唯物主义又重新登上哲学的"王座"。他们在气一元论基础上考察"有无""动静"关系，对魏晋以来的"力命"之争作了总结，在更高阶段上向荀子的"明于天人之分"的观点复归。

隋唐时期的哲学进步，主要是同科学文化的发展相联系的。唐代的文学艺术光辉灿烂，百花齐放，创造了中国文化史上的不朽诗篇。同时，在科学上出现了李淳风等注的《算经十书》，医学方面有孙思邈的《千金方》等著作，在天文学方面，一行主持了世界上第一次对子午线长度的测量。中国史学上的两部巨著，即刘知几的《史通》和杜佑的《通典》也是在这个时期出现的。此外，唐代学术上的百家争鸣的气氛以及国际上的文化交流等，都有力地促进了哲学的发展。

---

[1] 以下出自《六祖坛经笺注》（丁福保笺注）的引文，只注篇名和页码。

第一节　天台宗："三谛圆融"和"无情有性"

天台宗是中国人自己创立的佛教宗派。它的实际创立者是智𫖮。智𫖮（538—597年），俗姓陈，祖籍颍川（今河南许昌）。18岁出家，长期在天台山居住。他的重要著作有称为"天台三大部"的《法华玄义》《法华文句》和《摩诃止观》等。

天台宗的特点是把南北不同风格的佛教学派熔于一炉。原来北朝佛教比较注重"禅定"，即讲究修养，南朝佛教则注重"义理"，即讲究理论、智慧。南北朝趋于统一，天台宗提出"止观"学说，主张"定慧双修"、止（定）观（慧）两者不能偏废。智𫖮认为，"止"就是解脱烦恼、修养心灵以达到禅定的方法，"观"就是扫除迷惑、启发神明以获得智慧的方法。《修习止观坐禅法要》说："当知此二法，如车之双轮，鸟之两翼，若偏修习，即堕邪倒。"（李安：《童蒙止观校释》，中华书局，1988年，第1页）[1] 天台宗强调要把"止"和"观"结合起来，不要偏习。这从认识论来说，无非是在修习禅定的过程中进行内省（观照）的意思。以为凭内省或反思就能获得智慧，这是天台宗在理论上的特点。

天台宗的中心教义是"一心三观"或"三谛圆融"。这是它通过"止观"即在禅定中进行内省的方法而获得的道理，也是它在"心物"之辩和"有无"之辩上的哲学主张。

所谓"一心三观"，是说认识主体（心）具有"空观""假观"和"中道观"；所谓"三谛圆融"，是从认识对象来说，有着和"三观"相对应的"真谛""俗谛"和"中谛"；所以两者讲的实际是一回事。智𫖮在《摩诃止观》中指出，一切事物都是因缘凑合而成的，不是独立存在的实体，是虚幻不真的，这就是"空观""真谛"；但其所谓的"空"并非是"不存在"的空虚，而是因缘和合所显现的"假有"，这就是"假观""俗谛"；"空"即"假"，"假"即"空"，明白

---

[1] 相对于《摩诃止观》即"大止观"而言，《修习止观坐禅法要》被称为《小止观》或《童蒙止观》。

了这个道理，本体和现象合一，这就是"中道观""中谛"。天台宗认为，"一心"在同一时间观照得"空""假""中"三种实相，相即不离，无有先后，所以说它们是"圆融"；"三谛"是精神本体的属性，是人们天生就具有的；通过"止观"来获得"三谛圆融"的道理，并不是分阶段的"渐修"，也不是凭主观的"造作"，而不过是破除迷惑，唤醒"天然之性德"罢了。

　　天台宗的"三谛圆融"推衍到心体和诸法关系（即"心物"之辩）上，提出了"一念三千"的说法。智𫖮认为，"一念心"就具三千世间，即每个人心中都具备宇宙万象，只不过或隐或现而已。这是"空""假""中"具于"一心"而得出的推论。按照"一念三千"的理论，"一心"与"一切法"不能分时间上的前后，也不能有空间上的包含关系。所以他说"纵亦不可，横亦不可"（《摩诃止观》卷五，《中国佛教思想资料选编》第2卷，第1册，中华书局，1983年，第36页）。[1] 佛教中的地论师和摄论师这两个学派，都认为诸法的缘起要依恃于某一在先的或外在的精神实体。天台宗以"一念三千"的理论批评了这两个学派，强调"心是一切法，一切法是心"（《摩诃止观》卷五，第2卷，第1册，第36页）。当人们用内省方法来考察自己的精神活动时，确实可以体验到精神（心）与精神现象（心相）是统一的，并没有一个在先的或外在的精神实体作为精神现象的依恃者。天台宗对此是有所见的。但是它以为内省所见就是一切，一心统一切法，泯一切法，立一切法，此外并无客观实在，这就成了神秘主义的幻觉。

　　《大乘止观法门》一书，根据"一念三千"的说法引伸出"一念即是三世时劫""一尘即是十方世界"（第1卷，第401页）。它对此作了通俗的解释，叫人用内省的方法忆想一小毛孔，又忆想一大城，广数十里。在想小毛孔时，自心全体唯作一小毛孔；在想大城时，自心全体便作一大城。"心既是一，无大小，故毛孔与城，俱全用一心为体，当知毛孔与城体融平等也。"（第1卷，第402页）天台宗以为，大城与小毛孔，须弥山与芥子，这些空间上的大小都是主观的。所以，一方面，大小之相，本来非有，是平等的；另一方面，既然都是一心的显现，便可以举小收大，举大摄小，互相融合。同样道理，梦中经

---

[1] 以下出自《中国佛教思想资料选编》（石峻等编）的引文，只注卷数、册数、篇名和页码。

历了十年五载或几个月、几十天，而醒来却只经历了一餐饭的时间，时间上的长短也是一心的显现，是主观的。这些论证，根据内省之所见，认为人的思想按其内容来说可以不受时空的限制，一念可概括三世，一念可囊括十方；认为人的思想按其活动来说常常要求全神贯注，忆想小毛孔和忆想一个大城都是如此。用这些内省能见到的精神现象，来揭示思想与客观实在之间的矛盾，是有意义的。但是利用它们来论证唯心主义，就成了诡辩。

在唐代天宝、大历年间，华严宗和禅宗十分盛行，法相宗已盛极而衰，天台宗在这时期由湛然得到中兴。湛然（711—782年），俗姓戚，常州晋陵荆溪（今江苏宜兴）人。38岁出家。曾撰天台宗三大部的注释及其他著作数十万言，被尊为天台宗九祖。

湛然除了继续发挥"三谛圆融"的教义外，还提出了"无情有性"的新理论。东晋时的名僧竺道生（355—434年）曾经提出"一切众生，莫不是佛"（《法华经疏·见宝塔品》，第1卷，第204页）。认为一切众生都有佛性，即使是善根丧尽的"一阐提人"也有佛性，也能成佛。就像抹去明镜蒙上的尘垢，明镜便显现出来一样，众生受了佛的教导，就会去掉蒙在佛性上的尘垢，就能成佛。在湛然的时候，除法相宗外，其余的佛教宗派都继承了竺道生的理论，主张凡是有情众生皆有佛性。湛然的《金刚錍》进一步发展了竺道生的理论。他认为不仅有情的众生可以成佛，而且无情的非生物的东西也具有佛性。他说："一尘一心，即一切生佛之心性。"（第2卷，第1册，第238页）就是说，一切东西，不管是客观对象（一尘）还是精神活动（一心），不论是有情还是无情，都是佛性的体现。这是天台宗"一念三千"思想的合乎逻辑的推论。因为"一念三千"是把一切有情、无情的东西都包括在三千世间之内的，所以有情、无情都是心体的显现，是平等的。既然一切事物都是佛性的具体体现，那么草木瓦石也不例外。

可见，湛然"无情有性"的理论，使天台宗的佛教唯心主义更彻底了：精神实体囊括一切，内在于一切领域；佛性无所不在，佛性就等于自然界。但这里也表现出泛神论的倾向。把佛性消融在草木瓦石里面，就势必贬抑了佛性的至高无上的尊严，使宗教信仰遭到削弱。因此，从泛神论再前进一步，就会到达唯物主义。

第二节 法相宗论"一切唯识"与华严宗论"法界缘起"
——唯心主义的经验论与唯理论的对立

在唐代，玄奘大量地翻译和介绍了印度法相宗的著作，他和其弟子窥基是法相宗在中国的实际开创者。在法相宗盛行之后，法藏创立了华严宗。法相宗从分析法相来论证"万法唯识"，是经验论的唯心主义；华严宗则讲"法界缘起"，以显示理性本体，是唯理论的唯心主义；它们在共同的佛学唯心主义形式下，分别强调了相（现象、感觉经验）和性（本质、理性思维）的环节。

一、玄奘的"法相唯识"的学说

玄奘（600—664年），俗姓陈，本名祎，河南洛州缑氏（今河南偃师南）人。曾历尽艰辛，西行至印度，研究佛学，成为著名的佛教翻译家和博学的学者。他著有《大唐西域记》，记录了当时中亚及印度等地的地理及社会风情。他的"法相唯识"的理论，主要见于他编译的《成唯识论》。

法相宗的中心教义是"一切唯识"。它与佛教各派一样，站在唯心主义的立场来看待"识"和"法"即心和物的关系问题，所不同的是，它用主观唯心主义经验论的方法来破除所谓"我""法"两执，认为作为认识主体的"我"与作为认识对象的"法"都是假有而不具实性。法相宗认为，通常所谓的认识主体和认识对象，其实是自己的"识"所变现的"见分"与"相分"。"见分"指具有认识能力的部分，即"能缘"；"相分"指被认识的形相部分，即"所缘"，两者是同一"识体"变现出来的。这个识体自觉有识，叫"自证分"，"相分"和"见分"都是依"自证分"而起。这种理论实际上是把一切事物、现象都说成是经验要素（"见分"与"相分"）的复合物，否认有离开"识"而独立存在的客观世界。这同西方哲学史上的贝克莱、休谟、马赫等人的学说颇为相似。

法相宗认为,除了通常说的六识(五种感觉加上意识)之外,还有第七末那识、第八阿赖耶识。阿赖耶识即藏识,其中包藏有诸法的"种子"(即潜能),是世界上一切现象的精神本体。这实际上是灵魂的别名。末那识则联系着第八识与前六识。法相宗的"一切唯识",是要说明世界上一切事物都是假象,是阿赖耶识的产物。它对此作了论证。在玄奘的《成唯识论》卷七中,有人从朴素唯物主义提出责问:"色等外境,分明现证。现量所得,宁拨为无?"所谓"现量"即直接经验。按照常识,形形色色的外界对象是人们亲眼目睹的,感觉能给予客观实在,对象的客观存在为每人的直接经验所证实,怎么能说它是"无"呢?法相宗回答说,"现量证时不执为外。后意分别妄生外想。故现量境是自相分识所变故,故亦说为有。意识所执外实色等妄计有故,说彼为无"(《成唯识论校释》,中华书局,1998年,第493页)。[1]这是说,直接经验时并不以其所得的形形色色为外在的,后来意识才作主客、内外的分别,于是产生有外界对象的妄想。其实,经验中的对象是"识"自身的"相分",它是"识'的作用的表现,也可说"有";而意识执着它为外在的实物,以为它离开"识"而存在,所以应说"无"。这样的论证是以唯心主义经验论的共同观点为前提的,即人的经验所得不能超出主观范围。

法相宗把主观的感觉看作唯一的存在,就必然把现实与梦境混为一谈。它认为,现实事物和梦中所见是一样的,都不在感觉之外,所以不可执为实有。在它看来,人生其实就是做梦,一个人"未得真觉,恒处梦中"(卷七,第493页),梦醒之后,就觉得一切事物都是虚幻不实的。

如果一切唯"识",那么所谓"万法"即现象界的种种差别又是如何产生的呢?对这个问题,佛教各派都用"缘起"说来解释。法相宗的"缘起"理论有其特点。它说,阿赖耶识含藏一切"法"的"种子","种子"具有产生与自己同类的现象的功能,所以是产生诸"法"的主要原因即"因缘"。"种子"与现行之"识"的关系是潜能与现实的关系,当"助缘"具备时,潜在的"种子"变为现行了。现行之

---

[1] 以下出自《成识论校释》(韩廷杰校释)的引文,只注卷数和页码。

"识"又转过来使潜在的"识"受到熏染。从熏习来说，现行为能熏，"种子"为所熏。可见，"种子"与现行是互为因果的。通过这些分析，法相宗说明现象界是"仗因托缘"而生成，都处在因果关系之网中，但归根结底，则是以阿赖耶识为依托的。所以，现象界的因果关系之网，也就是阿赖耶识的永恒流转的表现。按照法相宗的"缘起"理论，不仅一般人认为实有的物质现象（外境）是虚妄的，而且一切精神主体和精神作用（"诸心""心所"）也是犹如幻事，非真实有。法相宗要求最彻底地破除"法执"，也就是否定客观世界，将万物归结到虚无。

法相宗"一切唯识"的学说是以印度的因明逻辑作为立论工具的。在玄奘翻译的《因明入正理论》的开头，有一概括全书的"颂"，大体说明了玄奘所介绍的因明的基本内容。这个"颂"是："能立与能破，及似，唯悟他。现量与比量，及似，唯自悟。"这里的"立"指证明，"破"指反驳；"现量"指感觉经验，"比量"指推理知识。这个"颂"的意思是说：证明与反驳，以及指明论证与驳斥中的谬误，是用来使别人理解的手段；感觉与推理，以及揭露感觉与推理中的谬误，是自己取得知识的途径。因明传入中国，为形式逻辑的复兴提供了一个机会。但由于中国古代哲学更多地注意发展朴素的辩证逻辑，而各门科学也总是从这里取得方法论的指导，因而中国人有忽视形式逻辑的倾向，这就使得因明在中国遭到冷落，它随着法相宗的衰落而被人们遗忘了。

二、 法藏关于"理、事"的学说

华严宗的实际创立者是法藏。法藏（643—712年），原籍西域康居。他精通梵文，曾参加80卷的《华严经》的翻译工作。因武则天赐以贤首的称号，后人尊他为"贤首大师"。主要著作有《华严经义海百门》《华严经探玄记》《华严一乘教义分齐章》等。

华严宗的中心教义是"法界缘起"。"法界"指现象界及其本体。华严宗用缘起说来解释法界，认为宇宙间的任何事物不是独立存在的，而是普遍联系的。华严宗以"一真法界"作为世界的本源，这个"一真法界"也就是"心"或绝对精神，它融通"万有"，体现于"万有"的内在联系之中。

华严宗与唯心主义经验论的法相宗有差别，它是唯心主义唯理论。华严宗强调，关于法界的学说，是要靠理性思维来把握的。它指出，只要通过修养，让心地干干净净，以"深思令观明现"即思辨的方法，就能把握真理的全体。法藏说："一切事法，依心而现，念既无碍，法亦随融，是故一念即见三世，一切事物显然。"（《华严经义海百门》，第2卷，第2册，第116页）意思是说，既然一切事物都是心体的显现，念和法即思维与存在是同一的，我看到了观念之间的无碍，也就认识了事物之间的融通，所以，"一念"中能明白见到过去、现在、未来一切事物。这同智𫖮讲的"一念三千"相似而又有所不同。法藏说"一切事法，依心而现"，以为"心"是事法之所"依持"，而智𫖮以为三千世间本来具备于一念心中，根本用不着讲"依持"。从认识论来说，华严宗讲"法界缘起"，主要诉诸理性的思辨；而天台宗的"一心三观"，则主要诉诸内省（反思）之所得。

华严宗从唯心主义的唯理论观点出发，把"有无"之辩作为"事"（相）和"理"（性）的关系来进行考察。它讲的"事"，并非是客观事物，而是"心"所表现的现象。它讲的"理"，也并非是客观规律，而是精神本体，是作为世界第一原理的虚无。法藏认为，"理"即"无"，"事"即"有"（"假有"）。"理事"关系就是"空"和"有"关系，"空"不绝"有"，"有"不碍"空"，就是"理事无碍"。"理"是绝对的精神本体，"事"是具体的种种现象，但"理"即在"事"中。因为真理是不可分割的，所以每一事，每一微尘都蕴含着全部真理。这就犹如水的湿性和波动的关系，水性全体表现为波，每一个波都是水的运动。

华严宗又讲"事事无碍"，认为现象与现象之间互相联系，整个世界就是现象普遍联系的"因陀罗网"。所谓"因陀罗网"，是天帝戴的结了珍珠的网帽子，网上每个珍珠都照见全部其他珍珠的影子，而影子中又照见影子，交相辉映，重重无尽。为了表现这个"事事无碍"的道理，法藏用十面镜子，安排在八方和上下，相去丈余，面面相对，中间放一尊佛像，点上大蜡烛照明，这样，每一镜子中都反映出无数镜子、无数佛像。

法藏在考察现象间普遍联系时，还提出了"一即多，多即一"和

"六相圆融"的论点。他认为，多是依赖于一而存在的，一也是依赖于多而存在的。比如房子，缺少一根椽子，整个房子就不成其为房子，而每一根椽子也依赖于其他椽子和柱子、砖瓦等。所以说，"一即多，多即一"。法藏也用房子和椽子的关系作比喻来说明"六相圆融"。"六相"就是指"总相"和"别相"、"同相"和"异相"、"成相"和"坏相"三对范畴。"总相"指事物的总体，"别相"指事物的各个组成部分。比如房子是"总相"，椽子、砖瓦是"别相"。椽子和砖瓦等共同组成房子这个整体，有同一性，这就是"同相"，但椽子、砖瓦等又有差异，这就是"异相"。许多的椽子、砖瓦等共同构成了一所房子，这就是"成相"，但各个部分作为各自结构来说，又没有成为房子，这就是"坏相"。现象界每一事物就是这"六相"的统一。华严宗对现象的普遍联系以及一和多、整体和部分、同和异、生成和毁坏这些范畴作了比较认真的考察，显然突破了形式逻辑的"整体是部分的总和"的观点，揭示了辩证法的因素。但这些考察是纯思辨的产物，缺乏科学的论证和检验，只是主观的辩证法。

第三节　禅宗：佛学儒学化的完成

禅宗分为南宗和北宗两大派，这里讲的禅宗主要指南宗。南宗把佛教的理论和儒家的学说相结合，标志着佛学儒学化的完成。这也使得禅宗成为在中国最盛行的佛教宗派。

创立禅宗南宗的，是和法藏同时的慧能。慧能（638—713年），俗姓卢，生于岭南新州（今广东新兴东）。幼年丧父，家境贫困，靠卖柴养母。他本与神秀同为禅宗五祖弘忍的大弟子，因对佛教教义的不同理解，遂分为南北两宗。弘忍十分赏识慧能，传衣钵于他。他的言论在其身后被编为《六祖大师法宝坛经》。

自唐代天宝年间的"安史之乱"后，战乱频频，门阀士族趋于衰败，原来同门阀士族关系比较密切的佛教宗派也随之衰落。禅宗的特点是比较平民化。原来流行的佛教宗派认为要成佛就必须累世修行，布施财物、研究佛教理论等，而这些只有门阀士族才能做到。禅宗抛弃了这一套，认为只要"顿悟"，人人可以成佛，这种简易直捷的成佛途径，反映了庶族地主的要求，对广大民众也有较大的吸引力。因此，禅宗得到了广泛的迅速的流行。

禅宗得到流行的另一个重要原因，在于它把佛学和儒学统一起来，认为俗世和天国、凡夫和佛是统一的。在禅宗看来，佛法就在世间，没有必要到世间之外去求佛法。世间就是出世间，凡夫即佛，两者的差别只在于一念之间。慧能说，"佛法在世间，不离世间觉"，"前念迷即凡夫，后念悟即佛"（《般若品》，第36页）。一旦觉悟了自己是佛，西天佛国就在眼前。传统佛教主张累世修行，念佛坐禅，才能上西天佛国。禅宗否定了这种说法，认为佛是一个"寻常无事人"，和凡人一样穿衣吃饭，屙屎拉尿，但他觉悟了，就自由自在无烦恼了。这就将高踞于天国的佛教和盘踞于大地的儒学携起手来了。

禅宗在政治上的作用和其他宗派一样，是要人们安于现状，不必对现实世界中的不合理的事提出抗议。不过，从哲学上说，它的意义在于反对了烦琐哲学，摆脱了佛教种种名相的束缚，强调了解脱要依靠自力，着重考察了意识主体的能动性。

一、"自心是佛"与"顿悟成佛"

禅宗在理论上不同于各宗派的，是它提出了"自心是佛"与"顿悟成佛"的观点。在"心物"关系上，佛教各宗派都主张"心外无物"，一切法都是"心法"。所不同的是，它们各自夸大"心"的某个侧面。天台宗的"止观""三谛圆融""一念三千"，是用内省法；法相宗的"万法唯识"，是用感觉经验解释一切；华严宗的"法界缘起"，是以理性思维为唯一实在。禅宗南宗则用自我意识吞没一切，它标榜"自心是佛"，以为自己的灵明鉴觉就是佛性；并强调意识的整体性，把认识过程中确实存在的突变加以绝对化，以为对"自心是佛""本性是佛"的觉悟是顿然间实现的，所以说"顿悟成佛"。

关于"心性"关系，慧能把"心"比作一块土地，而佛性则是这块土地上的统治者。也就是说，佛性是人的精神的本质和身心的主宰。那么，什么是佛性呢？禅宗认为，自己心中的灵明，听法者的清净意识，就是佛性。所以，人人都具有成佛的本性，人性就是佛性。既然人性就是佛性，为什么又有佛和众生的区别呢？慧能说："自性若悟，众生是佛，自性若迷，佛是众生。"（《付嘱品》，第95页）[1]所谓"迷"和"悟"，是就对自己心中固有的佛性是否唤醒而言的。慧能以为，只要人们唤醒了自己心中的佛性，就立即进入了"佛国""净土"。

慧能不仅说人心具有佛性，是成佛的基础，而且认为人心也就是客观世界的基础。据说慧能到广州法性寺时，看到两个和尚在争论"风吹幡动"的问题。一个和尚说是风动，另一个和尚说是幡动，两人争论不休。慧能说，不是风动，也不是幡动，而是"仁者心动"（《行由品》，第18页）。慧能认为，风吹幡动等一切事物都是假象，如果以为这些假象是实在，那就是"迷"。只有破除了这些假象，才能显出"心"的本来面目。在他看来，破除一切假象、认识万法尽在自心，这同觉悟到自性是佛是一回事。禅宗强调，"迷"和"悟"是同一个心的两种境界。由"迷"到"悟"，还是这个心，不过一旦觉悟，虽然还同以前一样行住坐卧、应机接物等等，但这时便"立处即真""触类是道"了。

慧能以为，由"迷"而"悟"，是一下子实现的，是"忽然悟解心开"，即所谓"顿悟"。通常说的禅宗南北之争就是"顿""渐"之争。相传五祖弘忍选择继承人时，叫门人各写一首偈来阐明佛理。神秀作的偈是："身是菩提树，心如明镜台，时时勤拂拭，勿使惹尘埃。"神秀强调要用"勤拂拭"的渐修工夫。慧能以为此偈"未见本性"，于是他自作一首，"菩提本无树，明镜亦非台，本来无一物，何处惹尘埃"。在慧能看来，像神秀那样"时时勤拂拭"，还不识"本来无一物"的道理。他认为自性本自清净，本一切具备，一旦彻悟，便能"从自心中顿见真如本性"。

这种"顿悟"说无疑是神学的说教。不过，其在哲学上还是有值得注意的地方：首先，它强调了主观能动作用，以为觉悟是自悟、自觉，要依靠自力，不能依赖他力。如果不把读经、坐禅等看作只是一些唤醒自觉的条件，那么这些反而会成为精神的束缚。其次，悟是顿然的，一刹那间实现的，是认识过程中的突变、飞跃。再次，顿悟就是返观

---

[1] 李申、方广锠：《敦煌坛经合校简注》（山西古籍出版社，1999年）中为"迷即佛众生，悟即众生佛"，见该书第64页。

自己，一下使全体圣心明白起来。通常所谓"悟"，就是顿然间把握全体，获得全面性的认识而有豁然贯通之感。这就可以说明，禅宗的"顿悟"说看到了认识过程中，人的主观能动性特别表现在通过人的认识的飞跃而把握全面性的知识和具有融会贯通的意识。但是，禅宗夸大了这一点，使其"顿悟"成了神秘的直觉。

二、用相对主义的"对法"反对烦琐哲学

在"有无（相性）"之辩上，禅宗讲"本来无一物"，无疑是以虚静为世界的第一原理。所以，慧能主张"无念""无相"。但所谓"无念"，不是什么也不想，而是说无妄念，保持本心清静。所谓"无相"，也不是消除一切色相，而是说色即是空。既然"无念""无相"，真如本性非概念所能把握，也就意味着非语言文字所能表达。所以禅宗主张"不立文字，直指本心"。

如果不立文字，那就无法向人们进行说教，而且如慧能自己所说："直道不立文字，即此不立两字，亦是文字。"（《付嘱品》，第96页）[1]那么究竟应如何来表达"佛法"呢？慧能在临死前嘱咐十大弟子，向人说法要"出语尽双，皆取对法"（《付嘱品》，第95页）。[2]他举了三十六对，例如明与暗对："设有人问，何名为暗？答云：明是因，暗是缘。明没即暗。以明显暗，以暗显明，来去相因，成中道义。"（《付嘱品》，第97页）[3]这里所谓"明"，是用明白的语言直指本心，所以说是"因"；所谓"暗"，是用暗示的语言给人启发，所以说是"缘"。就是说，用语言来揭示禅宗的道理，应当明中有暗，暗中有明，这样便能合乎所谓"中道"。

这样的"对法"是相对主义的诡辩，但有其积极的一面。禅宗的著名高僧马祖道一（709—788年）在说了"即心即佛"之后，接着说"非心非佛"，就是用了这种对法。但他标榜"非佛"，对佛教起了破坏作用。

---

1 李申、方广锠：《敦煌坛经合校简注》无此句。
2 李申、方广锠：《敦煌坛经合校简注》为："出语尽双，皆取法对。"见该书第58页。
3 李申、方广锠：《敦煌坛经合校简注》为："暗不自暗，以明故暗。暗不自暗，以明变暗。以暗显明，来去相因。"见该书第60页。

禅宗的临济宗义玄（?—867年）的言辞就更为激烈了。他在强调"即心即佛"的同时，又说："你欲得如法见解，但莫受人惑，向里向外逢着便杀，逢佛杀佛，逢祖杀祖，逢罗汉杀罗汉。"（《古尊宿语录》卷四，中华书局，1994年，第65页）[1]这样的"呵佛骂祖"，动摇了佛教的旧有的权威。在唐代佛教中，法相、天台、华严各宗的教义都已烦琐之极，禅宗反对了烦琐的教条，具有革新传统教义的作用。不过，它用相对主义反对独断论和烦琐哲学，不可能是对佛教学说的真正的批判。它破坏了对旧的权威的信仰，正是为了挽救佛教的危机，恢复佛教的权威。

三、"传法"的方式与世界观教育

禅宗之所以特别盛行，同禅师们注意"法嗣"的培养教育有很大关系。所谓"传法"，关键在于传授世界观。禅宗认真地对待这个问题，在世界观教育和理想人格培养上提供了理论思维教训。

慧能之后的禅宗，数马祖这一派最为兴盛，其门下弟子数以百计。这个和尚是如何教育学生的呢？从大珠慧海初次参见马祖的对话中可见一斑。"祖曰：'来此拟须何事？'曰：'来求佛法。'祖曰：'自家宝藏不顾，抛家散走作什么？'师遂礼拜问曰：'阿那个是慧海自家宝藏？'祖曰：'即今问我者，是汝宝藏。一切俱足，更无欠少。使用自在，何假向外求觅？'"（《景德传灯录》卷六，上海书店出版社，2010年，第384—385页）马祖向学生指出：你这个发问的意识主体，即自我意识，本来具有一切宝藏；灵明鉴觉是你固有的，这点灵明就是佛性。他由此激发学生的自信心，鼓励学生发挥主观能动性。

后来，临济宗义玄特别强调自信、自主。他说："如今学者不得，病在甚处？病在不自信处。你若欲得如法，直须是大丈夫儿始得……随处作主，立处皆真。"（《古尊宿语录》卷四，第62页）在义玄看来，一个人要成为自由人，首先就要树立自信心，认识到自性具足一切，与祖佛没有根本的不同，于是相信自己是大丈夫，能靠自力来求解脱，这就是有了觉悟。

---

[1] 以下出自《古尊宿语录》（萧萐父等点校）的引文，只注书名、卷数和页码。

一般地说，世界观的教育和理想人格的培养，要将自愿原则和自觉原则的贯彻相结合。这一点，先秦儒家有成功的经验，并作了理论的探讨。但自汉代儒术独尊以后，纲常名教借"天命"的名义要人们自觉遵守，自愿原则被抛弃了。这是不利于真实性格培养的。嵇康有鉴于此，向宿命论挑战，提出了"越名任心"的口号，他把自愿原则同自然原则相结合，却忽视了自觉原则。魏晋玄学的主流，依然是宿命论占据支配地位。只有到了唐代，禅宗的大师们复活了孟子的传统，才又重视自觉原则与自愿原则相结合。华严宗的宗密把马祖一派的主张概括为"触类是道而任心"（《圆觉经大疏钞》卷三下）；认识"触类是道"，领悟到一切所作所为皆佛性全体的作用，便具有高度自觉；而"任心"就是一切皆出于自愿和自然。禅宗不讲宿命论，一个"触类是道而任心"的领域，一种"随缘消旧业，任运著衣裳"的生活态度，使人得到一种优游自得，似乎超脱了命运的束缚的幻觉。这就是为什么中国许多士大夫在政治上不得志时总是"逃禅"以求安慰的缘故。同时，"触类是道""随处作主"，一举一动、一草一木都体现"道"，也就是"自性"形象化了，成为直观对象。于是禅意成了诗境、画境，而把握这种意境则在于妙悟。这也就是为什么后来许多人喜欢以禅说诗、以禅论画的道理。

但是，禅宗的最终目的，是要把人培养成为自觉自愿地接受现状、随遇而安的僧侣、顺民。禅宗讲"任运"，是把偶然性夸大为必然性，把人的一举一动都说成是佛性的圆满体现。这就要人安于现状。禅宗讲"顿悟"，宣称一旦顿悟，就可以把苦难变为安乐，就能成佛。这对于生活于苦难中的广大人民是一种精神麻痹。

禅宗的"自心是佛""顿悟成佛"，有见于意识主体的能动作用，但它把主观能动性夸大了，成了主观唯心主义。这和孟子的哲学颇为相似。所以柳宗元说，慧能是"其教人始以性善，终以性善，不假耘锄，本其静矣"（《曹溪第六祖赐谥大鉴禅师碑》，《柳河东集》上册，上海古籍出版社，2008年，第92页）。但是"不假耘锄"便容易流于空疏。因而后来的许多禅师就成了"狂禅"。这一流弊遭到以后很多思想家的批判。

第四节 李筌道教"盗机"说的唯意志论

在隋唐五代,道教很兴盛,但其势力不如佛教。这个时期著名的道教学者有成玄英、王玄览、司马承祯、李筌、谭峭等人。从哲学理论的发展来说,李筌提出的"盗机"说尤为值得注意。

李筌在新旧《唐书》中均无传,约为唐玄宗时的人。号达观子,陇西(今甘肃境内)人。曾隐居于嵩山,后来出山做官,官至刺史。他好神仙之道,也注意研究兵法。他为道教的《阴符经》作了注疏,还注过《孙子》,并写了一部关于兵法的书,即《神机制敌太白阴经》,又名《太白阴经》。

在"有无(动静)"之辩上,李筌继承了道家"有生于无"的传统观点。他说,日月阴阳、天地万物以至人类,"皆从至道虚静中来"(《阴符经疏》,中华书局,1991年,第9页)。[1]可见,他把"至道虚静"作为世界第一原理。他依据传统的阴阳五行说的宇宙论,对宇宙生成是这样描述的:从无生有,产生阴阳;阴气下沉为地,阳气上升为天;阴阳生五子叫"五行",阴阳加"五行"即为"七气";"七气"又生万物。

李筌哲学思想的特点是有见于人和天、心和物的矛盾,强调了人能制服自然。他指出:动植物俱禀阴阳五行之气而生长,因而万物的生成,可以说是对阴阳之气的'窃盗';人也能"盗"天地阴阳五行之气,来滋养自己,如种田、养蚕等,都是人夺取七气所成之物,作为人的生活物资;反过来,万物也盗窃人,造成种种祸患,如天灾、疾病等等。由此,李筌强调天地、万物和人类之间存在着矛盾斗争而"更相为盗"(《阴符经疏》,第11页),这是"自然之理",即自然规律。李筌将这种盗窃,叫作"盗机"。他说:"何名为盗机?缘己之先无,知彼之先有,暗设计谋而动其机数,不知不觉窃盗将来,以润其己,名曰盗机。"(《阴符经疏》,第10页)比如,人类自己本来没有衣服,但人知道动物的毛皮可缝制成衣服,于是暗中设计谋,准备条件,使

---

[1] 以下出自《阴符经疏》的引文,只注书名和页码。

客观规律提供的现实可能性（机数）活动起来，如养羊取得毛皮，并进行裁剪，制成衣服，使可能性变成现实性，以满足人的需要。

李筌认为，"盗"是"须有道"的，"惬其宜则吉，乖其理则凶"（《阴符经疏》，第8页），即人按规律盗窃才能吉利，否则就要遭殃。因此，要"盗"，必须"察理"，只有"知其深理"，才能"合其机宜"，使事物提供的可能性转变为适合人的需要的现实事物。人之所以能做到这一点，是因为人有"心"。他说："人与禽兽草木，俱禀阴阳而生。人之最灵，位处中宫，心怀智度，能反照自性，穷达本始，明会阴阳五行之气，则而用之。"（《阴符经疏》，第7页）就是说，人和草木动物都是禀阴阳五行之气而生的，但人具有灵明之心，能"反照"自己的本性，穷究万物的本始，这样也就认识了阴阳五行的法则，可以按法则行动。于是，人就成了神仙。

李筌的"盗机"理论有一定的合理因素。例如，他看到了自然界事物是彼此矛盾斗争的；看到了要征服自然界，就必须发挥人的主观能动性，设计谋划，使有利于人的可能性变为现实性；认为人定胜天，如仓廪里的谷物在春天不发芽，被覆盖的草在秋天不遭霜打，可见人谋可以胜过自然界的阴阳寒暑。但是，李筌把人的主观能动性夸大了，就导致唯心主义与宗教迷信。他根据"盗机"的理论，以为通过设计修炼，把阴阳五行中最深妙的气盗窃来，以滋养其性，人就可以成仙，长生不死。这就成了神学的呓语。

李筌和禅宗一样，都是从夸大主观能动性而导致唯心主义的。禅宗有见于精神在获得全面性的认识时具有豁然贯通的意识飞跃，但夸大了这一点，于是便导致"顿悟成佛"说。李筌则有见于精神能根据认识来制定行动的计划，通过行动来改变自然，使之适应人的需要。他夸大了这一点，于是便导致一种具有唯意志论倾向的神学理论。他说："心能之士有所图，必合天道。此则宇宙虽广，观览只在手中；万物虽众，生杀不出于术内。"（《阴符经疏》，第3页）认为"心能"者的每个意图必定合乎天道，因而他法术无边，宇宙万物在他手掌中，如有所图则必定成功。

李筌这种具有唯意志论倾向的"盗机"理论，运用于社会历史领域，强调治国用兵均归之于人谋，而人谋无非是名法和权术。因此，他注重暴力和权术。他说:"能移人之性,变人之心者,在刑赏之间。"(《神机制敌太白阴经·人无勇怯》,中华书局,1985年,第6页)[1]认为刑法能使人性变移。他还说,"夫道贵制人,不贵制于人",因而要把握"制人之术"(《数有探心》,第20页)。可见,李筌在这里讲的人谋,就是封建专制统治的暴力和权力。在他看来,凭借这暴力和权力,就可以使任何人听从摆布。这说明了他的"盗机"理论在政治上的消极作用。

第五节 柳宗元、刘禹锡:"天人不相预"与"天人交相胜"
——对"力命"之争的唯物主义的总结

在唐代的宗教唯心主义盛行之际,也出现了柳宗元、刘禹锡两位唯物主义哲学家。他们继承和发展了传统的气一元论和荀子的"明于天人之分"的思想,提出了"天人不相预"和"天人交相胜"的观点。

柳宗元(773—819年),字子厚,河东解县(今山西运城解州镇)人,曾中进士。著作被编为《柳河东集》。刘禹锡(772—842年),字梦得,洛阳(今属河南)人,也中过进士。著作被编为《刘宾客集》。柳宗元和刘禹锡是亲密的朋友,哲学观点也基本一致。两人都是"永贞革新"骨干,主张抑制兼并,反对藩镇割据和宦官,以维护唐王朝的中央集权。"永贞革新"失败后,他们都经受了长期的贬谪生活,对人民的疾苦有比较深切的了解。他们在一些文学作品中,表现了下层百姓的不幸遭遇。柳宗元还是唐代古文运动的倡导者之一。

在哲学思想上,他们对儒、道、释各家采取分析批判的态度。和同时代的以儒排佛的韩愈不同,他们主张以儒为主,对佛、老和诸子百家采取兼收并蓄的宽容态度。柳宗元认为,佛、老、诸子并非和儒学水火不相容,对于这些与儒学相异的学说,应当"咸伸其所长,而黜其奇邪,要之与孔子同道"(《送元十八山人南游序》,《柳河东集》

---

[1] 以下出自《神机制敌太白阴经》的引文,只注篇名和页码。

上册，上海古籍出版社，2008年，第419页）。[1] 同时，柳宗元也不迷信儒学经典。如他的《非国语》批评了《国语》的许多"诬淫"之说；他在《六逆论》中批评了盲从儒家教条的"拘儒"。这种分析批判的精神是有时代意义的。唐代哲学的演变是儒、道、释相互作用而趋于合流的过程。佛学儒学化和李筌折中儒道都是这个过程的表现。然而，哲学在佛教、道教学者那里，总是受着宗教即出世间形式的束缚。随着科学和文艺的发展，哲学要求挣脱这种束缚，使儒、道、释在理论上的融合取得非宗教即世俗的形式。要实现这个要求有两种选择：一是像韩愈、李翱那样在维护儒术独尊传统的前提下吸取佛、老的成分，使儒学取得理学唯心主义的形式；二是像柳宗元、刘禹锡那样，对儒、道、释都采取实事求是的分析批判的态度，使哲学重新取得唯物主义的形式。

一、以气一元论回答"有无（动静）"之辩

在天道观上，柳、刘主要是试图以气一元论来回答"有无（动静）"之辩。

柳宗元说："本始之茫，诞者传焉。鸿灵幽纷，曷可言焉？瞢黑晰眇，往来屯屯。庬昧革化，惟元气存，而何为焉。"（《天对》，上册，第228页）认为关于天地开始以前的茫无根据的说法，是荒诞的人传下来的。那些巨神开天辟地的说法，混乱不清，有什么可说呢？明暗、昼夜的交替，万物从蒙昧状态中变化出来，都是元气的自然变化，哪里有谁造作呢？这里，他明确地否定世界有一个"有生于无"的开始，而是肯定世界统一于元气，天地万物出于元气的自己运动。

肯定世界统一于元气，显然是主张"崇有"论，反对"贵无"说。刘禹锡提出了关于"空"或"无"的看法。他说："空者，形之希微者也。为体也不妨乎物，而为用也恒资乎有，必依于物而后形焉。"（《天论》中，《刘禹锡集》上册，中华书局，1990年，第71页）[2] 这是说，"空"即空间，这个空间中存在着希微的物质，但用肉眼是看不见的；

---

[1] 以下出自《柳河东集》的引文，只注篇名、册数和页码。

[2] 以下出自《刘禹锡集》（《刘禹锡集》整理组点校）的引文，只注册数、篇名和页码。

空间的存在并不妨碍物体，它的作用总是通过有形的物体表现出来。如造房子，就有高、厚的空间包含在里面。同时，刘禹锡还指出："古所谓无形，盖无常形尔，必因物而后见尔。"（《天论》中，上册，第71页）所谓的"无"或"空"，是没有固定的形态，并非一无所有，世界上没有不依赖于物质的"无形"。柳宗元对刘禹锡的这一论证深表赞同："所谓无形为无常形者甚善。"（《答刘禹锡天论书》，下册，第504页）以后，宋代张载的"虚空即气"即渊源于刘禹锡。

柳、刘认为天地万物是出于元气的自己运动，也就是主张"莫为"说，反对"或使"说。柳宗元说："夫雷霆雪霜者，特一气耳，非有心于物者也。"（《断刑论》下，上册，第58页）认为自然现象是元气的变化，不是有意识的活动。所以，柳宗元对于那种以为天能"赏功而罚祸"的说法斥为"大谬"（《天说》，上册，第286页）。

柳、刘探讨了自然界运动变化的原因。柳宗元在回答战国时屈原在《天问》中提出的"阴阳三合，何本何化"这个问题时说，"阴""阳""天"三者，统一于元气，元气自然，因而被称之为"天"，它缓慢地运动就造成炎热，迅速地吹动则造成寒冷，寒暑交错，阳阴两气相互作用，就形成万物的变化。柳宗元在这里表达了物质本身的矛盾是运动源泉的思想。刘禹锡则进一步提出了辩证法的"矛盾"概念。他说："祸福之胚胎也，其动甚微；倚伏之矛盾也，其理甚明。"（《因论·儆舟》，上册，第81页）在中国哲学史上，把"矛盾"作为形式逻辑概念提出来的是韩非。在此之前，《老子》早就有祸福互为倚伏的思想，但未用"矛盾"一词。刘禹锡在这里第一次从辩证法意义上使用"矛盾"一词。他所谓的"矛盾"就是指事物包含有自己的对立面，例如鸡蛋包含有否定自己的"胚胎"，胚胎就是现实的可能性，胚胎的合乎规律的运动促成事物向反面转化，所以，"矛盾"是运动的源泉。可见，柳、刘对物质运动源泉的探讨，比之王充提出的"气自变"的理论以及郭象、范缜主张的"独化"说（以实体本身为运动的原因），又前进了一步。

二、对魏晋以来的"力命"之争的批判总结

柳宗元和刘禹锡又将"天人"关系的问题突出地提了出来。他们对"天人"之辩中的"力命"之争作了批判总结，在更高阶段上向荀子的"明于天人之分"的论点复归。

柳宗元很重视人力的作用，说："变祸为福，易曲成直，宁关天命？在我人力。"（《愈膏肓疾赋》，上册，第41页）但是，他更多的是强调"天人不相预"。他说："生植与灾荒，皆天也；法制与悖乱，皆人也。二之而已，其事各行不相预。"（《答刘禹锡天论书》，下册，第503页）唐代帝王自武则天以后，大讲"祥瑞""符命"等，柳宗元强调"天人不相预"，正是为了反对这种"君权神授"说和天人感应论。

刘禹锡认为，柳宗元的《天说》并没有把"天人之际"论述详尽，因而就写了《天论》以求更深入地来论述天人关系。他指出，历来讲天人关系的有两种观点：一是以为天能赏功罚祸；一是以为天道自然无为。刘禹锡认为两种观点都有片面性，由此他提出了"天人交相胜"的论点。他说："天之所能者，生万物也。人之所能者，治万物也"，"天之能，人固不能也；人之能，天亦有所不能也。故余曰：天与人交相胜耳"（《天论》上，上册，第67—68页）。就是说，天的职能在于生长、繁育万物，而人的职能则在于治理万物；阴阳对立的力量互相斗争，互为消长，是自然的作用，而组成社会，建立法制以区分是非，则是人的作用；自然的作用和人的作用是互相不能替代的。什么是"天胜人"和"人胜天"呢？刘禹锡解释道："天非务胜乎人者也。何哉？人不宰则归乎天也。人诚务胜乎天者也。何哉？天无私，故人可务乎胜也。"（《天论》中，上册，第70页）认为天不是有意识地要胜过人，当人不能支配自然时，自然力量就自发地起作用；人确实是力求胜过天的，因为自然界并无私意，所以人可以有意识地利用规律来战胜自然。

柳宗元、刘禹锡关于"天人不相预"和"天人交相胜"的思想，仿佛是向荀子的"明于天人之分"复归。应当说，柳、刘的基本思想并没有越出荀子的"明于天人之分"的思想，但在唐代的历史条件下，他们的思想是有重要意义的。自汉以来，唯心主义的天命论长期占支配地位，到魏晋，"力命"之争作为"天人"之辩的一个侧面而突出了，在唐代，又出现了像禅宗、李筌那样的重视人的主观能动作用，并将其夸大从而导致主观唯心主义的哲学思想。韩愈也强调主观能动性，但又把"天命"抬了出来,用它作为"道统"说的根据。柳、刘在这种情况下,向荀子的"明于天人之分"的思想复归,以唯物主义的观点对"力命"之争作了批判总结,无疑是推动了哲学的发展。

柳、刘对"力命"之争的批判总结,还表现在他们比前人更深入地分析了宗教迷信的根源。柳宗元说:"力足者取乎人,力不足者取乎神。所谓足,足乎道之谓也。"(《非国语·神降于莘》,下册,第750页)认为鬼神迷信是人力不足的表现,如果人掌握了"道"(规律和规范),使人力足以支配自然,那么人就不会有宗教迷信了。

刘禹锡在《天论》中更详细地分析了宗教天命论的认识论原因和社会原因。他提出了"理昧而言天"的论点,认为人们迷信天和鬼神,是因为"理昧"即没有掌握自然规律的缘故。他以操舟为例:船在小河里划行,由于船的快、慢、行、止人都能掌握,因而即使搁浅或翻船,人们也知道其原因,在这样的情况下,"舟中之人未尝有言天者,何哉?理明故也"。反之,当船在波涛汹涌、狂风遮日的大海上航行时,由于船的快、慢、行、止不能由人来支配,于是,"舟中之人未尝有不言天者,何哉?理昧故也"。这是从认识论根源来分析宗教天命的起源。刘禹锡也注意到宗教迷信的社会原因。他认为人建立了社会制度和订立了法律规范,使得人能胜天。但法的实行有三种情况:"法大行""法大弛"和"法小弛"。第一种情况,是坚持法制,这时"人道明",因而人们就不会把赏罚、福祸归之于天;第二种情况,是社会混乱,这时"人道昧",是非赏罚都颠倒,人们就会把祸福归之于天;第三种情况,是是非混乱,为善者不一定得赏,为恶者不一定受罚,这时人们对"天人"关系问题的看法也混乱。刘禹锡指出宗教迷信与人能否掌握自然规律以及所处的社会政治状况有关,这是可贵的见解。

刘禹锡在批判宗教天命论时,是从人的主观能动性和客观规律性的关系来分析的。他认为"人力胜天"在于"明理",而"明理"在于认识"势"中之"数"。他考察了"数"与"势"的范畴,说:"夫物之合并,必有数存乎其间焉。数存,然后势形乎其间焉。"(《天论》中,上册,第70页)在他看来,事物互相结合(如水与舟相结合),就一定存在着"数",即事物必然的规律性的联系;"数存而势生"(《天论》中,上册,第70页),规律是在事物发展趋势中表现出来的。

一切运动变化都是"当其数,乘其势"(《天论》中,上册,第70页),都是合乎必然规律地表现为现实的趋势。"数"寓于"势",要认识"势"中之"数",要靠人"以智而视"即用理智去把握。所以,他又说:"倮虫之长,为智最大。能执人理,与天争胜。用天之利,立人之纪。"(《天论》下,上册,第72页)就是说,人类是裸虫之长,具有最高的智力,能用"人理"与天争胜,按照自然规律来利用自然资源,并建立人类社会的法纪。刘禹锡认为,这些就是人的能动作用。

三、柳宗元重"势"的历史观

柳宗元运用"势"的范畴说明历史的演变,明确地指出人类历史有其客观必然的"势",并用"势"来解释历史事件。

柳宗元继承了荀子"治乱非天也"的思想,力求从社会本身来说明国家制度的起源。他认为,随着人群规模的扩大,群与群之间对物质生活资料的争执也越来越大,为了调停这些争执,就产生了诸侯、方伯,以至天子,形成了国家制度。

柳宗元进一步总结了自秦汉以来关于郡县制与分封制的争论,认为分封制的产生、发展以至衰亡而为郡县制所取代的历史过程,是"非圣人之意也,势也"(《封建论》,上册,第43页)。他说:"彼封建者,更古圣王尧舜禹汤文武而莫能去之。盖非不欲去之也,势不可也。"认为在最初形成国家时实行分封制,是由当时人类社会的客观形势造成的,而后来经唐虞三代都未能废除它,也是由于形势所不允许。柳宗元接着又指出,到了东周,分封制的种种弊端就暴露了,于是,秦始皇统一了中国,用郡县制代替分封制,实行中央集权,这也是适应了形势的发展。柳宗元用"势"的观点来解释国家的起源和社会政治制度的演变,这就否定了过去唯心主义者的各种天命史观,如邹衍的"五德终始"说、董仲舒的"三统"说等,也超过了过去唯物主义者如韩非、王充等试图用人口、天时等条件来解释社会治乱的理论。正是运用了这种重"势"的历史观,使得郡县制取代分封制的历史事实,从必然性的高度得到了阐明,于是关于"封建"问题的长期争论得到了批判的总结。正如苏轼所说:"宗元之论出,而诸子之

论废矣。虽圣人复起，不能易也。"（《东坡志林》卷五，中华书局，1997年，第104页）

柳宗元重"势"的历史观，还看到了历史发展的客观趋势与参加历史活动的个别人物的主观动机之间的矛盾。他说："夫殷、周之不革者，是不得已也。"殷、周之君实行分封的主观动机，是要诸侯为自己效力并保卫王室的子孙后代，"私其力于己也，私其卫于子孙也"。然而结果却走向了反面，诸侯强盛而尾大不掉。秦始皇变分封为郡县，主观动机也是为他一家一姓的私利，"其情私也"，是想要树立个人的权威和使所有的臣民服从，然而在客观上却反映了历史发展的必然趋势，所以，"其为制，公之大者也"（《封建论》，上册，第48页）。柳宗元在这里指出了人们的主观动机后面隐蔽着客观的必然趋势，这就触及了偶然与必然的矛盾问题。可以说，柳宗元已认识到：在人们的主观动机（"圣人之意"、秦皇的"私情"等）背后有一种必然的力量（"势"）在起作用；个人的主观动机是偶然的东西，虽然指导着行动，但对人们活动的总的结果只有从属的意义；因而表面上是偶然性占统治地位，实际上这种偶然性受着必然性的支配。柳宗元的这种认识，确实是超越王充、王弼、郭象等前人的。

当然，柳宗元重"势"的历史观还不能说是科学的。因为如果进一步问：历史的"势"是由什么决定的？他说帝王"受命于生人之意"（《贞符》，上册，第18页），即认为"势"是由生民之意决定的。这依然是唯心史观。但他的历史观不能不说是其在哲学上的重要贡献。

四、柳宗元的"成人"说

柳宗元在其论著中曾使用"成人"一词，他基本上复活了先秦儒家关于"成人"即培养理想人格的学说。

在柳宗元看来，"成人"的首要一点，是"志于道"。他说自己"学圣人之道，身虽穷，志求之不已"（《报崔黯秀才论为文书》，下册，第551页）。而学了孔子之道，又必须力行，同时也要运用文艺的手段熏陶自己，依靠师友帮助自己克服缺点等。这样既"敏以求之"，又"为之不厌"，经过持久的努力，就能不逾矩而"纵心"，达到"安乐"

的境界。柳宗元和孟子一样,也主张性善说,强调圣人与我"同类"(《与杨诲之第二书》,下册,第527页)。不过,他和孟子又有所不同。孟子称仁义忠信谓"天爵",即以为仁义道德是天赋的人性。柳宗元认为,自然界赋予人的是"刚健之气"和"纯粹之气";"刚健之气,钟于人也为志","纯粹之气,注于人也为明",刚健之气和纯粹之气表现为人的意志和理智这两种能力;用理智力"敏以求之",靠意志力"为之不厌",就能不断提高道德水平。所以他说:"善言天爵者,不必在道德忠信,明与志而已矣。"(《天爵论》,上册,第50页)

可见,柳宗元的"成人"学说,强调理智与意志的相互作用。在这之前的嵇康说:"明胆殊用,不能相生。"(《明胆论》,第249页)把理智与意志(胆量)割裂开来。柳宗元对此弊端有所纠正。他说,一个人凭意志力而孜孜好学,乐善不倦,但若"明之不至",也要迷失道路而使意志遭受挫折;一个人凭理智力而明察事物,鉴照无隐,但若"志之不至",也会失去操守而使理智流于放荡;所以一定要"明以鉴之,志以取之",两者相互促进,才能使道德之本即刚健和纯粹之气发展为仁义礼智信之质,造就理想人格即圣贤。柳宗元强调"明"与"志"的相结合,包含着理智与意志相统一、自觉原则与自愿原则相统一的思想,这是由禅宗的实践而被唤醒的先秦儒家的优秀传统。柳宗元可能正是由此看到了"浮图诚有不可斥者,往往与《易》《论语》合"(《送僧浩初序》,下册,第425页)。但是,可能也正是为此,柳宗元和佛教唯心主义划不清界限。他和刘禹锡在政治改革失败后,都从佛教中寻求精神寄托。这就妨碍了他们对隋唐佛教各宗派关于意识活动和认识过程的多方面考察给予批判总结。

第七章　理学盛行和对理学的批判

到宋代，随着中国封建社会进入后期，儒学主要以理学的形式得到复兴，并又取得了独尊的地位。理学家不把自己看作汉儒的继承者，他们认为，"孟轲死，圣人之学不传"（程颐：《明道先生墓表》，《二程集》上册，中华书局，2004年，第640页）[1]。现在才由他们来直接接续孔孟道统。理学家把儒学以外的学说都看作"异端""邪说"，实际上他们却吸取了佛教和道教的思想。例如邵雍的《先天图》和周敦颐的《太极图》都渊源于道教，可以上溯到宋初道士陈抟；[2] 二程、张载都"出入于老释"甚久，然后才"返而求之六经"。不过，理学家摈弃佛、道"出世间"的宗教形式，坚持纲常名教，认为只有在伦理关系中才能培养理想人格。这表现了儒家的一贯立场。站在儒家的立场上吸取佛、道的思想资料来建立理论体系，是理学的基本风貌。

理学兴起的社会历史背景有两方面：一方面是为了在思想上对抗中国封建社会后期以"均贫富"为要求的农民起义；一方面是为了抵制地主阶级内部的改革要求。正是针对着这两个方面，理学在政治、

---

[1] 以下出自《二程集》（王孝鱼点校）的引文，只注篇名、册数和页码。

[2] 据李申《易图考》（北京大学出版社，2001年）认为《先天图》和《太极图》源自陈抟的说法是不可靠的，应视作邵雍和周敦颐自己的创作（见该书第42、256页）。

伦理思想方面的口号是："存天理，灭人欲。"理学家视农民"均贫富"的要求是违背"天理"的"人欲"，万万不可容忍。他们又把地主阶级改革派的变法措施看作重"利"而轻"义"，"利"者即"人欲"，"义"者即"天理"，因而变法改革是不足取的。作为理学奠基者的邵雍、二程等都是如此来反对北宋的王安石变法。

理学是中国封建社会后期的官方哲学，占据了意识形态的统治地位。但是，这个时期仍然存在着不同学派的争论。在正统派理学开始形成时，就产生了与之相对立的王安石的"荆公新学"。以后，又有陈亮、叶适的"事功之学"与朱熹的争论，有罗钦顺、王廷相对王阳明的批判等。在理学内部，也有唯物主义（如张载）和唯心主义（如二程）的争论，有客观唯心主义（如朱熹）和主观唯心主义（如陆、王）的分歧。

这些不同的哲学学派争论的中心问题比以往有了新的发展。魏晋以来的"有无（动静）"之辩，经过长期争论，到这时由张载作了批判的总结，接着便发展为"理气（道器）"关系问题的争论。同时，佛学作了多方面考察的"心"与"物"（法）的关系问题，在宋代以后也越来越同"知行"之辩结合在一起，而且自宋人起，"格物致知"是思想家十分注重的问题。所以，"心物（知行）"之辩成了哲学论争的又一中心。同这两个哲学论争的中心相联系，"天人""名实"之辩也以不同形式继续着。例如人道观上的"性"（天性和德性）与"习"（习气和习行）的关系问题，逻辑学上的"象"（范畴）与"道"（宇宙发展法则）的关系问题，也都得到了比以前更为深入的考察。

这个时期的哲学论争中心演变为"理气（道器）"之辩和"心物（知行）"之辩，主要是同这个时期科学技术的发展相联系的。宋元时期，中国古代科学达到了发展的高峰，出现了沈括这样伟大的科学家。直到明代中叶以前，中国的科学仍处于世界的领先地位。随着科学的发展，逻辑思维要求人们更深入、更多方面地考察关于规律（"理"）的范畴。科学的进步也同理学家空谈心性、脱离实践的僧侣主义倾向相对立。科学的发展为这一时期的唯物主义思想提供了丰富的养料，也迫使唯心主义取得更为精致的形式。

第一节　周敦颐、邵雍和二程：正统派理学的奠基者

周敦颐是二程（程颢、程颐）的老师，邵雍是二程的好友，而正统派理学唯心主义的体系到二程基本建立。因此，我们把他们四人作为正统派理学的奠基者来进行论述。

周敦颐（1017—1073年），字茂叔，道州营道（今湖南道县）人。曾做过几任州县官吏。主要的哲学著作有《太极图说》《通书》（即《易通》）。

周敦颐把原来道教修炼内丹的"图"改造成为关于宇宙论的图，写成了一篇《太极图说》。他说："无极而太极。"无极在先，太极在后，这包含着"自无生有"的意思。接着他说："太极动而生阳。""静而生阴。"（《太极图说》，《周敦颐集》，中华书局，2009年，第4页）[1] 阴阳之气是从太极的动静产生的，阴阳分立而形成天地，阴阳变化、结合而产生五行，二气五行互相作用而化生万物，变化无穷。显然，《太极图说》的宇宙论是精神实体（"太极"）产生物质（"气"）的唯心主义理论。周敦颐在《太极图说》中还认为，具体的物或动或静，动静是互相排斥的，而作为宇宙本源的"太极"的作用是神妙的，是超乎动静的。这是形而上学的观点。

自魏晋以来，玄学和佛学中的"有无（动静）"之辩主要是本体论上的争论，汉朝人的宇宙形成论则主要由道教学者加以继承和发展。周敦颐和邵雍正是通过接受道教的影响，又提出宇宙形成论的问题。他们的观点是唯心主义的，但激发人们去探讨宇宙的起源、演变与结构方面的问题，却是有意义的。

宋明儒者都肯定圣人可学而至，如何通过"学"以达到圣人之道？周敦颐的答案是：圣学的最主要之点在于"无欲""主静"。他说："无欲则静虚、动直。"（《通书·圣学》，第31页）一个人如果能真正"无欲"，便心灵虚静，于是在认识上便自然明理通达，而在行动上便自然正直无私。这种"无欲则静"的"圣人"，有着浓厚的僧侣主义气味。

---

[1] 以下出自《周敦颐集》（陈克明点校）的引文，只注书名、篇名和页码。

邵雍（1011—1077年），字尧夫，祖上是河北范阳人，幼年随父迁到河南共城（今河南辉县）。屡次授官不赴。著作有《皇极经世》和《伊川击壤集》。

邵雍和周敦颐一样，着重讲宇宙形成论，不过周敦颐主五行说，邵雍则主八卦说。邵雍以"太极"为世界第一原理，但他说："心为太极。"（《皇极经世·观物外篇》，《邵雍集》，中华书局，2010年，第152页）[1]因而实际上也就是以"心"为世界第一原理。他认为，"太极"是"不动"的，但它表现为神妙的变化，于是"神生数，数生象，象生器"（《皇极经世·观物外篇》，第162页）。这一过程，说得更详细点，就是太极生两仪，两仪生四象，四象生八卦，"八卦相错，然后万物生焉"（《皇极经世·观物外篇》，第107页）。这个过程，也可以用"数"来描述："一分为二，二分为四，四分为八，八分为十六，十六分为三十二，三十二分为六十四……"（《皇极经世·观物外篇》，第107—108页）这样构造出来的"先天象数学"，其中包含有科学资料和一些有价值的猜测，如"先天图"中的八卦、六十四卦排列次序蕴含数学上二进位制思想的萌芽。但从总体上说，邵雍的"先天象数学"是一个主观虚构的体系。他说："先天之学，心法也，故图皆自中起，万化万事生乎心也。"（《皇极经世·观物外篇》，第159页）就是说，由"心"构造出来的图式、象数已先天地决定了宇宙万物。因此，邵雍认为，运用"数"来推算，就能无所不知，无所不能。这就成了神话式的幻想。

正统派理学的真正奠基人是程颢、程颐。程颢（1032—1085年），字伯淳，河南洛阳人。程颐（1033—1107年），字正叔，程颢之弟。他们两人长期在洛阳讲学，其学派被称为"洛学"。二程反对王安石的新法和"新学"。他们的言论和著作，后人编为《二程全书》。

二程以"天理"为世界第一原理。程颢说："吾学虽有所受，天理二字却是自家体贴出来。"（《外书》卷十二，上册，第424页）二程曾受教于周敦颐，但以"天理"作为根本宗旨，却是他们根据自己的体验提出来的。所谓"天理"，程颐解释道："莫之为而为，莫之致而致，便是天理。"（《遗书》卷十八，上册，第215页）可见，天理是一种人力无法抗拒的神秘的必然性。这实际上是唯心主义天命

---

[1] 以下出自《邵雍集》（郭彧点校）的引文，只注书名、篇名和页码。

论的翻版。二程没有像周敦颐和邵雍那样花费心思去构造宇宙起源和演变的图式，而是着重对天理进行本体论的探讨。二程认为，天理是客观的精神实体，"不为尧存，不为桀亡"，这个精神实体"百理具备"，其中主要是恒常不变的君臣、父子等纲常之理，"天理具备，元无欠少……父子君臣，常理不易"（《遗书》卷上二，上册，第43页）。所以，二程的天理也是封建伦理的形而上学化。

二程用唯心主义的天理观反对唯物主义的气一元论。他们用"形而上"与"形而下"来区分理与气、道与器。认为气分阴阳相互作用，从而生发出种种变化，都是具体事物即形而下之器，而运动变化的本源即形而上之道则是理。所以程颐说："有理则有气。"（《易说·系辞》，下册，第1030页）"道则自然生万物。"（《遗书》卷十五，上册，第149页）阴阳之气、天地万物都是从道（理）产生出来的。

二程从他们的天道观推演到人性论。他们以理气的关系讨论人性，认为既应该区分"天命之性"（理）和气禀，又应该从两者的结合来考察人性。程颐多处强调说，"性即理"，人性出于天理，所以无有不善；同时，"才禀于气"，气有清浊之分，所以人有贤愚、善不善之分。程颐用"性即理"来论证性善，用气禀来论证人性有上、中、下之别，从而把孟子的性善说和董仲舒、韩愈的性三品说综合起来了，形成了比前人更为完整的先验论的人性学说。而后的朱熹对此作了进一步的阐发。

在"天人"之辩上，二程主张唯心主义的"天人合一"说。他们认为，人心中具有天赋的理性或天理，只不过由于气禀所限、人欲所蔽，因而就使人心丧失明觉，理性变得昏暗。所以，学习和修养的功夫在于"去人欲，存天理"，"胜其气，复其性"（《遗书》卷十九，上册，第252页）。具体来说，这种学习和修养功夫主要是"明人理"和"用敬"这两方面。程颢说："学者不必远求，近取诸身，只明人理，敬而已矣。"（《遗书》卷二上，上册，第20页）就是说，明白"天人合一"的道理，识得自己与物浑然同体，良知良能完全俱足，那便用不着向外寻求，只须用敬存养，自然能"复其性"。程颐进一步把"明理"发挥为"格物穷理"以"致知"。二程说的"穷理"和"用敬"，注意到了人们在培养世界观的过程中，既要提高理性认识，又要进行自我修养。这是有合理因素的。但他们的"穷理"不是要人们去探求客观世界的规律性知识，而是唤醒心中的天理，他们的"用敬"在很多方面是用封建礼教压抑人性的合理要求，比如程颐以"饿死事极小，失节事极大"（《遗书》卷二十二下，上册，第301页）反对寡妇再嫁。

后来，朱熹继承和发展了二程的学说，并把二程的本体论和周敦颐、邵雍的宇宙论统一起来，还吸取了张载的某些思想；形成了一个庞大的唯心主义体系，使正统派理学达到完成的形态。

第二节　张载对"有无（动静）"之辩的总结
——以气一元论阐发对立统一原理

张载是宋代著名的理学家，也是理学的奠基者之一。张载（1020—1077年），字子厚，凤翔郿县（今陕西眉县）横渠镇人。因其讲学关中，其学派被称为"关学"。他的主要哲学著作有《正蒙》和《易说》。

在"理欲"之辩上，张载同二程相似，把"天理"和"人欲"对立起来。他在《西铭》中和二程一样，把封建伦理纲常抽象为"天理"，宣称这种伦理纲常是天然合理的，因而人的一生应当"存，吾顺事；没，吾宁也"（《正蒙·乾称》，《张载集》，中华书局，1978年，第63页）[1]，活着的时候顺从封建统治秩序，死了就安安静静地休息。他对"人欲"的看法，和二程略有差别，他不提"灭人欲"，只是反对"穷人欲"，认为饮食男女之性是不能灭的。可见，他不像二程那样有禁欲主义的色彩。

张载对于王安石变法是不赞成的。他是个保守的理学家，但也是勇于追求真理的学者。他比较关心民间疾苦，还研究自然科学，所阐述的地动说是对天文学理论的贡献；在教育方面，也提出了一些很好的见解。他曾深入研究佛、老，对佛、老唯心主义作了较深刻的批判。这些条件，使他的基本哲学倾向是唯物主义的，并在哲学理论上获得较高的成就。

---

[1]　以下出自《张载集》（章锡琛点校）的引文，只注书名、篇名和页码。

一、 总结"有无（动静）"之辩

自魏晋以来，"有无（动静）"之辩长期成为天道观上论争的中心问题。玄学和佛学都是以"虚静"为世界第一原理，向秀、郭象提出了有无统一的思想，却陷入相对主义；柳宗元、刘禹锡向荀子复归，开辟了解决这一论争的途径，但他们未作充分论证，而且和佛学唯心主义划不清界限。只有到了张载，明确地提出了"理依存于气"的观点，在气一元论的基础上比较正确地总结了"有无（动静）"之辩。此后，天道观上的这一论争就发展为"理气（道器）"之辩了。

张载以气为世界第一原理。他在《正蒙·乾称》篇中指出，凡可以摹写的对象都是"有"，实有的都是"象"，而象都是"气"。认为没有物质（气）就没有种种现实的"物象"，没有物象就不会有人的概念（意）。他说："有无虚实通为一物者，性也"；"气之性本虚而神。"（《正蒙·乾称》，第63页）即气是有无、虚实的统一体。

正因为气是有无、虚实的统一体，所以张载提出了"太虚即气"（"虚空即气"）的命题。他说："知太虚即气，则无'无'……诸子浅妄，有'有无'之分，非穷理之学也。"（《正蒙·太和》，第8—9页）意思是说，不能把"有"和"无"对立起来，分割开来，空无一物的"无"是没有的。"太虚即气"的命题包含有两重意义：一是说广大的天空是无形的，但充满着细微的物质，"太虚"是指物质的广延性，这是对刘禹锡的"空者，形之希微者也"论点的发展。二是说"太虚无形，气之本体"（《正蒙·太和》，第7页）。从本体来说，气虚而无形；从作用来说，气的运动表现为万物的生灭、变化。可见，张载的"太虚即气"的命题蕴含着对于"体用不二"原理的运用。

张载正是用这样的"太虚即气"的理论批判老子、王弼"贵无"说的客观唯心论和禅宗的主观唯心论。他认为，从"太虚即气"的观点出发，气之体是"有无""虚实"的统一，气之用则为万物的"聚散""出入"的来由。他指出："若谓虚能生气，则虚无穷，气有限，体用殊绝，入老氏'有生于无'自然之论，不识所谓有无混一之常；

若谓万象为太虚中所见之物，则物与虚不相资，形自形，性自性，形性、天人不相待而有，陷于浮屠以山河大地为见病之说。"（《正蒙·太和》，第8页）就是说，老子"有生于无""虚能生气"的观点，把"虚""无"看作无限的，而把物质运动看作有限的，将"体"与"用"截然割裂开来；佛教的"万象为假有""心体本虚空"的观点，则是将现象（"形"）和本质（"性"）、人的认识（"人"）和真实世界（"天"）看作没有联系的，把山河大地看作主观的幻觉。无论老子还是佛教，都"略知体虚空为性，不知本天道为用，反以人见之小因缘天地"（同上）。即佛老都把体用割裂开来，片面地夸大"体"之"虚"，而不知一切真实的作用都是实体自己运动的表现，他们把人的主观强加于客观。

张载"太虚即气"的命题，不仅是说气是"有无"的统一，而且还认为气是动静的统一。他说："气坱然太虚，升降飞扬，未尝止息。"（同上）"太虚"之气永恒地运动着，而这种运动正是动静的统一。首先，自然界的运动是无为、统一、恒然地合乎规律的，因而"此动是静中之动"（《横渠易说·复》，第113页）。其次，从气之本体和万物的关系来说，气有"聚散""阖辟"，"阖户，静密也，辟户，动达也"（《横渠易说·系辞上》，第203页）。这里的"动静""阖辟"是相对的，气本身具有动静的矛盾契机，表现为万物变化中的动静的对立。

张载深入探讨了事物运动的原因，明确指出物质的运动变化是个对立统一的过程。他主张"莫为"说，反对"或使"说。在论述天体运行时，张载说："凡圜转之物，动必有机，既谓之机，则动非自外也。"（《正蒙·参两》，第11页）"机"即动因。这是说，一切天体都由于内在的动因而作圆转运动。从整个物质世界来说，气本身包含"虚实、动静之机，阴阳、刚柔之始"（《正蒙·太和》，第8页）。这里所谓的"机""始"，正是指运动变化的动因、源泉。正因为气本身具有虚实、阴阳的矛盾，所以"屈伸无方，运行不息，莫或使之"（《正蒙·参两》，第12页）。张载把物质运动的源泉和演化过程称作"造化"，而《易》正是阐明"造化"的。他说："易，造化也……盖易，则有无、动静可以兼而不可偏举也。"（《横渠易说·系辞上》，第206页）认为《易》所阐明的"造化"就是有无、动静的统一而不能偏举其一。张载的"造化"就是对立统一的思想，揭示了物质运动在于其自身内在的矛盾,而这内在的矛盾运动是对立统一的运动。

张载还区分了物质运动过程中的"变"和"化"。他说:"变,言其著;化,言其渐。"(《横渠易说·乾》,第70页)"变"是指显著的变动,"化"是指不停顿的变化。张载所谓"化",相当于我们现在讲的绝对运动。在他看来,绝对和相对的差别本是相对的,绝对运动自然地可以裁分为不同过程和阶段,如一年可分四季,百刻可分昼夜,阶段之间的变动是显著的,所以说"化而裁之存乎变"(《横渠易说·系辞上》,第207页)。张载在这里已接触到了绝对运动与相对静止的关系,后来王夫之对此作了进一步的阐明。

张载以对立统一原理说明气的运动变化过程,认为气的运动变化,虽有各种方式,如凝聚、离散、吸引、排斥等,但都是有规律的,"天地之气,虽聚散、攻取百涂,然其为理也顺而不妄"(《正蒙·太和》,第7页)。对于气的运动变化的一般规律,张载是这样表述的,"气本之虚则湛一无形,感而生则聚而有象。有象斯有对,对必反其为;有反斯有仇,仇必和而解"(《正蒙·太和》,第10页)。认为清通无形的气由于阴阳的相互作用而聚集为种种形象,这些形象互相对立、互相排斥、互相斗争,并通过斗争而达到和解。张载在这里用了两个"必"字,以为所表述的是必然规律。但他的"仇必和而解"的结论不完全正确。因为事物的矛盾有的经过排斥、斗争而达到和解,有的则是一方战胜另一方而得以解决。张载认为事物最后必然要"和而解",就是指事物由气聚而生,最后又散而返回"太虚"之气。这说明他不懂得矛盾的解决是事物达到新的更高的阶段,未能克服循环论。

张载对"有无(动静)"之辩的总结,基本上达到了朴素唯物主义与朴素辩证法的统一,但也存在着缺陷。比如,他认为"天"具有智慧、神明,这就使他的气一元论具有泛神论的倾向。

二、 开启"理气(道器)"之辩

张载总结了魏晋以来的"有无(动静)"之辩,也开启了宋明时期的"理气(道器)"之辩。这主要是在他与二程之间展开的。

张载和二程在"理气(道器)"关系上的分歧,首先表现在世界统一于"气"还是"理"？张载以为是气，二程则以为是理。程颐直截了当地否定了张载"太虚即气"的观点，说："皆是理，安得谓之虚？天下无实于理者。"（《遗书》卷三，第66页）认为宇宙的实体就是"理"。张载强调理是气之条理，理依存于物。他说："理不在人皆在物，人但物中之一物耳，如此观之方均。"（《语录》上，第313页）在张载的天道观中，"道"和"理"两字可以互换，不过在通常情况下，"理"是指具体事物的损益盈虚的规律，"道"是指自然造化的总原理。但不论道还是理，都不能离开物质的矛盾运动。张载说："由气化，有道之名。"（《正蒙·太和》，第9页）道就是气化的过程，是自然界的和谐的秩序。在他看来，二程离开气来讲道或理，"其智不足称也"（《正蒙·太和》，第7页）。

张载认为，气没有生灭，是无限的。他说："太虚不能无气，气不能不聚而为万物，万物不能不散而为太虚。循是出入，是皆不得已而然也。"（同上）气凝聚而生成万物，万物离散又返归无形的太虚之气，这样循环不已，都是必然的合乎规律的运动。这种说法虽未摆脱循环论，但在这气没有生灭的理论中包含着物质不灭的思想萌芽。程颐反对这一理论，他说："凡物之散，其气遂尽，无复归本原之理。"（《遗书》卷十五，上册，第163页）认为物体消散，气就丧失殆尽，天地造化，不断地有气新生。在程颐看来，气是一种无定量的质料，有生有灭，可增可减，所以总是有限的，而"天理"则没有"存亡加减"，是永恒的、无限的。

张载认为天地万物的变化是对立统一的过程。二程也承认天地间有种种对立的现象，"万物莫不有对，一阴一阳，一善一恶"（《遗书》卷十一，上册，第123页）。但是，二程并不认为矛盾是运动的源泉，也不认为对立统一是变化发展的规律。程颐说："所以阴阳者道。"（《遗书》卷十五，上册，第160页）气之所以有一阴一阳、一开一阖的变化和相互作用的原因是道，亦即他所谓"理"。二程认为对待各种对立的现象，要采取不偏不倚、调和折中的态度，这样就掌握了天理，"中庸天理也"（《粹言》卷一，下册，第1181页）。而掌握了天理，就处于"无对"的地位。可见，二程虽讲"有对"，但他们所追求的却是"此道与物无对，大不足以名之"（《遗书》卷二上，上册，第

17页），即一切对立都消泯的境界。

张载在和二程的"理气（道器）"之辩中，基本上坚持了唯物主义气一元论，为以后深入展开这一争论和解决这一争论作了准备。

三、"知礼成性，变化气质"

张载把学习看作凭借"知"和"礼"来变化气质以成就德性的过程。吕大临的《横渠先生行状》说："学者有问，多告以知礼成性变化气质之道，学必如圣人而后已。"（《张载集·附录》，第383页）这一"知礼成性"的学说是关于认识论和伦理学的问题。

在张载那里，认识论和伦理学是统一的。张载以为，由于气化，生成天地万物，人是禀气之清者，物是禀气之浊者。但是，人的气质也是有差别的。张载区分为"气质之性"和"天地之性"。他认为，每个人都有"天地之性"，天赋予人的性与天道相通，从这个角度讲，人性无有不善，德性是天赋的。但人为什么有恶呢？一是由于气质有所偏，即生理条件不同；二是由于遭遇不好，受习俗和环境的影响。张载强调，一个人通过教育，努力学习，就能战胜习俗的影响，变化气质，使天地之性明白起来。他说："为学大益在自求变化气质。"（《语录》中，第321页）可见，张载认为求知和培养德性的过程是同一的。

就张载的"知"来分析，他的认识论是有矛盾的。一方面，张载认为，感觉依赖于外界对象，"感亦须待有物，有物则有感"（《语录》上，第313页），而感官经验是有局限的，"闻见不足以尽物"（同上），因而不要以感官经验妨碍了对事物的深入的认识，即不"以耳目见闻累其心"（《正蒙·大心》，第25页）。这些见解是符合唯物主义的。但是另一方面，他不能正确认识感性和理性的关系，把"见闻之知"和"德性之知"割裂开来。他说："德性所知不萌于见闻。"（《正蒙·大心》，第24页）认为德性之知是先验的，不依赖于感觉经验。要达到"德性之知"，须经过"因明致诚，因诚致明"的过程。由"明"致"诚"，即通过"穷理"来唤醒"天地之性"本身具有的真理；由"诚"至"明"，是指用本心具有的真理来认识事物的道理。这都表现了张载唯心主义先验论的观点。

张载用以教育人的主要内容是"礼"。他所谓的"礼"是广义的,按照他在《经学理窟·礼乐》中的解释,经济、政治、道德都包括在圣人的礼教之中。"礼"就是全部封建统治制度,也就是理学家要维护的事业,所以他说:"非礼,业不广。"(《横渠易说·系辞上》,第191页)没有"礼",就没有举而措之天下之民的事业。同时,张载说:"礼所以持性。"(《经学理窟·礼乐》,第264页)观礼、习礼,也具有修养的意义。

张载认为,"知"与"礼"结合就能"成性",即造就理想人格。他说:"知礼成性,则道义自此出也。'道义之门'盖由仁义行也。"(《横渠易说·系辞上》,第191页)认为知和礼结合而成就人的德性,道义就由德性产生出来,这时人的行为都能自觉地"由仁义行"。同时,张载认为,人也要凭借意志力"自勉","学不能自信而明者,患在不自勉尔"(《横渠易说·系辞上》,第192页),只有勉勉而不息、继继而不已地为善,才能"成性"。一旦真正成性,那就自信、自明,使道义出于自然而毫不勉强。因而张载很强调意志的作用,说:"有志于学者,都更不论气之美恶,只看志如何。"(《语录》中,第321页)张载基本上恢复了先秦儒家关于理性和意志、自觉原则和自愿原则统一的思想。他认为人能凭意志力,通过学习来提高认识,"自求变化气质",所以天生的气质并无决定的意义,人能自主地选择"知礼成性"的道路,靠主观努力和师友的帮助来把自己培养成完美的人格。当然,张载主张的理想人格无非是"存,吾顺事;没,吾宁也"的顺从天命的人,"成性"就是与"天命"为一。所以,他也有宿命论倾向。

张载的哲学思想,对于后来的正统理学家如朱熹有很大的影响,对于明清之际的杰出唯物主义者王夫之也有很大的影响。

第三节 朱熹的理一元论体系

朱熹是正统派理学的集大成者,他建立了庞大的客观唯心主义的理一元论体系。朱熹(1130—1200年),字元晦,号晦庵,徽州婺源(今属江西)人。他的著作和书信收入《朱子文集大全》(以下简称《文集》)和《朱子遗书》中。他平日讲学的问答，后来编为《朱子语类》（以下简称《语类》）。

朱熹多次批评王安石变法，但他的精力主要用于讲学和著述。他讲学和著述都围绕着一个中心，就是"圣贤千言万语，只是教人明天理，灭人欲。天理明，自不消讲学"（《语类》卷十二，《朱子全书》第14册，上海古籍出版社，安徽教育出版社，2010年，第367页）[1]。认为他之所以要孜孜不倦地讲学，是因为人们蔽于"人欲"，不明"天理"。在朱熹看来，区分"天理"和"人欲"的标准是礼教，"非礼勿视、听、言、动，便是天理；非礼而视、听、言、动，便是人欲"（《语类》卷四十，第15册，第1433页）。朱熹的思想就是以维护封建礼教为目标的。朱熹作为教育家和学者，是个很博学的人。他对经学、史学、文学、音韵、自然科学等都有研究，而且都有见解。他长期从事教学，从中概括出的一些认识论和方法论的原理，有其不容忽视的合理因素。他强调博览群书，要有精密分析的头脑，这种学风对于后世也产生了积极的影响。

一、"理在气先"与"理一分殊"

在"理气（道器）"之辩上，朱熹继承和发展了二程的理论。他说："理也者，形而上之道也，生物之本也；气也者，形而下之器也，生物之具也。"（《答黄道夫》，第23册，第2755页）认为理是生物之"本"，即物之所以形成的道理，也就是物的本质，所以是形而上之道；气是生物之"具"，即形成为物的材料，材料总是某种具体的器物，所以是形而下之器。朱熹认为，虽然物都是理和气的统一，但"道器之间分际甚明"（同上）。因为理作为形而上者，是所以为器者，不会造作，气作为形而下者，则能酝酿凝聚生物。实际上，朱熹是把"理"作为形式因，而把"气"作为质料因，这和古希腊亚里士多德的哲学有相似之处。

朱熹认为，任何具体事物的生成，要有理，也要有气，一切事物都是理和气的结合，但是就形而上和形而下之分来说，则理在先而气

---

[1] 以下出自《朱子全书》（朱杰人等主编）的引文，只注书名、篇名、册数和页码。

在后。他说："理未尝离乎气。然理形而上者，气形而下者。自形而上下言，岂无先后？"（《语类》卷一，第14册，第115页）在朱熹看来，先要有抽象的道理，然后再由具体的质料构成事物，先有事物的形式，后有事物的内容。就理和天地的关系来说，"未有天地之先，毕竟也只是理。有此理，便有此天地"（《语类》卷一，第14册，第114页）。就理和各种事物的关系来说，"未有这事，先有这理"（《语类》卷九五，第17册，第3204页）。未有舟车，已先有舟车之理；未有君臣，已先有君臣之理。朱熹的这种观点，无非是用人制作器物的活动来类比自然界的造化，以说明万物的起源和生成。诚然，人们在造舟车之前，确实需要先有舟车的概念，通常还按概念画成图纸，然后再动手造舟车。但人们关于舟车等等的抽象的概念是来自于客观存在，而朱熹却把概念说成是产生万物的形而上的实体。

　　人的概念要转化为具体的事物，必须经过人的劳动，而朱熹的理是"无形迹"的，无形的理如何转化为有形的物呢？为了回答这个问题，朱熹吸取了周敦颐《太极图说》的思想，以"太极动而生阳，动极而静，静而生阴"的宇宙形成论来说明。他把理的总和称为"太极"："总天地万物之理，便是太极。"（《语类》卷九四，第17册，第3127—3128页）他把"无极"两字解释为"无声无臭""无方所，无形状"，说"无极而太极"就是"无形而有理"。太极是"造化之枢纽"（《太极图说解》，第13册，第72页），是天地万物的总根源。"太极动而生阳，动极而静，静而生阴"，阴阳两气相磨，又生出金木水火土五种元素，由此构成了天地万物。朱熹因而提出了"理一分殊"的命题。他认为，从末溯本即由用到体，万物则归结为五行、阴阳，而五行、阴阳又出于理的总和太极，所以"合万物而言之，为一太极而已也"；从本推末即由体到用，万物分有太极以为体，这不意味着万物在太极里面各取一部分，把太极分割了，而是"万物之中，各有一太极"（《通书解·理性命章》，第13册，第117页），即各种事物都各具一完整的太极。关于这个"理一分殊"的道理，朱熹常用"月印万川"的比喻来说明：天上只有一个月亮，印在江湖河川里的千万个月亮虽各不相同，但都不是这个月亮的部分，而是同具这个月亮的全体。

　　朱熹的"理在气先"和"理一分殊"无疑是先验论和形而上学的

思辨,但从哲学发展的角度来看,他对"理"的考察比前人是更深入了。

首先,他从物和理的关系来阐明"理"的涵义。他认为,理是万物之先的绝对精神,它作为哲学范畴的涵义,就是物的所以然之故、所当然之则和必然。他说:"至于天下之物,则必各有所以然之故,与其所当然之则,所谓理也。"(《大学或问》,第6册,第512页)"所以然之故",是指"理"是动力因;"当然之则"是指人的有目的行为应当遵循的准则、规范,首先是道德准则,"理"是"所当然之则",因而也是目的因。由于"理"作为动力因和目的因,所以它也是物的必然,具有不以个人意志为转移的客观必然性,"所以为是物者,莫不各有其当然之则,而自不容已"(《大学或问》,第6册,第526页)。从朱熹对"理"范畴的涵义的阐述,可以看到他的思辨的细密。但他以为"必然"包括"所以然"与"当然",自然界的事物都有"当然之则",而人的活动准则也具有客观必然性,这就错误地把规范与规律、"当然之则"和自然界的必然性混为一谈了。

其次,朱熹比前人更多地考察了"理"的"分殊"的一面。他指出,拿人和物相比较:一方面,两者同出于"理",但气禀有粹与驳的差别,因而是"理同而气异";另一方面,人与物都是禀气而成,但两者是异类,有不同的规范,因而是"气犹相近而理绝不同也"(《答黄商伯》,第22册,第2130页)。朱熹认为,不仅人与物之理绝不相同,而且同是"人"中间,君臣之理与父子之理也不同,同是"物"中间,牛马之理与草木之理也不同。朱熹强调,不仅天地间万类"各自有个道理",而且整体的道理在各部分(如房屋有厅有堂)有其特殊性,类属的道理在各种(如果木有桃有李)、各个体(如众人有张三有李四)也有其特殊性。从"分殊"方面来考察"理",就是所谓"条理"。

朱熹在用"太极动而生阳,动极而静,静而生阴"的学说构造宇宙形成论时,表达了某些有辩证法因素的思想。"太极"作为理的总和,是万物所以生成的总原因,但其中动与静、阴与阳互相渗透,互相转化,因为"太极"作为"一",也不是绝对孤立"无对"的。这不仅表现在它和其派生的事物即"一"和"万"的相对峙,而且"一中又自有对"(《语类》卷九五,第17册,第3202页),它本身包含着动静、阴阳的对立面,因此就有了"太极生两仪,两仪生四象,四象生八卦"这样层出不穷的"一分为二"的过程(《语类》卷六七,第16册,第2218页)。"太极"是如此,其他一切事物更是处于多种多样的对峙中:形体上的左右、空间上的上下、时间上的前后、数量上的多寡、性质上的相类和相反等等。由此,朱熹说:"天地之间,真无一物兀然无对而孤立者。"(《答胡广仲》,第22册,第1904页)这种"物无无对"的思想具有辩证法因素,对后人是有启发意义的。但是,朱熹未能区分普通表象所把握的对立和辩证法意义上的矛盾。他说:"'分阴分阳,两仪立焉',分之所以一定而不移也。"(《太极图说解》,第13册,第72页)阴与阳、天与地既经分立,它们的位置便固定不变了。朱熹还认为作为阴阳、动静的本原的"理"是寂然不动的,因而归根结底是"由静制动"(《周易本义·易赞》,第1册,第167页)。这就导致了形而上学。

二、"性""命"说与"复性"说

朱熹在人性论上,发挥了张载和二程的思想,更完备地区分了"性"的双重涵义:"天地之性"和"气质之性"。他说:"论天地之性,则专指理言;论气质之性,则以理与气杂而言之。"(《语类》卷四,第14册,第196页)所谓"天地之性"专指理本身而言,但理表现在每一个具体的人身上,则与气不能相离,与气相杂的理,就成为气质之性。朱熹认为,理是至善的,所以天地之性也是至善的。气有清浊昏明的差别,所以气质之性有善有恶。人的贤愚就是因为所禀的气有清浊的区别:"禀气之清者,为圣为贤,如宝珠在清冷水中;禀气之浊者,为愚为不肖,如珠在浊水中。"(《语类》卷四,第14册,第203页)在朱熹看来,孟子说性本善的"性"就是指"天地之性",只有这样,才能说明性既然本来是善的,恶从何而来的问题。

与"天地之性"和"气质之性"相对应,朱熹赋予了"命"有双重意义。朱熹在回答"天命谓性之命"与"死生有命之命"有何不同时说:"'死生有命'之'命'是带气言之,气便有禀得多少厚薄之不同。'天命谓性'之'命',是纯乎理言之。然天之所命,毕竟皆不离乎气。"(《语类》卷四,第14册,第208页)显然,专就理而言的"天命之性"

等同于"天地之性",而"死生有命"是由"气禀之命"决定的。"气禀之命"不只是决定死生,而且决定人们之间的贫富、贵贱、贤愚等等的差别。这些差别由天生的气禀所决定,因而是无法改变的,"人之禀气,富贵、贫贱、长短,皆有定数寓其中"(《语类》卷四,第14册,第213页)。这是极端的宿命论。

朱熹根据"天地之性"和"气质之性"的区分,以为同一个"心"有两种知觉活动:"道心"和"人心"。"道心"是从"天地之性"发出的,"人心"是从"气质之性"发出的,所以前者所知觉的内容是理,首先是仁义礼智等道德准则,后者所知觉的内容是声色臭味及饥思食、寒思衣等。上智的圣人也是由理气结合而生成的,不能不具有气质之性,所以也不能无人心;下愚的小人也具有天赋的天地之性,所以不能无道心;两者的差别在于:上智的圣人使人心服从道心,"必使道心常为一身之主,而人心每听命焉"(《中庸章句序》,第6册,第29页),反之,下愚的小人专为人心所操纵。所以,前者的行为合乎"天理",后者则流于"人欲"。

正是按照这样的理论,朱熹发挥了"复性"说,认为为善去恶就是返复于人人生来具有的至善的天地之性。照他的"复性"说,人生来具有天赋的明德,每个人先天地具备天理,可以用来应付万事而得当,"明德者,人之所得乎天,而虚灵不昧,以具众理而应万事者也"(《大学章句》,第6册,第16页)。这里的"明德"即"天地之性"。在每个人身上,明德又为"气禀所拘,人欲所蔽,则有时而昏"(同上),因而需要通过"存天理,灭人欲"的功夫,将为气禀所局限和人欲所蒙蔽却又未完全熄灭的"天地之性"扩展、恢复,"学者当因其所发而遂明之,以复其初也"(同上)。朱熹的"复性"说以为德性只有通过教育才能达到自觉,突出地强调了伦理学的自觉原则。他说:"苟知其理之当然,而责其身以必然。"(《白鹿洞书院揭示》,第24册,第3587页)认为通过教育讲明义理,真正认识了行为的当然之则,就会要求自己必定遵循它,有了高度自觉性,大家就自然循规蹈矩了。他以为有了自觉,便会自愿,比如病人灼艾,虽然是痛的,但知道了这是治病的需要,"出于情愿,自不以为痛也"(《语类》卷二二,第14册,第761页)。朱熹把"理"(封建道德）说成是出于"天地之性"，是"天命"，即当然的、必然的、任何人不能违抗，于是教人自觉地忍住疼痛来做"存天理，灭人欲"的功夫。这正是完全抹杀了自愿原则，因而他的"复性"说不能不是一种精致的宿命论。

三、"知先行后"与"格物致知"

在"心物（知行）"之辩上，朱熹继承和发展了二程的理论。

程颐在先验论的前提下强调"知先于行"，朱熹也是如此。他说："知、行常相须，如目无足不行，足无目不见。论先后，知为先；论轻重，行为重。"（《语类》卷九，第14册，第298页）朱熹认为知行两者不可偏废，主张知行统一，指出行的重要，这些都是有合理因素的。但他肯定"知先行后"，实质上是把知行割裂开来，承认先有一个"知"的阶段，在这个阶段里不存在"行"。同时，朱熹所谓的"行"，是指封建道德的践履，所谓的"知"，是指唤醒心中的"天理"。

唤醒"天理"的途径，按朱熹的说法就是"格物致知"。他发挥了程颐的"格物"说，认为"所谓致知在格物者，言欲致吾之知，在即物而穷其理也"（《大学章句》，第6册，第20页），"格物致知"就是"即物穷理"。为什么这样说呢？朱熹接着就作了解释：首先，"人心之灵莫不有知"（同上），人的心（精神）里有天赋的知识，这是认识的出发点，人的认识活动就是唤醒被气禀束缚和被人欲蒙蔽了的"天理"，犹如把一面蒙有尘垢而昏晦的镜子擦拭干净，使其重新明亮起来。其次，"天下之物，莫不有理。惟于理有未穷，故其知有不尽也"（同上），"知"就是穷尽天下事物之"理"。这里包含着一个前提，即"物我一理"。因此，一旦明白了事物的"理"，也就唤醒了心中的"理"；或者说，人们认识外物之理，也无非是拿心中的理去照见外物。再次，通过今日格一物、明日格一物的积累过程，"用力之久，而一旦豁然贯通焉，则众物之表里精粗无不到，而吾心之全体大用无不明矣"（同上）。认为认识有"顿悟"式的飞跃，这并不错，但以为因此就把握了绝对真理，成了无所不知晓的圣人，却是神秘主义的。朱熹所要把握的"理"是封建伦理，因而认识论就是伦理学。他强调"致知"和"用敬"相互依赖，提高认识和自我修养是一致的。这样的认识论，在整体上是唯心论的玄想。

朱熹的"格物致知"不仅是认识论，也是方法论。他在《大学或问》中有一段话专门论述了作为"用力之方"的"格物致知"。所谓"方"即方法。按照他的论述，"格物致知"的方法大致有三个环节：

首先，在博学的基础上探求规律性的知识。朱熹强调博学，认为"闻见孤寡不足以为学也"（《语类》卷二四，第 14 册，第 857 页）。从人事到自然界，大至天地阴阳，小至昆虫草木，都要进行探索，从中"以见其所当然而不容已，与其所以然而不可易者"（《大学或问》，第 6 册，第 528 页）。朱熹认为，为学的途径，不只是"博"而是应当"先博而后约"，只有这样才能虽"博"而不流于"杂"，虽"约"而不承袭"陋"（《答汪太初》，第 22 册，第 2118 页）。朱熹的这些思想，包含有尊重经验，对经验进行整理和分析以求得更深刻的认识的意义。

其次，以分析为主的精思明辨。朱熹在《中庸或问》中解释"学问思辨"时说："学之博，然后有以备事物之理，故能参伍之以得所疑而有问。"（《中庸或问》，第 6 册，第 593 页）只有博学，才能进行比较而提出疑问。有疑问才能促进思辨，朱熹认为读书如果达到了"群疑并兴"，便能"骤进"（《语类》卷十，第 14 册，第 315 页）。思辨的主要功夫在于分析，朱熹说："学问须严密理会，铢分毫析。"（《语类》卷八，第 14 册，第 293 页）他强调的"铢分毫析"，主要是指两个方面：一是把整体分析为若干部分，如"庖丁解牛"一样，把牛分解为若干片，就能真正理解牛的生理结构；二是指把事物分析为若干层次，逐步深入理解，如吃果子那样，先去其皮壳，再食其肉，还要把里面的核子也咬破，方才罢休。这种分析方法表现了一定的科学精神。

再次，一般与个别相结合的推理方法。朱熹认为，"格物穷理"并非是把天下事物一一穷尽，而是"推其类以通之"（《大学或问》，第 6 册，第 528 页）。朱熹讲的"类推"，要求把握事物的类的本质，拿它作"样子"推开去。这里包含着演绎与归纳、一般与个别相结合的意思。就是说，一方面要看到"众物比类之同"（《大学或问》，第 6 册，第 530 页），即一般道理相同；另一方面又要看到"一物性情之异"（同上），即注意各自的特点。朱熹认为，通过这样的类比推理，就可以达到"豁然贯通"的境地。

朱熹的"格物致知"作为方法论，要求在博学的基础上进行辨析、类推，包含着科学抽象的合理因素。但是，他把这种抽象形而上学化了，认为通过辨析、类推而获得的抽象概念是永恒不变的"理"，并以此推演出整个世界，构筑了唯心主义的思想体系。

第四节　与程朱理学对立的"荆公新学"和"事功之学"

在宋代，和程朱理学相对立的有王安石的"荆公新学"以及陈亮、叶适的"事功之学"。他们与程朱理学的相互诘难，促进了哲学理论的发展。

一、王安石的"荆公新学"

王安石（1021—1086 年），字介甫，号半山，江西临川人。他曾进行变法改革，以挽救北宋积贫积弱的局面，但最终变法失败。现存的主要著作有《王文公文集》等。他为了替变法改革提供理论根据而编写《三经新义》等书，形成了所谓"荆公新学"。

"新学"对于理学家借天命和祖先的名义阻挠变法改革作了驳斥，王安石说："天变不足畏，祖宗不足法，人言不足恤。"

在"理气"之辩上，王安石反对二程的理一元论，主张气一元论。他说："道有体有用。体者，元气之不动。用者，冲气运行于天地之间。"（《道德经注·四章》，《王安石老子注辑本》，中华书局，1979 年，第 8 页）[1] 以为道的本体是物质性的元气，元气分阴阳，阴阳之中有"冲气"，阴、阳、冲三气具体化为五行，形成万物，"五行，天所以命万物者也"（《洪范传》，《王安石全集》，上海古籍出版社，1999 年，

---

[1] 以下出自《王安石老子注辑本》（容肇祖辑）的引文，只注篇名和页码。

第 27 页）[1]。这是传统的朴素唯物主义的宇宙论。但是，王安石把本体说成是"不动"的，实际上是把体用割裂开来了。不过，王安石关于自然界运动变化的动力问题的论述，却具有辩证法思想。他在《洪范传》中指出，事物运动变化的原因在于"有耦"，如性有柔刚，形有晦明，事有吉凶，情有美恶等等，而"耦之中又有耦"，就是万物变化的源泉。他强调由于矛盾引起的变化是新事物不断代替旧事物的过程。他说："有阴有阳，新故相除者，天也；有处有辨，新故相除者，人也。"（《王安石〈字说〉辑》，福建人民出版社，2005 年，第 27 页）认为"新故相除"是自然界和人类社会的一般发展规律。当然，王安石的辩证法是不彻底的，他说："惟圣人乃无对于万物。"（《道德经注·二章》，第 4 页）把"无对"看作最高的境界。

在"心物（知行）"之辩上，王安石反对了二程的唯心主义先验论。他说："心生于气，气生于形。"（《礼乐论》，第 249 页）认为精神依存于人的形体，肯定了物质是第一性的，精神是第二性的。他认为人天生具有感觉和思维的能力，"目之能视，耳之能听，心之能思，皆天也"（《道德经注·五十九章》，第 51 页），但必须凭借后天的人为的努力，才能发展天赋的本能，"视而使之明，听而使之聪，思而使之正，皆人也"（同上）。王安石强调不仅人的聪明才智是后天学习的结果，而且社会的进步也要依靠人为，"待人力而后万物以成也"（《老子》，第 231 页）。这实际上是强调"行"，反对二程的"知先行后"说。

在"天人（性习）"之辩上，王安石反对了二程的"复性"说。他主张"习以成性"的观点，认为"成性"就是指后天成就的德性，至于天性并不具有仁义礼智信这些伦理规范，因而无所谓善和恶，"性不可以善恶言也"（《原性》，第 235 页）。这就反对了二程"复性"说中"性即理"和"气质之性有善恶"的观点。王安石认为上智、下愚并非天生不可改变的，"习于善而已矣，所谓上智者；习于恶而已矣，所谓下愚者"（《性说》，第 236 页），一贯地习于善或习于恶，就成为上智或下愚。王安石在强调经过后天的"习行"来培养教育人的同时，也认为要注意"顺其性"（《礼论》，第 253 页）。他主张"以

---

[1] 以下出自《王安石全集》（秦克等标点）的引文，只注篇名和页码。

道扰民"(《原教》,第277页),即循循善诱,使人完全自愿地接受教育,感到毫不勉强,就像禽兽安于山野,鱼鳖安于水泽,完全是出于自然。这说明王安石在教育上重视自愿原则,与完全忽视自愿原则的"复性"说有很大的不同。

王安石的"荆公新学"对于当时的理学唯心主义提出了驳难,对于以后反对正统派理学的思想家产生了一定的影响。

二、陈亮、叶适的"事功之学"

陈亮、叶适是朱熹同时期的思想家。陈亮(1143—1194年),字同甫,原名汝能,浙江永康人,学者称为龙川先生,著作有《龙川文集》。叶适(1150—1233年),字正则,浙江永嘉人。学者称为水心先生,著作有《水心文集》《水心别集》和《习学记言》。他们以"事功之学"来对抗程朱理学。

陈亮曾直接与朱熹就"王霸""义利"问题展开辩论。朱熹以为,王与霸、义与利的对立是天理和人欲的对立,在历史上,三代以上专行天理,是王道盛世,三代以下尤其是汉唐专行人欲,孔孟之道的"道统"被中断了。陈亮则以为,不应当把王霸、义利、天理、人欲对立起来。三代行王道,但三代的人也有人欲,不讲利就没有义,不讲事功就没有天理,天理(道)就在人的喜怒哀乐恶之中,"夫道岂有他物哉,喜、怒、哀、乐、恶得其正而已"(《勉强行道大有功》,《陈亮集》上册,中华书局,1987年,第101页)[1]。

在"道器"之辩上,朱熹以为天理是永恒的、超时空的精神实体,"是亘古亘今常在不灭之物"(《陈亮集》卷二十八、附《寄陈同甫书(六)》,下册,第361页)。陈亮则认为"道在事中","天下岂有道外之事哉"(《勉强行道大有功》,上册,第100页),从"道在事中"的观点出发,陈亮认为在社会历史领域,不能"舍人而为道"(《乙巳春与朱元晦书》之一,下册,第345页),离开了人的活动无所谓"人道"。但是他认为"道之存亡"是"人之所能预"(《乙巳春与朱元晦书》之一,下册,第346页),过分地强调了人的主观

---

[1] 以下出自《陈亮集》(刘公纯等点校)的引文,只注篇名、册数和页码。

能动作用，表现出主观唯心主义的色彩。

在"知行"之辩上，朱熹强调"知"，陈亮重视"行"。朱熹教人拱手安生，居敬静养，做一个"醇儒"，陈亮要造就具有"推倒一世之智勇"的英雄。在陈亮看来，要造就这样的人才，必须在行动中锻炼。他说："人才以用而见其能否，安坐而能者不足恃也。"（《上孝宗皇帝第一书》，上册，第3页）衡量一个人有没有才能，要看他实际做得怎样。

叶适也非常鲜明地主张"事功之学"。董仲舒"正谊不谋利，明道不计功"之语，程朱理学家奉为圭臬，叶适则指斥道："后世儒者行仲舒之论，既无功利，则道义者乃无用之虚语尔。"（《习学记言序目》卷二三，上册，中华书局，1997年，第324页）[1]明确地认为道义不能脱离功利。

在"道器物"关系上，叶适指出，理学家所说的超越具体事物的"道"和"极"是不存在的。他说："物之所在，道则在焉。"（卷四七，下册，第702页）认为道不能离开物而存在："非知物者不能至道。"（同上）只有认识了具体事物才能达到对道的认识；"非知道者不能该物"（同上），也只有认识了道才能概括具体事物。从这样的"道器"不分离的观点出发，叶适批评了朱熹把道或太极与具体事物分作两截的"形而上"和"形而下"的说法，认为"若夫言形上则无下，而道愈隐也"（卷四，上册，第48页）。

在"心物（知行）"之辩上，叶适明确地批评了理学家片面强调"尊心官贱耳目"的唯心主义。他指出，理学家只是做内心的修养功夫，完全脱离了感性经验的基础，"以心通达为学，而见闻几废"（《题周子实所录》，《叶适集》中册，中华书局，2010年，第603页）[2]。他认为正确的认识途径应是"内外交相成之道"（卷一四，上册，第207页）。所谓"内外交相成之道"，就是一方面要依靠"耳目之官"

---

[1] 以下出自《习学记言序目》的引文，只注卷数、册数和页码。张岱年的《中国哲学史史料学》（生活·读书·新知三联书店，1982年）指出，《四库全书》著录为《习学记言》是正确的，中华书局标点本题为《习学记言序目》是不恰当的（见该书第166—167页）。

[2] 以下出自《叶适集》（刘公纯等点校）的引文，只注篇名、册数和页码。

的感性经验,"耳目之官不思而为聪明,自外入以成其内也"(同上);另一方面又要依靠"心之官"的理性思维,"思曰睿,自内出以成其外也"(同上)。后一方面以前一方面为基础,"以聪明为首"(同上),由此实现两方面的结合以形成正确的认识。

在历史观上,叶适用"时"或"势"来解释历史,与朱熹用"天理"和"人欲"来区分三代与汉唐的观点相对立。他和柳宗元一样,把历史上制度的兴废归之于时势,认为三代行分封制,秦汉以后行郡县制,都是时势决定的。他说秦汉之后实行郡县制,是"维持上下之势也"(《法度总论一》,下册,第787页)。叶适进一步指出,统治者治天下,最根本的是要认识天下之势并且把握住它,"知其势而以一身为之,此治天下之大原也"(《治势上》,下册,第639页)。圣明的君主就在于所作所为合乎了历史发展的趋势,如"汉之高祖、光武,唐之太宗,此其人皆能以一身为天下之势"(《治势上》,下册,第637页),他们因而把国家治理得很好。但是,叶适和陈亮一样,以为"道之存亡"有赖于人,过分地夸大了人在社会历史发展中的作用。

陈亮、叶适以"事功之学"反对程朱理学,他们的一些思想在以后明清之际的进步思想家批判宋明理学时得到了进一步的发展。

第五节 王守仁的心一元论体系

朱熹的理学是个庞大的客观唯心主义体系,陈亮、叶适等是站在唯物主义的观点上批判它,而陆九渊等是以主观唯心主义的观点来批判它。陆九渊(1139—1193年),字子静,自号存斋,抚州金溪(今属江西)人。曾讲学于江西贵溪应天山象山寺,被人称作象山先生。他留下的诗文、书札和讲学的语录,由其子编为《象山先生全集》。陆象山的思想以"心学"为标榜,同朱熹的"理学"相颉颃。陆九渊和朱熹争论的问题主要是两个方面:"道器"之辩与"为学之方",即如何培养、教育人。

在"道器"之辩上,陆九渊反对朱熹把道和器分作形而上和形而下两截,认为道即器,器即道,两者不能分割,道即在一阴一阳的运动变化之中，他常说的"道外无事，事外无道"（《语录》上，《陆九渊集》，中华书局，1980年，第395页）[1]就是这个意思。他认为道与器、理与事之所以不能分割，是因为统一于"心"。他的名言是："宇宙便是吾心，吾心即是宇宙。"（《杂说》，第273页）把宇宙间一切都看作"心"的表现。这种以"心"作宇宙本源的主观唯心主义，和朱熹以"理"为第一原理的思想是不同的。

关于"为学之方"的问题，陆九渊和朱熹产生了"尊德性"和"道问学"的争论。在陆九渊看来，朱熹教人读书明理，强调"泛观博览"，有流于支离、烦琐之弊。他认为"心即理"（《与李宰》，第149页），因而培养人和教育人，首先就在于"发明人之本心"，一旦人的思想有了觉悟，就能自然明"理"。因此，陆九渊比较强调意志的力量和直觉的作用。

陆九渊的学说比较粗糙，在宋元时期并无多大影响，直到明代中叶，经王守仁阐发，"心学"才成为完备的哲学体系，打破了自南宋以来的程朱理学独尊的局面。王守仁（1472—1528年），字伯安，余姚（今属浙江）人。曾筑室于故乡阳明洞中，世称阳明先生。其著作由门人辑成《王文成公全书》，其中主要的哲学著作有《传习录》和《大学问》。

在"王霸""义利""理欲"之辩上，陆王和程朱并没有原则的区别。王守仁说："学者学圣人，不过是去人欲而存天理耳。"（《传习录上》，《王阳明全集》上册，上海古籍出版社，2011年，第32页）[2]他认为去人欲、存天理的主要障碍，是人们的功利主义，因而强调"破其功利之见"（《传习录中·答顾东桥书》，上册，第63页）。要战胜功利之见，王守仁认为不能凭借佛老之说，也不能依仗朱熹的理学，只有用他的"致良知"的"心学"。因此，王守仁的"心学"是以反对程朱理学的姿态出现的。这样，一方面他的学说是从更彻底的唯心主义角度来批判程朱理学，另一方面也破坏了程朱理学的教条，启发了李贽等人的异端思想。

---

1 以下出自《陆九渊集》（钟哲点校）的引文，只注篇名和页码。
2 以下出自《王阳明全集》（吴光等编校）的引文，只注篇名、册数和页码。

一、"心外无理"与"知行合一"

王守仁用"致良知"三字来概括他的全部学说："致良知是学问大头脑,是圣人教人第一义。"(《传习录中·答欧阳崇一》,上册,第80页)王守仁以心一元论的观点,把"理气(道器)"之辩与"心物(知行)"之辩这两个问题统一起来,变成"致良知"这个问题的两方面。他说:"心外无事,心外无理,故心外无学。"(《紫阳书院集序》,上册,第267页)就本体("良知")来说,"心外无事","心外无理";就功夫("致良知")来说,"心外无学";本体和功夫原是统一的,功夫无非是"复那本体"。这就是他的"致良知"学说。下面就从本体和功夫两方面来分析"致良知"说。

王守仁说:"良知者,心之本体。"(《传习录中·答陆原静书》,上册,第69页)他对于作为"心之本体"的"良知"下了三个彼此不同而互有联系的规定。首先,王守仁说:"良知只是个是非之心。"(《传习录下》,上册,第126页)认为"良知"能判别行为的是非,并进行好恶的选择。所以,"良知"就是伦理学上的"良心",亦即道德意识的主体。"良知"把握了道德规范、准则,就能在纷繁复杂的人事变化中正确地判别是非、善恶而做出选择。其次,王守仁说:"良知是天理之昭明灵觉处。"(《传习录中·答欧阳崇一》,上册,第81页)认为"良知"是天赋的理性。陆王心学常讲"心即理",以为心的本质、内涵就是"天理"(天赋的理),而"良知"就是对"天理"的觉察、意识,思维若是不掺杂"私意",而是"良知之发用",那么所思的内容便是"天理"。再次,王守仁说:"良知是造化的精灵。"(《传习录下》,上册,第119页)认为"良知"是"与物无对"的本体,天地万物鬼神人类皆从此出,而人的一切认识和实践的活动,都是为了复归此本体。王守仁关于"良知"的三个规定是互相联系的:把封建道德形而上学地抽象为"天理","天理"是人的"良知"先天具备的,而"良知"是产生万事万物的本体。

王守仁把"良知"作为"心之本体",强调"心外无事""心外无理"。他认为心灵是身体的主宰,而心的"灵明"不为物欲所蔽时,就是本然的"良知"。"良知"作为意识主体应感而动,便有种种观念活动或意向作用,"其虚灵明觉之良知,应感而动者谓之意"(《传习录中·答顾东桥书》,上册,第53页),观念活动或意向作用便表现为事物,"意之所用,必有其物,物即事也"(同上)。在王守仁看来,"良知"是"意"之体,而事物是"意"之用,所以说"心外无事","心外无物"。王守仁还说:"心外无理。"对于程朱理学说的"心具众理"和"在物为理",王守仁赞成前一句,反对后一句。他说:"在字上当添一心字。此心在物则为理。"(《传习录下》,上册,第137页)认为事物的"理"是由"良知"中产生的。这与康德讲的"心为自然界立法"相似,不过康德讲的是自然界的因果律,而王守仁讲的则是封建道德规范。

在"道器"之辩上,朱熹强调"道器之间,分际甚明",而在王守仁则强调"理气""道器"都统一于心。他认为,"良知"的流行就是"气","良知"的条理就是"理",气和理不可分割,同是一个心的属性。王守仁一方面强调:"我的灵明,便是天地鬼神的主宰。"(《传习录下》,上册,第141页)把"我的灵明"提高到创世主的地位,表现了主观唯心论的立场。但他同时又说:"我的灵明离却天地鬼神万物,亦没有我的灵明。如此,便是一气流通的,如何与他间隔得?"(同上)把"我的灵明"说成是和天地万物"一气流通"的,这又是泛神论的观点。

王守仁的主观唯心论走到极端便是唯我论。在著名的"南镇看花"的对话中,他说深山中的花,只有在人看到它时,颜色才明白起来,颜色不能离开人的感觉而存在,所以天下无心外之物。但是,从王守仁的泛神论倾向来看,则可说唯物主义已近在咫尺了。他强调"心"不是超验的、彼岸的,而是内在于对天地万物的感应之中,以后的刘宗周、黄宗羲、颜元等,正是顺着这种泛神论的观点前进,使唯物主义倾向越来越鲜明。

王守仁的"致良知"说从功夫这个方面来讲,强调"心外无学",由此他提出了"知行合一"说。他认为朱熹的"知先行后"说是"外心以求理,此知行之所以二也。求理于吾心,此圣门知行合一之教"(《传习录中·答顾东桥书》,上册,第48页)。在他看来,当时的许多人受朱熹"知先行后"说的深重影响,只在讲习讨论上做"知"

的功夫，说"待知得真了方去做行的功夫"，实际上是"终身不行，亦遂终身不知"（《传习录上》，上册，第5页）。正是针对这一流弊，王守仁提出了"知行合一"。

王守仁认为，"知行合一"的功夫是求"复那本体"，而就本体来说，知行本来就是统一的。他以一个人"好好色"为例来论证"知行合一"："见好色属知，好好色属行。只见那好色时已自好了，不是见了后又立个心去好。"（《传习录上》，上册，第4页）这里讲的是一种直觉的本能的活动，即一有感觉马上就有了行为上的反应。王守仁认为，不仅人的本能活动是知行合一的，而且人类一切复杂的活动、有意识的作为也都是知行合一的。他说："知之真切笃实处即是行，行之明觉精察处即是知。"（《传习录中·答顾东桥书》，上册，第47页）又说："知是行的主意，行是知的功夫；知是行之始，行是知之成。"（《传习录上》，上册，第5页）就是说，人类有目的的活动都是知行统一的过程，知之真切必见于行，行之明觉正在于知，这个统一的过程开始于观念，要有观念作指导才开始行，但这不意味着知先于行。他用人走路来比喻，有欲行之意，即行之始；至于路途是否平坦，只有亲身经历才能知道，所以真正的知识是在行中完成的。

王守仁的"知行合一"说反对把知行割裂开来，有着合理因素。但他的"知行合一"实际上是把知行统一于知，把行归属于知。他说："一念发动处，便即是行了。"（《传习录下》，上册，第109—110页）以为观念发动便是有意向、动机，便是行的开始。这很显然是否定了"行"的客观的社会实践的意义。在内容上，王守仁所谓的"知"，无非是封建伦理道德的自我意识；所谓的"行"，无非是封建伦理道德的实行。

王守仁还从"心外无学"来讲"格物致知"。他反对朱熹的"即物穷理"，对"格物"作了另一种解释。他释"格"为"正"，以为"'格物'如孟子'大人格君心'之'格'"（《传习录上》，上册，第7页），所以格物就是"格心"，亦即在心中做去恶为善的功夫。在王守仁看来，人的认识无非是唤醒自己的"良知"，学的唯一功夫就是"致良知"，使心中的"良知"明白起来，就是"致知"，"致吾心以良知者，致知也"（《传习录中·答顾东桥书》，上册，第51页）；致"良知"

于事事物物而使事物合乎秩序，就是"格物"，"事事物物皆得其理者，格物也"（同上）。在这里，"致"既有达到之意，又有推行于事物之意，因而王守仁的"致知格物"也包含"知行合一"的意思。这"格物"即"格心"的观点是主观唯心论的认识论。然而从这种认识论出发，王守仁强调是非、真理的标准都在"良知"中："尔那一点良知，是尔自家底准则。尔意念着处，他是便知是，非便知非，更瞒他一些不得。"（《传习录下》，上册，第105页）认为"良知"就是是非之心，要以心中的"良知"作为是非的唯一标准。如果内心的"良知"认为是错的，哪怕是孔子说的，我也不以为是对的，"夫学贵得之心，求之于心而非也，虽其言之出于孔子，不敢以为是也"（《传习录中·答罗整庵少宰书》，上册，第85页）。这对传统具有破坏作用，以后李贽稍作引伸就成了"不以孔子之是非为是非"了。

王守仁把"致良知"提到第一位，反对程朱理学的独尊，客观上起了动摇封建教条的作用，构成了哲学发展的一个环节；但他走向另一个片面，把读书、写文章、增长见闻都说成是"玩物丧志"。这样，王学末流就变得非常空疏并导致蒙昧主义。

二、"理一"展开为过程的思辨方法和培养德性的方法

陆九渊对于朱熹的"严密理会，铢分毫析"是不以为然的，他说："急于辨析，是学者大病。"（《与詹子南》，第210页）王守仁同意陆九渊的观点，也以为"析理益精，学益支离无本"（《别湛甘泉序》，上册，第257页）。他同陆九渊一样，从心一元论出发，认为"万理"即是"一理"（"一心"）的体现，所以关键是把握"一理"。这样，王守仁在思辨方法上强调"主一""合一"。

对于"一"，能否用概念把握、用名言表达呢？庄子、禅宗已经提出种种责难。王守仁赞成庄子"得鱼忘筌"、六经为"圣人糟粕"之说（《五经臆说序》，中册，第965—966页）。他以为真正要把握"人心天理浑然"（《传习录上》，上册，第13页），只有靠亲身体验，正如"哑子吃苦瓜，与你说不得。你要知此苦，还须你自吃"（《传习录上》，上册，第42页）。但是，在王守仁看来，为了把握"理一"，

用名言进行分辨还是必要的。他不像陆九渊那样囫囵吞枣,而是很注意从范畴的联系中来揭示绝对。例如,他说:"理一而已。以其理之凝聚而言,则谓之性;以其凝聚之主宰而言,则谓之心;以其主宰之发动而言,则谓之意;以其发动之明觉而言,则谓之知;以其明觉之感应而言,则谓之物。"(《传习录中·答罗整庵少宰书》,上册,第86—87页)在王守仁的著作中,充满着诸如此类的关于范畴的界说。他以为精神本体虽是绝对的、唯一的,但可以给予不同的称谓,也就是用不同范畴之间的联系来形容它。这个精神本体赋予人便凝聚为"性",它作为人的形体的主宰便是"心",心的发动便是"意",对意的明觉便是"知",知之感应处便是"物"。所有这些界说都是从心一元论观点出发,从范畴间的相互联系来说明范畴的涵义。

正因为不同的范畴是相互联系的统一体,所以王守仁认为即使把道理说得非常周到,无一点隙漏,那也不能视之为固定的"格式",应当是"因时制宜"地把握"一理"(《传习录上》,上册,第23页)。根据这样的观点,王守仁提出了著名的"六经皆史"的论点(《传习录上》,上册,第11页)。这不仅是大大降低了《六经》的神圣地位,而且要求用历史的态度来对待儒家的经典,把它们都看作一定历史条件下的产物。王守仁说:"六经者,吾心之记籍也,而六经之实则具于吾心。""六经者非他,吾心之常道也。"(《稽山书院尊经阁记》,上册,第284页)认为吾心之实被记载在《六经》中,心之常道通过《六经》而展开,是一个历史的过程。也就是说,《六经》是心体展开的过程。

王守仁认为,个人智慧的增长也是心体发育的过程。《传习录上》记载:"问:'知识不长进如何?'先生曰:'为学须有本原,须从本原上用力,渐渐盈科而进。'"(《传习录上》,上册,第16页)他以婴儿成长作比喻说,婴儿在母腹中已具体而微,具有长为成人的"本原",他出胎后经历了若干发育阶段,于是胎儿所具有的"本原"便充分展开。王守仁以为,为学也须从"本原"上用力,即着实下功夫"致良知",以求见得自己心体,但心体的展开、发育也要经历一个过程。

王守仁的这些说法,在总体上是唯心主义的。但他以"合一"来同朱熹的"辨析"相对立,并把"理一"的展开了解为过程,这就成了哲学前进运动中的一个重要环节。

王守仁的从历史过程和发育过程来把握"一理"的思辨方法，也是培养世界观和培养人的德性的方法。通过"存天理，灭人欲"的途径以求"复性"，是程、朱、陆、王的共同观点。但陆、王不像朱熹那样把"为学之方"的环节一一加以分析，而是强调圣学只是求诸内心这一个功夫。王守仁同时又认为，这个求诸内心的"致良知"功夫展开为一个过程。他多次以种树为喻来说明人的培养教育过程。他说："父子兄弟之爱，便是人心生意发端处，如木之抽芽。自此而仁民，而爱物，便是发干生枝生叶。"（《传习录上》，上册，第30页）这里说明人的德性是从孝悌的"良知良能"发展到"仁民""爱物"的过程。他还说："与人论学亦须随人分限所及。如树有些萌芽，只把这些水去灌溉。萌芽再长，便又加水。"（《传习录下》，上册，第109页）这里说明人的认识是通过不断的教育逐步提高的。王守仁认为，人的志向也是由确立而得到培育和实现的过程，他说："学者一念为善之志，如树之种，但勿助勿忘，只管培植将去，自然日夜滋长，生气日完，枝叶日茂。"（《传习录上》，上册，第37页）当然，人的德性、认识、志向的发展过程，都是同一心体的发育过程。

王守仁在培养人的德性的方法中贯穿着"知行合一"说，这就包含着理智与意志统一、自觉原则和自愿原则统一的意思。王守仁很重视意志的力量，把立志比喻为"植根"，说："夫学，莫先于立志。志不立，犹不种其根而徒事培壅灌溉，劳苦无成矣。"（《示弟立志说》，上册，第289页）同时，他认为只有认识到"至善在吾心"，才能"志有定向"（《大学问》，中册，第1068页），确立为圣之志。正统派理学鼓吹宿命论而忽视自愿原则，王守仁由于重视意志力量，在一定程度上纠正了这种倾向。他强调对人的教育要"随才成就"（《传习录上》，上册，第24页）。以为根据每人各自的具体情况做格物致知的功夫，这样就不会使人觉得教育是对他的束缚，能够自觉自愿地接受教育。比如，他说对于儿童的教育，要根据儿童身心发展的特点来进行，使之如春天的草木那样舒畅条达，这样儿童"中心喜悦，则其进自不能已"（《传习录中·训蒙大意示教读刘伯颂等》，上册，第99页）。这样的教育人的方法是有合理因素的。但是，这些合理因素又是同心体一切具足的先验论结合在一起的。

王守仁的心一元论体系，由于是以打破程朱理学独尊的面貌出现的，这就蕴含着诱发反对正统理学的"异端"思想的因素。

第六节　李贽的异端思想

王守仁的心学盛行之后，产生了不同的学派，其中的泰州学派表现出异端的思想倾向。泰州学派提出"百姓日用即道"的命题，公开肯定"利欲"，反对"存天理，灭人欲"的主张。同时，泰州学派提出"造命由我"的命题，用唯意志论反对理学家的宿命论，在泰州学派的思想影响下，产生了李贽的异端思想。

李贽（1527—1602年），号卓吾，字宏甫，别号温陵居士，泉州晋江（今属福建）人。曾师事泰州学派的学者。晚年信奉佛教。他的思想与封建正统思想相异，屡遭明朝封建统治者迫害，最终在明朝政府的狱中自杀。他的重要著作有《焚书》《续焚书》《藏书》《续藏书》等。李贽以"异端"自居，批判道学家是"阳为道学，阴为富贵，被服儒雅，行若狗彘"的伪君子（《三教归儒说》，《续焚书》，《焚书·续焚书校释》，岳麓书社，2011年，第584页）[1]。这是王充、嵇康的批判精神的继续，但又具有新的时代气息。他在《续焚书》中说："天下尽市道之交也。"（《论交难》，第585页）认为天下所有人的彼此交往都是"市道"即做生意。那些道学家道貌岸然，实际"心同商贾，志在穿窬"，只想做买卖，多赚钱。李贽用这样的观点来揭露道学的虚伪，曲折地反映了孕育着资本主义萌芽的市民阶层的观点。

李贽的哲学理论没有完全超越王守仁的心学，因为他也是以"心"作为世界的本原。他说天地万物"皆是吾妙明真心中一点物相耳"（《解经文》，《焚书》，第230页）。认为"妙明真心"的本体显现为天地万物的"物相"，所以"心外无物""心外无理"。然而李贽提出了某些与封建正统理学相违的"异端"思想。

李贽以"人必有私"对抗理学家的"存天理，灭人欲"。他说："夫私者人之心也。人必有私而后其心乃见。"（《德业儒臣后论》，《藏

---

[1] 以下出自《焚书·续焚书校释》（陈仁仁校释）的引文，只注书名、篇名和页码。

书》第3册,中华书局,1974年,第544页)[1]认为自私是人的天性,就连孔子这样的圣人也不能免于私心。这种观点虽然是抽象的人性论,但有着反对理学禁欲主义的进步意义。

在"理气(道器)"之辩上,李贽批判了程朱理学的"理在气先""道在事外"的观点。他说:"夫厥初生人,惟是阴阳二气,男女二命耳,初无所谓一与理也,而何太极之有!"(《夫妇篇总论》,《初潭集》,中华书局,2009年,第1页)认为世界上万事万物都是由阴阳两气的矛盾产生的,根本不存在所谓的"太极"。在李贽看来,理不是事物的开端,"无"中生"有"就更谈不上了。他说,天下万物生于阴阳两气,犹如夫妇结合生出人,"是故但言夫妇二者而已,更不言一,亦不言理。一尚不言,而况言无;无尚不言,而况言无无"(同上)。李贽还批判了理学家的"道统"说。"道统"说以为有个超越历史的永恒的"道"。李贽认为没有脱离具体的社会历史的"道",说:"道之在人,犹水之在地也;人之求道,犹之掘地而求水也。然则水无不在地,人无不载道也。"(《德业儒臣前论》,第3册,第517页)认为"道"与人的关系如同水与地的关系,既没有离开具体人类社会而存在的"道",也没有失去了"道"的人类社会。所以,理学家以为孟子之后"道统"失传的说法是"大谬"(同上)。正因为"道"不能脱离人类社会的历史,所以,随着人类社会历史的变化,"道"也有所不同,而理学家推崇三代,要用那时的"道"来治理当今的天下,犹如"刻舟求剑"般可笑。

在"心物(知行)"之辩上,李贽接受了王守仁的"致良知"的学说,进而提出了"童心"说。他说:"夫童心者,真心也。"(《童心说》,《焚书》,第172页)所谓"童心"就是"真心",亦即"良知"。人有"童心",生来就能明辨是非、真假。如果"失却童心,便失却真心;失却真心,便失却真人"(同上)。然而现实中的人们往往丧失了"童心",之所以如此,是由于人们读了儒家的经典,"六经、《语》《孟》,乃道学之口实,假人之渊薮也,断断乎其不可以语于童心之言明矣"(《童心说》,《焚书》,第173页)。

为了保护"童心",不使其失却,李贽强调不要把儒家的经典作

---

[1] 以下出自《藏书》的引文,只注篇名、册数和页码。

为判断是非的标准，由此提出了真理的相对性问题。王守仁说"良知"是自家准则，"求之于心而非也，虽其言之出于孔子，不敢以为是也"。李贽发展了这一观点，认为如同昼夜不断交替一样，是非也是随着时势的变化而变化的，所以不应死抱住孔子的教条，以孔子之是非为是非，而应根据自己的"良知""童心"来判断是非。他说："天生一人，自有一人之用，不待取给于孔子而后足也。"（《答耿中丞》，《焚书》，第42页）后人不一定要学孔子而后才能做人。他以为自己编写的《藏书》"系千百年是非"（《答焦漪园》，《焚书》，第27页），读者可以对它作各种评价，只要不以"孔夫子之定本行罚赏也，则善矣"（《藏书世纪列传总目前论》，第1册，第1页）。李贽反对以孔子作为绝对真理的化身，这在当时具有解放思想的意义。但是，李贽片面地夸大了真理的相对性，说："人之是非，初无定质，人之是非人也，亦无定论。"（同上）认为每个人都有自己的标准，不同的是非标准可以"并行而不悖"。这是相对主义的观点。

李贽发展了泰州学派"百姓日用即道"的观点，认为"穿衣吃饭即是人伦物理"（《答邓石阳》，《焚书》，第21页）。由此他强调从百姓穿衣吃饭等日用之事中识得本心，唤醒"良知"。他说他自己从百姓日用之事中而认识到"趋利避害，人人同心。是谓天成，是谓众巧"（《答邓明府》，《焚书》，第80页）。李贽的思想在批判理学的"存天理，灭人欲""理在气先""道在事外"以及经学权威主义独断论方面都表现了封建正统思想的异端倾向，但他这些批判都是以"心"（精神、意志）为第一性作基础的，因而有一种唯意志论的倾向。他认为趋利避害的情欲是"天成"的，鼓励人们凭情欲猖狂妄行，盲目破坏，对社会有不利的一面。

第八章 中国古代哲学的总结阶段

中国封建社会在明清之际已步入末期，它的内在矛盾得以充分地暴露：明末农民起义提出的"均田""免粮"的口号已触及封建土地所有制的本质；自明中叶以来，资本主义萌芽在艰难地成长；占据统治地位的理学正日益显示出腐朽性。这说明中国封建社会在当时已进入了虽未崩溃但已开始自我批判的特定的历史阶段。在这样的历史阶段里，涌现出了一批以王夫之、黄宗羲、顾炎武为代表的进步思想家，他们在批判理学的过程中担负起了对中国古代哲学进行总结的任务。

中国古代哲学到明清之际已经历了数千年的历史，哲学论争的中心由先秦的"天人""名实"之辩，发展到宋明时期的"理气（道器）"之辩和"心物（知行）"之辩。明清之际的进步思想家在对中国古代哲学进行总结时，首要问题是批判宋明理学，也就是要对"理气（道器）"之辩和"心物（知行）"之辩做出批判的总结。在宋明时期，围绕着对这两个论争的不同回答，形成了三个哲学派别，即气一元论、理一元论、心一元论，张载、程朱、陆王分别是这三个派别的代表。王夫之、黄宗羲、顾炎武在进行总结时，首先要对这些派别进行批判的审查，所以他们的哲学总结主要是围绕"理气（道器）"之辩和"心物（知行）"之辩而展开的。同时，由"天人"之辩演变而来的命和力、性和习的关系以及由"名实"之辩演变而来的言和意、象和道的关系问题,也得到了比较全面的考察。另外,他们对宋明理学的批判,在一定程度上触及了封建专制主义的反动本质,包含有民主主义的新思想。这是在他们之前的思想家所没有的。

第一节　王夫之对"理气(道器)""心物(知行)"之辩的总结
——朴素唯物主义与朴素辩证法相统一的气一元论体系

王夫之(1619—1692年),字而农,号姜斋,湖南衡阳人。晚年居衡阳的石船山,故后人称船山先生。他在明亡后,隐居著述四十余年,除了哲学外,还精于史学、文学、经学,并对天文、数学、历法、地理学等都有所研究。其著作在清末被编为《船山遗书》,得以流传。

王夫之对理学家的"存天理,灭人欲"的说教作了批判。他说:"人欲之各得,即天理之大同。"(《读四书大全说·论语·里仁篇》,《船山全书》第6册,岳麓书社,2011年,第640页)[1]认为不能离开"人欲"谈"天理","天理"即在"人欲"之中,"天理"就是大家的欲望都合理地得到满足。由此他认为合理的社会应是"均天下",说:"平天下者,均天下而已。"(《诗广传·大雅》,第3册,第472页)他所谓"均天下",主要是指抑制土地兼并。同时,王夫之批判了封建专制主义的理论,即法家的理论。他把老庄、佛教、申韩并列为古今之三大害,说:"其上申、韩者,其下必佛、老。"(《读通鉴论》卷十七,第10册,第653页)认为在专制统治的淫威下,人人自危,就退而谈虚玄,到佛老中去求得安慰。王夫之对法家理论的这一批评同程朱陆王反申韩是不同的。理学家反申韩,是以德教的旗号反对法家的功利主义,王夫之所反对的则是法家的封建专制主义,而这正是理学家力图用德教作外衣来加以保护的东西。

---

[1] 以下出自《船山全书》(《船山全书》编辑委员会编校)的引文,只注书名、篇名、册数和页码。

王夫之在哲学上，从气一元论出发，对宋明时期论争的"理气（道器）"之辩和"心物（知行）"之辩作了比较正确的总结，达到了朴素唯物主义与朴素辩证法的统一。对宋明时期哲学论争作了总结，实际上也是对整个中国古代哲学作了总结。王夫之通过批判的总结，使气一元论体系取得完成的形态，他在天道观、人道观、认识论与逻辑学等领域都做出了创造性的贡献。

一、 总结"理气（道器）"之辩

王夫之从气一元论出发，对"理气（道器）"之辩作了批判的总结，在天道观上做出了重要贡献。

王夫之继承和发展了张载的气一元论。他同张载一样，说"虚空皆气"，用"絪缊"来形容气之本体，用"聚散"来说明本体与万物的关系。他说："阴阳二气充满太虚，此外更无他物。"（《正蒙注·太和篇》，第12册，第26页）就是说，气是唯一实体，"气外无物"，天地万物都是由物质性的气构成的。气是永恒不变的，它絪缊变化，"聚而为庶物之生"，"散而归于太虚"（《正蒙注·太和篇》，第12册，第19页）。这就反对了佛教把现象视作"幻化"和程朱理学以为"气有生灭"的错误论点，从哲学上论证了物质不灭的思想。

王夫之以"理在气中""道不离器"的命题反对程朱的"理在气先""道在器先"的唯心主义观点。他说："气者，理之依也。"（《思问录·内篇》，第12册，第419页）认为理依存于气，超物质超时空的理是不存在的。程朱用"形而上"和"形而下"来区分理和气、道和器，认为道是虚的而器是实的，先有形而上之道，后有形而下之器。与此正相反，王夫之提出了"实道而虚器"的命题（《周易外传·系辞上传第十二章》，第1册，第1027页）。就是说，道是依存于具体事物的，是实在的，而具体事物是可以由理性思维进行抽象的。王夫之还说："天下惟器而已矣。道者器之道，器者不可谓之道之器也。"（同上）明确指出天地间存在着的一切都是具体的实物，一般原理存在于具体事物之中，而决不可说具体事物依存于一般原理。所以，不存在先于形器的"道"。

"理气（道器）"之辩本是从"有无（动静）"之辩发展而来的。主张"无"中生"有"，以虚静的本体为世界第一原理，是从老子开始的。以后的佛教和程朱陆王也都是以虚静的本体为世界第一原理。王夫之对此提出了批评："老氏以天地如橐籥，动而生风，是虚能于无生有，变幻无穷；而气不鼓动则无，是有限矣。然则孰鼓其橐籥令生气乎？"（《正蒙注·太和篇》，第12册，第24页）就是说，老子以风箱动而生风之喻来说明无能生有，那么必须假定另有一个"鼓气者"。这就是说，凡是以虚静的本体作为世界第一原理的，最后必然将万能的主宰一切的上帝作为第一推动力。

王夫之认为，"有"是无限的、绝对的，而"无"则是有限的、相对的，但佛老恰恰是把"有"和"无"的这个关系弄颠倒了。他说："言无者激于言有者而破除之也，就言有者之所谓有而谓无其有也。"（《思问录·内篇》，第12册，第411页）认为通常说的"无"，是相对于"有"而言的，是指"有"的否定，即"无其有"。他举例说，相对于犬有毛，才说龟无毛；相对于鹿有角，才说兔无角。因此，如果要立一个"无"作为绝对的本体，那便是"博求之上下四维古今存亡而不可得，穷矣"（同上）。

对于"动静"之辩，王夫之发展了张载的思想，进一步阐发了绝对运动与相对静止的辩证关系。他说："太极动而生阳，动之动也；静而生阴，动之静也。废然无动而静，阴恶从生哉！"（《思问录·内篇》，第12册，第402页）这里讲的"太极"是指气之本体。王夫之认为，废然无动的绝对的静即熄灭，是天地间所没有的；事物的运动是绝对的，所谓"静"就是"动之静"，即运动的暂时静止状态。他正确地指出了静止里包含着运动，"静者静动，非不动也"（《思问录·内篇》，第12册，第411页）。静止是运动在局部上趋于稳定而成形象的暂时状态，"动而成象则静"（《正蒙注·太和篇》，第12册，第23页）。

前面已说，张载用对立统一原理来表述气化之"道"。对此，王夫之作了更为深入的阐发。

首先，王夫之比张载更明确地提出物质固有的矛盾是运动的源泉。他说："盖阴阳者气之二体，动静者气之二几，体同而用异则相感而动，动而成象则静，动静之几，聚散、出入、形不形之从来也。"（同上）

这是说，元气作为物质性的实体具有阴阳两个方面，是运动变化的源泉；由于阴阳矛盾作用而有动静这两种可能性；所有的一切变化都是由动静之契机产生的。总之，"天地人物屈伸往来之故"（《正蒙注·太和篇》，第12册，第24页），即运动的总原因就是气所固有的矛盾。程朱理学以为先有不依赖物质的太极之动静，而后生出阴阳和自然界万物。王夫之驳斥了这种观点，他强调："动静者即此阴阳之动静。"（同上）而阴阳是物质的气，运动就是阴阳二气的属性。

其次，运动就是矛盾的发展过程。王夫之认为，从客观的气化过程来说，阴阳、刚柔等对立面，一方面是"相反而相为仇"，相互排斥、斗争，另一方面又"互以相成，无终相敌之理"，相辅相成，最后又回到太虚中去；从人和物的关系来说，人类和自然界互相排斥，"利于物者损于己，利于己者损于物"，但是人最终"不能不取物以自益"；所以矛盾发展到最后总是"和而解"。王夫之在这里也没有摆脱古代辩证法的循环论的局限性。但是，自张载起，中间经过程朱陆王和陈亮、叶适等人，都讲"两"和"一"，从不同侧面考察了矛盾运动，然而他们都不讲否定和矛盾的转化，直到王夫之才对否定和矛盾转化持肯定的态度。王夫之认为，矛盾双方"相反而固会其通"（《周易外传·杂卦传》，第1册，第1112页），因此，对于矛盾的对立斗争不要感到害怕，而要善于看到对立面是怎么统一的，"君子善其交而不畏其争"（《周易外传·未济》，第1册，第980页）。从这样的观点出发，王夫之强调对于否定和矛盾转化要抱积极的乐观态度，"君子乐观其反也"（《周易外传·杂卦传》，第1册，第1112页）。王夫之认为，矛盾转化有两种形式：一种是矛盾空前激化，非得一方克服另一方才能解决矛盾，他说："势极于不可止，必大反而后能有所定。"（《宋论》卷八，第11册，第201页）矛盾转化的另一种形式是"或错或综，疾相往复，方动即静，方静旋动，静即含动，动不舍静"（《思问录·外篇》，第12册，第430页）。即对立面不断转化，互相渗透，而始终保持着动态平衡。

第三，阴阳的对立统一是普遍存在的，而每类事物又有其特殊规律。王夫之指出，"无孤阳之物，亦无孤阴之物"，所有的具体事物都是"合两端于一体"（《正蒙注·太和篇》，第12册，第37页），是阴阳两端的对立统一。阴阳的对立统一是事物中普遍存在的规律，但就各不相同的事物来说，它们又各有其特殊规律。王夫之指出，事物的"才质性情各依其类""各有条理"，它们的运动变化各有其自己的原因，"屈伸往来，顺其故而不妄"（《正蒙注·太和篇》，第12册，第19页）。王夫之把事物的普遍规律和特殊规律综合起来，说明气化之道是对立统一的过程。他认为，"道"（理）即规律，包含着这样的意思：从一般意义上讲，一阴一阳之谓道，道不离器，道随着不同的器而表现不同，又不受特殊时空的限制；从特殊意义来讲，道包括了各类客观事物的条理以及人类活动的准则这两者，这些特殊规律和准则有其特定的起作用的范围。在王夫之以前，程朱提出"理一分殊"，王守仁把"理一"了解为过程，王廷相则强调"理万"，他们各有所见，也各有所蔽。王夫之在讲一般意义的道时，也讲"理一分殊"，也把"理一"的展开看作过程；但他又指出有特殊意义的"道"，即各类事物各有条理，所以"理一分殊"不可作为宗旨，例如有月蚀之事就有日蚀之理，这不能用"理一分殊"来解释（《续春秋左氏传博议·士文伯论日食》，第5册，第586—587页）。王夫之对"理"（道）即规律性这个概念作了比较细致的分析，表述也比前人确切得多。

综上所述，在天道观上，王夫之比较深刻地批判了程朱的理一元论和陆王的心一元论，大大地发展了张载的气一元论，对"理气（道器）"关系问题作了比较正确的解决。

二、 总结"心物（知行）"之辩

王夫之从气一元论出发，总结了"心物（知行）"之辩，在认识论上做出了重要贡献。

关于认识的来源，王夫之明确地反对了"生而知之"的先验论。他说："耳有聪，目有明，心思有睿知，入天下之声色而研其理者，人之道也。"（《读四书大全说·论语·季氏篇》，第6册，第852页）认为凭借感官心知，进入世界万物声色之中去研究事物的规律，是人类认识世界的途径。

关于认识活动中的主体和客体的关系，王夫之用"体用"这对范畴对"能"（认识主体）"所"（认识客体）关系作了比较正确的阐述。佛教关于"能所"关系的基本观点是，所知之认识客体是能知之认识主体产生的"假有"。王夫之批评这种观点是"消'所'以入'能'，而谓'能'为'所'"（《尚书引义·召诰无逸》，第2册，第377页），即把认识对象消融在认识的主体中，用主观去代替客观，取消了客观世界。王夫之说："境之俟用者曰'所'，乃以俟用者为'所'，则必实有其体。"（《尚书引义·召诰无逸》，第2册，第376页）认为"所"是有待于主体作用的客观对象，这种客观对象不是"假有"而是必定"实有其体"。他又说："用之加乎境而有功者曰'能'……以用乎俟用而以可有功者为'能'。则必实有其用。"（同上）认为"能"是能作用于客体而有功效的主体，它也不是"虚无"，而是必定"实有其用"。由此，王夫之认为"能"和"所"的关系应当是：一方面要依赖客体来激发主体的认识作用，"因所以发能"（同上）；另一方面，"用"既是作用于客体，则主观必须符合客观，"能必副其所"（同上）。

王夫之对"知行"关系问题也作了比较正确的阐述。他批评程朱是："曰'知先行后'，立一划然之次序，以困学者于知见之中，且将荡然以失据。"（《尚书引义·说命中二》，第2册，第311页）认为程朱的"知先行后"说把知行割裂开来，引导人们滞留在"知见"阶段，完全脱离现实。他批评王守仁的"知行合一"虽以反对程朱割裂知行的面貌出现，但其实质是"销行以归知"（《尚书引义·说命中二》，第2册，第312页）。认为王守仁把行合到知里去，完全取消了行。他认为无论程朱还是陆王，都是"离行以为知"（《尚书引义·说命中二》，第2册，第314页），可谓殊途而同归。王夫之在知行问题上提出了"知行相资以为用"（《礼记章句》卷三一，第4册，第1256页）和"行可兼知"（《尚书引义·说命中二》，第2册，第314页）的命题。王夫之认为，行是知的基础，行是第一位的，"行可兼知，而知不可兼行"（同上）。这是因为认识须依赖实践才见功效，而实践却不必依赖认识而自有其功效，"知也者，固以行为功者也。行也者，不以知为功者也"（同上）。同时，王夫之认为知行可以分阶段，但不能把两者割裂开来。他指出在知行的先后问题上有两种情况：一是知先于行，"由知而知所行"（《读四书大全说·论语·为政篇》，第6册，第600页），即以理论知识作为行动的指导；二是行先于知，"由行而行则知之"（同上），即通过实践获得某种知识。他认为这两者"并进而有功"（同上）。这是王夫之的知行统一观。

关于认识过程的问题，宋明时期哲学家围绕"格物致知"的不同解释而展开热烈争论。王夫之认为"格物"与"致知"是认识的两种方式，也是两个阶段。他说："夫知之方有二，二者相济也，而抑各有所从。博取之象数，远证之古今，以求尽乎理，所谓格物也。虚以生其明，思以穷其隐，所谓致知也。"（《尚书引义·说命中二》，第2册，第312页）认为广泛地了解事物的现象，并考察其历史演变，从而来求得事物的规律，就是"格物"；虚心地进行逻辑思维，从而掌握事物的内在本质，就是"致知"。但是，"格物"与"致知"是互有关联的。他说在"格物"阶段，即物穷理，要耳目与心思并用，此时，"学问为主，而思辨辅之"（《读四书大全说·大学·圣经》，第6册，第406页）。在"致知"阶段，虽进行逻辑思维是心官作用，但"思辨为主，而学问辅之"（同上）。所以，王夫之认为，离开"格物"去"致知"，就会成为空想而走上邪路；若只"格物"而不"致知"，则会被表面现象迷惑。可见，王夫之的上述看法，比较辩证地分析了认识过程中感性和理性的关系。

王夫之把学习和思维看作辩证的运动，说："学成于聚，新故相资而新其故；思得于永，微显相次而显察于微。"（《周易外传·系辞上传第五章》，第1册，第1008页）就是说，学习、认识是个不断积累的过程，新旧知识互相作用不断地推陈出新；思想是在不断运动中得到发展的，明显的现象和隐微的本质相继得到考察，现象便从本质上得到说明。由于他把人的思维的发展和知识、才能的增长，都看作运动中前进的过程，因而他非常强调"动"。他指斥那些主张寂静、无为的人说：难道"禹之抑洪水，周公之兼夷驱兽，孔子之作《春秋》"（《周易外传·震》，第1册，第948页），反而不及饱食终日之徒能"穷物理，应事机"（同上）吗？他认为，坐着不动绝不能使智慧增长，一定要在行动中发展人的知识、才能，在实践中培养人们的德性。王夫之如此重视"动"、强调"行"的精神，同理学家"主静"的说教正相反对。

但是，王夫之在比较正确阐明知行关系的同时，也在某些地方陷入了先验论。他以气禀来解释精神，认为德性之知是人心所固有，它一经唤醒，便是自明的真理。

三、"言、象、意、道"的统一

先秦时的"名实"之辩，在秦汉以后仍以不同形式继续着，到魏晋演变为"言意"之辩，到宋明，"名实""言意"之辩就和"象"与"道"的关系问题结合在一起。王夫之在唯物主义的基础上讲名与实、言与意、象与道的对立统一，说："名非天造，必从其实。"(《思问录·外篇》，第12册，第448页)；"言、象、意、道，固合而无畛"(《周易外传·系辞下传第三章》，第1册，第1040页)。这是继荀子之后，对"名实"之辩再次作了批判的总结，在逻辑和方法论上做出了重要的贡献。

王夫之认为实是第一性的，名是第二性的，"名从实起"(《思问录·外篇》，第12册，第449页)，概念是客观实在的反映。然而概念能否如实地摹写现实？特别是逻辑思维能否把握宇宙发展法则？这是先秦以来争论不休的问题。老庄和禅宗都以为概念不足以表达变化之道，只有破除一切名相，才能达到与本体合一。理学家受道释的影响，以为圣人之心犹如明镜，只是"物来而顺应"，并不在心里留下任何观念。王夫之反对这类"无念"或"罔念"的说法，他强调"克念"，他所谓的"克念"，实质是默识心通，善于思维。王夫之把概念看作一个过程，认为既不可执着概念而使之成为僵死的，"夫念，诚不可执也"(《尚书引义·多方一》，第2册，第389页)，但也不可能把概念的运动看作刹那生灭，不留痕迹的。因为思维是一个前有来源，后有趋向的现实的流，"已往将来之在念中者，皆其现在，而非仅刹那也"(《尚书引义·多方一》，第2册，第390页)。就是说，以往者保留于现在之中，将来者可以从现在加以推测，因而理性在当前把握的概念，是可以同已往和将来相通的。王夫之强调，在善于正确地思维的头脑里，念与念相续，每一现在的概念都包含对过去的总结和未来的预测，个人头脑里的思维所运用的概念，是超越个别人所处的时间、地点的限制的，能概括亿兆人的经验，把握千万里外的事物，"今与昨相续，彼与此相函。克念之则有，罔念之则亡"（《尚书引义·多方一》，第2册，第391页）。

王夫之在这里触及了逻辑思维的辩证本性：概念的运动是一个前后相续、彼此相函的发展过程。在这个过程中，每一个概念既是现在的，又超乎一时一地的局限而具有概括的性质。所以，通过事与事相继、念与念相续的认识运动，个人的知识能不断积累，人类的文化能形成传统，而逻辑思维便有可能从现象深入到本质，揭示出现实的变化法则。王夫之的"克念"的概念理论，实际上是把名实的统一了解为一个辩证的运动过程。

根据上述的名实统一的观点，王夫之进而提出了"言、象、意、道"统一的理论。对于这四者的关系，他举仁义为例，说："仁义中正，可心喻而为之名者也。得恻隐之意，则可自名为仁，得羞恶之意，则可自名为义，因而征之于事为，以爱人制事，而仁义之象著矣。"（《正蒙注·天道篇》，第12册，第74页）这是说，客观存在着仁义中正之理（"道"），它为人们所认识而心喻其"意"，于是用仁义之名（"言"）表达出来，并在实际行为中得到验证，这样仁义之"象"就显著了。所以，"言"是"意"的表达形式，"意"是"言"的思想内容，内容与形式是不可分割的。而"道"和"象"，则既指"言"之所指的客观对象，也指"意"所把握的规律和范畴。"象"和"道"也是不可分割的。王夫之说："天下无象外之道。"（《周易外传·系辞下传第三章》，第1册，第1038页）他以为"道"与"象"不是如父与子那样"相与为两"，而是好比耳之于聪、目之于明那样"相与为一"的。他还说："汇象以成《易》，举《易》而皆象，象即《易》也。"（《周易外传·系辞下传第三章》，第1册，第1039页）认为所有的"象"即范畴汇集成一个体系就是《易》。总体来说，《易》可以概括为奇偶或乾坤"对立之象"的矛盾运动；分开来说，《易》象无数，是一个有机联系、变化多端的范畴体系。正是通过这些范畴的辩证的联系与运动，揭示出宇宙的变化法则即易道。

这基本是《易传》的"立象以尽意，系辞焉以尽其言"的逻辑思想的发挥。不过，王夫之的理论既反对了从汉儒到邵雍之流的象数之学,也反对了从王弼"得意忘象,得象忘言"到宋儒割裂"道器"关系的形而上学。

王夫之认为,京房、邵雍、蔡沈的唯心主义"象数"之学,是凭主观把八卦、六十四卦配合成世界图式,"皆人为之巧,自然生物未有如此者也"(《思问录·外篇》,第12册,第440页)。王夫之认为,阴阳家的"五行生克"说,在方法论上的错误是:"略其真体实用而以形似者强配而合之。"(《尚书引义·洪范二》,第2册,第350页)就是说,阴阳家不是根据事物本质进行科学的类比,而是借事物的表面相似之处作主观的推定,用人事来比附自然,导致"天人感应"这类迷信。王夫之认为,要真正把握"类",要运用"比类相观"的方法(《正蒙注·动物篇》,第12册,第106页)。这就是要求从事物的"同"和"异"的关系中及事物"屈"和"伸"的变化中认识事物,从而逐步把握各类事物的本质,形成正确的类概念。王夫之反对主观比附的"象数"之学,但不是说逻辑思维可以不用"象"和"数"。他认为"象"即类概念和"数"是相联系的。他说:"象数相倚,象生数,数亦生象。"(《尚书引义·洪范一》,第2册,第338页)这是说,"象"和"数"彼此依赖,自然界包括无数种类的物体、形象,人可以用数来记之,即从数量关系上把握它们,这是"象"生"数";而人在活动中,依据数量关系来制作各种器物,得以成功,这是"数"生"象"。

中国古代科学很重视"比类"的方法,而"比类"总是和"取象""运数"(度量)相联系的。宋代大科学家沈括既注重"取象"又注重度量,其方法论对科学的发展起了积极的推动作用。王夫之的"比类相观"和"象数相倚"可以说是进一步从哲学上概括了中国古代的科学方法论。当然,这还不是近代实证科学的方法。

自王弼提出"得意忘象"以来,玄学、佛学直至理学唯心主义,它们都用"得意忘象""离器言道"的玄学方法。王夫之驳斥了这种玄学方法,认为"道"内在于"器",而"言""象"正是通过摹写、辨别器物来得到"道"之"意",因而绝不能"得意"而"忘象""忘言"。他指出这种玄学方法实际上是割裂了"体"(道)和"用"(器),"不善言道者,妄立一体而消用以从之"(《周易外传·大有》,第1册,第862页）。就是以虚无为体从而取消了现象界的真实存在。王夫之与此针锋相对，认为"善言道者，由用以得体"（同上）。即从作用的实有而肯定实体的存在，把现象界了解为物质实体的自身运动的表现。他指出现象界是"物物相依"的因缘之网和"推故致新"的变化之流。因此，从方法论来说，"由用以得体"，就是指要从全面联系和变化日新的观点来考察物质自己运动的必然规律。

魏晋以来，哲学家们通过"体用"之辩，对事物运动原因的认识，或者说对"故"的逻辑范畴的考察，是越来越深入了。正确的结论是"体用不二"：物质实体即自因，作用即实体自身运动。"体用不二"的观点具有重要的方法论意义。这在范缜和张载对形神之辩和"有无（动静）"之辩的总结中已有充分的反映。王夫之的"由用以得体"进一步发挥了"体用不二"的方法。

"言、象、意、道"的统一，在王夫之看来，并非是说言与意、象与道直接等同，没有矛盾。他说："'书不尽言，言不尽意'，是故有微言以明道。"（《周易外传·系辞上传第五章》，第1册，第1002页）正由于确实有言不足以达意的情况，因而要用"微言"来表达道。所谓"微言"是什么呢？王夫之说："《易》曰：'一阴一阳之谓道。'或曰，抟聚而合之一也；或曰，分析而各一之也。呜呼！此微言所以绝也。"（同上）"一阴一阳之谓道"就是"微言"的一例，它包含着如黑格尔所说的"既是分析的，又是综合的判断的环节"，是辩证法的语言。但是，有的人片面强调综合，有的人片面强调分析，这就破坏了"微言"。

王夫之指出，道家和佛学、程朱和陆王就是或片面强调分析或片面强调综合。他说："以为分析而各一之者，谓阴阳不可稍有所畸胜，阴归于阴，阳归于阳，而道在其中……于是而老氏之说起矣。"（《周易外传·系辞上传第五章》，第1册，第1002—1003页）认为老氏片面地讲分析，把阴阳分割开来，阴归阴，阳归阳，道游离于阴或阳之外，就把道说成是虚无的。他认为佛学是片面强调综合："以为抟聚而合之一者，谓阴阳皆偶合者也。同即异，总即别，成即毁，而道函其外……于是而释氏之说起矣。"（《周易外传·系辞上传第五章》，第1册，第1003页）佛学过分强调综合，说本体统摄一切，而阴阳等都是偶合而成的假象，抹杀了同异等差别，就把道说成具圆成实性的真心。在理学家中，程朱近道，偏重于分析；陆王近禅，偏重于综合。因此，王夫之对道释的批评也是对程朱和陆王的批评。王夫之认为，"一阴一阳之谓道"的"微言"，是用分析和综合相结合的方法来把握道的。因为它既认为道与阴阳是统一的，又认为道对阴阳起统一主持和分别调节的作用；它表示了阴阳与道是"二"（对立）和"一"（统一）的关系，王夫之说："故合二以一者，既分一为二之所固有矣。"（《周易外传·系辞上传第十二章》，第1册，第1027页）就是说，"一阴一阳之谓道"说明了阴阳与道是对立的统一，既分"一"（道）为"二"（阴阳），又"合二以一"。因此，从逻辑和方法论来说，就要求既分析又综合地来把握道。

总之，王夫之"言、象、意、道"统一的逻辑理论，揭示了名实统一的辩证运动，批判了中国古代哲学中的几种唯心论的主要方法，比前人更深入地阐明了"类""故""理"的逻辑范畴。关于"比类"的方法，他提出"象数相倚"；关于"求故"的方法，他提出在物物相依和变化日新中把握实体（即"由用以得体"）；关于"明理"（明道）的方法，他提出分析和综合相结合。这些都是辩证逻辑的思想，而且比之荀子、《易传》来是大大地提高了。当然，他的辩证逻辑思想也仍然是朴素的。

四、"理势合一"的历史观

宋明时期的"理气（道器）"之辩也是人道观方面的论争。王夫之提出"无其器则无其道"的命题，首先也是从社会历史观角度而言的。他说："无其器则无其道，人鲜能言之，而固其诚然者也。洪荒无揖让之道，唐、虞无吊伐之道，汉、唐无今日之道，则今日无他年之道者多矣。"（《周易外传·系辞上传第十二章》，第1册，第1028页）认为人类社会是个不断变化发展的过程，各个历史时代都有其特殊规律。

王夫之在《读通鉴论》中，对柳宗元以"势"的观点阐述社会制度更替的《封建论》表示赞同。他从中吸取了思想养料，进而提出了"理势合一"的历史观。他说："迨已得理，则自然成势，又只在势之必然处见理。"(《读四书大全说·孟子·离娄上篇》,第6册,第994页)"顺必然之势者,理也;理之自然者,天也。"(《宋论》卷七,第11册,第177页)就是说,凡合乎历史发展规律的就自然形成为发展趋势,而不得不然的历史趋势正体现了它的发展规律;人类历史是一个理势统一的自然过程,它的规律性可以从历史发展的必然趋势中见到。王夫之还说:"势因乎时,理因乎势。"(《读通鉴论》卷十二,第10册,第458页)认为势依存于现实的时代条件;时代条件不同,历史就有不同的发展趋势,不同的发展趋势就有不同的历史规律。王夫之上述关于理势统一的思想,近似于黑格尔的"凡是现实的都是合理的,凡是合理的都是现实的"这一命题。从辩证法的观点来看,不是任何现存事物、历史活动都无条件地具有现实性,现实性在其展开过程表明为必然的发展趋势,而这必然趋势一定是合理的。

同理和势这对范畴相联系,还有历史发展中的必然与偶然的关系。柳宗元在《封建论》中已指出,不能用历史上个别人物的动机来解释历史的发展,在偶然性后面隐蔽着必然性。王夫之更进一步阐明了这个观点。他说:"秦以私天下之心而罢侯置守,而天假其私以行其大公,存乎神者之不测,有如是夫!"(《读通鉴论》卷一,第10册,第68页)认为秦始皇置郡守,主观动机是为了一己之私利,然而用郡县制代替分封制,却符合于历史发展的趋势。在王夫之看来,帝王的动机是偶然的东西,但正是在偶然的动机后面,存在着历史的必然性。

王夫之还提出要从"民视"中来发见历史的必然性。他说:"可以行之千年而不易,人也,即天也,天视自我民视者也。"(《读通鉴论》卷十九,第10册,第698页)认为一种制度如果可以推行千年而不改变,那它一定是人民所愿意接受的,人民所愿意接受的,也一定是合乎理之自然("天视")的。这表现了站在平民立场上说话的人文主义思想萌芽。

五、"性日生而日成"与"成人之道"

自唐代李翱提出"复性"说以来,程朱、陆王都主张"复性"说,认为只要通过"存天理,灭人欲"的工夫,恢复天命之性,就能达到圣人的境界。这种"复性"说的要害是宣扬宿命论。王夫之继承和发展了先秦儒家（荀子和《易传》）的"成性"说，批判了"复性"说，把中国古代哲学的人性论和培养理想人格的学说推向前进。

王夫之的"成性"说和理学家"复性"说的对立，表现在人性论上，是提出了"性日生而日成"的命题，比较正确地阐明了天和人、命和力、性和习的关系。

王夫之在天和人的关系上，区分了"天之天"和"人之天"。他在《诗广传·大雅》中指出："天之天"可以转化为"人之天"，"昔之为天之天者，今之为人之天也"（第3册，第463页）。他所谓的"天之天"，是离开人们意识而独立自存的物质世界；所谓的"人之天"，是为人们所占有、所利用的自然界。他认为"天之天"可以转化为"人之天"，同马克思主义哲学所讲的"自在之物"可以转化为"为我之物"的思想有接近之处。这是对荀子"明于天人之分"的思想的继承和发展。

王夫之在命和力的关系上，一方面肯定"天之命，有理而无心者也"（《读通鉴论》卷二十四，第10册，第936页），"命"就是"理之流行"，是人所不能违背的。因此，他强调"人之道，天之道也"（《续春秋左氏传博议》卷下，第5册，第617页）。认为人的活动法则也遵循自然规律。另一方面，王夫之又肯定人可以"造命"，不仅"君相可以造命"，而且人人都可以"造命"，"一介之士，莫不有造焉"（《读通鉴论》卷二十四，第10册，第937页）。因此，他强调不应当"任天"而要"相天"（《续春秋左氏博议》卷下，第5册，第617页），认为人在自然面前并非无能为力，而是可以发挥主观能动性来辅助和治理自然。

王夫之在性和习的关系上，赞同"习与性成"之说，他指出：人和禽兽是不同的，"禽兽终其身以用其初命，人则有日新之命矣"（《诗广传·大雅》，第3册，第464页）。禽兽的天生的本能决定了它们的一生，而人不满足于他们的天生本能，在和自然界的交往过程中，不断改造自己，培养德性，这就是"日新之命"。由于他把德性的培养看作天人交互作用的过程，因而认为人的"习"（习行、学习、习惯、习俗）归根到底是人和自然的交互作用，正是通过这种交互作用形成了人的德性。王夫之认为，在这样的交互作用的过程中，人性不是一成不变的，而是"日生则日成"（《尚书引义·太甲二》，第2册，第299页），每天都在生长和发展着，从而不断地完善起来。这样的人性形成的过程，一方面是不断地接受自然界给予的影响的结果，另一方面也是人主动地权衡取舍，"自取自用"（《尚书引义·太甲二》，第2册，第300页）的结果。所以，"习与性成"既可以"成性之善"，也可以"成性之恶"。从人性的完成形态来说，有善有恶，但就其本源而言，王夫之认为"天命"之"良能"无有不善。这仍然是"性善"说。

王夫之最终没有走出传统的"性善"说，表明他还不能科学地说明道德的客观基础，依然是抽象的人性论。但是，他的"性日生而日成"的命题，把人性了解为一个过程，批评了理学家以为初生之顷的"天命之性"就完满具足的"复性"说，也超过以往的任何一种人性理论，向真理迈进了一大步。

王夫之"成性"说与理学家"复性"说的对立，表现在"成人之道"即理想人格的培养上，是提出了"成身成性"和"循情定性"的命题。

王夫之虽然是儒家，但他心目中的理想人格，并非是理学家称道的"醇儒"。他说："吾惧夫薄于欲者之亦薄于理，薄于以身受天下者之薄于以身任天下也。"（《诗广传·陈风》，第3册，第374页）可见，他的理想人格是勇于"以身任天下"的大丈夫，这样的人决非禁欲主义者，而是对天下人的幸福和疾苦感同"身受"。所以他提出了"成性"（造就德性）离不开"成身"的思想。他说："声色臭味，顺其道则与仁义礼智不相悖害，合两者而互为体也。"（《正蒙注·诚明篇》，第12册，第121页）认为人性有"声色臭味"的自然欲望和"仁义礼智"的道德规范这两方面，如果声色臭味"顺其道"，即合乎理性的权衡标准，那么不仅和仁义礼智不相悖害，而且两者具有互相促进的作用。王夫之认为，在"成身"过程中"成性"是一个主客体交互作用的过程。他指出："色、声、味之授我也以道，吾之受之也以性。"（《尚书引义·顾命》，第2册，第407页）客观事物的色声等感性性质给予我以"道"（客观规律和当然之则），我接受了"道"而使性"日生日成"；同时，"吾授色、声、味也以性，色、声、味之受我也各以其道"（同上）。我通过感性活动而使"性"得以显现，具有色声等性质的客观事物各以其"道"（不同的途径和规律）而使人的"性"对象化了。王夫之在这里比较重视感性与理性的全面发展，也反对理学家"圣人无欲"的说教。

王夫之认为，在"成身"与"成性"相统一的主客体的交互作用过程中，"我"即意识主体起着关键的作用，而"我"是理智、意志、情感的统一体。他说："正其志于道，则事理皆得，故教者尤以正志为本。"（《正蒙注·中正篇》，第12册，第188页）他以为人格的培养以"正志"为本，而"正志"就是使志向服从于对道的理性认识，并锲而不舍地坚持下去。在他看来，因一时之感动而发生的意向或动机，是与个人的私见相联系的，或善或恶，难以预定，但是，"志定而意虽不纯，亦自觉而思改矣"（《正蒙注·中正篇》，第12册，第189页），只要志向端正，并乐于坚持，那么人便有了高度的自觉性，一旦发现意向或动机不纯，便能主动考虑加以改正。王夫之在这里比较正确地阐明了理智与意志的关系，既批判了理学家的宿命论，也反对了泰州学派的唯意志论倾向。关于情感，王夫之提出"循情定性"的理论。他说："情者，性之端也。循情而可以定性也。"（《诗广传·齐风》，第3册，第353页）这里所谓的"定性"就是"成性"。他认为情是性的表现，是性生发出来的端倪，如果善于因人之情加以引导，使"善端见而继之不息"（《正蒙注·诚明篇》，第12册，第130页），便可达到"定性"的效果。情有真挚与浮夸之分。王夫之强调要去掉浮情，让情有助于志向的坚定与贯彻，"定其志而无浮情"（《诗广传·唐风》，第3册，第363页）。总之，情应从属于志，而志则根据于对道的认识。可见，王夫之对于德性的培养，比较注意知、意、情三者的全面发展，因而包含有求得真、善、美统一的意思。

"循情定性"说还深入地探讨了什么是美的问题。他说："乐为神之所依，人之所成。"（《诗广传·商颂》，第3册，第511页）认为音乐是以气的清通之"神"为依托而由人创做出来的。不仅音乐等艺术，而且一切美的创造，都是一方面有自然的根据，另一方面有人为的加工。王夫之又指出，性表现为情，而情则通过音（声音）和容（容貌、形象）而与天地万物相交通，"天之与人，与其与万物者，容而已矣，音而已矣"（同上）。在王夫之看来，在审美活动和艺术创作中，声色（音容）授我以"道"，我则受之以"成性"；我授声色（音容）以"性"（性显现为情），声色则受之各以其"道"（秩序、节奏）。这样，人性便在艺术形象中对象化了，人就可以从中直观自身的本质。这样的艺术作品就具有了陶冶人的性情的功能。

王夫之的上述观点，为艺术意境的理论提供了哲学根据。他在论诗时，要求在情景交融中表现"神理"。他说，"夫景以情合，情以景生，初不相离，唯意所适"（《夕堂永日绪论内编》，第 15 册，第 826 页）；"以意为主，势次之。势者，意中之神理也"（《夕堂永日绪论内编》，第 15 册，第 820 页）。这里的"意"指意旨，大体相当于我们现在讲的艺术理想。情与景的结合、展开，是为了表现艺术理想；艺术理想于情景的展开中表现为"势"，"势"即气势，它是包含在"意"中的"神理"的形象体现。王夫之关于艺术意境的理论，既反对了理学家"文以载道"即以道德说教为艺术的观点，也反对了严羽《沧浪诗话》表现出的为艺术而艺术的倾向。

当然，王夫之的人性论和"成人之道"还是有局限性的。他说"阴阳健顺之德本善也"（《正蒙注·诚明篇》，第 12 册，第 129 页），"（天）致美于人而为神"（《诗广传·商颂》，第 3 册，第 513 页），试图从阴阳之气和自然界中寻找善与美的根源。这说明他不懂得主要应从人的社会存在来解释人的德性和精神。但他的人性论和"成人之道"中包含的合理因素是主要的。

王夫之对"理气（道器）"之辩和"心物（知行）"之辩作了批判的总结，同时对"天人""名实"之辩也又一次作了批判的总结，建立了朴素唯物主义与朴素辩证法统一的气一元论体系，形成了中国古代哲学的发展高峰。

第二节　黄宗羲的启蒙思想与历史主义的方法

与王夫之同时代的黄宗羲，也对理学作了批判总结。黄宗羲（1610—1695 年），字太冲，号南雷，学者称梨洲先生，浙江余姚人。他从学于刘宗周，曾领导复社进行反对宦官权贵的斗争。清兵南下，他召募义兵，作武装抵抗。明亡后隐居著书和讲学。他对于历算、经史都有研究，在史学上贡献尤大，其学风影响了清代的浙东史学派。

主要著作有《明儒学案》《明夷待访录》《南雷文约》等。如果说，王夫之对理学的批判总结，是展示了他对古代哲学的全面总结，那么黄宗羲对理学的批判总结，则放射出启蒙思想的光辉。

一、《明夷待访录》的民主思想

《明夷待访录》是中国历史上第一部系统阐发民主主义思想的著作。黄宗羲在这部著作里，从政治、法律、经济等方面提出了一个具有民主思想的改革方案，反对封建专制主义，揭破了理学家为封建专制统治而服务的面目。

在政治上，黄宗羲批判封建专制是把"天下为主，君为客"的关系颠倒为"君为主，天下为客"。他说："古者以天下为主，君为客，凡君之所毕世而经营者，为天下也；今也以君为主，天下为客，凡天下之无地而得安宁者，为君也。"（《明夷待访录·原君》，《黄宗羲全集》第1册，浙江古籍出版社，2012年，第2页）[1]他指出在上古时代，"人各自私也，人各自利也"（同上），于是就推戴能为天下兴"公利"而除"公害"者为君主；但是，君主专制制度却把原先的这种主客关系颠倒了，君主"以天下之利尽归于己，以天下之害尽归于人"（同上），他不是为天下人服务，而是使得天下人无处安身。黄宗羲认为，正是由于颠倒了"天下"与"君主"的主客关系，因而天下人都被迫去满足君主的欲望，被迫扭曲自己的自私自利的本性，于是，君主就成为天下人的大害。他说："为天下之大害者，君而已矣。向使无君，人各得自私也，人各得自利也。"（《明夷待访录·原君》，第1册，第3页）黄宗羲肯定人"各得自私，各得自利"的合理性，代表了市民阶层的观点。他把封建专制的象征皇帝视为天下大害，表现了鲜明的民主思想。

黄宗羲从民主思想出发，批判了君主专制的封建法制，提出了以学校为议政机关的设想。他指出，封建法制是"一家之法而非天下之法"，是"所谓非法之法"（《明夷待访录·原法》，第1册，第7页），应该建立"天下之法"来取代"一家之法"。他强调"有治法

---

[1] 以下出自《黄宗羲全集》（吴光主编）的引文，只注书名、篇名、册数和页码。

而后有治人"（同上），有了好的法制，即使君主"其人非也，亦不至深刻罗网，反害天下"（同上）。这里已有了近代法治思想的萌芽。为了限制君权，黄宗羲受到明代某些书院发挥议政作用的启发，主张以学校为监督君主的机关。他说："天子之所是未必是，天子之所非未必非，天子亦遂不敢自为非是，而公其非是于学校。"（《明夷待访录·学校》，第1册，第10页）认为君主的政见和决断并非都正确，因此他不应自以为是地发号施令，而应该让大家在学校公开地评论其政见和决断的是非，"必使治天下之具皆出于学校"（同上）。这是中国最早的议会制的思想。

黄宗羲在经济上提出了"工商皆本"（《明夷待访录·财计三》，第1册，第41页）的主张，反对"以工商为末"的维护自然经济的传统政策，反映了市民阶层的要求。他主张恢复井田制，当然是空想，但在当时具有抑制兼并的积极意义。他还揭露封建国家的税收不合理，主张"重定天下之赋，必当以下下为则"（《明夷待访录·田制一》，第1册，第24页），即收取最低限额的赋税。

由于黄宗羲的《明夷待访录》具有反对封建专制主义的民主意识，因而长期被清王朝列为禁书。直至清末，资产阶级变法维新运动兴起后才被大量翻印，风行于世。

二、历史主义的方法和"豪杰"之士的造就

在哲学上，黄宗羲用一种具有泛神论倾向的学说批判理学唯心主义。他把王守仁的心学往泛神论的方向发展，提出了"心无本体，工夫所至，即其本体"（《明儒学案·自序》，第7册，第3页）的新论点。他既说："盈天地间皆气也。"（《明儒学案·蕺山学案》，第8册，第890页）又说："盈天地皆心也。"（《明儒学案·自序》，第7册，第3页）还说："心即气也。"（《孟子师说》卷二，第1册，第60页）。他认为世界统一原理即气即心，物质和精神原是一体的。这就以泛神论否认了心为绝对虚寂的本体的唯心论；同时，黄宗羲把"即心即气"之体了解为随着"工夫"（人的认识活动）而展开的过程。对于这一过程，黄宗羲又分别从两个角度来考察：就总体而言，是人类认识的历史过程,由此提出了历史主义的方法论;就个人而言,是理想人格的培养过程,由此提出了造就"豪杰"之士的思想。

黄宗羲的《明儒学案》和《宋元学案》,正是把理学作为人类认识的历史过程来考察的。他在《明儒学案·自序》中说:"上下诸先生,深浅各得,醇疵互见,要皆功力所至,竭其心之万殊者而后成家,未尝以懵懂精神冒人糟粕。"(第7册,第4页)认为在学术上卓然成家的学者,都努力想"穷此心之万殊",他们的途径不同,而"工夫"(人的认识活动)所至,各有所得,对"本体"(真理)各有所见。所以,真理正是在这些"深浅各得,醇疵互见"的学派纷争中展开的。这种把真理视为过程的历史主义态度,包含有辩证法因素,也表现了在学术上平等看待各学派的民主精神。

黄宗羲在历史主义的态度上,提出了历史主义的方法论。这主要有以下几个方面:

第一,要把握各学派的"宗旨"。他说:"大凡学有宗旨,是其人之得力处,亦是学者之入门处。"(《明儒学案发凡》,第7册,第5页)认为要在详细占有材料的基础上把握各个学派的"宗旨",因为这是每一学派的"得力处",也是我们研究每一学派的"入门处"。"宗旨"就是思想体系的要领,把握了宗旨,分析思想家们是如何围绕自己的宗旨来论证自己的观点和驳斥别人的观点,就能把握住他们的体系。

第二,要注意研究各学派、学者的独创见解。黄宗羲说:"学问之道,以各人自用得著者为真。"(《明儒学案发凡》,第7册,第6页)认为要重视学者的独特见解,而那种"倚门傍户依样葫芦者"则不足为道。他认为各学派的不同之处应当用心研究,因为从中正能把握它们的创造性之所在。他说:"有一偏之见,有相反之论。学者于其不同处,正宜著眼理会。"(同上)即使是"一偏之见""相反之论",只要有独创性就应予以重视。在他看来,真理并非为某一学派所独霸,而是蕴含于诸子百家,"道非一家之私,圣贤之血路,散殊于百家"(《清溪钱先生墓志铭》,第10册,第351页)。这就以赞成百家争鸣的民主态度反对了儒家"道统"说。

第三,要把各学派联系起来进行考察,把握其一贯的脉络。黄宗羲用"一本而万殊"的观点来看待学术史,认为首先要对各学派作"分源别派,使其宗旨历然"的分析(《明儒学案·自序》,第7册,第4页),明了各学派如何提出自己的宗旨,把握其"间有发明,一本之先师"(同上);然后再将各学派综合起来考察,从而认清其演变、发展的线索,抓住"数百年学脉"(同上)。

第四,把握一贯的学脉,是为了引导人们去做切实的工夫。黄宗羲把他的《明儒学案》比喻为一坛酒,说:"此犹中衢之罇,后人但持瓦瓯梓杓,随意取之,无有不满腹者矣。"(同上)在他看来,一本万殊,各学派都是"心体"的表现,所以学者都可以从《学案》中吸取于己有益的营养。如果《学案》只是使"学者徒增见解,不作切实工夫"(《明儒学案发凡》,第7册,第6页),那么《学案》是无补于后人的。他强调知行统一,以学问指导道德践履。

黄宗羲的方法论中包含着逻辑与历史统一的思想萌芽。他认为学术史或哲学史不是偶然事件的堆积,不是家谱式的衣钵传授,而是有其一贯的脉络,即合乎规律地发展,这种规律或学脉可以从"分源别派,使其宗旨历然"中来把握。

黄宗羲还从理想人格的培养的角度来考察"工夫所至,即其本体"。他心目中的理想人格并非是朱熹所说的"醇儒",而是能"经纬天地""建功立业"(《赠编修弁玉吴君墓志铭》,第10册,第433页)的"豪杰"。这种思想与宋代浙东学派的事功之学有着明显的承继关系,但又具有更深刻的时代意义。黄宗羲认为:"从来豪杰之精神,不能无所寓",中国历代的杰出的创造,无论是哲学的和文学的还是政治的和科学的,都是"豪杰"的精神之所寄寓。如果"它不得其所寓,则若龙挐虎跛,壮士囚缚"(《靳熊封诗序》,第10册,第62页),要爆发激烈的挣扎、冲突,使"天地为之动色"(同上)。这说明黄宗羲的"豪杰"是充满反抗精神的斗士,"豪杰"精神是在反抗、挣脱"囚缚"中表现出来的。

要造就"豪杰"之士,黄宗羲认为首先在于立志,"立志则为豪杰,不立志则为凡民"(《孟子师说》卷七,第1册,第151页)。真正立志,就要把志向贯彻于言行。"志"即意志。然而黄宗羲和王夫之一样,要求理想人格是"知、意、情"的全面发展。关于理智和意志的关系,他既指出"意以知为体",意志要以理性为根据,又指出"养气持志",则"气亦无非理义矣",意志贯彻于理智之中,说明二者是统一的。关于理智与情感的关系,他说:"文以理为主,然而情不至,则亦理之郭廓耳。"(《论文管见》,第10册,第669页)文章要求理与情统一,人格也要求理与情统一,因为文如其人,诗文本是人格的表现。

黄宗羲把"韩、欧之文,李、杜之诗,下至师旷之音声,郭守敬之律历,王实甫、关汉卿之院本"都视为"豪杰"精神之所寓,即理想人格的艺术表现(《靳熊封诗序》,第10册,第62页)。因此,他在美学和文艺理论方面作了许多探讨。他所主张的"言志"说和"豪杰"精神是相联系的,这突出表现在他不满足于"温柔敦厚"的诗教,而呼唤着慷慨激昂的"风雷之文"。他说:"其文盖天地之阳气也。阳气在下,重阴锢之,则击而为雷;阴气在下,重阳包之,则搏而为风。"(《缩斋文集序》,第10册,第13页)黄宗羲在这里发挥了韩愈"不平则鸣"的思想,以为真正的"至文"往往产生于社会矛盾激烈的时代。社会矛盾激发为奔雷、为巨风,表现为雄伟的艺术,悲怆动人,长久地具有兴观群怨的作用。"风雷之文"正是"豪杰"精神之所寓。黄宗羲已经触及了壮美(崇高)的本质,在美学上是一个贡献。

黄宗羲用"风雷之文"召唤"豪杰"之士起来冲破"囚缚",为迎接新时代的到来而斗争,不愧为立足于当时的现实而又面向着未来的伟大思想家。

第三节　顾炎武的"修己治人之实学"

顾炎武和王夫之、黄宗羲是同时代的。他用"修己治人之实学"批判宋明理学(主要是心学)的空疏,倡导了"经世致用"的思想和研治经学的科学方法,不仅影响了清代的朴学,而且也影响了近代的思想家。

顾炎武(1613—1682年),初名绛,字宁人,江苏昆山亭林镇人,故又号亭林。早年参加"复社",反对宦官权贵。明亡后,曾参加反清起义。起义失败,游历各地,四处调查,广为搜集资料,为日后著述奠定了实证基础。他学问渊博,对经史百家、天文、地理、典章制度、金石文字等都有研究，音韵学上成就尤大。主要著作有《日知录》《天下郡国利病书》《音学五书》《亭林文集》等。

顾炎武和黄宗羲一样，对于封建专制主义作了比较深刻的批判，因而他在读了《明夷待访录》后，写信给黄宗羲，表示很赞赏，说："读之再三，于是知天下之未尝无人，百王之敝可以复起，而三代之盛可以徐还也。"并说自己的《日知录》一书，"其中所论，同于先生者十之六七"（《与黄太冲书》，《顾炎武全集》第21册，上海古籍出版社，2011年，第298—299页）[1]。可见他在政治思想上和黄宗羲基本一致。但他没有像黄宗羲那样鲜明地提出民主主义的变革方案。顾炎武所憧憬的理想人格，也是和黄宗羲相类似的"豪杰"。他说："天生豪杰，必有所任。"（《病起与蓟门当事书》，《亭林文集》卷三，第21册，第102页）"豪杰"之士以天下兴亡为己任。他指出，"亡国"只是统治者的改朝换代，而"天下兴亡"则是整个民族生死存亡的大事，因而"保天下者，匹夫之贱与有责焉耳"（《正始》，《日知录》卷十三，第18册，第526—527页）。顾炎武正是怀抱着以天下兴亡为己任的胸怀，提出了"修己治人之实学"（《夫子之言性与天道》，《日知录》卷七，第18册，第308页）。在他看来，明末心学流行，理学成为禅宗那样的"空虚之学"，祸国殃民。因此，他强调"古之所谓理学，经学也"（《与施愚山书》，《亭林文集》卷三，第21册，第109页）。以经学来否定理学，也就是以"修己治人之实学"来取代"明心见性之空言"（《夫子之言性与天道》，《日知录》卷七，第18册，第308页）。所谓"实学"，就是用"经世致用"的思想反对脱离实际的空谈，就是以实事求是的考据反对主观臆想的猜度。

一、"博学于文"与"行己有耻"的统一

顾炎武在"心物"之辩上，有泛神论倾向。这表现在他用气禀来解释精神，说："气之盛者为神。"（《游魂为变》，《日知录》卷一，第18册，第78页）认为精神是物质性的气的旺盛者，把精神融化于物质中。在"理气"之辩上，顾炎武则有唯物论倾向。他说："盈

---

[1] 以下出自《顾炎武全集》（黄珅等主编）的引文，只注书名、篇名、册数和页码。

天地之间者气也。"（同上）认为一切存在都是气的聚散，而"理"则是气之流行的秩序，是客观的。"心"是物质的精气，所以，"理具于吾心而验于事物"（《心学》，《日知录》卷十八，第19册，第718页）。"理"是"心"具有的，但一定要从事物中得到验证。

顾炎武的"修己治人之实学"主要讨论了认识论，主张知行统一、认识论与伦理学统一。他说："愚所谓圣人之道者如之何？曰'博学于文'，曰'行己有耻'。"（《与友人论学书》，《亭林文集》卷三，第21册，第93页）认为圣人之道就是"博学于文"与"行己有耻"的统一。"行己有耻"不仅是立身做人要有廉耻，而且主要是指对天下兴亡要有责任感，不能拯救百姓于水火之中，便是自己的耻辱；"博学于文"，就是从礼制、音乐到人类全部文化都属于学习的范围。"行己有耻"而又"博学于文"，那便是"修己治人之实学"。顾炎武批评理学家"舍多学而识，以求一贯之方；置四海之困穷不言，而终日讲危微精一之说"（《与友人论学书》，《亭林文集》卷三，第21册，第92页），就是批评他们既不"博学于文"又不"行己有耻"。

从认识论来说，他主张不能"舍多学而识，以求一贯之方"，就是强调不能离开直接间接的经验去求一以贯之的抽象理论，强调要尊重经验、尊重感性。他说："圣人所闻所见，无非易也。"（《与人书二》，《亭林文集》卷四，第21册，第138页）认为"易道"不在感性经验之外，抽象原理内在于具体事物之中，"非器则道无所寓"（《形而下者谓之器》，《日知录》卷一，第18册，第79页）。同时，顾炎武又指出，认识不能停留在见闻上，而应在博学的基础上"观其会通"，真正把握一以贯之的道理。他说："好古敏求，多见而识，夫子之所自道也。然有进乎是者……三百之《诗》至泛也，而曰'一言以蔽之，曰思无邪'……此所谓'予一以贯之'者也。"（《予一以贯之》，《日知录》卷七，第18册，第315页）就是说，只有在"好古""多见"的基础上，进一步将经验上升到理论，才能举本该末。例如以"思无邪"一言来概括《诗》三百篇，把握了一以贯之的道理，就能触类旁通。

可见，顾炎武的"修己治人之实学"在认识论上，基本上用朴素唯物主义的观点对于知和行、感性和理性的关系进行了考察。

二、 科学的治学方法

顾炎武"修己治人之实学"在方法论上,提出了一套科学的治学方法,在经学、音韵学、地理学等领域取得了显著成就。他由此而奠定了清代朴学方法的基础,被尊为朴学的开山祖。他的方法论主要有如下几方面:

首先,要系统地占有材料,特别是要实地调查。顾炎武认为博学包括"历九州之风俗,考前代之史书"(《外国风俗》,《日知录》卷二十九,第19册,第1116页),即系统地取得直接和间接两方面的经验,而亲身经历尤为重要。例如,他指出真正善于治水的人要"以水为师"(《天下郡国利病书·嘉定县志水利考》,第13册,第560页),亲自去了解水道的实际情况,如果不注重现实,只以古书的记载为准,就会贻笑大方。顾炎武的一生,足迹遍天下,每到一地都实地考察。他的许多著作就是实地考察与书本知识相结合而写成的。

其次,要进行科学的比较和归纳。潘耒在《日知录序》中说:顾炎武是"有一疑义,反复参考,必归至当;有一独见,援古证今,必畅其说而后止"(第18册,第12页)。所谓"疑义",是对传统的说法提出质疑;所谓"独见",是独创的见解。为了解决"疑义",就要用书本与书本对照,用书本与事实对比,反复考订、比较,才可以提出新的见解来代替传统见解,这也就是"独见"。从逻辑来说,提出"独见"是形成了假设,还须进一步考证。顾炎武依据明人陈第所说,指出考证时要有"本证""旁证"。本证即本书中的证据,旁证即别的书中的证据。这种论证方法是归纳论证的方法。所谓科学的归纳法就是经过对事实的比较研究而提出一个见解(假设),进而广泛搜集证据进行论证,证据多而有力,并无反证,便可信为定论,若有有力之反证,那便抛弃这个见解。

第三,要作历史的考察,以"疏通源流"。顾炎武在考察经学时说:"经学自有源流,自汉而六朝而唐而宋,必一一考究,而后及于近儒之所著,然后可以知其异同离合之指。"(《与人书四》,《亭林文集》卷四,第21册,第139—140页)认为只有历史地对经学进行考察,才能深入把握其"异同离合"即变化发展的规律。他在《日知录》里,对经义、史学、政治、财赋、礼制、舆地、艺文等众多方面，都力求"一一疏通其源流，考正其谬误"（潘耒：《日知录序》，第18册，第12页），体现了历史的态度与批判精神的统一。

第四，要验于事物，不断更新自己的认识。顾炎武再三强调："君子之为学，以明道也，以救世也。"（《与人书二十五》，《亭林文集》卷四，第21册，第148页）为学要"经世致用"，自然不能脱离实际，而应该用实际事物来检验自己的见解。顾炎武在实地调查中，经常向普通百姓询问请教，一旦发现他们所说"与平日所闻不合，则即坊肆中发书而对勘之"（全祖望：《亭林先生神道表》，《鲒埼亭集》卷十二）。他还强调学者要"能见己之过"（《与人书十四》，《亭林文集》卷四，第21册，第144页），不断改正错误，提高认识。这是对追求"一旦豁然贯通"则无所不晓的绝对真理的先验主义的否定。

从学术思想的流变来看，黄宗羲侧重批判程朱，保留着陆王心学的某些痕迹；顾炎武则侧重批判陆王，他的方法论可以说是朱熹"格物致知"的方法论向唯物主义方向的发展。朱熹要求在博学的基础上进行辨析、类推，包含有科学抽象的合理因素，但他又把由辨析、类推而获得的抽象概念形而上学化，导致先验主义。顾炎武把朱熹方法论中的合理因素大大发展了，而将其中的形而上学和先验主义倾向基本上克服了。顾炎武的方法论为后来的乾嘉学派所继承和发展，但这种继承和发展是片面的，因为乾嘉学派违背了顾炎武"经世致用"的为学宗旨，只是埋首爬梳于古籍文献。

王夫之、黄宗羲、顾炎武三人在方法论上都有贡献，但是这几个大思想家却没有提供近代自然科学的方法。西方在这一时期，已有了培根、笛卡尔、伽利略奠定基础的近代实验科学方法，由此促进了科学的发展。王夫之、黄宗羲、顾炎武都是富有科学精神的，在这一点上，他们并不比同时期的欧洲科学家们逊色。然而当时中国的条件不是使他们走进实验室和工厂，而是面对现实的社会问题和总结反思历史，所以他们方法论的贡献主要在哲学、史学、考据学等方面。

第四节　颜元论"习行"和戴震论"知"

清代重新以程朱理学为正统的官方哲学，然而反理学的批判思潮并未完全沉寂。批判理学的思想家中，最为著名的是颜元和戴震。

颜元（1635—1704年），字易直，又字浑然，号习斋，博野（今属河北）人。少时好陆王之书，后又笃信程朱，但最后又批判程朱，主张恢复"周孔正学"。晚年主讲肥乡漳南书院。哲学著作主要有《四存编》《四书正误》《朱子语类评》《习斋记余》等。戴震（1723—1777年），字东原，安徽休宁人。年轻时做过生意，教过书。修《四库全书》时，被召为纂修官，在馆五年，病死。对天文、数学、历史、地理均有研究，对经学、语言学有重要贡献，堪称一代考据大师。主要哲学著作有《原善》《孟子字义疏证》和《绪言》。颜元和戴震对于程朱理学的批判各有特点，颜元强调"习行"，戴震则着重考察了"知"。

一、颜元论"习行"

颜元和他的弟子李塨一起形成了颜、李学派，强调"习行"，反对理学家空谈心性。

在"义利"之辩上，颜元主张功利主义。他把董仲舒的名句"正其谊不谋其利，明其道不计其功"改为"正其谊以谋其利，明其道而计其功"（《四书正误》卷一，《颜元集》上册，中华书局，1987年，第163页）[1]。把义和利、道和功看成是统一的。他批评程朱理学只是教人死钻故纸堆，而不以"习行经济为事"（《朱子语类评》，上册，第257页）。这种功利主义观点和陈亮、叶适是一脉相承的。

在"理气"之辩上，颜元主张"理气融为一片"（《存性编》卷二，上册，第21页），具有泛神论的倾向，和黄宗羲相类似。

颜元在哲学上的贡献，主要是他比前人更鲜明地强调了"习行"

---

[1] 以下出自《颜元集》（王星贤等点校）的引文，只注篇名、册数和页码。

在认识论中的意义,在"心物(知行)"之辩上表现出比较鲜明的唯物主义观点。这主要有以下三方面:

第一,强调"致知"在于"行"。颜元说:"'知'无体,以物为体。犹之目无体,以形色为体也。"(《四书正误》卷一,上册,第159页)认为客观事物是人的认识作用的根据、基础,这个道理好比是眼睛离开形色就失去了作用一样。他指出,在"学、问、思、辨、行"五者中,唯有"行"是"知"的源泉。因此,他对于"格物致知"中的"格物"作了新的解释:"格即手格猛兽之格,手格杀之之格。"(同上)认为"格"就是亲自动手去做一番的意思。他举例说,萝卜菜蔬,虽然从其形色知其可食,但它的味道如何,也只有放到口里尝一尝才知道,故曰:"手格其物,而后知至。"(同上)颜元看到了认识依赖于实践,认为如果不在"习行"上下功夫,并不能真正获得知识,"其实行不及,知亦不及"(《存学编》卷三,上册,第86页)。他由此批评朱熹强调"知"而忽视"行",实际的结果是并未获得真知。

第二,颜元所讲的"习行",也有验证知识的意思。他在论述"致知在格物"时,举例说:研究礼乐虽然十分透彻,但如果不亲自去习礼,去吹打,那还不能说是知礼乐;同样,如果学了千百卷医书,但不能诊脉、制药,给人治病,又怎能算是懂得医道呢?颜元指出:"德性以用而见其醇驳,口笔之醇者不足恃;学问以用而见其得失,口笔之得者不足恃。"(《年谱》卷上,下册,第747页)一个人的德性和学问到底如何,不能只看口说笔写,还须通过"习行"来验证。

第三,颜元认为人的知识、才能和德性都是随"习行"而发展的。他说:"孔子则只教人习事,迨见理于事,则已彻上彻下矣。"(《存学编》卷二,上册,第71页)认为只有在"习事"中"见理",即在实践中掌握事物的客观规律,认识才算完成。而"习事"以"见理"是一个过程,例如弹琴,初学时用指头拨弦,使它符合音调,这叫"学琴";而后弹奏时能使音调的清浊快慢都合乎常规,这叫"习琴";再进一步能使得乐器、音乐与身心合而为一,融浑和谐,这可称为"能琴"(《存学编》卷三,上册,第78—79页)。他认为人的德性也有这样一个发展过程,所以《论语》第一句就告诫道:"学而时习之",要人们学了就要时时"习行",才能"习与性成"(《学须》,《言行录》卷下，下册，第 668 页）。

颜元着重考察了"习行"在人的认识过程中的作用，有合理因素。但他片面强调感性经验的作用，有经验论的倾向。

二、戴震论"知"

戴震抨击理学是"以理杀人"，他说程朱提出"存天理，灭人欲"，把人的正常欲望一概斥之为邪恶的"人欲"，要以封建礼教形而上学化的"天理"来灭除，"此理欲之辩，适成忍而残杀之具"（《孟子字义疏证·权》，《戴震全集》第 1 册，清华大学出版社，1991 年，第 209 页）[1]。这在一定程度上反映了当时市民阶层的要求。

在"理气（道器）"之辩上，戴震基本上继承和发展了张载以来的气一元论。他说："气化流行，生生不息，是故谓之道。"（《孟子字义疏证·天道》，第 1 册，第 172 页）认为阴阳之气是实体，阴阳五行的变化运动过程就是道。他认为以"形而上"和"形而下"来指称"道"和"器"，只是区分了气的不同的存在形式："形而上犹曰形以前，形而下犹曰形以后。"（《孟子字义疏证·天道》，第 1 册，第 173 页）气未成形质就是"形而上"，气已成形质就是"形而下"。这就反对了程朱的"理"在"气"外和"道"在"器"外的观点。戴震强调万物生生不息的运动过程是有规律的，而每类事物都有其运动变化的特殊规律，即他所谓的"条理""分理"，科学研究就是要把握这些"条理""分理"。这些"条理""分理"都依存于具体事物，一定要"求诸物"而后能获得，并不是由无所不包的"理"（太极）派生的。这就否定了程朱的"理"为本体的唯心论。

戴震在哲学上的主要贡献，是用唯物主义的观点考察"心物（知行）"之辩，特别是考察了"知"，提出了某些新见解。这主要有以下四方面：

第一，在"心物"关系上，明确主张物质是精神的本原。他说："有血气，斯有心知。"（《原善》卷上，第 1 册，第 9 页）认为有肉体

---

1 《戴震全集》（戴震研究会等编纂）至 1999 年全部出齐。以下出自《戴震全集》的引文，只注书名、篇名、册数和页码。

才有精神。他还指出认识非主观自生，而是由外物和主体接触才产生的，无论是感性认识和理性认识都是如此。他说："味也、声也、色也在物，而接于我之血气；理义在事，而接于我之心知。"（《孟子字义疏证·理》，第1册，第155页）就是说，感觉对象是客观存在的，只有当它们和人的感官相接触，人才会有感觉；"理义"也是在事物上体现出来的，只有当事物和人的"心知"相接触，人才能把握"理义"。由此出发，戴震批评理学家把"理"视为脱离事物的精神性的本体，是"别理气为二本"（《孟子字义疏证·天道》，第1册，第175页）。他强调天下只有"一本"即物质世界："天下惟一本，无所外。有血气，则有心知；有心知，则学以进于神明，一本然也。"（《孟子字义疏证·理》，第1册，第171页）认为只有一个物质世界，精神来源于物质，认识是以形体为基础的，人们通过学习，就能由无知达到"神明"。

第二，更明确地区分了意见和真理。戴震指出："心之所同然始谓之理，谓之义；则未至于同然，存乎其人之意见，非理也，非义也。凡一人以为然，天下万世皆曰'是不可易也'，此之谓同然。"（《孟子字义疏证·理》，第1册，第153页）所谓"理"是指客观规律；所谓"义"是指规范人们行为的准则。"理义"作为真理是人人都公认为不可易的，而意见则掺杂着个人的主观武断的东西。因此，戴震认为必须把意见和真理区分开来，切忌执着意见当作真理，"人莫患乎蔽而自智，任其意见，执之为理义"（同上）。他批评理学家"其所谓理，无非意见也"（《孟子字义疏证·理》，第1册，第155页），即把主观臆断当作真理强加于人。这里触及了理学的专制主义特征，具有深刻的时代意义。他认为要避免以个人意见为真理，有两条办法：以"己所不欲，勿施于人"的"忠恕"之道来"去私"；以努力学习来"解蔽"，去掉片面性；"去私莫如忠恕，解蔽莫如学。"（《原善》卷下，第1册，第20页）做到"去私"和"解蔽"就是孔子所要求的"仁知"统一。"仁且智者，不私不蔽者也。"（《原善》卷下，第1册，第21页）这显然是受到荀子思想的影响。

第三，戴震认为人和禽兽不同，在于人能通过学习获得智慧，取得自由，"物循乎自然，人能明于必然，此人物之异"（《绪言》卷上，第1册，第79页）。这里提出了自然和必然这一对范畴。这里讲的"必然"是指"理"和"义",即包括客观规律和人的行动准则两个方面,相当于我们现在说的"必然"和"当然"。戴震认为,人类的任务在于从自然中认识必然,从而使自然"归于必然"。他说:"实体实事,罔非自然,而归于必然,天地、人物、事为之理得矣。"(《孟子字义疏证·理》,第1册,第163页)就是说,客观事物都是"自然"的,但把握了它们的规律("理"),运用于规范事物,就是"归于必然"。同样,"欲者,血气之自然……就其自然,明之尽而无几微之失焉,是其必然也"(《孟子字义疏证·理》,第1册,第170页)。对于自然的情欲,予以合理的满足,就是达到了"必然",就是人的德性,"性之欲,其自然之符也;性之德,其归于必然也"(《原善》卷上,第1册,第12页)。在戴震看来,不能离开"自然"谈"必然",即不能离开事物来求"理",不能离开人的自然情欲来求道德的善;应当不断提高认识,由"自然"发展为"必然",而发展为"必然"又恰恰是使人的自然本性得到了圆满的发展,"归于必然适全其自然"(同上)。他认为"归于必然适全其自然"是一个后天发展过程,并非是理学家们讲的"复其初":"德性资于学问,进而圣智,非'复其初'明矣。"(《孟子字义疏证·理》,第1册,第167页)戴震关于"自然"和"必然"的讨论,触及了由"自在"到"自为"、由"自发"到"自觉"的辩证进程。

第四,具有科学精神的"格物致知"方法论。戴震在解释"致知在格物,何也"的问题时,指出以"格物致知"作为方法论,主要是:"审察以尽其实","思之贯通"(《原善》卷下,第1册,第23、24页)。所谓"审察以尽其实",就是对事物经过精密的分析,把握其特殊的法则。"事物之理,必就事物剖析至微而后理得。"(《孟子字义疏证·权》,第1册,第205页)所谓"思之贯通",就是要获得"十分之见"。"所谓十分之见,必征之古而靡不条贯,合诸道而不留余议,巨细毕究,本末兼察。"(《与姚孝廉姬传书》,第5册,第2596页)认为要有充分的、全面的证据,并且有内在的逻辑联系,和已被证明的道理是相一致的,才可称为"十分之见"。因此应当反对那些依据"传闻"、听信某个"意见"、没有事实根据的"空言"、出于"孤证"的种种"未至十分之见"。可见,戴震"格物致知"的方法论，既要求对事物进行审察、分析，又要求严密的逻辑论证，以求贯通，是具有科学精神的。

但是，戴震的哲学思想中有较多的形而上学倾向。例如，他离开"行"谈"知"，强调"先务于知"（《孟子字义疏证·权》，第1册，第207页）；他认为事物的"类"是没有进化的，"类之区别，千古如是也"（《孟子字义疏证·性》，第1册，第176页）；他用"符节"作比喻，说明耳与声、目与色、心与理义之间的关系（《原善》卷中，第1册，第17页），认为主观和客观是直接符合的，认识是一次完成的，表现了直观反映论的倾向。

第二篇小结

一

哲学根源于人类社会实践,社会实践通过政治思想的斗争和科学反对宗教迷信的斗争推动了哲学的发展。我们用这样的观点来考察秦汉至鸦片战争前的哲学发展历史。

在先秦,政治思想斗争是围绕"古今""礼法"之争而展开的。到了汉代,儒法合流,地主阶级打着"独尊儒术"的旗号,实际上是用刑法和教化这两手来对付被统治阶级。占统治地位的意识形态是纲常名教,而纲常名教的形而上学的根据是"天命",于是就形成了封建主义的四种权力:政权、神权、族权、夫权。这四种权力是地主阶级套在农民脖子上的四条沉重的绳索。而农民起义军则提出"王侯将相,宁有种乎"和"等贵贱、均贫富"以及"均田、免粮"等口号,用越来越明确的语言来表达政治上要求平等,经济上要求平均,反对封建等级制的思想。这是地主阶级和农民阶级两种对立的世界观的斗争。这种斗争对哲学的演变确实有深刻的影响,但是,哲学斗争主要是在地主阶级内部进行的。中小地主阶层不满于大地主的压迫和欺凌,要求抑制兼并,在封建制的范围内作一些改革、调整。因此在"义利""理欲"之辩上,中小地主的思想代表往往主张功利主义,并揭露名教的虚伪性。这是使得他们倾向于唯物主义的一个重要条件,但并不是充足理由。只有到了明清之际,随着市民阶层的兴起,进步思想家才对封建专制主义作了实质性的批判（如黄宗羲、顾炎武、王夫之等）,有力地促进了哲学向唯物主义的发展。

不过,在秦汉至清代（鸦片战争以前）这一段时间内,推动哲学前进的,首先是物质生产的发展和科学的进步。物质生产的发展通过科学反对迷信的斗争而制约哲学的发展,使得唯物主义一次又一次地在反对神学和唯心主义中获得胜利,哲学的发展就表现为经过若干次小的飞跃而最后完成一次质变。可从以下三点来具体说明这一时期的科学进步与哲学发展之间的关系。

第一,自秦汉以来,在中国获得较快发展的科学,首先是和农业生产密切相联系的科学,如天文历法、医学、药物学、农学等。这一事实使得中国唯物主义在长时期内以气一元论为主要形态,并往往和朴素辩证法相结合着;而以阴阳之气为物质实体的自然观,便成了上面讲的那些科学的哲学基础。先秦墨家曾经提出原子论思想和建立了形式逻辑科学体系,而在秦汉以后这些理论却没有得到长足的发展。墨学衰微的原因之一,就是因为它同上述有关农业生产的科学的联系比较少。

第二,科学与哲学之间的关系是在变化着的。在中国古代只有一个笼统的"道术",后来一门门科学从哲学中分化出去,这是必然的趋势。哲学和科学的分化,对于两者本身都有好处。但是因而也就增加了哲学和科学相分离的可能。哲学和科学的相分离,必然会助长唯心主义。只有当哲学善于吸取和概括科学的成果,哲学才会沿着唯物主义的轨道发展,并给科学以正确的指导。这样,哲学就处于矛盾中:既要不断地让科学从哲学中分化出去,又要不断地从科学中吸取营养,并指导科学。只有在特定的历史条件下,某些杰出的思想家才能对这种矛盾做出正确的解决。在先秦以后,王充和张衡所处的时期,范缜和贾思勰所处的时期,张载和沈括所处的时期,黄宗羲、顾炎武和王夫之所处的时期,是具备了这种特定的历史条件的。这时,一定领域的科学经过长期积累,取得了划时代的成就,科学反对迷信的斗争取得了重大胜利,哲学和科学紧密结合,互相促进,便使唯物主义气一元论获得了重大发展,哲学史出现了阶段性的小飞跃。

第三,在人类认识史的各个阶段上,科学和神话总是互相斗争而又以不同比例互相联系着。神话借助想象以征服自然力和超脱现实世界,往往成为迷信,但也形象地表现了人的某种精神力量和要求。神话可以是零碎的,而宗教则是构成体系的神话,因而也成了人们在一定历史阶段上系统地掌握世界的方式。既然神话表现了人的某种精神力量,宗教家的神学便也可能在一定的历史条件下(不是所有历史时期)包含有人类认识运动的某个环节,而为哲学史家所不能忽视。汉代的儒家神学、魏晋南北朝隋唐时期的佛学和道教神学便是如此。当然,科学和宗教迷信不可调和,最终总要决裂。在我们所考察的这一段时期中,科学和迷信进行了反复的斗争,无神论和神学、唯物主义和唯心主义也进行了反复的斗争,同时还有神学和唯心主义的各派之间的矛盾斗争相交织着。随着科学的进步和迷信的不断被克服,唯心主义的形式由汉代儒家神学演变为魏晋玄学唯心主义,又由隋唐佛学和道教神学演变为宋明理学唯心主义,变得越来越精致了;而唯物主义也在斗争中不断壮大自己,既概括科学的新成就,也不忽视唯心主义者考察过的那些环节,经过若干阶段性的小飞跃,最后到明清之际,在中国封建社会达到自我批判阶段时,哲学在更高层次上再次实现朴素唯物主义和朴素辩证法的统一,完成了一次质变。

明清之际之所以是中国封建社会的自我批判阶段,是由社会经济条件和阶级关系的变化所决定的。中唐以后至宋初,中国封建社会经历了从前期到后期的演变,柳宗元、刘禹锡在哲学史上的重要地位,也首先是由这种社会历史条件决定的。我们把科学与哲学相互促进的历史同社会阶级斗争的演变结合起来,考察社会实践是如何推动哲学发展的,这样,就可以大体把握秦汉至清代(鸦片战争以前)的哲学史的发展进程。

二

哲学史是围绕着哲学的根本问题而展开的认识的矛盾运动。我们可以把先秦以后到清代（即从荀子到王夫之）的哲学发展过程看作犹如一个大圆圈的认识的矛盾运动，而这个大圆圈又是由若干小圆圈构成的。如"或使""莫为"之争，到王充完成一个小圆圈；"形神"之辩，到范缜完成一个小圆圈；作为"天人"之辩的一个侧面的"力命"之争，到柳宗元、刘禹锡完成了一个小圆圈；"有无（动静）"之辩，到张载完成了一个小圆圈；从张载到王夫之，也可以说是一个小圆圈，这段时期围绕哲学的根本问题而展开的争论，归结为"理气（道器）"之辩和"心物（知行）"之辩，它们由王夫之作了总结。显然，我们这里所说的一些圆圈或螺旋，大体是和上面讲的从社会实践的根源来考察哲学的阶段性变化相一致的。不过，圆圈只是一种形象化的比喻，决不可视为固定的图式。

我们总结这一段哲学的逻辑发展，可以看到有着和先秦哲学的相似之处，那就是：在围绕着哲学根本问题而展开的过程中，有经验论和先验论的对立、相对主义和独断论的对立、直观唯物论和唯心辩证法的对立，而唯物主义和唯心主义的斗争则贯穿始终。

在汉代，哲学论争的中心转移到宇宙论领域以及"形神"之辩。董仲舒的神学目的论的"或使"说以及《易纬》、扬雄的象数之学都是先验论的，《淮南子》论证阴阳之气相动是机械作用，则用的是经验论的方法。而王充在批判各种"或使"说中，在唯物主义的前提下提出"不徒耳目，必开心意"，这是对感性和理性关系问题的比较正确的见解。

到了魏晋时期，围绕着"有无（动静）"之辩而展开本体论的探讨，王弼的"贵无"说和裴𬱖的"崇有"论各自强调一面，有独断论倾向。向秀、郭象的《庄子注》主张"有而无之"，则是用相对主义的"独化"说反对了形而上学的本体论。"独化"说向右发展，就是僧肇的"非有非无"的学说，是更极端的相对主义；向左发展，即发展了质用统一原理，在"形神"问题上结出了果实——范缜对"形神"之辩作了比较好的总结。在这之前，唯心论的先验论总是这样或那样地割裂"形神"关系，讲"形尽神不灭"，而唯物论则说形神"精粗一气"，用烛火之喻这类经验论的方法进行论证。范缜说的"形质神用""形神相即"，则是既唯物又辩证的思想。

魏晋南北朝以后，"心物"之辩代替"形神"问题而成了论争的中心。隋唐佛学各宗派在唯心主义形式下考察"有无（动静）"关系，法相宗与华严宗、天台宗的对立，是唯心主义内部分别强调经验、思维、内省的不同派别的对立。这些宗派都成了烦琐哲学。发展到了禅宗，提出"不立文字，直指本心"，尽扫烦琐的教义，比庄子更尖锐地对逻辑思维提出责难，根本否认语言文字、概念判断能够把握真理，认为真理只能用"对法"来暗示。"对法"就是相对主义的方法。同时，自嵇康向宿命论挑战以来，"力命"之争作为"天人"之辩的一个侧面而受到考察。到唐代，在禅宗讲"任运"和李筌极端夸大主观意志力量之后，柳宗元、刘禹锡恢复唯物主义的权威，重新提出气一元论，并重新考察天与人的辩证关系，对"力命"之争作了批判的总结。到北宋，张载批判了禅宗的"对法"，对"有无（动静）"之辩作了比较正确的解决，在气一元论的基础上阐发了对立统一原理。

　　自这以后，哲学论争的中心便发展为"理气（道器）"之辩与"心物（知行）"之辩。这个时期的哲学家，如程朱理学讲"理在气先""知先于行"，是先验论；陈亮、叶适讲"事功之学"，讲"理在事中"，强调"行"，强调主观能动性，则有经验论倾向。陆王心学讲"心即理""知行合一"，也是先验论，但不同于程朱，特别夸大了主观能动性。王学向左发展，产生了李贽的异端思想，他用相对主义反对独断论。最后王夫之对"理气（道器）"之辩和"心物（知行）"之辩作了批判的总结，达到了朴素唯物主义和朴素辩证法的统一，使气一元论体系取得完成的形态。而就与此同时，黄宗羲对宋明理学的总结具有唯心辩证法的色彩；顾炎武的总结有直观唯物论的倾向，而戴震的直观唯物论倾向就更明显了。

　　在考察了这些对立的哲学体系之间的斗争之后，我们可以看到哲学史上存在着某种重复现象，但不是简单地重复，而是螺旋式的发展。我们克服、打碎了这些体系，就看到了感性和理性、绝对和相对、客观规律性和主观能动性这些人类认识过程中的必要环节。从荀子、《易传》到张载这个"圆圈"中就包含着这些环节，其中相对和绝对的矛盾发展得比较充分。从张载到王夫之这个"圆圈"中也包含着这些环节，其中主观能动性与客观规律性这对矛盾发展得比较充分。

要考察中国哲学史中以辩证法为对象的认识运动是怎样展开的，除了上述环节之外，我们还须注意：历史上的哲学家们如何通过"类""故""理"这些逻辑范畴（也以它们作为环节）来揭示"性"和"天道"，经历了由自发到自觉、由较少自觉到更多自觉的发展过程。

在先秦，随着"名实"之辩的展开，比较突出地展开了对"类"的争论，"故"和"理"也被提了出来，并且已经形成墨家的形式逻辑体系和荀子、《易传》的辩证逻辑比较法。

到汉代，墨学衰微，而辩证逻辑的比类方法，不论是侧重于"取象"还是侧重于"运数"，在具体科学中都发挥了作用。但是，对这种比类方法如果主观地加以应用，就不可避免地变为牵强附会的比附，得出荒唐的结论。董仲舒说"以类合之，天人一也"，他用人的有目的活动比附自然现象，鼓吹"天人感应"论。王充对儒家神学展开全面批判，用"莫为"说反对"或使"说。"或使""莫为"之争，不仅是关于"类"的争论，也是关于"故"的争论。王充强调了形式逻辑的"异类不比"的原则，批判了外因论，肯定"气自变""物自动"，即物质是自己运动的。这种自己运动的观念，也是当时天文学家张衡的主张。

魏晋时期，随着辨析名理思潮的发展，"言意"之辩突出了，哲学家深入到关于"体用"的考察。"体用不二"，就是说实体以自身为原因，运动是实体的作用和表现，这就把王充的"气自变"的思想推进了一步。虽然后来各派哲学都讲"体用不二"，但唯心主义者以"虚静"为第一原理，实际上是割裂了"体用"。而唯物主义者则运用"体用不二"的原则作为科学方法，如范缜用质用统一原理来阐明形神关系，贾思勰用性能统一的原理作为科学分类的根据。这是他们在哲学和科学上突出的贡献。

自汉到唐，哲学家们考察了许多关于"故"的范畴："目的因""质料因"和"形式因"，"体"与"用"，"自因"与普遍联系等。逻辑思维还要求进一步探索："自因"即自己运动源泉（根本原因）是什么？柳宗元、刘禹锡提出物质本身的矛盾是运动源泉的思想（其实这也是向一个古老的观念复归）。到北宋，张载、王安石更明确地指出，物质的运动变化是对立统一的过程。张载运用"体用不二"和对立统一的原理作为方法论，对魏晋以来的"有无（动静）"之辩作了批判的总结。沈括则在《梦溪笔谈》中出色地运用了矛盾分析的方法，在众多的科学领域中做出了创造性贡献。

沈括强调科学研究要"原其理"，要给人揭示"此理必然"。虽然"理"范畴也早已提出，但宋明时期哲学家对"理"作了更深入、更多方面的探讨，对理和气，道和器（理和事），理和势，必然、当然和自由，一般规律和特殊规律等关系展开了争论，随之对"两"和"一"、"分"与"合"的考察也深化了。朱熹虽持"理一分殊"，却强调要"严密理会，铢分毫析"；王守仁虽强调"合一"，但以为"一理"展开为历史过程与发育过程。王夫之在作全面的批判总结时，差不多考察了前人提出来的所有的逻辑范畴，把它们融会贯通，成为"汇象成易，举易皆象"的体系。而顾炎武则吸取朱熹"格物穷理"的分析精神，提出了科学的治学方法；黄宗羲则吸取王守仁以本体为过程的思想，在哲学史、学术史的研究中，创立了历史主义的方法论。

总体来看，中国古代哲学通过"名实""言意""象道"关系问题的讨论，对逻辑范畴的掌握和运用经历了一个由简单到复杂和逐步提高自觉性的发展过程。虽然"类""故""理"三个范畴在先秦已被完整地提出来，但秦汉以后又揭示出越来越多的范畴，对它们的认识也越来越深刻。正是通过这些范畴作为环节、运用它们作为方法，对"天道"（世界统一原理和发展原理）的认识越来越提高了，对"人道"（历史观和人生观）的认识也越来越深入了。

三

经过上面说的这些哲学论争和认识的环节，从秦汉到清代（鸦片战争以前）这一时期的哲学发展为我们提供了哪些主要的积极成果呢？

首先，认识论。在先秦已有成就的基础上，这时期哲学家们进一步概括出了一些唯物主义的认识论原理和认识过程的辩证法，不仅从王充、嵇康到颜元、戴震的许多唯物主义者做出了贡献，而且一些唯心主义者如王弼、佛学各派、李筌、程朱、陆王等，也考察了认识过程的某些环节。从"心物"之辩来说，范缜用"体用不二"原理解决"形神"关系，王夫之也用"体用不二"原理解决"能所"关系，都是杰出的贡献。宋以后对"知行""格物致知"的争辩，加深了对认识过程辩证法的研究。在"知行"之辩上，王夫之提出"行第一"和"知行相资以为用"的思想。关于"格物致知"问题，王夫之认为"格物"是在博学的基础上进行"穷理"，"致知"是虚心地进行逻辑思维。他把"格物"和"致知"看作人们认识过程中的两个互相促进、不可分割的阶段。当然，荀子早已指出认识是一个感性和理性、知和行的对立统一运动，但王夫之无疑是大大发展了荀子的学说。同时，这一时期，哲学家们也发展了荀子"解蔽"和《易传》"百虑一致"的思想，王夫之和黄宗羲都认为"道非一家之私"，诸子百家"莫非道之所可而成乎性之偏"，所以只有通过不同意见的争论，才能克服片面性，达到全面的真理。他们都有"真理展开为过程"的思想。戴震进而明确地区分意见和真理，他强调了不能以主观意见作为客观真理的唯物主义观点。从王充、柳宗元、刘禹锡、张载到王夫之、颜元、戴震等，唯物主义者在论争、批判中越来越深入地揭露唯心主义的认识论根源。在考察人的自由问题上，王夫之提出"天之天"不断转化为"人之天"的论点，颜元讲人的德性、才能都是随"习行"发展而达到自由，戴震讲"归于必然适全其自然"。他们都在一定程度上触及了人类从"自在"到"自为"、从必然王国进入自由王国的飞跃问题。这些都是认识论上的合理因素，是很丰富的。但是中国古代哲学家都没有社会实践的观点，没有真正懂得相对真理和绝对真理的辩证关系；没有唯物史观，当然也不可能科学地阐明人类由自在而自为的螺旋式的前进运动。

其次，逻辑学。不仅是哲学家中的唯物主义者和辩证论者，而且刘徽、贾思勰、沈括等科学家，在这一方面也都有重要贡献。张载、沈括、王夫之、黄宗羲、顾炎武大致代表了这个时期的逻辑和方法论上取得的成就。张载肯定运用对立统一的范畴（象）和论断（辞）足以拟议变化之道，对禅宗提出的责难作了答复。沈括一方面重视调查和实验，另一方面又要求按事物的性能进行分类，运用一般和个别相结合的方法和矛盾分析的方法以求概括出一般原理。他的科学方法对宋元时期的科学发展起了积极推动作用。王夫之揭示了"名、辞、推"的某些辩证性质，提出"言、象、意、道"统一的学说，批判了先天象数之学、玄学、佛学和理学唯心主义的方法论，正面提出了"比类相观""象数相倚"，要求从"物物相依""变化日新"中去把握实体，强调了分析和综合的结合，"穷理而不失和顺"，从而比前人更深刻地阐明了"类""故""理"的逻辑范畴。黄宗羲着重讲了哲学史的方法论，具有逻辑的方法和历史的方法相结合的思想的萌芽。顾炎武从经世致用出发提出了科学的归纳法，后来为乾嘉学派所发展，然而是一种片面的发展。中国古代的哲学家和科学家对辩证逻辑和科学方法有很大贡献，但也有不足之处。形式逻辑在先秦的《墨经》之后没有大的进展，到明清之际，未能像西方那样制订出近代实验科学方法。

第三，天道观。天道观就是关于世界的统一原理和发展原理的学说。王充、柳宗元、刘禹锡、王安石、张载、王夫之等对气一元论都有所发挥。特别是张载对"有无（动静）"之辩作了总结，而后王夫之对"理气（道器）"之辩作了总结，对天道观做出了杰出贡献。王夫之用具体科学的材料论证了物质不灭，提出了"无其器则无其道"的思想，指出实有是绝对的，虚无是相对的，运动是绝对的，静止是相对的。从张载讲的变和化到王夫之讲的动和静，初步揭示出物质绝对运动与相对静止的关系。王夫之还提出事物矛盾的转化有"极其至而后反"和"或错或综，疾相往复"（即在保持动态平衡中实现转化）这两种形式，并从普遍规律和特殊规律的结合上阐明事物的变化发展都是对立统一的原理。从刘禹锡讲"矛盾"到张载讲"一物两体"、王安石讲"耦中有耦"，再到王夫之，对于作为物质运动（气化）过程的对立统一原理作了相当多方面的考察，这是中国哲学史上重大的成就之一。中国古代哲学不仅提供了主观逻辑的辩证法，而且提供了客观逻辑的辩证法。当然，由于历史条件的限制，许多命题是以思辨形式提出来的，缺乏近代科学的论证。

第四，人道观。中国古代哲学所说的"人道"，包括社会发展和个体发育两方面。在社会历史领域，先是柳宗元讲"势"，提出了历史发展有其必然趋势的观点，叶适继续作了发挥，到了王夫之发展为"理势合一"的历史观。"理势合一"，意味着有了逻辑与历史的统一的思想的萌芽，黄宗羲的学术史著作正体现了这一点。当然，这还不是唯物史观。但是从荀子到王夫之、黄宗羲，都坚持从历史本身的演变来探讨历史的规律，反对向上帝或自然界现象去寻求历史的动因，这无疑是正确的方向。关于人的"个体发育"之"道"，指人们如何从"天性"（通过"习行"、教育）培养德性而形成理想人格的道路，这是关于人性论和人生观的问题。这一时期的进步思想家，从嵇康到柳宗元、刘禹锡，在"力命"之争中反对了宿命论；从王安石到王廷相、王夫之、戴震，在"性习"之辩中反对了"复性"说。在反对宿命论与"复性"说的斗争中，伦理学上的自觉原则与自愿原则相结合的思想得到了进一步阐明。而王夫之提出"性日生而日成"的理论，虽然还是抽象的人性论，但把人性了解为过程，在当时是杰出的。在美学方面，在六朝奠定了艺术意境理论后，韩愈对"言志"说又有所发展，王夫之、黄宗羲对美和崇高的本质作了探讨，都提出了创造性见解。

四

从总体来看，当时的中国社会还处于封建社会，哲学还是处于朴素唯物论和朴素辩证法的阶段。但是在颜元、戴震的身上可以看到，朴素辩证法的光辉已趋于暗淡，显出了一些形而上学唯物论的特色。戴震强调"分理""条理"，"必就事物剖析至微而后理得"，非常注重把握事物的特殊规律。恩格斯在《反杜林论》中指出："把自然界分解为各个部分，把各种自然过程和自然对象分成一定的门类，对有机体的内部按其多种多样的解剖形态进行研究，这是最近400年来在认识自然界方面获得巨大进展的基本条件。但是，这种做法也给我们留下了一种习惯……即形而上学的思维方式。"（《马克思恩格斯选集》第3卷，人民出版社，1995年，第359—360页）把自然界分解开来进行研究，把各个细节从总的联系中抽出来进行考察，这对科学是个进步，对哲学也是个进步，但这会酿成一种形而上学的思想方法。从戴震的形而上学倾向中，我们可以看到，中国哲学发展的下一阶段将是形而上学，如同中国封建社会要发展到资本主义社会一样，朴素唯物论和朴素辩证法的阶段，将要发展为机械唯物主义的阶段（实际上后来是进化论阶段）。

但是，明清之际的大思想家在对宋明理学的批判中提出的对近代具有启蒙意义的思想，并没有像西方文艺复兴时代启蒙思想那样获得迅速的发展。在中国，资本主义的生产方式难产，近代哲学和近代实验科学也难产。强大的封建专制统治像大石头一样，压在刚处萌芽状态的资本主义身上，社会未能给工业和科学的发展提供强大的动力。与欧洲相比较，中国人在社会发展方面落后了，在科学和哲学发展方面也落后了。这里我们不去全面探讨落后的原因，只讲两个理论思维方面的重要教训。

第一，与封建专制主义的统治相适应，儒学唯心主义阻碍了社会的进步，束缚了科学的发展。汉代儒学独尊，而自宋以后，理学唯心主义长期处于支配地位，严重地禁锢了人们的头脑。朱熹本人虽有一点科学精神，但他的哲学被统治者利用，早已成了压抑科学发展的桎梏。王阳明学派则更流于空疏，唯心主义的象数之学还鼓吹种种神学迷信。到明清之际，王夫之、黄宗羲、顾炎武都认识到首先要批判理学，否则科学就不能进步，社会就不能进步。但是，理论上对理学作了批判，并不等于理学在社会上的支配地位被推倒了。为了加强封建专制统治，清王朝统治集团继续大力提倡程朱理学。因此颜李、戴震也还是把批判的矛头对着程朱。这种批判到近代仍然一直继续着。

第二，中国在明清之际未能像西方那样制订出近代实验科学方法。这是一个必须加以正视的弱点。就中国古代科学方法的发展来看，沈括已重视实验手段，注意对资料进行数学处理。虽然这还算不上近代实验科学方法，但已经接近于近代实验科学方法。在明代后期，西方传教士来中国，他们带来了一些科学知识，却没有介绍哥白尼学说。但当时徐光启接触到一点西方文化，凭他敏锐的眼光，看到了数学方法和实验手段的重要性。他用望远镜观察天体，只比伽利略迟20年左右。他翻译《几何原本》，把欧几里得几何学介绍到中国，还批评当时人们不重视数学的倾向，认为这有两个原因："其一为名理之儒土苴天下之实事；其一为妖妄之术谬言数有神理。"（《刻同文算指序》，《徐光启全集》第9册，上海古籍出版社，2011年，第284页）是说，理学家鄙视现实问题的研究，而唯心主义的象数之学把数神秘化，搞迷信，结果造成"神者无一效，而实者亡一存"（同上）。他指出，数学好比工人手中的斧头、尺子这样的工具，不但能应用于历法、音律，而且可助旁及万事；应该将数学方法运用到各门科学中去，就好比工人用斧头、尺子那样的工具来建造宫室器用一样。到了明清之际，方以智著《物理小识》，对我国传统自然科学和当时西方传入的科学作了记述考辨，提出了"质测"的新观念，表现了务实求证的科学精神。而顾炎武所倡导的科学的归纳法，要求在调查研究的基础上，形成假设，进行论证，则更明显地和近代实证科学方法的基本原理相一致。这时中国的先进人士，已从不同的方面接近了近代自然科学的殿堂。

但是，即使顾炎武的归纳法，也未能发展成为实验科学方法。最根本的原因还是社会没有提供强大的动力促使人们去研究自然，发展生产力；其次是理学唯心主义束缚科学的发展；第三，也同形式逻辑在中国古代没有得到长足发展有关。

前两个原因上面已讲了，以下再分析一下第三个原因。

拿西方同中国比较，西方有悠久的形式逻辑的传统，亚里士多德演绎逻辑首先体现在欧几里得几何学中，斯多噶学派和中世纪经院哲学继续作了许多研究。但中国人自汉以后却把《墨经》丢在一边。玄奘介绍印度因明，后来藏传因明虽有发展，但汉传因明却被丢掉了。徐光启译《几何原本》，意识到了形式逻辑的重要性，但《几何原本》和《名理探》在中国都没起多大的作用。中国古代的科学，当然也都遵守形式逻辑。但由于各门科学主要是从朴素的辩证逻辑取得方法论的指导，所以哲学家和科学家对形式逻辑的研究都不够重视。近代实验科学方法不能离开数学方法。中国古代的数学理论很注意揭示数学的逻辑思维中的辩证法因素，从刘徽、祖冲之、沈括到宋元之际的大数学家都是如此。这是优点，说明形数统一的观念在中国早就有了，微积分思想早已萌芽。但也带来一个弱点，即在逻辑的系统性方面较西方逊色，没有建立像欧几里得几何学那样的公理系统。近代实验科学的发展是从力学开始的，力学主要研究机械运动，特别需要形式逻辑的方法。所以，忽视形式逻辑，很可能是妨碍中国人在明清之际制订出实验科学方法的一个重要原因。

中国古代哲学的积极成果和理论思维的教训，在中国哲学走向近代化的伟大变革中都留下了深重的印记。

第三篇 近代（1840—1949年）

1840年鸦片战争以后，近代中国人民反帝反封建的斗争，反映在思想文化领域，就是"古今中西"之争。中国近代的哲学革命在"古今中西"之争的制约下，主要围绕着历史观、认识论、逻辑和方法论问题以及人的自由和理想问题等四个方面而展开。这里既受到西方近现代哲学的影响，又是中国传统哲学的"理气（道器）"之辩、"心物（知行）"之辩、"名实"之辩和"天人"之辩在近代的发展。

宋明时期的"理气（道器）"之辩演变到近代，首先是历史观问题，然后才是天道观或一般发展观的问题。从龚自珍、魏源以至王韬、郑观应，都沿用"道器"的范畴来表述他们的变易史观，由此发展到用西方的进化论来解释历史的演变，再进一步发展到唯物史观以及一般的辩证发展观。近代哲学讲认识论，仍然以"心物（知行）"之辩为中心。但在发展的过程中，历史观、认识论两个方面的论争，在"心物"之辩上逐渐结合起来，成了中国近代哲学发展的主线。

中国传统哲学中的"名实"之辩和"天人"之辩，在近代也继续着。"名实"之辩主要演变为逻辑学和方法论上的讨论。传统的"天人"之辩在人道观上主要是从天人关系（自然和人为、命和力、性和习等关系）来探讨人的自由问题。在近代，人的自由问题很突出。怎样建立理想的"自由王国"，怎样培养理想的自由人格，一直是哲学家们热烈讨论的问题。

第九章 中国近代哲学的前驱

在鸦片战争之后,西方资本主义的侵入,促使中国封建社会向半殖民地半封建社会过渡,社会思潮发生了巨大的变化,其中最为突出的代表人物是龚自珍和魏源,他们是近代哲学的"前驱"。

第一节 龚自珍:"众人之宰,自名曰我"
——近代人文主义的开端

鸦片战争前夕,龚自珍提出了"众人之宰,自名曰我"的命题,标志着"自我"开始觉醒,与欧洲文艺复兴时期的人文主义思潮相类似,是中国近代人文主义的开端。

龚自珍(1792—1841年),字璱人,号定庵,浙江仁和(今杭州)人。他是思想家,也是诗人。其所作诗文,针砭时弊,惊世骇俗,是晚清思想界开风气的人物。其著作今人编为《龚自珍全集》等。

龚自珍首先揭开了近代的"古今"之争。他凭着诗人的敏感,指出清王朝当时貌似盛世,实是腐朽不堪的"衰世"。因此,他反对泥古不化，强调重视现实，"通乎当世之务"（《对策》，《龚自珍全集》，上海古籍出版社，1999年，第114页）[1]，满腔热情地呼唤变革的"风雷"。他写道："九州生气恃风雷，万马齐喑究可哀！我劝天公重抖擞，不拘一格降人才。"（《己亥杂诗》，第521页）他期望具有"自我"意识的"人才"即"豪杰"之士，奋起打破"万马齐喑"的现实，实行富有生气的改革。但他认为根本性的"道"是不变的，所需变革的只是不合时宜的"祖宗之法"，所以他说："无八百年不夷之天下，天下有亿万年不夷之道。"（《乙丙之际箸议第七》，第5页）这表明龚自珍基本上是站在地主阶级改革派的立场来看待"古今"之争的。

一、从哲学的高度推崇"自我"

龚自珍认为，封建专制扼杀众人真实的"心"，因而社会就成了死气沉沉的"衰世"，要改变"衰世"，首先要唤醒众人的"自我"意识。因此，他从哲学的高度推崇"自我"。他说："天地，人所造，众人自造，非圣人所造。圣人也者，与众人对立，与众人为无尽。众人之宰，非道非极，自名曰我。"（《壬癸之际胎观第一》，第12页）龚自珍把"众人"与"圣人"对立起来，把"我"而不是把"道"和"极"作为"众人之宰"。在他看来，作为世界第一原理的，不是"道"也不是"太极"，而是"我"。人人都有一个"自我"，即主观精神，世界就是无数"自我"的创造："我光造日月，我力造山川，我变造毛羽肖翘，我理造文字言语，我气造天地，我天地又造人，我分别造伦纪。"（《壬癸之际胎观第一》，第12—13页）作为"众人之宰"的"我"是万能的，整个世界，包括演变着的人类本身及其文化、制度，都是"我"的创造。在中国哲学史上，突出地把"我"作为世界第一原理提出来，使哲学具有如此鲜明的唯意志论色彩，是前所未有的。这是彻底的主观唯心主义，但却标志着"自我"的觉醒，是中国近代人文主义的开端。

龚自珍从"我"是世界第一原理的基本观点出发，批判了唯"天命"是从、扼杀个性的正统派儒家思想。他反对儒家天人感应论，以为用阴阳灾异推算时政得失是不足取的。关于"天命"，他说："夫天，寒、暑、

---

[1] 以下出自《龚自珍全集》（王佩诤校）的引文，只注篇名和页码。

风、雨、露、雷必信,则天不高矣;寒、暑、风、雨、露、雷必不信,则天又不高矣。"(《尊命》,第83页)"必信"含有必然性之意,龚自珍认为,自然界的现象既有因果必然性而可以预测这一面,又有偶然性而不可测这一面。由于自然界的变化有必然和偶然,所以常使人抱怨不已。君命亦是如此。儒者说圣君"通古今之故","烛万物之隐","赏罚予夺不爽于毫发",把君命说成完全是合理的,完全是必然的。龚自珍指出,这是儒者为了"自售其学",实际上皇帝的命令哪能使人人都无憾?哪能使匹夫匹妇都满意?(《尊命》,第84页)龚自珍关于天命和君命的看法,包含着这样的意思:不论是天命还是君命,都有着不合理的、非决定论的成分,并不是什么都是决定论的。

为了反对儒家的"天命"论,龚自珍吸取了佛学的思想资料。他认为,佛学用"缘起"说来解释人事之千变万化,比儒家的"天命"论要高明些;而且佛学主张"自尊其心",不像儒家那样听从于"天命"。他说:"心尊,则其官尊矣;心尊,则其言尊矣。官尊言尊,则其人亦尊矣。"(《尊史》,第84页)强调人格尊严是近代人文主义的本质特征,而人的尊严首先在于自尊其心。可见,龚自珍是看到了佛学中有着和其人文主义思想倾向相通之处而接受佛学理论的。当然,龚自珍也因为要求变法改革的意志屡遭挫折,其唯意志论走向反面,便到佛学的寂灭境界中去求得安慰。与佛学虚无主义情感相联系,龚自珍也未能真正冲破"天命"论的束缚,他说:"使正者受,不正者亦受,无如何者亦受,强名之曰命。"(《尊命二》,第85页)这仍是叫人安于命运。

但是,龚自珍推崇"自我"的哲学思想具有反对封建主义的近代意义则是值得肯定的。

二、 历史变易观和要求个性解放的人生理想

"众人之宰,自名曰我"的命题,也贯穿于龚自珍的社会历史观和人生理想。

在社会历史观上,龚自珍从"众人之宰,自名曰我"的基本观点出发,认为从人们对历史的认识来说,为史者必须"自尊其心",然

后才能"出乎史，入乎道"；而从社会历史本身来说，历史是众人创造的，因此它不断变易，这就要求探索历史变易的规律。

宋明以来，历史领域里展开了"道器（理事）"关系的争论。王阳明提出"六经皆史"的命题，浙东史学家章学诚进而提出"六经皆史"即"六经皆器"，要即器言道，亦在"史"中识"道"。龚自珍继承和发展了章学诚的观点。他说："道载乎器，礼征乎数……莫遁空虚，咸就绳墨，实事求是，天下宗之。"（《阮尚书年谱第一序》，第226页）认为要实事求是，就不能离开具体的器物去讲求空虚的道。要即器言道，就应当是："出乎史，入乎道，欲知大道，必先为史。"（《尊史》，第81页）龚自珍认为，不仅六经皆史，而且诸子百家皆史，"五经者，周史之大宗也"，"诸子也者，周史之支孽小宗也"（《古史钩沉二》，第22页）。就是说每一种学说都是一定历史条件下提出的一种主张，每一个学派都是一定历史条件下的产物。因此，只有以历史的观点来对待历史文献，才能从中把握"大道"。

龚自珍强调，真正要"出乎史，入乎道"，关键在于为史者"自尊其心"。他说："史之尊，非其职语言、司谤誉之谓，尊其心也。心如何而尊？善入……又如何而尊？善出。"（《尊史》，第80—81页）认为研究历史者的"自尊其心"，就表现在他"善入"而又"善出"。所谓"善入"，就是对历代的山川形势、民俗风土、礼仪政制、军事法律、掌故轶闻等等，经过深入的考察研究，熟悉得"如其言家事，可谓入矣"（《尊史》，第81页）。所谓"善出"，就是对上述种种，不但熟知，而且好像看优人演戏歌舞，虽哀乐万千，而"观者肃然踞坐，眄睐而指点焉，可谓出矣"（同上）。这样既"善入"又"善出"，"心尊"，"人亦尊"，最后便能达到"出乎史，入乎道"这样的"大出入"。

龚自珍以"众人之宰，自名曰我"的思想，探求历史演变的规律，这表现在以下三方面：

第一，认为历史是众人创造的。他在《释风》一文中称人类为"倮虫"，有了人类，就使天地"旋转簸荡"，而人类本身则"自为旋转簸荡"，以形成历史所以"天地古今之续为虫之为"，历史是普通的人创造的。这就反对了儒家的圣人创造历史的传统观念。

第二，把公羊"三世"说解释为历史演变的一般规律。龚自珍认为，随着人类这种倮虫一代一代地更替，社会历史便不断地变化："古人之世，倏而为今之世；今人之世，倏而为后之世。"（《释风》，第128页）社会历史这样不断变化的规律，龚自珍用公羊"三世"说来说明。他说："通古今可以为三世。《春秋》首尾，亦为三世。大挠作甲子，一日亦用之，一岁亦用之，一章一蔀亦用之。"（《五经大义始终答问八》，第48页）就是说，不仅春秋二百四十年分三世，而且每天、每年、每一个时代都是三世，整个历史都是三世。他认为历史的三世演化是各种不同层次上的循环，"万物一而立，再而反，三而如初"（《壬癸之际胎观第五》，第16页），其总的趋势是不断变易。但龚自珍说"三而如初"，没有认识到"变"是前进运动，仍然是循环论。突破循环论，把"三世"看成是一个前进运动，那就是康有为的历史进化论了。

第三，以"人皆有私"作根据，解释宗法制度的起源。龚自珍认为每个人都有"我"，所以都有"私"（《论私》，第91—93页）。他从这种观点出发来说明宗法制度的起源："天谷没，地谷苗，始贵智贵力，有能以尺土出谷者，以为尺土主……上古不讳私，百亩之主，必子其子。"（《农宗》，第49页）认为原始人脱离采集"天谷"的阶段，便靠自己的智力和体力在土地上进行耕作，于是开始占有土地，并把自己的土地传给子孙，这当然是出于私。于是，在这出于"私"的农业生产的基础上，产生了宗法制度，在宗法的基础上又产生了仁义礼教等政治伦理的制度，龚自珍称这是"先有下，而渐有上"（同上）。但儒者却把事情弄颠倒了，把仁义礼教等政治伦理制度说成是"自上而下"（同上），即出自于圣君、天命。龚自珍企图从经济根源来探讨历史变化的原因，具有一定的合理性。

"众人之宰，自名曰我"的命题，在人生理想上就包含着要求个性解放的近代气息。关于理想人格问题，宋代的朱熹和陈亮曾展开过争论：朱熹教人作"存天理，灭人欲"的醇儒，而陈亮则要培养有"推倒一世之智勇"的豪杰。以后反理学的思想家黄宗羲肯定陈亮的见解，要人作呼唤"风雷"的"豪杰"。龚自珍继承他们的思想，并进一步站在平民"众人"的立场，把有所发现、有所创造的普通平民都看作为豪杰："古未曾有范金者，亦无抟埴者，亦无削楮、揉革、造木几者，其始有之，其天下豪杰也。"（《纵难送曹生》，第172页）

这表现了龚自珍开始以近代的平民化的理想人格来取代传统的圣人型的理想人格。

龚自珍认为，豪杰之士或人才的造就必须顺应各人不同的性情气质，"各因其性情之近，而人才成"（《与人笺五》，第338页）。因此，要解除种种强加于人们的束缚，去掉"一切琐屑牵制之术"，否则的话，即使是庖丁之解牛、伯牙之操琴这类的"神技"也无法施展（《明良论四》，第34—36页）。他在《病梅馆记》这篇散文里，形象地描绘了"病梅"在解除了人为的束缚之后才得以自然而健康地生长，以此来隐喻人也要挣脱枷锁，在自由的天地中发展个性。

龚自珍尤其强调发挥主观精神力量是造就人才，成就大事业的关键所在。他说："心无力者，谓之庸人。报大仇，医大病，解大难，谋大事，学大道，皆以心之力。"（《壬癸之际胎观第四》，第15—16页）所谓"心之力"，即指精神力量，特别是意志力。为君父报大仇，为国医大病，为民解大难，谋划大事，学习大道，都要有坚强的意志。龚自珍认为，人如果没有意志则形同行尸走肉。他说："惟未逮之志，不可以假，亦不可止。何以止之？曰臣昔死矣。"（《定庵八箴·志未逮箴》，第417页）志未逮而中止，那就等于死亡。

龚自珍不仅重视意志的力量，而且肯定情感，反对道学家的"忘情""无欲"。他说："情之为物也，亦尝有意乎锄之矣；锄之不能，而反宥之；宥之不已，而反尊之。"（《长短言自序》，第232页）情感是不能人为地铲除掉的，而是应当对其宽宥和尊重。

龚自珍高度重视意志和情感的力量，是同反对程朱理学束缚个性相联系的，同时也使他的哲学思想具有非理性主义的色彩。这表现在他的著作中掺杂着神学的呓语，如他认为圣人孔子有一种"凡民"不可企及的"神悟"等。

但是，龚自珍提出"众人之宰，自名曰我"的命题，与正统派理学相对立，不仅在当时有进步意义，而且影响了整个中国近代哲学。中国近代哲学不同于古代哲学的特点，如突出"自我"，颂扬"心力"，重视历史规律的探索等等，可以说都是从龚自珍发端的。当然"万马齐喑"的局面并非少数"自我"所能冲破，唯意志论碰了壁，便走向反面而导致虚无主义，佛教便成了龚自珍最终的精神归宿，但佛教也没有使他找到出路。

第二节　魏源："我有乘于物"和"及之而后知"
——"心物（知行）"之辩在近代的开端

魏源是和龚自珍齐名的另一位近代哲学的先驱。魏源（1794—1857年），字默深，湖南邵阳人。推崇今文经学，提倡经世致用。他坚决支持林则徐严禁鸦片和抵抗英国的武装侵略，并曾亲身参加过抗英的武装斗争。他曾编著了著名的介绍世界情况的《海国图志》。其著作今人编为《魏源集》《魏源全集》等。

魏源在"古今"之争上，和龚自珍一样，强调立足当今，变法改革。他重申荀子"善言古者必有验于今"的名言，反对因循守旧，说"天下无数百年不弊之法，无穷极不变之法"（《筹鹾篇》，《魏源全集》第12册，岳麓书社，2011年，第408页）[1]。由于他亲历了鸦片战争前后的社会巨变，因而他以更广阔的眼界来认识"古今"之争，提出了"师夷长技以制夷"（《海国图志原叙》，第4册，第1页）的主张。这就揭开了近代的"中西"之争，把"古今"和"中西"联结为"古今中西"之争。"师夷长技以制夷"表现了开眼看世界，向西方学习的近代意识，与儒家的夷夏传统是相对立的。当然，魏源所说的"师夷长技"主要是指学习和引进西方的"船坚炮利"，表明他仍是地主阶级的改革派。

一、"变古愈尽，便民愈甚"

魏源在"古今中西"之争中立足当今、学习西方的立场，包含着一种社会历史观。他和龚自珍一样，认为历史变易是不可阻挡的趋势。他说："势则日变而不可复者也。"（《默觚下·治篇五》，第12册，

---

[1] 以下出自《魏源全集》（《魏源全集》编辑委员会编校）的引文，只注书名、篇名、册数和页码。

第48页)魏源认为,历史的进化之所以成为"不可复"的趋势是在于"便民"。他说:"变古愈尽,便民愈甚……天下事,人情所不便者变可复,人情所群便者变则不可复。"(《默觚下·治篇五》,第12册,第49页)可见,魏源和龚自珍一样,也认为历史的"势"是众人造成的。他所谓"人情所群便者"就是势、利、名三者,因此,他认为统治者应出于公心,"以势、利、名公天下"(《默觚下·治篇三》,第12册,第44页),使"天下之庶人"都能从事生产,得到利益,并利用名教,使"天下之君子"知所劝勉和禁遏,从而让众人形成"势",这样就可以治天下。从这样的观点出发,他说:"天子者,众人所积而成。"(《默觚下·治篇三》,第12册,第45页)众人集聚于天子周围,就能造成"势",使天子成为英明的天子。"故天子自视为众人中之一人,斯视天下为天下之天下。"(同上)这里也表现了近代人文主义思想的萌芽。

魏源的"变古愈尽,便民愈甚"的历史观,包含着某些历史进化的观念,但还没有发展到历史进化论。魏源的历史变易观也和"道器"之辩相联系。他说:"人积人之谓治,治相嬗成今古,有污隆、有敝更之谓器与道。"(《皇朝经世文编叙》,第12册,第194页)认为人类历史就是"器"的推陈出新,体现了道有"污隆"。道不离器,即贯穿于礼乐、兵刑、食货等事业中,而六经把它们记载下来,就在于使后人能由此"求道而制事"(《默觚上·学篇九》,第12册,第23页)。但魏源认为"气化无一息不变者也,其不变者道而已"(《默觚下·治第五》,第12册,第48页),气化而成的"器"是无刻不变易的,而"道"则是永恒不变的。以后的康有为突破这种"器"变"道"不变的历史观,发展成历史进化论。

二、在"心物(知行)"之辩上的近代命题

魏源在哲学上的主要贡献,在于在"心物(知行)"之辩上提出了具有近代意义的命题。

第一,"违寐而之觉,革虚而之实"。魏源对于统治着当时思想学术界的理学与汉学都深为不满,指责它们或是空谈性理,"无一事可效诸民物"（《默觚下·治篇一》，第12册，第36页），或是埋首训诂，"锢天下聪明知慧使尽出于无用之一途"（《武进李申耆先生传》，第12册，第283页）。他要求人们正视现实的忧患，从而由蒙昧而觉悟，由空谈而切实。他说："人不忧患，则智慧不成。"（《默觚下·治篇二》，第12册，第39页）又说："天下无事，庸人不庸人；天下非多难，豪杰不豪杰。"（《默觚下·治篇七》，第12册，第53页）认为现实的忧患，能激发人们的智慧的增长；因为天下无事时，庸人也露不出其庸人之相，天下无危难，豪杰也显示不了其杰出才能。在《海国图志原叙》中，魏源特别讲述了危难的境际促使杰出人才的涌现。他说，《三百篇》是诗人发愤之作，《易》是文王有忧患而作，"愤与忧，天道所以倾否而之泰也，人心所以违寐而之觉也，人才所以革虚而之实也"。认为正是愤与忧促使人觉醒过来，鄙弃空谈，讲求真实的学问，从而努力改变现状，由"否"而之"泰"。在魏源看来，只要去掉"人心之寐患"和"人材之虚患"，民族就能复兴，国家就能昌盛，"寐患去而天日昌，虚患去而风雷行"（《海国图志原叙》，第4册，第2页）。

魏源所说的去"寐患"和"虚患"，既是政治上的要求，也是思想认识上的要求。这两个要求，制约着中国近代哲学认识论的发展方向。中国近代哲学的认识论，正是要求人们"违寐而之觉"，"革虚而之实"，即促使中国人觉醒过来，不尚空谈，面对现实，寻求救国救民的真理。

第二，"善言我者，必有乘于物"。魏源在《皇朝经世文编叙》中论述了事与心、法与人、物与我的关系。这都是讲认识论上的心物关系。龚自珍突出"自我"，强调"自尊其心"，魏源讨论心物关系时也有类似的思想。他指出：正如朱印千万，出于同一玉玺，因而"事必本于心"；正如车马引重致远，一定要有认识道路的御者，因而"法必本于人"；所以，他肯定"我"是"物"的本源，"物必本于我"。但是，魏源也指出，"善言心者，必有验于事矣"，人在思维中作权衡、判断，必须由事实、行为来验证；"善言人者，必有资于法矣"，要发挥人力，必须凭借法则；"善言我者，必有乘于物矣"，个人不能主观地"自恃其心"，为要发挥"我"的主观力量，就必须凭借客观的事物，依靠别人的帮助。魏源在这里讨论的事与心、法与人、物与我的关系，涉及"心物"之辩的三项，即心（我）、物（事）、理（法）三者的关系，还涉及"群己"（人我）关系问题。心物之辩和群己之辩相结合，成了认识论以及社会历史观的论争中心，这是中国近代哲学的重要特征。龚、魏讨论"我"与"物"的关系，便是其开端。

魏源强调"善言我者，必有乘于物"，与龚自珍的"我光造日月，我力造山川"等相比，显然具有唯物主义倾向。不过，把"物必本夫我"和"我有乘于物"联系起来看，魏源的整个哲学思想是泛神论的。他认为神即气，"神动则气动"，一方面，精神在形体之中，"心在身中"；另一方面，形体即在精神之中，"身在心中"（《默觚上·学篇五》，第12册，第13页）。这种即神即气、身心统一的泛神论思想，与黄宗羲十分相似。

第三，"及之而后知"。在知行之辩上，魏源肯定行而后知，"'及之而后知，履之而后艰'，乌有不行而能知者乎"（《默觚上·学篇二》，第12册，第7页）。这种强调接触实际事物方能获得真切认识的观点，是唯物主义的。他由此而反对生而知之的先验论。他说："圣其果生知乎，安行乎？孔何以发愤而忘食？姬何以夜坐而待旦？文何以忧患而作《易》？孔何以假年而学《易》乎？"（《默觚上·学篇三》，第12册，第9页）文王、周公、孔子如此勤奋地学习和创作，足以证明他们并非生而知之者。

魏源对于生而知之先验论的批评，表现出了不同于以前的唯物论者的新的时代特点，这就是他在才能、知识的来源的问题上，提出了"才生于情""学资于问"的思想。他说："才生于情，未有无情而有才者也……无情于民物而能才济民物，自古至今未之有也。"（《默觚下·治篇一》，第12册，第35页）认为只有对国家和人民怀有热情，才能成为济世之才，才能真正有智慧。魏源还说："未有学而不资于问者也……独得之见，必不如众议之参同也。"（同上）认为只有善于听取别人的意见，才能得到真正的学问，决不能以独得一孔之见而自以为是。这些思想同理学家的无情无欲才能认识天理以及圣人之见"句句皆是"的独断论是相对立的，散发出近代人文主义的气息。

但是，与魏源的泛神论相联系，他仍然保留着认识就是"回光反顾"

般地唤醒心中固有的天赋的先验论旧观点。

第四,"人定胜天,造化自我"。龚自珍对儒家以天为宗有所批评,魏源则肯定"以天为本,以天为归"(《默觚上·学篇一》,第12册,第5页),把天看作最高原理,把认识看作向天命复归。因此,魏源主张"天人合一",要求人与天相参,达到"灵魂忽自悟"而"与天地合德"的境界。他认为一个人只要"用志不分,乃凝于神",最后就可达到"彻悟心源,光明全复",成为"大知大觉",于是"能与造化相通,则可自造自化"。这样的人就可以"造命",可以"胜天"(《默觚上·学篇二》、《学篇五》,第12册,第6—8、13—14页)。

"造命"的思想,魏源以前的泰州学派、王夫之都提出过。但魏源讲"造命"具有新的时代特征。他说:"匹夫确然其志,天子不能与之富,上帝不能使之寿,此立命之君子,岂命所拘者乎?人定胜天……祈天永命,造化自我,此造命之君子,岂天所拘者乎?"(《默觚上·学篇八》,第12册,第21页)认为匹夫只要有真正坚强的意志力,那么,他如不愿富,皇帝也无法使其富,他如自愿杀身成仁,上帝也无法使其寿。可见人能靠意志选择道路,战胜命运,而非"天所拘"。这样强调意志力量,如龚自珍的"心之力"一样,表现了近代哲学突出"自我"意志的特点。

同龚自珍一样,魏源晚年皈依佛教,并认为"鬼神之说,其有益于人心,阴辅王教者甚大"(《默觚上·学篇一》,第12册,第3页)。主张神道设教的落后观念。但魏源作为中国近代哲学先驱者的地位是不可否认的。

龚、魏所期望的风雷激荡的大变动,历史是以洪秀全领导的太平天国革命来表现的。太平天国的领导者吸取了基督教的某些思想,并与中国传统的平等、大同思想结合,创立了"拜上帝教"。他们的革命思想,一方面对封建纲常名教作了有力批判,造成了"名教之奇变"(曾国藩语);另一方面,在神学的外衣下,潜在地包含着一种革命的世界观:通过群众自身的斗争来实现"新天、新地、新人、新世界"的理想。中国近代哲学的革命进程,是中国人民的革命世界观由自发到自觉的过程。在太平天国时期,革命的世界观还是潜在的,以后随着民主革命实践的发展,这种革命的世界观逐步地取得了科学的形态,使中国人民反帝反封建的斗争达到了自觉。当然，太平天国革命中的平均主义和皇权主义等农民落后思想，也对以农民为主力军的中国近代民主革命产生了不容忽视的消极影响。

龚、魏期望的变法改革，在19世纪60年代的早期改良派思想家那里已有了比较明确的发展资本主义的近代内容。这些改良派思想家，和龚、魏一样，用"道（体、本）"和"器（用、末）"的范畴来讨论中学与西学的关系。他们用"中道西器"说或"中体西用"说来论证采纳西学和改革的必要，是具有时代进步意义的。他们中的一些人，甚至已认识到西学也自有其"体用"，这就开始突破了"中体西用"说的框架。这就为近代哲学以进化论来否定形而上的"道"永恒不变的陈腐思想作了理论准备。

第十章　哲学革命的进化论阶段

　　甲午战争的惨败，宣告洋务运动的破产，也使中国面临被帝国主义列强瓜分的危机。于是发生了戊戌维新运动。它标志着中国民族资产阶级登上了政治舞台，是爱国救亡运动，也是思想启蒙运动。在这之前，由龚、魏为开端的"古今中西"之争，主要围绕着"道器"之辩而展开。"中道西器"说或"中体西用"说在最初具有的为西学争一席之地的进步性，到这时已逐渐丧失，而成为洋务派等反对变法维新的主张了。这期间，西方近代科学比较多地介绍到中国，尤其是其中的进化论对中国哲学的近代化起了很大的推动作用。严复译述《天演论》等著作，表现了中国人对西学的认识已由"器"而进于"道"，达到了一个新的阶段。

　　在这样的历史条件下，中国近代哲学进入了进化论阶段。康有为把公羊"三世"说改造为历史进化论，严复倡导"天演哲学"，他们用进化论作武器，来反对顽固派、洋务派那种"天不变，道亦不变""中学为体，西学为用"的理论。这标志着中国近代哲学革命的开始。

第一节 康有为：历史进化论的提出

康有为率先向进化论阶段迈进。康有为（1858—1927年），字广厦，广东南海人。幼年接受儒家思想的教育，后来接触到西方资本主义文化，转而学习西学。他七次上书光绪皇帝，力陈变法主张，其中最有名的是1895年的"公车上书"。戊戌维新运动失败后，康有为逐渐转向保守，反对孙中山领导的民主革命，后又反对五四新文化运动。主要著作有《新学伪经考》《孔子改制考》《诸天讲》《春秋董氏学》《礼运注》《大同书》等。

康有为提出了比较完整的变法纲领：政治上实行君主立宪，改变君主专政的政体；经济上"以商立国"，鼓励民办工商企业；文化上废科举、办学校、学习西方思想文化。康有为倡导变法维新的哲学根据就是进化论，如梁启超所说："先生之哲学，进化派之哲学也。"（《康有为全集》第12集，中国人民大学出版社，2007年，第430页）[1]康有为以进化论来批判顽固派和洋务派反对变法维新的"天不变，道亦不变""中体西用"的形而上学。康有为的变法维新是在"托古改制"的旗号下进行的，即借用孔子的名义来宣传变法维新的道理。可见，康有为在"古今中西"之争上，既突破了"中体西用"，又对"中体西用"有所保留。这反映到康有为的哲学思想里，就呈现出新旧并存、不中不西的面貌：历史进化论以今文经学公羊"三世"说的形式出现。

一、"变者，天道也"和"以元为体"

中国正统儒家的理论是"天不变，道亦不变"，人道以天道为根据。康有为的历史进化论正是与此针锋相对，提出"变者，天道也"的宇宙进化思想，以此作为历史进化的根据。

康有为说："变者，天道也。"认为"变"是自然界的普遍规律，"天不能有昼而无夜，有寒而无暑，天以善变而能久"（《进呈〈俄罗斯

---

[1] 以下出自《康有为全集》（姜义华、张荣华编校）的引文，只注书名、篇名、集数和页码。

大彼得变政记〉序》,第4集,第35页)。自然界变易不已的观念,是中国传统哲学中已有的。康有为则以西方近代科学知识来论证"变者,天道也",并反对了中国传统的宇宙结构学说,表现出不同于古代哲学的近代意识。

康有为赞同康德——拉普拉斯的星云假说,认为宇宙天体并不是从来如此,一成不变的东西。他说:"各天体创成以前,是朦胧之瓦斯体,浮游于宇宙之间,其分子互相引集,是谓星云,实则瓦斯之一大块也。"(《诸天讲·地篇第二》,第12集,第20页)在他看来,根据星云假说,宇宙天体的生成,是星云在引力作用下不断聚集演化的结果。

康有为根据哥白尼和牛顿的学说,批评了中国传统的"上天下地"的宇宙结构理论。他说古时人们只凭肉眼测天,于是"因肉眼所限之力,仰观苍苍者则为天,俯视搏搏者则为地也。不知地之至小,天之大而无穷也"(《诸天讲·地篇第二》,第12集,第19页)。所以就把"上天下地"看作绝对的。其实,地球也是"绕日之游星"。既然地球也是一颗星,那么从别的星球上看,地球也是光华灿烂地在天上运行的。"吾人既生于星中,即生于天上。然则吾地上人皆天上人也。"(《诸天讲·自序》,第12集,第11页)

康有为认为,传统的宇宙观的形成,是受了技术的限制,因从前没有望远镜等。望远镜等虽是粗的"器",但有了这新的工具,就可以使人们改变对宇宙(天道)的认识,所以说"道尊于器,然器亦足以变道"(《日本书目志》卷七,第3集,第366页)。

康有为的"变者,天道也"的宇宙论虽表现了近代意识,但他关于宇宙本体的看法,仍停留在传统的旧观念上,即"以元为体"。康有为认为,"元"是最原始的东西,派生出宇宙间的一切。他在《自编年谱》中说:"其道以元为体,以阴阳为用。"康有为称元者为气,"浩浩之气,造起天地"(《大同书》甲部绪言,第7集,第4页)。但"元"又是一种精神实体,"元气"即"神气",与"知气""魂知""精爽""灵明""明德"是"异名而同实"(同上)。康有为还将磁、电看作同人的"不忍人之心"一般的精神力量。可见,在他的"以元为体"的唯心论本体论中也有着泛神论的倾向。

康有为的"以元为体",将精神性的"元"置于至高无上的地位,其实就使它成了上帝或天神的代名词。因而他最终断言上帝是存在的："天有上帝者，各国各教所公有也。中国凡称天，即有主宰之意，主宰者上帝也。"（《诸天讲》卷十一，第12集，第93页）

在康有为那里，"变者，天道也"的新意识和"以元为体"的旧观念并存，反映他的哲学具有进步和落后的两重性。

二、"三世"说和大同理想

康有为作为近代进化论哲学开创者，突出地表现在他提出了历史进化论。梁启超曾说："中国数千年学术之大体，大抵皆取保守主义，以为文明世界在古时，日趋而日下"，所以主张复古；或者以为"天下之生久矣，一治一乱。其说主于循环"；而康有为"独发明《春秋》三世主义，以为文明世界在于他日，日进而日盛。盖中国自创意言进化学者，以此为嚆矢焉"（《南海康先生传》，第12集，第430页）。康有为的历史进化论就是"三世"说和大同理想。

第一，康有为的"三世"说的基本观点是：人类历史从据乱世进而为升平世，即达到小康，再进而为太平世，即达到大同，这是人类历史进化的普遍规律。他说："'三世'为孔子非常大义，托之《春秋》以明之。所传闻世为据乱，所闻世托升平，所见世托太平。乱世者，文教未明也。升平者，渐有文教，小康也。太平者，大同之世，远近大小如一，文教全备也。"（《春秋董氏学》卷二，第2集，第324页）康有为把公羊"三世"说和《礼运》篇的"小康""大同"相联系，假托孔子之名，说明人类社会的进化历程。他的"三世"说和公羊"三世"说及《礼运》的大同思想有根本不同。汉代公羊"三世"说认为"《春秋》之道，奉天而法古"，"王者有改制之名，无易道之实"，所主张的是复古的历史循环论。《礼记·礼运》说原始社会是"大道之行也，天下为公"，发展到夏商周三代，"大道既隐，天下为家"，只能行小康之道，这是历史退化论。所以，康有为主张由据乱世而升平世再到太平世的历史进化论，提供了不同于传统的循环论和复古倒退论的新观念：理想在未来，而不在古代，应遵循历史进化规律前进。

康有为"三世"进化的过程，实际上是指三种社会形态（更确切地说是三种政治制度）的由低级到高级的进化过程。他说："即如今大地中，三法并存，大约据乱世尚君主，升平世尚君民共主，太平世尚民主矣。"（《孟子微·同民第十》，第5集，第464页）认为当时世界上并存的三种政治制度（君主专制、君主立宪和民主制）是人类历史进化的三个不同阶段。他认为这三个阶段依次取代是历史的必然。他说："《春秋》发三世之义，有拨乱之世，有升平之世，有太平之世，道各不同。"（《日本书目志自序》，第3集，第263页）认为"世"不同则"道"不同，因而升平之道必将取代拨乱之道，大同之道必将取代小康之道，道并非是永恒不变的。这就打破了从龚、魏直至早期改良派的"器变道不变"之说，比较有力地论证了变法维新的必然性。

　　当然，康有为以"三世"说作为模式来裁剪历史，是不科学的。他的历史进化论主张"渐进"，反对革命的手段，而且把历史进化的动因归结为人的避苦求乐的本能和不忍人之心。这说明了他的历史进化论的改良主义和唯心论的性质。

　　第二，康有为依据人性平等的观点来看待人道的进化。他认为人性相近，所以人是平等的："夫相近，则平等之谓，故有性无学，人人相等，同是食味、别声、被色，无所谓小人，无所谓大人也。"（《长兴学记》，第1集，第341页）与生俱来的本能是人人都有的，这就决定了每个人是平等的。这虽然只是从生物学的观点来讨论人性问题，但从性相近而论证人与人平等是有近代意义的。人性的具体内容，康有为认为就是"求乐免苦"。人性相近，人人都要"求乐免苦"。

　　根据这样的人性平等的观点，康有为认为人道就是使大家避苦求乐。他说："人道只有宜不宜，不宜者苦也，宜之又宜者乐也，故夫人道者依人以为道。依人之道，苦乐而已。为人谋者，去苦以求乐而已，无他道矣。"（《大同书》甲部，第7集，第6页）正由于人道就是避苦求乐，所以康有为的人道进化的标准就在于是否使人增加快乐减少痛苦。他说："能令生人乐益加乐、苦益少苦者，是进化者也，其道善。其于生人乐无所加而苦尤甚者，是退化者也，其道不善。"（《大同书》癸部，第7集，第184页）显然，这是对理学家非人道的"存天理，灭人欲"的否定。康有为的人性论还有另一方面，即同意孟子"人皆有不忍人之心"的观点。所以,他讲的人道之进化,既指免苦求乐之方的改进,也是不忍人之心的扩充。

第三,康有为把实现大同理想作为人道进化的最终目标。大同世界是人人都能避苦求乐的极乐世界。要实现这样的理想,康有为认为就要扩充人的"不忍人之心",扩充人的"爱同类"的本性。他说,在据乱世时,只能实行"亲亲";到了升平世,就能"仁民",即爱同类;到了太平世,"众生如一,故兼爱物"(《孟子微·总论第一》,第5集,第415页)。认为从据乱世到升平世,再到太平世,是一个扩充人的爱心的过程,由于爱心的扩充,人们就能逐渐破除人世间的造成人道之苦的国家、等级、种族等九种界限,实现大同理想。

这无疑只是空想,但却有着真实的历史内容。洪秀全和康有为都向往"天下为公"的大同世界,但两者的内容却迥然相异:太平天国的《天朝田亩制度》勾画了以小农经济为基础的农业社会主义的蓝图,而康有为的《大同书》则详细地展现了以近代人文主义即人道主义为内容的资产阶级的社会理想。他说:"吾采得大同太平、极乐长生、不生不灭、行游诸天、无量无极之术,欲以度我全世界之同胞而永救其疾苦焉,其惟天予人权、平等独立哉!"(《大同书》庚部,第7集,第164页)认为到了大同社会,就有了真正的民主权利,人人平等,男女皆具独立人格。《大同书》用资产阶级的天赋人权说和自由平等博爱的思想反对封建主义,是一个人文主义的乌托邦,反映了资产阶级的现实要求。

三、 先验主义的方法论及其近代意义

康有为建立其历史进化论体系的方法是先验主义的,但其中包含着对方法论近代化的初步探索。

在"心物(知行)"之辩上,康有为认为心思之官是人的思维、情感之所出,统御着体魄,所以"心贵于体"(《春秋董氏学》卷六下,第2集,第392页);人如能事先预知行为的后果,行为就自然合理了,所以"以智为先"(《春秋董氏学》卷六下,第2集,第393页)。从重视精神和"以智为先"的观点出发,康有为大力倡导"开智"。

在康有为看来，要使人们摆脱愚昧无智的状态，就要以人的主观奋斗精神来打破传统的习俗，因此，他说："逆而强学者智。"(《长兴学记》，第1集，第341页)他认为愈是违逆旧习俗，便愈能获得新知，"积习深矣……故其逆弥甚者，其学愈至"(同上)。康有为强调要把发挥人的理性和主观奋斗精神放在首位，具有反对封建蒙昧主义的意义，但却是唯心主义的先验论。因为他认为由于人的灵魂(理性)先有知识，然后才能学习，"人各分天地原质以为灵魂，然后有知识，有知识然后能学"(《实理公法全书·师弟门》，第1集，第152页)。

康有为的先验论贯彻于他的建立理论体系的方法。他以为数学是最严密的科学，数学方法是最有效的发现真理的方法。据《康南海自编年谱》，他在1885年"从事算学，以几何著《人类公理》"。1886年"又作《公理书》，依几何为之者"。我们从现存的《实理公法全书》，可以看到他当时模仿欧几里得几何学方法来构造他的理论：以若干"实理"（相当于几何学中的定义、公理）为根据，来推导或衡量人类社会中的种种"公法"，用以证明他的历史进化论具有几何公理所能证明的必然合理性。康有为在19世纪90年代建立托古改制的"三世"说为核心的体系，则自称是运用了代数方法。他说："《春秋》以寓改制，其文犹代数，故皆称托，不过借以记号耳。数不能直叙，代以甲子、天元。"(《春秋董氏学》卷二，第2集，第329页)认为《春秋》里的文字就好像代数，中国古代的代数借用甲子、天元等为符号以记数，"三世""三统"等也都是代数符号，这些符号是孔子用以寄寓改制之义的。无论是模仿几何学还是模仿代数学，在康有为那里，都是先验主义的方法，因为他所赖以出发的"实理"是所谓不证自明的，他把"三世"等视为代数符号，凭主观作推导。

但是，他的这种先验主义方法论却包含着近代的意义。中国近代哲学革命包括着思维方式的变革，即要求用近代的科学思维取代陈旧的经学方法。康有为的托古改制，还没有摆脱经学的形式，但他的实质上是先验主义的代数学方法和几何学方法，却给哲学带来了近代气息，预示着哲学将从近代科学中吸取丰富的营养而取得新的面貌，最终抛弃陈旧的经学外衣。

总之，尽管康有为的哲学思想中还有不少过时的东西，但他提出了历史进化论，为哲学进入进化论阶段跨出了第一步。

第二节 谭嗣同："冲决网罗"之仁学

谭嗣同是康有为领导的戊戌维新运动中的激进人物，他提出要"别开一种冲决网罗之学"。谭嗣同（1865—1898年），字复生，号壮飞，湖南浏阳人。年轻时游历祖国各地，广泛接触社会。戊戌维新运动中，他参与开办时务学堂，创办《湘报》等。戊戌变法时，谭嗣同被任命为军机章京，参与新政，变法失败后，英勇就义。他的主要哲学著作是《仁学》。

谭嗣同在"古今中西"之争上，反对复古，主张破中外之见。他说："欧、美二洲，以好新而兴……亚、非、澳三洲，以好古而亡。"（《仁学》十八，《谭嗣同全集》下册，中华书局，1981年，第319页）[1]认为中国决不可再故步自封，应当认识到"道非圣人所独有也，尤非中国所私有也"（《思纬氤氲台短书·报贝元征》，上册，第197页）。因此，谭嗣同吸取、改造了西学和中学的思想资料，形成了他的"冲决网罗"之仁学。谭嗣同所要冲决的网罗，就是封建纲常名教。他猛烈地抨击封建统治者以纲常名教作为束缚人们的网罗，尤其是"君臣"之伦。他说："二千年来君臣一伦，尤为黑暗否塞，无复人理，沿及今兹，方愈剧矣。"（《仁学》三十，下册，第337页）在他看来，五伦中只有朋友一伦，是"最无弊而有益"的，因为朋友之间的关系是平等的，"总括其义，曰不失自主之权而已矣"（《仁学》三十八，下册，第350页）。所以，谭嗣同的"冲决网罗"就是用资产阶级的自由平等来否定封建的纲常名教。

一、唯名论观点和"以太"说

谭嗣同指斥封建名教为否塞不通的网罗，他将自己的"冲决网罗之学"（《报唐才常书》，上册，第251页）称为"仁学"，因为在

---

[1] 以下出自《谭嗣同全集》（蔡尚思、方行编辑）的引文，只注书名、篇名、册数和页码。

他看来,"仁以通为第一义"(《仁学·界说》,下册,第291页)。认为"仁"的首要涵义就是"通",仁道把"中外""上下""男女""人我"通而为一,达到完全平等,"通之象为平等"(同上)。谭嗣同指出,仁道之所以实行不了,就在于名教以"名"造成了混乱,"仁之乱也,则于其名","乱于名,故不通"(同上)。谭嗣同的"仁学"由此表现了唯名论的观点。

他指出"名"之所以扰乱了仁道,是由于两方面的原因。一方面,"名"只是人们创造的对某一事物的名称,其本身没有实在性,所以就容易被搞乱,"名本无实体,故易乱"(《仁学》八,下册,第299页)。另一方面,"名"之所以被搞乱,是由于社会的势力——"权势之所积"和"习俗之所尚",有人凭借权势和习俗,"以威刑箝制天下,则不得不广立名为箝制之器"(同上)。这在哲学上是唯名论的观点。谭嗣同说:"吾是以痛夫世之为名蔽也,将以实救之。"(《释名》,下册,第436页)他这种"祛名务实"的思想表现了唯名论的唯物论和经验论的倾向。当时占统治地位的理学,把"名"(概念)看作实在的东西,是一种唯实论的观点。谭嗣同的唯名论正是为了反对这种唯实论。

要扫除束缚人们的那些名目,谭嗣同认为就须破对待,因为名都是互相对待的。而一切对待之名,谭嗣同认为都可归结为"我"与"人"的对立。他说:"对待生于彼此,彼此生于有我。我为一,对我者为人,则生二;人我之交,则生三。"(《仁学》十七,下册,第316页)于是,一切对待之名丛然而生。所以,破对待在于破"我相"。他从运动的绝对性(即生即灭)来论证无我:"以生为我,而我倏灭;以灭为我,而我固生。可云我在生中,亦可云我在灭中。"(《仁学》十六,下册,第315页)这种以相对主义破对待的办法,在庄子、禅宗那里已屡见不鲜。谭嗣同的独特之处,是试图用近代科学来破对待。他说:"格致明而对待破,学者之极诣也。"(《仁学》十七,下册,第317页)他认为事物的种种性质都是相对的,因它们都可分成六十四种化学元素("原质"),而元素则归结为"以太",以太不生不灭,"不生故不得言有,不灭故不得言无"(《仁学》十一,下册,第306页)。这样,他用当时的科学知识破除了对待。

谭嗣同借助科学知识破对待之词，最后归结到"以太"，赋予当时物理学的"以太"以本体论的意义。他认为"以太"充满于宇宙，是天地万物的本源、实体，一切变化都是"以太"自身的运动。他说："遍法界、虚空界、众生界，有至大、至精微，无所不胶粘、不贯洽、不筦络，而充满之一物焉，目不得而色，耳不得而声，口鼻不得而臭味，无以名之，名之曰'以太'……法界由是生，虚空由是立，众生由是出。"(《仁学》一，下册，第293—294页)"以太"作为本体是感官感受不到的，但是，"其显于用也，为浪、为力、为质点、为脑气"(《以太说》，下册，第434页)，从这个意义上说，"以太"是物质实体。但他又以为"以太"即"心力"，"以太也，电也，粗浅之具也，借其名以质心力"(《仁学·界说》，下册，第291页)。因此，"以太"又是精神实体。可见，谭嗣同的哲学和康有为的哲学相似，接近泛神论。实际上，他是用西方自然科学的"以太"来代替中国传统哲学的气，这不失为推进中国哲学近代化的一种尝试。

二、进化思想和唯意志论倾向

谭嗣同的"冲决网罗"之仁学，和进化论是密切相联的。

谭嗣同在早期吸取了王夫之"无其器则无其道"的思想，并加以发挥。他说："道，用也；器，体也。体立而用行，器存而道不亡。"(《思纬氤氲台短书·报贝元征》，上册，第197页)强调道依存于器，"器既变，道安得独不变"(同上)，否定了"器变道不变"的命题。把这种观点再进一步地引申，就发展为进化论了。

以后，谭嗣同把王夫之"天地之化日新"的思想和"以太"说结合起来，把自然界的演化看作"以太"的"日新"之流，"以太不新，三界万法皆灭矣"(《仁学》十八，下册，第318页)。"以太"的日新之动因在于"以太"自身，谭嗣同说："日新乌乎本？曰：以太之动机而已矣。"(《仁学》十九，下册，第319页)变化日新是"以太"的自己运动，他以雷电现象为例来说明。他说：原来天上虚空渺无一物，以后有云雨则含正负两电，"正负则有异有同，异则相攻，同则相取，而奔崩轰磕发焉"(《仁学》十九，下册，第320页)。以雷电由正负相反的两种电相接触而发生来说明"以太"本身具有"异同攻取"的动力。谭嗣同在这里已意识到事物日新进化的内在动力，是两种不同力量的冲突。

关于社会历史的进化，谭嗣同吸取了康有为的"三世"说，又将其同《周易》乾卦六爻相配合，形成了"两三世"说：自洪荒太古的太平世，演变为三皇五帝的升平世，再发展到三代的据乱世，这是"内卦之逆三世"；三代以后，经历了长期的君主统治的据乱世，而后再经过全球大一统的升平世，再达到遍地民主的太平世，这是"外卦之顺三世"（《仁学》四十八，下册，第370页）。这当然是一种空想，但它把人类社会的历史描述成由"逆"而又返"顺"的曲折演化过程，接触到螺旋式上升的辩证法思想。

就人道而言，谭嗣同以为变化日新的本源在于"性"，性亦即"以太"之用。他说："生之谓性，性也……性一以太之用，以太有相成相爱之能力，故曰性善也。"（《仁学》九，下册，第300页）认为"以太"具有"爱力"，是性善说的根据，是人道趋向善的动力。从这样的观点出发，他认为人类的进化就是人的灵魂（精神）的进化，以至最后达到"纯有灵魂，不有体魄"（《仁学》四十六，下册，第366页）的境地。

由于注重精神，谭嗣同在知行关系上说："吾贵知，不贵行也。"（《仁学》四十八，下册，第369页）因为"知者，灵魂之事也；行者，体魄之事也"（同上）。

谭嗣同这种注重精神、"贵知不贵行"的唯心主义，表现出唯意志论的倾向。他继龚自珍之后，高度颂扬"心力"。他说："人所以灵者，以心也。人力或做不到，心当无有做不到者……心之力量虽天地不能比拟，虽天地之大可以由心成之、毁之、改造之，无不如意。"（《书简·上欧阳中鹄》，下册，第460页）认为心力能够创造一切、改变规律，具有不可思议的巨大力量。所以他说："夫心力最大者，无不可为。"（《仁学》四十三，下册，第357页）他认为中国之所以多灾多难，原因之一是"人心多机械"，因而他决心以"心力挽劫运"。他这种唯意志论倾向，反映了当时的先进者不惜牺牲，坚持用意志的力量来贯彻自己的理想，也反映了他们找不到群众力量的悲哀。

第三节　严复的"天演之学"与经验论

中国近代进化论哲学趋向成熟的标志,是严复的"天演之学"。严复(1853—1921年),字几道,福建侯官(今闽侯)人。早年曾入福州船政学堂学习。1877年被派往英国留学,回国后,任北洋水师学堂总教习等职。在戊戌维新运动中,连续发表多篇宣传西学和变法的论文。严复一生主要从事翻译工作,把西方资产阶级学术著作系统地介绍到中国来。他的翻译著作主要有"严译名著八种":赫胥黎的《天演论》、亚当·斯密的《原富》、约翰·穆勒的《名学》和《群己权界论》、斯宾塞的《群学肄言》、甄克斯的《社会通诠》、耶方斯的《名学浅说》、孟德斯鸠的《法意》。他的著作编为《侯官严氏丛刊》《严几道诗文钞》《严复集》。

对于"古今中西"之争,严复比较彻底地驳斥了当时主要用以反对变法维新的"中体西用"论。他说:"体用者,即一物而言之也。""中学有中学之体用,西学有西学之体用,分之则并立,合之则两亡。"(《与〈外交报〉主人书》,《严复集》第3册,中华书局,1986年,第559页)[1]认为中学与西学各具体用,要求得西学之用,必须识西学之体,"中体""西用"是无法合而为一的,这犹如不能"以牛为体以马为用"。正因为"中体西用"论是荒谬的,因此,学习西方就不能像"中体两用"论者那样,停留在船坚炮利之类"技艺"上,而要抓住西学的"命脉"。他认为自鸦片战争以来的半个多世纪里,学习西方的成效甚微,就在于在"中体西用"的束缚下,没有学到西学的根本"命脉"。他指出:西学"其命脉云何?苟扼要而谈,不外于学术则黜伪而崇真,于刑政则屈私以为公而已。斯二者,与中国理道初无异也。顾彼行之而常通,吾行之而常病者,则自由不自由异耳"(《论世变之亟》,第1册,第2页)。认为西学的命脉在于学术上"黜伪而崇真"的科学态度和政治上"屈私以为公"的民主制度,西学的命脉在中国之所以行不通,在于中西之间存在着不自由与自由之差异。

1　以下出自《严复集》(王栻主编)的引文,只注篇名、册数和页码。

他说:"夫自由一言,真中国历古圣贤之所深畏,而从未尝立以为教者也。"(《论世变之亟》,第1册,第2—3页)"中国最重三纲,而西人首明平等。"(《论世变之亟》,第1册,第3页)严复实际上把中学西学的不同归结为资产阶级自由平等观念同封建纲常名教的对立,学术和政治制度的差别,是由这根本的对立派生的。

严复批判"中体西用"论,主张抓住西学的"命脉"来认识中西学的差异,并不是要"尽去吾国之旧,以谋西人之新",而是为了有分析地对待中国的传统思想,"去其旧染矣,而能择其所善者而存之"(《与〈外交报〉主人书》,第3册,第560页)。从而将西方近代文化和中国传统思想的"善者"结合起来。这种结合突出地表现于他的"天演之学"。

一、把进化论作为世界观的"天演哲学"

严复的"天演哲学"作为成熟的进化论哲学,就在于主要不是从生物学的意义上,而是自觉地从世界观的高度来介绍和阐发进化论。

严复认为中西学之间最大的区别在于两者的世界观。他说:"尝谓中西事理,其最不同而断乎不可合者,莫大于中之人好古而忽今,西之人力今以胜古;中之人以一治一乱、一盛一衰为天行人事之自然,西之人以日进无疆,既盛不可复衰,既治不可复乱,为学术政化之极则。"(《论世变之亟》,第1册,第1页)就是说,西方以"力今以胜古""日进无疆"的进化论作为世界观,强调人力可以战胜自然;中国则信奉"好古而忽今"、周而复始的复古倒退的世界观,要人安于天命、天数。可见,严复介绍进化论,是为了促使中国人发生世界观的变革,把进化论作为观察宇宙和人类社会的根本思想。

严复以进化论为世界观,具体地阐述了自然界的进化和人类社会的进化。

严复的自然观受到牛顿力学的影响,因而他以牛顿力学的观点来讲"天演"。他认为世界是质和力的统一:"大宇之内,质力相推,非质无以见力,非力无以呈质。"(《译天演论自序》,第5册,第1320页)所谓"质",即近代科学所讲的具有一定质量的物体、原子;

所谓"力"，即运动之力，首先指机械力。宇宙之内，质和力相互作用，没有质不能表现力，没有力也不能表现质，质力相推便形成了宇宙的形成和变化，所以他说："天演者，翕以聚质，辟以散力。"（《天演论》导言二按语，第5册，第1327页）

严复用达尔文的进化论来看待生物的进化。他说："物竞、天择二义，发于英人达尔文。达著《物种由来》一书，以考察世间动植类所以繁殖之故。"（《天演论》导言一按语，第5册，第1325页）认为达尔文得出了生物进化的规律——"物竞天择"。他介绍"物竞天择"的思想，说："物竞者，物争自存也；天择者，存其宜种也。"（《原强》，第1册，第16页）生物之间为争取各自的生存而展开竞争，开始种与种争，后来群与群争优胜劣败，其中最能适应自然条件的物种，就得到繁衍，反之就遭到淘汰。

严复上述的进化论自然观，以近代实证科学为基础，比中国传统的朴素的气一元论的自然观是前进了。严复也利用"气"的范畴讲"天演"，他在评点庄子"夫吹万不同，而使其自己也"时，说："一气之转，物自为变。此近世学者所谓天演也。"（《庄子评点·齐物论第二》，第4册，第1106页）他在《原强》中也把整个自然界从天体以至生物、人类的演化过程归结为"一气演成万物"。但是，严复对"气"作了新的规定："今夫气者，有质点有爱拒力之物也，其重可以称，其动可以觉。虽化学所列六十余品，至热度高时，皆可以化气。而今地球所常见者，不外淡轻养三物而已。"（《名学浅说》，商务印书馆，1981年，第18页）[1]认为气即一切"有质之物"（《天演论》导言三，第5册，第1328页），各有其可量度之质，并可以分割为质点（原子），归结为氮、氢、氧等六十多种元素；元素和其他有质之物皆有"爱拒力"，它们互相吸引和排斥、化合和分解，表现为种种运动形态，可以为人所觉察、认识。这样给"气"作界说，基本上已成了建立在近代实验科学基础上的物质概念。因此，严复的"天演"之学，虽与中国古代的气一元论有继承关系，但已和古代的朴素形态有了本质的差异。

严复把"天演"之学贯彻到社会历史领域，说："世道必进，后胜于今。"（《天演论》导言十八按语，第5册，第1360页）认为

---

[1] 以下出自《名学浅说》的引文，只注页码。

人类同其他生物一样，也遵循着"物竞天择"的规律，"达尔文曰：'物各竞存，最宜者立'。动植如是，政教亦如是也"（《原强》，第 1 册，第 26—27 页）。因此，严复赞同斯宾塞的社会达尔文主义，而批评赫胥黎以"天良"或同情心作为社会进化的原则。赫胥黎以为物竞天择的生物进化规律并不适用于人类社会，因为人类社会有生物所不具备的先天的道德规范，正是凭借着这种道德，人类社会才得以维系，"天良者，保群之主"。严复对此不以为然，认为赫胥黎"谓群道由人心善相感而立，则有倒果为因之病"（《天演论》导言十三按语，第 5 册，第 1347 页）。就是说，赫胥黎把原因和结果颠倒了，因为本来人的合群是出乎维护各人的安全和利益，道德规范是出于合群的需要才产生的。

严复尽管吸取了斯宾塞的观点，但对其亦有批评；同样，他批评了赫胥黎，但也有赞同其学说之处。他在谈到选择《天演论》来翻译的原因时说："赫胥黎氏此书之恉，本以救斯宾塞任天为治之末流，其中所论，与吾古人有甚合者。且于自强保种之事，反复三致意焉。"（《译天演论自序》，第 5 册，第 1321 页）斯宾塞的社会达尔文主义以为弱小民族应听凭"物竞天择"的规律的作用而甘心于被淘汰。严复认为这是忽视人的能动性的"任天为治"，完全不符合中国"自强保种"的现实需要，而赫胥黎则强调人力在人类自身进化中的作用。严复说：赫胥黎"以尚力为天行，尚德为人治。争且乱则天胜，安且治则人胜。此其说与唐刘、柳诸家天论之言合，而与宋以来儒者，以理属天，以欲属人者，致相反矣"（《天演论》论十六按语，第 5 册，第 1395 页）。赫胥黎认为，自然界的物竞天择，是力的较量，凭借自然的天性而取胜，而人崇尚道德，把社会治理得很好，则是人的力量的体现。严复认为，赫胥黎的这种观点，和中国唐代刘禹锡、柳宗元"天人不相预""天人交相胜"是吻合的，但与宋儒所说的"理属天""欲属人"则根本不同。

严复认为，人类要发挥自身的力量以获得生存和发展，就必须依靠群体的力量。他说："天演之事，将使能群者存，不群者灭；善群者存，不善群者灭。"（《天演论》导言十三按语，第 5 册，第 1347 页）可见，严复的进化论哲学号召中国人团结救亡，奋发图强。

总之，严复的天演哲学，结合中国的实际，一方面对西方的进化论学说有所取舍，另一方面又同中国古代哲学的优秀传统相结合，批判占统治地位的理学。因此，严复的进化论哲学就成了建立在近代科学基础上，和中国优秀传统相结合的世界观。

当然，严复深受斯宾塞影响，认为"民之可化，至于无穷，惟不可期之以骤"（《原强》，第1册，第25页）。否认了进化过程中飞跃和突变。这是庸俗进化论的观点。

二、 经验主义的认识论和逻辑思想

严复主张经验论的认识论，重视与经验论相联系的归纳逻辑。

严复赞同洛克的"白板"说，反对王阳明的"良知"说。他说："又以见智慧之生于一本，心体为白甘，而阅历为采和，无所谓良知者矣。"（《穆勒名学》部乙篇六按语，第4册，第1050页）认为人心如同一张白纸或一杯甜美的水，经验就像在白纸上作彩色画，或在水中加调味品，根本不存在天赋的良知。他称先验论为"心成之说"，并认为"陆王二氏心成之说尤多"（《穆勒名学》部乙篇四夹注，商务印书馆，1981年，第192页）[1]。康有为、梁启超等推崇陆王心学，以此激励变法维新，而严复则批评陆王心学。这说明康、梁有较多的先验论倾向，而严复则基本上是经验论者。

严复从经验论出发，强调真正知识来自直接经验。他说："读书得智，是第二手事，唯能以宇宙为我简编，民物为我文字者，斯真学耳。"（《原强》，第1册，第29页）这同当时侈谈性理的宋学和囿于文字考据的汉学是相对立的。表现了把传统哲学的思辨性转变为近代哲学的实证性的要求。严复把人的认识过程区分为"元知"和"推知"（《穆勒名学》部首引论，第5页）。元知即直接经验，也叫"接知"，"接知者直接之知"；推知即根据经验运用推理而获得的知识，也叫"谟知"，"谟知者间接之知"（《群学肄言·物蔽》译者注，商务印书馆，1981年，第68页）。他重视直接经验，因而强调一切知识来源于元知，认为"勿以推知为元知，此事最关诚妄"（《穆勒名学》部首引论，

---

[1] 以下出自《穆勒名学》的引文，只注页码。

第6页)。当然,认识也不能停留在直接经验,还须"据已知以推未知,征既然以睹未然"(《穆勒名学》部首引论,第7页)。

严复还以经验论的观点解释"格物穷理"。他说:"大抵学以穷理,常分三际。一曰考订,聚列同类事物而各著其实。二曰贯通,类异观同,道通为一……中西古学,其中穷理之家,其事或善或否,大致仅此两层。故所得之大法公例,往往多误,于是近世格致家乃救之以第三层,谓之试验。试验愈周,理愈靠实矣。"(《西学门径功用》,第1册,第93页)认为完整的认识过程有三个步骤:一是对经验中取得的事实进行"考订",区别真伪,加以归类;二是异中观同,从事实材料中概括出一般理论来;三是用实验来验证由概念所得的一般理论,实验愈周密,理论便愈靠得住。严复指出,古代的"格物穷理",只有前两层工夫,唯有近代科学才注重用实验来验证理论。显然,严复指出这么一个差别,是要求中国哲学从传统的思辨性转变为近代的实证性。

严复还清楚地认识到,中国哲学要取得近代的形式,还要重视逻辑。他指出中国传统学术缺乏形式逻辑作基础,因而许多概念(名)歧义丛生。他举"气"为例,有"正气""邪气""元气""淫气""余气"等等,而"欲求其定义,万万无从"(《名学浅说》,第18页)。其他的"若'心'字,'天'字,'道'字,'仁'字,'义'字,诸如此等,虽皆古书中极大极重要之立名,而意义歧混百出"(《名学浅说》,第19页)。严复慨叹道:"出言用字如此,欲使治精深严确之科学哲学,庸有当乎?"(同上)他认为只有克服概念歧混的弊病,中国哲学才能走向近代化,而要做到这一点,就必须学习西方的形式逻辑。他说:"字有定义,言有定意,此思辩之始基,而名家之所谨也。"(《名学浅说》,第106页)

严复指出了中国传统哲学忽视形式逻辑的缺点,而他所赞赏的是逻辑学上的归纳法,这同英国经验论是一样的。他说:"格致真术,存乎内籀。"(《名学浅说》,第66页)"内籀者,观化察变,见其会通,立为公例者也。"(《译斯氏〈计学〉例言》,第1册,第98页)认为真正的科学方法在于归纳(内籀),而归纳就是从观察获得事实材料,概括出一般原理。他认为演绎(外籀)包容在归纳之内,他在《名学浅说》中就把演绎作为归纳法的四层"功夫"之一。严复认为，只有归纳法才能给人以新的知识，而"外籀之术，自是思辨范围。但若纯向思辨中讨生活，便是将古人所已得之理，如一桶水倾向这桶，倾来倾去，总是这水，何处有新智识来"（《名学浅说》，第65页）。严复还认为，演绎所依据的前提也应通过归纳而得来，即使是最抽象的数学公理也不例外，"公例无往不由内籀，不必形数公例而独不然也"（《穆勒名学》部乙篇六按语，第4册，第1050页）。归纳如此重要，而严复认为中国传统学术恰恰是不讲归纳，往往从"诗云""子曰"等古人已得之理出发，进行演绎，而其所谓的"诗云""子曰"又往往是先验的"心成之说"。因此，严复强调："生今为学，内籀之术，乃更重也。"（《名学浅说》，第64页）

显然，严复重归纳轻演绎的逻辑思想是和他的经验论分不开的。然而他开始注意克服中国古代哲学缺乏形式逻辑的传统，对于中国哲学的近代化产生了积极的影响。

严复的经验论，和其所师的英国经验论者一样，具有实证论倾向。实证论认为超出经验范围是无法认识的。严复说："窃尝谓万物本体虽不可知，而可知者止于感觉。"（《穆勒名学》部甲篇三按语，第4册，第1036页）承认在感觉经验的范围内是可知的，而感觉经验无法把握的事物的本体是不可知的。从这样的不可知论出发，严复对凭感觉无法把握的"万物本体""天地元始""造化真宰""力之本始"等，全归入"真不可思议者"（《天演论》论十按语，第5册，第1380页）。这就有着神秘主义的色彩。

三、关于人的自由和功利主义伦理学

严复所谓"自由"，不仅是政治概念，而且是哲学范畴。他认为自由是人道进化的动力和目标。他说："不自由则善恶功罪，皆非己出，而仅有幸不幸可言，而民德亦无由演进。故惟与以自由，而天择为用，斯郅治有必成之一日。"（《群己权界论·译凡例》，第1册，第133页）认为人有意志自由是行为可以区分善与恶、功与罪的前提，如果行为不是出于自由意志，就不能对它作道德评价，所以只有给人以自由，让人们在自由交往中自由竞争,从而使自然选择发挥作用,才能使人们的品德日益提高,以至演进到理想境界。这是把自由看作人类进化的推动力。严复还说:"禽兽下生,驱于形气,一切不由自主,则无自由,而皆束缚。独人道介于天物之间,有自由亦有束缚。治化天演,程度愈高,其所得以自由自主之事愈众。"(同上)认为自由与束缚相对待,禽兽一切皆受束缚,而人类则处于天(绝对自由的神)与物(禽兽)之间,人道的进化就是摆脱束缚而趋向自由的过程,进化的程度愈高,自由便愈多。这是把自由作为人道进化的目标。

由于严复把自由看作人道进化的目标和动力,因而他强调道德责任要以意志自由为前提,义务要以自主之权为前提。严复曾比较中西道德观念,指出西方贵"自由,故贵信果";中国"尊亲,故薄信果"(《原强》,第1册,第31页)。认为西方民主制度注重个人自由,因而看重"言必信,行必果",中国的纲常名教要人顺从在上者,在上者的主意改变了,在下者也须屈己迎合,因而把"言必信,行必果"者看作"硁硁小人"。这里包含了重要的伦理思想:对自己的言行有高度的道德责任感即"言必信,行必果",是以意志自由为前提的。关于权利和义务,严复说:"义务者,与权利相对待而有之词也,故民有可据之权利,而后应尽之义务生焉。无权利,而责民以义务者,非义务也,直奴分耳。"(《法意》第二十二卷按语,第4册,第1006页)认为没有自主之权,只要求其尽义务,不是真的尽义务,而是做奴隶。

严复强调道德责任要以意志自由为前提,义务要以自主之权为前提,是以资产阶级的伦理道德反对封建道德观念,具有进步意义。严复所接受和主张的伦理学,是与他的经验论相联系的功利主义伦理学。他说:"乐者为善,苦者为恶,苦乐者所视以定善恶者也。"(《天演论》导言十八按语,第5册,第1359页)认为归根结底,苦和乐决定善恶。严复把避害趋利、求乐背苦看作人的天性,肯定善恶的内容是利害,而利害可归结为苦乐。这种观点,中国古代墨家也有过。但墨家强调把"爱人""为彼"放在首位,严复则把"为己"放在第一位,认为为己才能为群、为国。他认为个人求生存、求感性快乐,求欲望之满足,是人类社会的基础,"饮食男女,凡斯人之大欲,即群道之四维,缺一不行,群道乃废"(《译斯氏〈计学〉例言》,第1册,第100—

101页）。在严复看来，正由于人们为个人利益打算，社会才得以发展起来，"出于为人者寡，出于自为者多，积私以为公，世之所以盛也"（《译斯氏〈计学〉例言》，第1册，第101页）。因此，他反对把私和公、义和利对立起来，而是提倡"开明自营"（《天演论》论十六按语，第5册，第1395页），即借道义以谋功利。这种合理利己主义的观点，有其反对封建道义论的意义，但以个人利益为道德的基础，也有很大的局限性。

严复的进化论哲学在中国近代哲学的进化论阶段有突出的历史地位。但他后来在政治上趋向保守，在学术上主张尊孔读经，其晚年的哲学思想失去了影响力。

第四节 梁启超论"我"之自由和"群"之进化

在戊戌维新期间，康、梁并称。青年梁启超从哲学上探讨了"我"之自由与"群"之进化，在中国近代哲学史上留下了不可磨灭的一页。梁启超（1873—1929年），字卓如，号任公，广东新会人。年轻时追随康有为，是康有为领导变法维新的得力助手。戊戌政变失败后，逃亡日本，从事思想启蒙。梁启超一生，思想多变，政治态度也忽而进步忽而保守。他的主要著作收入《饮冰室合集》。

梁启超作为维新派，与康有为、严复一样，以"开民智"为首位。他称自己是"新思想界之陈涉"（《清代学术概论》，《饮冰室合集》专集之三十四，中华书局，1989年，第65页）[1]，公然以叛逆者的面目来打破定于一尊之孔教，因而他虽然曾为康有为的"托古改制"而张目，但最终认为这种把西方近代学理附会于孔子名下的做作，实际上仍处于孔子思想的奴役之下。他说："动以西学缘附中学者，以其名为开新，实则保守，煽思想界之奴性而滋益之也。"（《保教非所以尊孔论》，文集之九，第56页）他说，正是由于他对于康有为的"依傍"孔子不满，于是其"持论既屡与其师不合，康、梁学派遂分"（《清代学术概论》，专集之三十四，第65页）。因此，尽管梁启超是康有为的学生，但其思想有不同于康有为的独特之处，这主要就表现在

---

[1] 以下出自《饮冰室合集》（林志钧编）的引文，只注篇名、书名、专集或文集册数和页码。

他突出地讨论了"我"之自由和"群"之进化。

一、"新民"说的"除心奴"和"道德革命"

梁启超提出了著名的"新民"说，认为中国要成为新型的近代国家，必须培养新型的国民，"欲维新吾国，当先维新吾民"(《新民丛报章程》，夏晓虹辑：《〈饮冰室合集〉集外文》上册，北京大学出版社，2005年，第75页)。在梁启超看来，中国封建纲常所训导的民众具有奴隶性，只有用自由思想来去掉这种奴隶性，中国才有救。他说："中国数千年之腐败，其祸极于今日，推其大原，皆必自奴隶性来；不除此性，中国万不能立于世界万国之间。而自由云者，正使人自知其本性，而不受箝制于他人。今日非施此药，万不能愈此病。"(《致南海夫子大人书》，丁文江、赵丰田：《梁任公先生年谱长编》，第2册，中华书局，2010年，第116页)他的"新民"说就是要进行启蒙教育，用自由思想来破除奴隶性，从而培养新型的理想人格。

梁启超所谓的"自由"，从哲学范畴来说，归结为人的自我精神的自由。他说："一身自由云者，我之自由也。虽然，人莫不有两我焉：其一，与众生对待之我，昂昂七尺立于人间者是也；其二，则与七尺对待之我，莹莹一点存于灵台者是也。"(《新民说·论自由》，专集之四，第46页)这里梁启超讨论的"我之自由"，是继续了龚、魏已提出的"我"与"物"的关系问题，梁启超明确地把这个问题归结为两个方面：一是指我与众生，即我与人、己与群的关系；二是指心与物，即精神与物质的关系。关于前者，梁启超在其"道德革命"的主张和历史进化论中作了论述；关于后者，梁启超主要是从认识论角度提出了"除心奴"的思想。

梁启超认为，"我"即与形体相对待之精神，"我者何？心之官是已"(《新民说·论自由》，专集之四，第46—47页)。因此，真正的自由在于先立乎其大者，以我役物，而不为物役。他说："辱莫大于心奴，而身奴斯为末矣。"(《新民说·论自由》，专集之四，第47页)他列举了种种"心之奴隶"：诵法孔子，"为古人之奴隶"；俯仰随人，"为世俗之奴隶"；听任命运，"为境遇之奴隶"；心为形役，"为情欲之奴隶"(《新民说·论自由》,专集之四,第46—50页)。种种"心之奴隶"是"我"获得自由的大敌,所以,"若有欲求真自由者乎,其必自除心中之奴隶始"(《新民说·论自由》,专集之四,第47页)。

梁启超将其"除心奴"的思想,同培根、笛卡尔相联系。他说:"培氏、笛氏之学派虽殊,至其所以有大功于世界者,则惟一而已,曰:破学界之奴性是也。"(《近世文明初祖二大家之学说》,文集之十三,第11页)认为培根打破各种"偶像"的主张和笛卡尔"系统的怀疑"方法,都在于反对奴性,倡导"一种自由独立、不傍门户、不拾唾余之气概而已"(《近世文明初祖二大家之学说》,文集之十三,第12页)。这种自由独立的精神,实际上是倾向于笛卡尔的理性主义的。他说:"我有耳目,我有心思,生今日文明灿烂之世界,罗列中外古今之学术,坐于堂上而判其曲直。可者取之,否者弃之,斯宁非丈夫第一快意事耶!"(《保教非所以尊孔论》,文集之九,第56页)让"我"的理性高踞于审判台上,将中外古今的学说都推到台前来受审,这表现了梁启超犹如西方近代启蒙学者那样的革命气概和理性主义精神。

梁启超深信,只要破除"心奴",让理性自由活动,真理就会源源不绝地涌出来,"思想之自由,真理之所从出也"(《近世文明初祖二大家之学说》,文集之十三,第9页)。在他看来,一切有价值的文化学术都是理性自由活动的结果,而理性的自由活动则是真我即"良知"的本性,"自由之发源全归于良心(真我)"(《近世第一大哲康德之学说》,文集之十三,第62页)。这就把真我即良知(理性)作为世界第一原理,走向了先验论的唯心主义。他在《唯心》中说:"境者心造也。一切物境皆虚幻。惟心所造之境为真实。"由此出发,他也步龚自珍、谭嗣同之后尘,非常推崇"心力",如说"卢骚心力之大"等。这就有唯意志论倾向。

梁启超的"新民"说的另一个重要内容是"新民德",而"新民德"就是进行"道德革命"。在西方近代文明冲击下,中国的保守派总是以中国传统道德而自傲,认为中国的传统道德是西方所远不能比拟的。梁启超则无所畏惧地向旧道德宣战,说:"道德革命之论,吾知必为举国之所诟病,顾吾恨吾才之不逮耳,若夫与一世流俗人挑战决斗,吾所不惧,吾所不辞。"(《新民说·论公德》,专集之四,第15页)

梁启超的"道德革命"正是为了叫人破除奴隶道德而树立独立自由的人格，因此，他突出地从伦理学上讨论了"我"与人、己与群的关系。

梁启超把道德区分为公德与私德："人人独善其身者谓之私德，人人相善其群者谓之公德，二者皆人生所不可缺之具也。"（《新民说·论公德》，专集之四，第12页）他认为，公德即合群之德，中国旧伦理偏于讲私德，而忽视了私人对群体（社会、国家）的伦理关系，或者是持"束身寡过之义"，不关心国家兴亡，或者是把个人对于国家应尽的道德责任看作君臣间"私人感恩效力之事"（《新民说·论公德》，专集之四，第13页）。因此，梁启超认为要树立国家思想、群体观念。但是，他同时又认为："团体自由者，个人自由之积也。"（《新民说·论自由》，专集之四，第46页）只有各个人独立、自由，才有群体的独立、自由，因而不能把独立与合群、自由与社会制裁（法律、道德规范等）截然对立起来。他说："欲求国之自尊，必先自国民人人自尊始。"（《新民说·论自尊》，专集之四，第70页）认为人民缺乏自尊心，就不可能有强盛独立的国家。梁启超是要求人们以独立自尊的人格来尽"报群报国之义务"（《新民说·论公德》，专集之四，第14页）。

梁启超认为利己与利他也是统一的。他一方面肯定人都是利己的，"生人之大患，莫甚于不自助而望人之助我也，不自利而欲人之利我"（《十种德性相反相成义》，文集之五，第48页）。另一方面认为人不能离开群而生存，"故善能利己者，必先利其群，而后己之利亦从而进焉"（《十种德性相反相成义》，文集之五，第49页）。这表明梁启超也赞成边沁求最大多数的最大幸福的功利主义。

梁启超还认为幸福与知识成正比例，说："幸福生于权利，权利生于智慧。"在一群人之中，"其有智慧者最大多数，则其享幸福者亦最大多数"（《政治学学理摭言》，文集之十，第68页）。因此，如果人民多数处于愚昧状态，便谈不上求最大多数之最大幸福。这样，梁启超把"新民德"归结于"开民智"。

从上述可见，梁启超的"道德革命"所要建立的新的伦理关系，是独立与合群、自利与利他、道德与知识的统一。他认为这些因素之间不存在矛盾，因为它们都出于人的天性，"天生人而使之有求智之性也，有独立之性也，有合群之性也"（《中国积弱渊源论》，文集之五，第29页）。人的这种天性，梁启超以为即是精神或真我，亦即伦理学上所谓良心，他强调"道德之责任，生于良心之自由"（《近世第一大哲康德之学说》，文集之十三，第62页）。梁启超把"道德革命"归结为"服从良心、服从真我"（同上），是唯心主义的。

梁启超的"新民"说提出"除心奴"和"道德革命"，高度颂扬精神自由，使心与物、群与己的关系问题取得了明确的表述和突出的地位，在哲学理论上是有贡献的。

二、"新史学"的历史进化论和方法论

梁启超是历史学家，以"新史学"作旗帜，因而其历史观和史学方法论是我们研究他的哲学时必须注意的。他对史学下了这样的定义："第一，历史者，叙述进化之现象也"；"第二，历史者，叙述人群进化之现象也"；"第三，历史者，叙述人群进化之现象，而求得其公理公例者也"（《新史学·史学之界说》，文集之九，第7—10页）。这个定义的前两个方面表现了梁启超的历史进化论，后一方面则是他的史学方法。

梁启超以为历史学的对象是"进化之现象"，进一步发展了康有为的历史进化论，明确指出历史进化是没有完结的，而且"其进步又非为一直线，或尺进而寸退，或大涨而小落，其象如一螺线"（《新史学·史学之界说》，文集之九，第7页）。他批评孟子的"一治一乱"的历史循环论是："为螺线之状所迷，而误以为圆状，未尝综观自有人类以来万数千年之大势，而察其真方向之所在。"（《新史学·史学之界说》，文集之九，第8页）认为历史虽有螺线状的循环，但其总趋势则是进化的。梁启超还把"革"（改革与革命）的观念引进进化论。他说："革也者，天演界中不可逃避之公例也……人事淘汰，即革之义也。"（《释革》，文集之九，第41页）认为"革"就是有意识地进行人工选择，不断地去旧更新，以使人的活动、制度等能随时推移，与外境相适应。如果是一部分一部分地淘汰、更新，就是渐进的改革；如果是"从根底处掀而翻之，廓清而辞辟之"，就是顿然的全体的变革，即革命。他强调"革"是历史进化的必然规律，因而认为要救中国,不仅要进行政治革命,还要进行史学革命、道德革命、诗界革命、小说界革命等等。尽管梁启超在不久后就反对孙中山为代表的革命派,但他视革命为进化动力的思想却为革命派所发挥。

梁启超的历史进化论,强调历史"以群为体"即以"社会心理"为实体。严复曾用"群与群争"来解释历史进化,梁启超更进一步断言"群"是历史进化的主体(实体):"欲求进化之迹,必于人群。使人人析而独立,则进化终不可期,而历史终不可起。盖人类进化云者,一群之进也,非一人之进也。"(《新史学·史学之界说》,文集之九,第9页)认为就各个人而言,古人的形体和智能同今人相差不多,但由于人类是群体代代相传,所以今人的智慧、才能、道德比之古代就有了很大的进步。所谓"群",梁启超认为就是"超于个人之上之一人格"(同上),亦即"大我",而"大我"是一定人群(社会集团)之共性,体现于所谓社会心理、民族精神、国民意识之中,因此,"民族心理或社会心理者,其物实为个人心理之扩大化合品,而复借个人行动以为之表现"(《中国历史研究法》,专集之七十三,第114页)。就是说,"以群为体"就是以"社会心理"为实体。从这个观点出发,梁启超说:"史家最要之职务,在觑出此社会心理之实体,观其若何而蕴积,若何而发动,若何而变化,而更精察夫个人心理之所以作成之表出之者,其道何由?"(《中国历史研究法》,专集之七十三,第114—115页)认为研究人群之进化就是研究"社会心理之实体"如何蕴积而成和发动、演变的过程,而这一研究可以从两重关系来考察:一是社会历史的"心"(大我)作为实体与其作用(表现)的关系;二是小我与大我(社会心理)、个性与共性间的关系。

关于实体及其表现的关系,梁启超认为社会心理是实体,而社会则是此实体的作用所造成的,"一社会者,一社会人之心理所造成"(《余之死生观》,文集之十七,第2页)。他说,历史事迹虽若断若续,若有意识若无意识,但在波澜起伏之中有其"公共一贯之目的",这是因为有"民族意力者在其背后"(《中国历史研究法》,专集之七十三,第100页)。这种精神实体、民族意力的形成和演变,梁启超以为是群体意识的遗传和变异所致的。他说:"国民心理者何?社会心理者何?即前此全国全社会既死之人,以不死者贻诸子孙。"(《余之死生观》，文集之十七，第4页）这种群体意识的遗传性贯穿于人群的进化过程。同时，他还指出群体意识有变异性，因为人类心理发动是极自由的，有突变的可能性，而且环境的改变也会影响心理的变化，群体意识的变异，使得史迹"日孳而日新"（《中国历史研究法》，专集之七十三，第116页）。梁启超用群体意识的遗传和变异来解释历史的演化，是唯心史观的表现，但他正是在唯心史观的形式下，对群体意识作了初步探索。

梁启超还从己与群、个性与共性的关系来考察历史人物在人群进化过程中的作用。他说："所谓大人物之言动，必与此社会心理发生因果关系者，始能成为史迹。大人物之言动，非以其个人的资格而有价值，乃以其为一阶级或一党派、一民族之一员的资格而有价值耳。"（《中国历史研究法》，专集之七十三，第115页）认为杰出人物之所以杰出，就在于他的言论、行动体现了当时、当地的社会心理，代表了民族精神、阶级意识或党派意识，因而成了"突出的人格者"，即英雄。梁启超强调英雄造时势，认为数千年的中外历史，就是英雄圣贤以他们的个性影响社会，逐渐演变为一时代一集团之共性。例如，"二千年来之中国，最少可谓为有一部属于孔子个性之集团化；而战国之政治界，可谓为商鞅个性之时代化；晚明之思想界，可谓为王守仁个性之时代化也"（《中国历史研究法》，专集之七十三，第114页）。这无疑是英雄史观，但梁启超认为杰出人物的言行与社会心理之间有"因果关系"，却是有合理因素的。

梁启超的"新史学"不仅提出了历史进化论，而且还提出了探求历史进化规律的方法。他的"新史学"的方法论，既吸取了乾嘉学派的考证法和浙东学派的历史主义，也吸取了西方近代实证科学的某些方法，并融入了自己的治学经验。这主要表现在：

首先，扩大了历史研究的范围。要求史料的尽可能完备，是中国传统史学所强调的。梁启超则以近代的眼光，将史料的范围大大扩充了。他说："夫欲求人群进化之真相，必当合人类全体而比较之，通古今文野之界而观察之。"（《新史学·史学之界说》，文集之九，第10页）认为从民间小团体到世界五大洲之全局，从地下的化石、古器物、历史文献到昨天今天的新闻，都是史料，应把它们联系起来加以比较、考察。例如，他以"刘项之争与中亚细亚及印度诸国之兴亡有关系，而影响及于希腊人之东陆领土"（《中国历史研究法》，专集之七十三，第101页），说明"不独一国之历史为'整个的'，即全人类的历史亦为'整个的'"（《中国历史研究法》，专集之七十三，第104页）。虽然梁启超说的"关系"未必是本质的联系，但这样要求从整体上、从相互联系中来把握史料，比之传统史学来，眼界是开阔多了。

其次，注意史学与其他学科的关系。梁启超认为，地理学、地质学、人种学、人类学、语言学、社会学、政治学、宗教学、法学、经济学等，皆与史学有密切关系，尤其是不能将历史与历史哲学分离。因为梁启超认为，"史学之客体，则过去现在之事实也；其主体，则作史、读史者心识中所怀之哲理是也。有客观而无主观，则其史有魄而无魂，谓之非史焉可也"（《新史学·史学之界说》，文集之九，第10页）。他自身正是从历史进化论的高度来研究历史，树立了为时人所赞誉的"新史学"。

再次，重视综合的研究。梁启超在方法论上，既推崇培根的实验、归纳，但更倾心于笛卡尔的演绎、综合。他说："乾嘉诸老之严格的考证法，亦即近代科学家所应用之归纳研究法也。"（《中国历史研究法》，专集之七十三，第80页）认为这种归纳法对于辨别史料的真伪是必要的。但要把握历史进化的规律，就必须进行综合的研究。梁启超说，史学研究者"当以数百年或数千年间此部分之总史迹为一个体，而以各时代所发生此部分之分史迹为其细胞。将各细胞个个分离，行见其各为绝无意义之行动；综合观之，则所谓国民意力者乃跃如也"（《中国历史研究法》，专集之七十三，第101页）。认为只有综合研究才能揭示出国民意力或社会心理生动的演进过程，从而真正把握历史的因果律。后来梁启超否认了历史的因果律，认为历史是人类自由意志的创造；与此相适应的，他在方法论上则认为只有直觉才能把握作为整体的历史。（《研究文化史的几个重要问题》，文集之四十，第1—7页）

梁启超没有形成深刻的、系统化的哲学理论，而且其基本倾向是主观唯心论的，但他在"新民"说和"新史学"中提出的有进步意义的思想，对于人们的思想启蒙有着很大的作用。

第五节　章太炎："竞争生智慧，革命开民智"
——社会实践观点的萌芽

在资产阶级革命派和改良派的激烈论战中，章太炎提出了"竞争生智慧，革命开民智"的思想，使他的进化论思想包含着社会实践观点和唯物史观的萌芽。章太炎（1869—1936年），名炳麟，字枚叔，别号太炎，浙江余杭人。曾因宣传革命排满，被捕入狱。出狱后到日本主编革命派的机关报《民报》。"五四"运动后，逐渐转向尊孔读经。其著作甚多，今人编有《章太炎选集》《章太炎全集》等。

关于古今中西之争，章太炎基本上站在民族主义立场上，一方面主张"用国粹激动种性，增进爱国的热肠"，发扬汉族的历史和文化传统；另一方面反对"欧化主义"，强调有选择地学习西方，而且超过它。

一、包含革命观念的进化论

章太炎明确地把革命观念包含在进化论之中，是进化论哲学阶段中的重要环节。

章太炎依据西方近代科学的知识来看待宇宙和自然界的进化。他提出"视天"说，以为苍苍之天，"内蒙于空气，外蒙于阿屯"，并不是有形质的实体（《儒术真论·视天论》，《章太炎选集》，上海人民出版社，1981年，第39页）[1]。谭嗣同曾将"以太"与孔子的仁、佛教的性海等相比附，章太炎批评了这种比附。他认为万物由原子（阿屯）构成，"阿屯亦有形可量。以太流动，虽更微于此"，但它作为传播光的媒质，其弹性振动"既有迅速，则不得谓之无体"。既有形体，则可以量度；而佛教所说的性海是精神性的东西，"无秋毫之微，芦苇之厚"，不可量度；所以二者不可比拟。这就赋予"以太"以当时

---

[1] 以下出自《章太炎选集》（朱维铮、姜义华编注）的引文，不再注明出版社和出版年份。

自然科学意义，反对对它作唯心论的解释。章太炎比较多地用拉马克的学说来解释生物进化的原因。他认为，深水中鱼虾的目、鲸鱼的足、公羊的角、鸵鸟的翼这些器官均因不使用而失去其功能(《訄书·原变》，《章太炎全集》，第3卷，上海人民出版社，1984年，第190—193页)[1]。显然这是依据了拉马克"用进废退"的学说。由此而引申，章太炎把进化动力归结为意志和思想。他说："物苟有志，强力以与天地竞，此古今万物之所以变。"(《訄书·原变》，第3卷，第191页)又说："夫自诸异物而渐化为人者，此亦以思自造者也。"(《菌说》，《章太炎选集》，第65页)认为物种的进化要靠生物在竞争中发挥意志的力量，人之所以能战胜动物，是靠智力。如果人的智力不运用，也会退化。这就把生物之所以能合乎目的地进化，归结于"以思自造"的意志力量，陷入了唯意志论。

关于人类社会的进化，章太炎认为有别于动物。他说："人之相竞也，以器……石也，铜也，铁也，则瞻地者以其刀辨古今之期者也。"(《訄书·原变》，第3卷，第191页)认为人类的特点是用工具、武器进行竞争，地下发掘的石器、铜器和铁器，是用以辨别历史年代的实物。可见，章太炎意识到生产工具的演变同历史进化的有机联系。章太炎还认为，人能战胜动物，在于"合群"。他说："彼人之自保则奈何？曰：合群明分而已矣。"(《菌说》，《章太炎选集》，第81页)但章太炎的独特之处，尤在于把"竞以器"和"合群"结合起来，用工具的创造和使用来说明"群"与"礼"的起源。他指出，由《世本·作篇》及其他古籍都可以证明，弓矢、筑城、造车、制衣冠、建宫室、发明历法等均是多人协作，"相待以成"的产物。因此，"苟史官之无《作篇》，而孰以知合群所自始乎"(《訄书·尊史》，第3卷，第319页)。可见，"群"是在作"器"的过程中形成的。章太炎指出，礼制也是人群进行竞争的工具，都遵循着进化规律。他说："竞以器，竞以礼，昔之有用者，皆今之无用者也。民无兽患，则狩苗可以废。社无鬼神，则朱丝、攻鼓可以息。"(《訄书·原变》，第3卷，

---

[1] 以下出自《章太炎全集》的引文，只注篇名、书名、卷数和页码。目前共出版8卷，出版时间自1982至1994年。参加校点者有沈延国、汤志钧、朱维铮、王仲荦、朱季海、陈行素、姜亮夫、崔富章等。

第 191 页）认为农作物不遭兽害，狩猎的礼便会废除；人民不信鬼神，则祭社时用朱丝系祭品和击鼓作乐舞都会停息。章太炎以"竞以器，竞以礼"来说明人群的进化，包含着唯物史观的萌芽。

章太炎还在理论上比较深刻地论述了人类的进化要通过革命来实现的道理。当时站在改良保皇立场的康有为认为，"中国今日之人心，公理未明，旧俗俱在"，因而"不可革命也"。章太炎驳斥道："人心进化，孟晋不已……然则公理之未明，即以革命明之；旧俗之俱在，即以革命去之。革命非天雄、大黄之猛剂，而实补泻兼备之良药矣。"（《驳康有为论革命书》，第 4 卷，第 181 页）强调中国之人心正在迅猛地进化；世界进化的公理，将通过革命而为人们所把握；旧的礼制和政俗，将经过革命而得到根本改造；革命不只是破坏旧世界的"猛剂"，而且是在破坏旧世界的同时又建立新世界的"良药"。

梁启超认为社会是由人们的心理造成的，因而强调"学术之势力左右世界"，章太炎却认为并非学术左右世界，而应从社会说明学术。他说："视天之郁苍苍，立学说者无所因。各因地齐、政俗、材性发舒，而名一家。"（《訄书·原学》，第 3 卷，第 133 页）认为学术的根源不在苍苍之天，而在于地理环境、政治习俗、个人材性这三个方面。这隐约触及了从社会存在说明社会意识的唯物史观的思想。

章太炎的进化论还有一个独特的地方，即提出了"俱分进化论"的学说，他指出，黑格尔以为"世界之发展即理性之发展"，自然和社会的进化将达到"尽美醇善"的终极目标，其实不然。因为"进化之所以为进化者，非由一方直进，而必由双方并进……若以道德言，则善亦进化，恶亦进化；若以生计言，则乐亦进化，苦亦进化"（《俱分进化论》，第 4 卷，第 386 页）。这实际上是反映了章太炎看到西方物质文明的进步而带来的道德败坏、贫富悬殊等社会问题，因而对社会进化的前景感到茫然。但他对黑格尔的批评是有哲学意义的。他不满于黑格尔把世界的发展看作理性的发展，主要在于黑格尔把理性绝对化了，把意志降到了从属的地位，而自由成了合理、合法的代名词。章太炎说："凡取一物一事，而断其合法与否，此亦惟在自心，非外界所能证也。而人心之断其合法与否者，有时亦无一成之规则。"又说："有生之物，以有自由，而举止率多逾法。"（《建立宗教论》，

第4卷,第412页)认为从主观来说,人心对行为的判断并无一定成规;从客观来说,出于自由意志的行为往往不合法。这种说法包含有非决定论和唯意志论的成分。正是从非决定论出发,他反对进化有终极目标,而主张俱分进化论。他认为要摆脱"俱分进化",只有归结于"无政府、无聚落、无人类、无众生、无世界"的虚无主义。

二、强调革命行动的认识论和重视演绎的逻辑思想

章太炎"竞争生智慧,革命开民智"的命题,从历史观来说,把革命的观念包含于进化论之中,而从认识论来说,则强调人的智慧随着革命活动而增长。他批评了知先于行的先验论,也驳斥了改良派所谓民智未开不能革命的论点。他说:"人心之智慧,自竞争而后发生,今日之民智,不必恃他事以开之,而但恃革命以开之。"(《驳康有为论革命书》,第4卷,第180页)他列举了李自成起义、义和团斗争、唐才常起义等事例,说明人的概念、思想、斗争策略等,都是随着革命实践活动而提高的。这里有了认识依赖于社会实践的思想萌芽,这与他的"竞以器"所包含的唯物史观的萌芽是相联系的。

章太炎多次讨论了知行关系问题。他认为从认识的自然过程来说,都必然是先行后知,"必至之涂,知在行后";而一旦获得知识,发为自觉、自由的行为,则是"自由之境,知在行先"(《訄书·王学》,第3册,第150页)。他还认为认识过程是开始于行而又完成于行的运动。他说,"作意则行之端",而后才有感官的接触、感觉等,因而"行先于知";由知觉而取得表象,进而借助语言以形成抽象概念,进行思维,抽象思维表现为行动,这又是"知先于行"(《检论·议王》,第3册,第460页)。对于认识过程的上述两种分析,无疑都包含着在重视行的前提下辩证看待知行关系的合理成分。

章太炎肯定通过感官来获得认识,同时认为由感官获得的认识有局限性,需要进一步提高到理性阶段。因此,他一方面肯定注重感觉经验的颜元是荀子之后的大儒,另一方面又批评颜元:"而概念抽象之用少也。"(《訄书·颜学》,第3册,第152页)章太炎虽认为感性和理性不能偏废,但其受到康德思想的影响,最终陷入先验论。

他在《四惑论》中（《章太炎全集》第4卷），把康德的先天范畴说成是"原型观念"，认为要获得对事物的认识，一定要有"原型观念"在前，统觉的综合作用在后。章太炎又把"原型观念"归之于阿赖耶识的种子。可见，章太炎还未能以实践为基础来说明感性和理性的统一。

章太炎和严复一样，十分重视逻辑学，但严复注重归纳，章太炎则注重演绎。他把亚里士多德的三段论、印度的因明、中国的《墨经》三者，作了比较研究，对"辩说之道"做出一般的概括："辩说之道，先是其旨，次明其柢，取譬相成，物故可形。"（《国故论衡·原名》，上海古籍出版社，2006年，第101页）[1]认为逻辑思维的方法，首先要见其宗旨，即提出论题；其次要阐明根据、理由；再次要从类进行比较；这样才可以说明事物的原因。章太炎认为因明的"宗"就是"先见其旨"，因明的"因"就是"次明其柢"，因明的"喻"就是"取譬相成，物故可形"，所以因明是最合乎辩说之道的逻辑思维。而亚里士多德的三段论和《墨经》的论式都是"先喻体后宗"，即先提出大前提后得出结论，但在这个大前提中无所喻依，因而亚里士多德的三段论和《墨经》的论式都不及因明，"先喻体者无所容喻依，斯其短于因明"（《国故论衡·原名》，第102页）。章太炎在这里所作的比较，是强调应当像因明那样，在喻体中包含喻依。这实际上是认为演绎法中包含了归纳。这和严复把演绎归之于归纳法恰恰相反。章太炎推崇因明的见解是可以讨论的，他对《墨经》的解释也不完全正确，但重要的是，他比较了希腊、中国、印度三种逻辑推理，初步揭示了其同异，对演绎法作了比较深入的研究。这和严复一样，对于改变中国传统哲学忽视形式逻辑思维的弱点是有促进作用的。

三、 反功利主义和突出意志的伦理思想

章太炎在伦理学上反对功利主义，突出革命意志的作用，提倡"依自不依他"之说。

章太炎对严复提倡功利主义提出了批评。他说："光复旧邦之为大义，被人征服之可鄙夷，此凡有人心者之所共审。然明识利害，选

---

[1] 以下出自《国故论衡》的引文，不再注明出版社和出版年份。

择趋避之情，孔、老以来，以此习惯而成儒人之天性久矣。会功利说盛行，其意乃益自固，则成败之见，常足以挠是非，诐辞遁说，吾所不暇辩也。所辩者，成败之策乎。"（《〈社会通诠〉商兑》，第4卷，第335页）认为人们老是考虑成败，计较利害得失，就会置民族大义而不顾，只求趋利避害，对于歪曲是非、替不道德行为找借口的种种诡辩遁辞都不去驳斥，之所以会这样，一方面是受孔、老尤其是儒家思想的熏陶，另一方面是提倡西方的功利主义。

章太炎认为，革命者必须有坚持原则的"执着之性"，但"中国士民流转之性为多，而执着之性恒少"（《箴新党论》，第4卷，第287页）。流转之性是主张"言不必信，行不必果"的儒学造成的，而西方的功利主义则助长了它。所以，他反对"无异于乡愿"的孔教（《论诸子学》，《章太炎选集》，第365页），也反对西方功利主义。他认为道德并不必讲很深的道理，"但使确固坚厉、重然诺、轻死生则可矣"（《革命道德说》，第4卷，第277页）[1]。真正的道德行为就在于坚持原则，言必信，行必果，为革命和民族大义不怕牺牲生命。他还按社会职业分析了十六种人，认为愈是处于社会底层者，道德愈高尚，愈是处于社会上层者，则道德愈低下，道德和名利权势成反比：越有权势，越是荣华富贵，"则离于道德也愈远"（《革命道德说》，第4卷，第283页）。因此，革命者必须反对功利主义才会有真正的道德。

章太炎虽然反对严复提倡功利主义，但他和严复同样地认为道德责任以意志自由为前提。他提出"依自不依他"，就是强调道德行为要自己作主，而不依赖于鬼神或他人，"所以维持道德者，纯在依自，不在依他"（《答铁铮》，第4卷，第374页）。从"依自不依他"的观点出发，章太炎讨论了"己"和"群"的关系。章太炎不赞成个人意志从属于社会的观点，他说："人本独生，非为他生。而造物无物，亦不得有其命令者。"（《四惑论》，第4卷，第444—445页）认为每个人赤条条地来到世界，生来具有独立的人格，并非为社会、他人而生，更没有上帝对我发布命令。他指出我与人为善的行为不外乎两类：一是出于天赋的"隐爱之念"，我为他人尽力不是为了求酬报，这是出于天性，"非有他律为之规定"；一是我与他人戮力互助，

---

[1] 《革命道德说》在《章太炎选集》中为《革命之道德》。

彼此有利，这是"自社会趋势迫胁以成，非先有自然法律为之规定"（《四惑论》，第4卷，第445页）。总之，道德行为都是人格独立、意志自由的活动。

章太炎认为佛教就是讲"依自不依他"的，因而他主张用佛教来培养革命的道德和理想人格。这显然只是空想。但他突出地考察了意志的专一（执着）和自主（自主选择）的双重品格在培养德性中的作用，是有近代意义的。

章太炎的晚年，和康有为、梁启超、严复等向西方寻求真理的先行者一样，转身而重视儒家思想的价值。

第六节　王国维：哲学学说的"可爱"与"可信"

在革命派和改良派激烈论战时，王国维却在为哲学学说的"可爱"与"可信"的矛盾而苦恼。王国维（1877—1927年），字静安，号观堂，浙江海宁人。曾在学校讲授过哲学、心理学、逻辑学等，对于中国戏曲史、词曲、中国古代史、古器物、音韵学均有深入的研究，尤在甲骨文、金文的考释上取得了巨大的成绩。1925年任清华大学国学研究院教授。1927年自沉于北京颐和园昆明湖。大部分著作收入《海宁王静安先生遗书》。现有《王国维全集》。

王国维认为学术只是为了求真理，因而凡是合符真理的，就无须管它是新学还是旧学，是中学还是西学。从这种观点出发，他在"古今中西"之争上，力主破中西、新旧之见："学无新旧也，无中西也。"（《国学丛刊序》，《王国维全集》第14卷，浙江教育出版社，广东教育出版社，2009年，第129页）[1]

王国维认真研究了哲学，在其30岁时所写的《自序》中说："哲学上之说，大都可爱者不可信，可信者不可爱……伟大之形而上学、高严之伦理学与纯粹之美学，此吾人所酷嗜也。然求其可信者，则宁在知识论上之实证论、伦理学上之快乐论与美学上之经验论。知其可信而不能爱，觉其可爱而不能信，此近二三年中最大之烦闷。"（《文

---

[1] 以下出自《王国维全集》（谢维扬等主编）的引文，只注篇名、书名、卷数和页码。

集续编·自序二》，第14卷，第121页）王国维在这里表述了他对于当时西方传来的两种哲学思潮的看法。他以为"可爱者不可信"是指康德、叔本华哲学，而"可信者不可爱"是指实证论的哲学。王国维尊重科学，倾向于同实证科学相联系的实证论哲学，但在感情上觉得叔本华的非理性主义更可爱。经验论和先验论的对立，实证论与形而上学（包括非理性主义）的对立，是西方近代哲学史上令人注目的现象。王国维在这两种对立中感到苦恼，说明这两种对立也对中国近代哲学产生了重要的影响。

王国维虽始终未能解决他所谓的"可信"与"可爱"的矛盾，但这两者都对他发生了影响：他的实证精神表现于对传统哲学范畴的分析和科学的治学方法；他所"可爱"的"纯粹之美学"，则使他提出了美学上的"境界"说。

一、对传统哲学范畴的分析和科学的治学方法

王国维以实证精神对中国哲学的"性""理""命"等范畴作了系统的考察和分析，继严复之后进一步地使传统哲学概念的内涵清晰化。这里以他在《释理》一文中对程朱所谓的"理"的分析来说明。

王国维指出，理有广狭二义。广义的理即"理由"：就自然界说，一切事物必有所以存在之故，即理由；就人的知识说，一切命题必有其论据，亦即理由；所以充足理由律为"世界普遍之法则"和"知力普遍之形式"。狭义的理即"理性"，就是"吾人构造概念及定概念间之关系作用，而知力之一种也"（《释理》，第1卷，第29页）。但是，朱熹的"理"却还具有形而上学的意义，"朱子之所谓理与希腊斯多噶派之所谓理，皆预想一客观的理存于生天生地生人之前，而吾心之理不过其一部分而已"（《释理》，第1卷，第28页），把"理"视为"离心物二界"的"特别之一物"。这样，"理"就成了形而上学的"太极"。王国维还指出，戴震虽然对程朱理学提出批评，但他和朱熹一样，把真与善"尽归诸理之属性"，这样"理之一语，又有伦理学上之价值"；其实不然，"理性之作用，但关于真伪，而不关于善恶"（《释理》，第1卷，第30页），所以理之概念不应有伦

理学上价值的意义。王国维对"理"范畴作了细致的分析，确定其认识论意义（理由、理性），指明其掺杂有形而上学的意义和伦理学的意义，使这一范畴的内涵得以清晰。这种分析对于推进中国哲学近代化是必要的。

王国维的实证精神也表现于他的治学方法。首先，他善于运用比较法，如陈寅恪所说，"取地下之实物与纸上之遗文互相释证"；"取异族之故书与吾国之旧籍互相补正"；"取外来之观念与固有之材料互相参证"（《王静安先生遗书序》，第20卷，第212—213页）。确实如此，王国维研究甲骨文和上古史，是拿地下实物与文字记载互相释证；研究边疆地理和辽金元史，是拿中外古籍进行互相补正；写作《红楼梦评论》《宋元戏曲考》《人间词话》等，则是把西方的观念同中国传统的思想资料进行参证。其次，他有比较自觉的历史主义态度。他说研究历史是"求事物变迁之迹而明其因果者"（《国学丛刊序》，第14卷，第129页）。他还具体地说明要把握历史的因果律，一要了解历史现象的社会背景，"欲知古人，必先论其世"；二要追溯历史现象的历史渊源，"欲知后代,必先求诸古"（《译本琵琶记序》，第14卷，第133页）。当然，他的历史主义还不可能揭示历史演变的根本原因。再次，他强调要从个别与一般的统一来把握事物。他说："夫天下之事物，非由全不足以知曲，非致曲不足以知全。"（《国学丛刊序》，第14卷，第132页）认为要从曲和全，即个别与一般、部分与整体的统一来把握事物。他强调要科学地说明事物，需要整体把握"宇宙、人生之真相"（同上），但真实地把握了某个事物，也有助于认识宇宙人生之真相。这实际上是从归纳与演绎相结合来系统地考察研究对象。

但是，王国维受康德哲学影响，认为因果律是主观的，这种先验主义的观点削弱了他的方法论的科学性。

二、美学上的"境界"说

王国维吸取了康德、叔本华的美学观念，与中国传统美学思想结合起来，提出了创造性的"境界"说。这是他在中国近代哲学史上的重要贡献。

王国维所钟爱的"纯粹之美学",是西方形式主义的美学理论,他说:"一切之美,皆形式之美也。"(《古雅之在美学上之位置》,第 14 卷,第 107 页)认为美和美感是超功利的,人在欣赏自然美和艺术美时,根本不考虑它的实质、内容对人是否有利,"美之为物,不与吾人之利害相关系,而吾人观美时,亦不知有一己之利害",人只是直观其"形式",而直观的我,就是"纯粹无欲之我"(《叔本华之哲学及其教育学说》,第 1 卷,第 39 页)。

王国维在美学上的真正贡献,在于首先沟通了西方艺术典型学说与中国传统的艺术意境理论。他说:"美术之所写者,非个人之性质,而人类全体之性质也。惟美术之特质,贵具体而不贵抽象,于是举人类全体之性质,置诸个人之名字之下……善于观物者能就个人之事实,而发现人类全体之性质。"(《红楼梦评论》,第 1 卷,第 76 页)认为艺术形象虽描写个体,但不限于个人的性质,而是通过具体的个性来揭示人类的普遍性质。这就是塑造典型。西方人很早就提出了艺术上的典型理论,但这多半是就造型艺术和戏剧、史诗等叙事作品而言的。中国美学传统却长期注重关于抒情艺术的意境理论,这首先是就音乐、诗歌而言的。王国维提出的"境界",开始把典型学说和意境理论结合起来。他说:"夫境界之呈于吾心而见于外物者,皆须臾之物,惟诗人能以此须臾之物,镌诸不朽之文字,使读者自得之,遂觉诗人之言,字字为我心中所欲言,而又非我之所能自言,此大诗人之秘妙也。"(《清真先生遗事·尚论三》,第 2 卷,第 424 页)就是说,诗人在"须臾之物"中揭示出人之所欲言的共同的东西、普遍的性质,创造出诗的境界。可见,"境界"说要求艺术创作通过个别来发现一般从而达到某种不朽的意境。

王国维还认为"境界"是理想与现实的统一。他说:"有造境,有写境,此理想与写实二派之所由分。然二者颇难分别。因大诗人所造之境必合乎自然,所写之境亦必邻于理想故也。"(《人间词话》,第 1 卷,第 461 页)造境即理想化,但其材料来源于现实,其构思不能违背自然原则,"故虽理想家亦写实家也";写境即写实,但其描写现实,并非把事物的所有关联全部照抄,而是有所选择地进行艺术概括，"故虽写实家，亦理想家也"（《人间词话》，第1卷，第462页）。《人间词话》比较好地论述了艺术中的理想主义和现实主义的统一。

王国维认为，艺术意境是用形象和感情来体现理想的。他说："文学中有二原质焉：曰景，曰情。前者以描写自然及人生之事实为主，后者则吾人对此种事实之精神的态度也。"（《文学小言》，第14卷，第93页）认为艺术是在情景交融中来体现审美理想的，所以理想不是用抽象议论来说明，而是表现于情感；不是单纯地记述事实，而是要诉诸艺术想象，如屈原那样把"北方人之感情与南方人之想象合而为一"（《屈子文学之精神》，第14卷，第100页）。王国维指出，艺术意境的标准，"一言以蔽之，曰自然而已矣"（《宋元戏曲考》，第3卷，第113页）。在这方面他以为元代戏剧最为突出，"盖元剧之作者……但摹写其胸中之感想与时代之情状，而真挚之理与秀杰之气时流露于其间"（同上）。这里的"理"即艺术理想，"气"即理想在作品中表现为气韵生动；而这生动的理想，正是通过摹写主观的感想和客观的情状而自然地流露于其间的。要自然而然地流露，那么就要求表达的艺术手段"无矫揉妆束之态"（《人间词话》，第1卷，第477页）。

王国维认为他的"境界"说比前人更深入地揭示了艺术意境的本质。他说："沧浪所谓'兴趣'，阮亭所谓'神韵'，犹不过道其面目，不若鄙人拈出'境界'二字，为探其本也。"（《人间词话》，第1卷，第463页）"言气质，言神韵，不如言境界。有境界，本也。气质、格律、神韵，末也。有境界而二者随之矣。"（《人间词话手稿》，第1卷，第501页）王国维所谓的"探本"，就是从理想和现实的统一，个别和一般的结合来说明意境的本质。于是，他比前人更明确地指出艺术意境是用想象因素和感情因素的统一来揭示理想，并且借助一定的手段把它表达出来，要求合乎自然的原则。这样他就把传统的意境理论提高到新的水平，使传统的意境理论近代化了。这是中国近代美学的真正开端。但是，他的美学理论也有着形式主义的消极面。

第七节　孙中山的进化理论与知行学说

孙中山的进化理论和知行学说代表了中国近代哲学革命的进化论阶段的积极成果。孙中山（1866—1925年），本名文，字逸仙，别号中山樵，出生在广东香山县（今中山县）翠亨村的一个农民家庭。青少年时代在檀香山、香港等地读书，接受了西方资本主义思想文化教育。他是中国民主革命的伟大先行者，领导资产阶级革命派取得了辛亥革命的胜利，推翻了2000余年的封建帝制。以后他随着时代而前进，把旧三民主义发展为新三民主义。著作被编为《孙中山选集》《孙中山全集》。

关于"古今中西"之争，孙中山的特点是善于从世界潮流的趋势来看中国的发展前途。他指出中国的封建专制造成了安于闭关自守的心理，"中国之孤立自大，由来已久，而向未知国际互助之益，故不能取人之长，以补己之短"（《孙文学说》，《孙中山全集》，第6卷，中华书局，2006年，第224页）[1]。他坚决主张推翻封建制度，打破中国闭关自守的局面，以图中国的富强。孙中山又有高度的民族自豪感，认为中国革命的胜利，将会使中国对整个人类做出空前未有的贡献，"一旦我们革新中国的伟大目标得以完成，不但在我们的美丽的国家将会出现新纪元的曙光，整个人类也将得以共享更为光明的前景"（《中国问题的真解决》，第1卷，第255页）。这表现了孙中山能立足中国的现实，放眼世界，展望未来。

一、"突驾"说的进化论

孙中山的进化论的最大特点，是鲜明地提出了"突驾"说，认为事物的进化可以有后来者居上的跃进。

孙中山"突驾"说的进化论，以达尔文进化论和当时的自然科学

---

[1] 以下出自《孙中山全集》（中国社会科学院近代史研究所、中华民国史研究室等合编）的引文，只注篇名、卷数和页码。

为基础，把宇宙进化分成三个时期："其一为物质进化之时期，其二为物种进化之时期，其三则为人类进化之时期。"（《孙文学说》，第6卷，第195页）在物质进化时期，"元始之时，太极（此用以译西名以太也）动而生电子，电子凝而成元素，元素合而成物质，物质聚而成地球"（同上）。孙中山用传统哲学范畴"太极"来翻译"以太"，认为一切元素与天地万物皆根源于"以太"的运动变化，这种运动变化达到了一定阶段形成了地球。地球上有了生命，世界就进入物种进化时期。"由生元之始而至于成人，则为第二期之进化。物种由微而显，由简而繁，本物竞天择之原则，经几许优胜劣败，生存淘汰，新陈代谢，千百万年，而人类乃成"（同上）。孙中山把细胞译为"生元"，认为动植物以及人体都由生元组成，物种进化的根本规律是物竞天择。这基本上是合乎自然科学的唯物主义观点，但他以为"生元"具有"知觉灵明"，则是先验论。人类进化时期，孙中山认为是从摆脱兽性而开始的，"人类初出之时，亦与禽兽无异；而经几许万年之进化，而始长成人性。而人类之进化，于是乎起源"（同上）。而人类的进化原则与物种的进化原则不同："物种以竞争为原则，人类则以互助为原则。"（《孙文学说》，第6卷，第195—196页）他正确地反对了把"物竞天择"原则搬用于人类社会的社会达尔文主义，但他的"互助原则"也不能揭示出人类社会发展的原则。

孙中山"突驾"说的进化论，认为人类历史的进化规律是不可阻挡的潮流。他说："世界的潮流，由神权流到君权，由君权流到民权；现在流到了民权，便没有方法可以反抗。"（《三民主义·民权主义》，第9卷，第267页）面对这样浩浩荡荡的世界潮流，顺之者昌，逆之者亡。这表明他的进化论，与章太炎"俱分进化"的悲观情绪不同，对人类历史的进化抱着乐观主义的态度。孙中山认为由神权而君权再至民权的历史发展潮流是群众的心理造成的。他说："就历史进化论的道理说，民权不是天生出来的。"卢梭《民约论》的"天赋人权"说只是因为"刚合当时人民的心理，所以当时的人民便欢迎他"（《三民主义·民权主义》，第9卷，第264、266页）。他强调指出："一国之趋势，为万众之心理所造成。若其势已成，则断非一二因利乘便之人之智力所可转移也。"（《孙文学说》，第6卷，第207页）因此，即使像华盛顿、拿破仑那样的英雄人物，对于"美、法之革命，皆非原动者"（同上）。原动者是当时的万众之心。这反映了孙中山的进化论比较重视人民的力量。

孙中山认为，一方面遵循历史进化的规律，另一方面根据人群的需要，把这两方面结合起来，就能以人力来促成历史实现跃进。他说："夫事有顺乎天理，应乎人情，适乎世界之潮流，合乎人群之需要，而为先知先觉者所决志行之，则断无不成者也。"（《孙文学说》，第6卷，第228页）由此，他提出了强调人的能动作用的"突驾"说。他指出：康有为等保皇派认为"必须拾级而上"，中国一定要经过君主立宪才能实行共和的观点，是"反夫进化之公理也，是不知文明之真价也"（《在东京中国留学生欢迎大会的演说》，第1卷，第283页）。他认为学习西方，中国可以后来居上。他举例说，如造火车，最初的火车头很粗劣，以后逐渐改进，中国人现在造火车头，就无须用最初的粗劣的火车，而可以直接学习最新最好的火车。这就是"迎头赶上"，"学习外国，是要迎头赶上去，不要向后跟着他"（《三民主义·民族主义》，第9卷，第252页）。这样，中国人就可以超过别人，不仅可以"突驾"日本，而且可以超过英美。"中国之文明已著于五千年前，此为西人所不及，但中间倾于保守，故让西人独步。然近今十年思想之变迁，有异常之速度。以此速度推之，十年、二十年之后不难举西人之文明而尽有之，即或胜之焉，亦非不可能之事也。"（《在东京中国留学生欢迎大会的演说》，第1卷，第282页）

孙中山以人力促成历史实现跃进的进化论，是与封建统治者的天命论相对立的。他说："占了帝王地位的人，每每假造天意做他们的保障，说他们处的特殊地位是天所授与的，人民反对他们便是逆天。"（《三民主义·民权主义》，第9卷，第285页）因此，孙中山认为要革命就要反对天命。

孙中山的进化论还不是唯物史观。这表现在他受克鲁泡特金"互助论"的影响，以互助为人类进化的原则，反对阶级斗争学说；同时他认为"归结到历史的重心是民生，不是物质"（《三民主义·民生主义》，第9卷，第365页），把历史的发展归结于人类求生存的欲望。

二、"知难行易"学说

孙中山在认识论上主要也是探讨心物、知行问题。他提出了不同于前人的"知难行易"学说，称其为"孙文学说"。

孙中山从"名实"和"形神"两个方面来阐明心和物的关系。他说："宇宙间的道理，都是先有事实然后才发生言论。"(《三民主义·民权主义》，第9卷，第264页)可见，他在"名实"之辩上主张先有事实后有名言的唯物主义观点。孙中山用中国传统哲学的"体用"范畴来说明"形神"关系。他说："在中国学者，亦恒言有体有用。何为体？即物质。何为用，即精神。譬如人之一身，五官百骸皆为体，属于物质；其能言语动作者，即为用，由人之精神为之。二者相辅，不可分离。"(《在桂林对滇赣粤军的演说》，第6卷，第12页)这基本上继承了中国传统唯物主义对"形神"之辩的回答。

关于知行关系，孙中山首先肯定行先于知。他说："夫习练也，试验也，探索也，冒险也，之四事者，乃文明之动机也。生徒之习练也，即行其所不知以达其欲能也。科学家之试验也，即行其所不知以致其所知也。探索家之探索也，即行其所不知以求其发见也。伟人杰士之冒险也，即行其所不知以建其功业也。"(《孙文学说》，第6卷，第222页)这里说的习练、试验、探索、冒险等，虽然还不是马克思主义的社会实践观点，但是他讲的"行其所不知以致其知"，确实包含有认识依赖于实践的意思。孙中山认为，如果按维新派的先开民智才能实行改革的观点，那么"中国之变法，必先求知而后行，而知永不能得，则行永无其期也"(《孙文学说》，第6卷，第198页)。可见，孙中山进一步发展了章太炎"革命开民智"的思想。

孙中山也揭示了知和行的辩证关系。他一方面认为人类文明发轫于不知而行，说："且人类之进步，皆发轫于不知而行者也，此自然之理则，而不以科学之发明为之变易者也。"(《孙文学说》，第6卷，第222页)这里讲的"理则"就是逻辑，按照认识的自然逻辑，行而后知，行其所不知以致其所知，经验先于科学理论。另一方面他又认为，人类获得了科学认识以后，又可以按照科学的逻辑去获得新经验，求得新知识。"故天下事惟患于不能知耳，倘能由科学之理则以求得其真知，则行之决无所难。"(《孙文学说》，第6卷，第203页）认为根据科学认识的逻辑进行推演，求得真知，则能知必能行。孙中山还具体分析了科学理论指导行动的过程。他说："凡能从知识而构成意象，从意象而生出条理，本条理而筹备计划，按计划而用工夫，则无论其事物如何精妙、工程如何浩大，无不指日可以乐成者也。"（《孙文学说》，第6卷，第204页）这里指出了从科学理论到实践的一些环节：先要根据科学理论，并运用想象力，勾画出未来的蓝图，作为行动的奋斗目标；要实现这个蓝图，必须准备条件，经历若干步骤；而后更具体地订出实施的计划，按计划采取措施，努力使理想得到实现。

孙中山上述的知行理论基本是正确的。但是，他说："心也者，万事之本源也。"（《孙文学说》，第6卷，第159页）未免夸大了心的力量。他讲"知难行易"，过分强调了知的艰巨性，把人类认识史划分为"不知而行""行而后知""知而后行"三个阶段，把人分成三类："其一、先知先觉者即发明家，其二、后知后觉者即鼓吹家，其三、不知不觉者即实行家也。"（《孙文学说》，第6卷，第203页）这样实际上又把知和行、经验和理论割裂开来了。

三、大同思想与"替众人服务"的人生观

孙中山继洪秀全、康有为之后，改造和发展了大同思想，提出了他的理想社会的学说。孙中山的大同思想，开始是以林肯所说的"民有、民治、民享"为主要内容，后来又认为这和共产主义是一致的。他说："我们不能说共产主义与民主主义不同。我们三民主义的意思，就是民有、民治、民享。这个民有、民治、民享的意思，就是国家是人民所共有，政治是人民所共管，利益是人民所共享。照这样的说法，人民对于国家不只是共产，一切事权都是要共的……就是孔子所希望之大同世界。"（《三民主义·民生主义》，第9卷，第394页）他把《礼运》中反映原始共产主义的大同观念、资产阶级的民有、民治、民享的民主主义和无产阶级的社会主义三者混为一谈，并不科学。但重要的是，它反映了革命者的社会理想正在转变中的事实。中国近代的革命思想家，总是把"中国向何处去"的问题同世界的前途联系起来，

把中国革命的理想同人类到达大同的路联系起来,而随着革命形势的发展,思想家们所设计的方案,在保留大同理想的形式下改变着时代和阶级的内容。在孙中山晚年,他个人以及整个革命队伍中都表现出社会理想将由民主主义转向社会主义的趋势。

要实现社会理想,就需要有为理想而奋斗的高尚人格。孙中山认为,人类进化就是用人性克服兽性,"要人类有高尚人格,就在减少兽性,增多人性。没有兽性,自然不至于作恶。完全是人性,自然道德高尚"(《在广州全国青年联合会的演说》,第8卷,第316页)。这自然是一种抽象的人性论,不过从己和群的关系来说,它包含着充满人道主义精神的人生观。在孙中山那里,人性与兽性的对立,就是利人与利己的对立。他说:"我们可把人类两种思想来比对,便可以明白了。一种就是利己,一种就是利人……人人当以服务为目的,而不以夺取为目的。"(《三民主义·民权主义》,第9卷,第298—299页)以"利人"取代"利己","以服务为目的"取代"以夺取为目的",也就是以互助原则代替竞争原则,以人性代替兽性。他认为近代人类文明的进步带来了一种新道德,"这种新道德就是有聪明能力的人,应该要替众人来服务。这种替众人来服务的新道德,就是世界上道德的新潮流"(《在岭南大学黄花岗纪念会的演说》,第10卷,第156页)。孙中山认为,这种"替众人服务"的人生观表现在"立志"上,就是要立志做大事而不可立志做大官,所谓大事,就是凡是替众人服务,谋国家富强的事业,把它"从头至尾,彻底做成功,便是大事"(《在广州岭南学生欢迎会的演说》,第8卷,第535页)。孙中山的这种人生观,某些提法未必精当,但其顺应了革命的需要,培养具有不同于封建官僚和市侩气息的高尚人格,是有重大进步意义的。

如果我们把中国近代哲学革命,理解为中国人民大众的革命世界观由自在到自为的发展过程,那么,孙中山的革命世界观,就是从洪秀全到中国共产党人的一个中间环节。孙中山的最后遗嘱说:"余致力国民革命凡四十年,其目的在求中国之自由平等。积四十年之经验,深知欲达到此目的,必须唤起民众及联合世界上以平等待我之民族,共同奋斗。"(《国事遗嘱》,第11卷,第639页)这是要求通过民众自觉的革命斗争来改造中国,并顺应世界潮流,联合平等待我之民族，共同奋斗。这其中所包含的革命世界观的自觉性，比之太平天国，已经大大提高了。但是，孙中山并没有来得及作哲学的总结。

在中国近代哲学的进化论阶段，进步思想家都认为西方民主主义可以救中国。他们以进化论为哲学理论武器，为了回答"中国向何处去"而突出考察了历史观和认识论上的知行问题。

在历史观上，康有为改造公羊"三世"说，严复倡导天演哲学，他们开始用历史进化论代替历史变易观，有力地冲击了形而上学的不变论和天命史观。梁启超进而论述历史是群之进化，但把它归结为社会心理。章太炎用工具的创造和使用来说明群的起源和进化，论证了革命是进化的规律，但他讲俱分进化，陷入虚无主义。孙中山"适乎世界潮流，合乎人群需要"以促成革命跃进的进化论思想，充满革命乐观主义，成了一代人的指导思想。虽然进化论并未能科学地揭示历史发展的动力，但是这些哲学家对历史进化论作了逐步深入和多方面的探索，预示着中国人即将跨进唯物史观的门槛。

在认识论上，康、谭、严都主张知先于行，但彼此有区别：康有为基本倾向是先验论；谭嗣同有唯名论倾向；严复则是经验论者。梁启超高度称颂精神自由，导致主观唯心论。王国维痛感哲学学说的"可爱"与"可信"的矛盾，但在某些问题上，他使思辨哲学与实证精神（理性与感性）统一起来了。章太炎的"革命开民智"，包含有社会实践观点的萌芽，他对知与行、感性与理性的关系作了比较多的探讨，但由于过分重视抽象概念作用而陷入康德主义，由于过分重视道德信念而导致唯意志论倾向。孙中山论知行关系，既讲行先于知，又讲知行的辩证关系，比之前人来又前进了一步。这些考察虽然还未达到社会实践观点，还未能完整地揭示认识运动的辩证法，但表现了中国近代哲学向着辩证唯物主义认识论迈进的趋势。

可以说，中国近代哲学的进化论阶段，为辩证唯物论和历史唯物论阶段作了准备。不过，只有无产阶级登上政治舞台，"古今中西"之争有了新的阶级内容和历史意义，唯物史观和辩证唯物论才可能取得自觉形态。而作为一个时代的世界观的真正自觉，总是要通过百家争鸣才能实现，这是哲学发展的一般规律。因而马克思主义的传播，有待于"五四"的百家争鸣来开辟道路，是有其历史必然性的。

第十一章　哲学革命进入唯物辩证法阶段

五四运动标志着中国无产阶级登上政治舞台，中国的民主革命由旧民主主义阶段转变为新民主主义阶段。中国近代哲学革命由进化论阶段转变为唯物辩证法阶段。

1915年陈独秀主编的《青年》（后来改为《新青年》）杂志创刊，揭开了新文化运动的序幕。新文化运动以"德先生"（民主）和"赛先生"（科学）为旗帜，以"打倒孔家店"的气势向封建思想文化发动了空前猛烈的批判，展开"新旧思潮之激战"。这就更为波澜壮阔地展开了"古今中西"之争，加速了中国哲学的近代化。对于儒学的批判主要是批判作为纲常名教根据的天命论和经学独断论。至于科学和民主，对于哲学近代化来说，就要求在思维方式上用科学方法取代经学方法，在价值观念上用近代的自由原则取代封建的权威主义。所以，新文化运动使中国近代哲学革命的批判对象和战斗任务更加明确起来了。俄国十月社会主义革命使中国的先进分子找到马克思主义理论，随着工人运动的发展，新文化运动发展成为以马克思主义为主导的思想运动。

"五四"以后，马克思主义哲学（首先是唯物史观）开始在中国传播。一些先进分子都在政治上经历了由激进的民主主义向科学社会主义转变，在世界观上经历了由进化论到唯物史观的转变。他们开始用唯物史观来回答"中国向何处去"的问题,回答"古今中西"之争。同时,"五四"时期是各种思想流派自由争鸣的时期。除马克思主义以外,西方的各种思潮蜂拥而入。以哲学来说,杜威的实用主义、罗素的新实在论、柏格森的生命哲学、尼采的超人哲学等,都在中国得到广泛的传播。在自由争鸣中,人们经过比较、鉴别,做出自主的选择。马克思主义正是在与当时的非马克思主义思想流派的论战中被人们所理解和选择的。这些论战主要是:问题与主义论战、社会主义论战、无政府主义论战、东西文化论战、科学和玄学论战。通过这些论战,马克思主义取得了胜利,哲学革命就进一步深入了。

第一节 李大钊、陈独秀:由进化论到唯物史观

标志着近代哲学革命由进化论阶段转变到唯物辩证法阶段的首要代表人物是李大钊。在李大钊之后,陈独秀也完成了这样的转变。李大钊(1889—1927年),字守常,河北乐亭人。曾留学日本,回国后积极投入新文化运动。他是中国共产党的创始人之一。1927年4月被军阀逮捕,惨遭杀害。著作被编为《守常文集》《李大钊文集》《李大钊全集》等。陈独秀(1879—1942年),字仲甫,安徽怀宁(今安庆)人。曾因参加反对袁世凯的斗争遭到失败而流亡日本。1915年回国后,创办和主编《青年》杂志,成为新文化运动最主要的有很高威望的领导者。他是中国共产党的第一任总书记。在第一次国内革命战争后期,犯有右倾机会主义错误,并进行分裂党的活动。1929年被开除出党。1932至1937年被国民党逮捕监禁。其著作被编为《独秀文存》《陈独秀文章选编》和《陈独秀著作选编》等。

李大钊和陈独秀都站在批判封建孔学的立场来比较中西文化。李大钊说:"东西文明有根本不同之点,即东洋文明主静,西洋文明主动是也。""东洋人之哲学为求凉哲学,西洋人之哲学为求温哲学,求凉者必静,求温者必动",因而"一为自然的,一为人为的;一为安息的,一为战争的;一为消极的,一为积极的;一为依赖的,一为独立的;一为苟安的,一为突进的……"(《东西文明之根本异点》,

《李大钊全集》第2卷，人民出版社，2006年，第211—212页）[1]。陈独秀也说，"西洋民族以战争为本位，东洋民族以安息为本位"；"西洋民族以个人为本位，东洋民族以家族为本位"，"西洋民族以法治为本位，以实利为本位；东洋民族以感情为本位，以虚文为本位"（《东西民族根本思想之差异》，《陈独秀著作选编》第1卷，上海人民出版社，2009年，第193—195页）[2]。这种强调中国传统文化与西方近代文化有着根本性质不同的思想，与严复的观点是一脉相承的，但比严复具有更为鲜明的斗争性。以后，李、陈转变为马克思主义者之后，则开始向西方学习马克思主义来回答中国的现实问题，立足于无产阶级和人民群众的"今"来回顾中国的历史传统。这就标志着"古今中西"之争进入了新阶段。

一、李大钊和陈独秀的进化论

李大钊和陈独秀都曾以进化论作为他们革命民主主义的哲学基础。但是他们的进化论又各有其特点：李大钊的进化论与理性主义相联系，陈独秀的进化论则与现实主义（经验主义）相联系。

李大钊认为，自然界、人类社会以及道德都是不断进化的，其间并没有圣人或上帝来主宰。他说："吾人以为宇宙乃无始无终自然的存在。由宇宙自然之真实本体所生之一切现象，乃循此自然法而自然的、因果的、机械的以渐次发生、渐次进化。道德者，宇宙现象之一也。故其发生进化亦必应其自然进化之社会。而自然变迁，断非神秘主宰之惠与物，亦非古昔圣哲之遗留品也。"（《自然的伦理观与孔子》，第1卷，第246页）李大钊的这种进化论具有泛神论倾向。他认为宇宙就是"我"的扩大。他说宇宙是大实在的瀑流，"吾人的'我'，吾人的生命，也永远合所有生活上的潮流，随着大实在的奔流，以为扩大，以为继续，以为进转，以为发展"，最后"以达'宇宙即我，我即宇宙'之究竟"（《今》，第2卷，第194页）。这和龚自珍、梁启超、章太炎等强调"自我"的口吻是相同的。可见，在思维与存

---

1 以下出自《李大钊全集》（中国李大钊研究会编注）的引文，只注篇名、卷数和页码。
2 以下出自《陈独秀著作选编》（任建树主编）的引文，只注篇名、卷数和页码。

在的关系问题上,李大钊在当时还不是唯物论者。

李大钊的进化论贯穿着理性主义精神。他把世界的进化看作"自我主宰",一方面是要"振其自我之权威,为自我觉醒之绝叫"唤醒人们天赋的理性,即认识"自我之光明"(《〈晨钟〉之使命》,第1卷,第169页)。他把这种天赋理性也称作"良知良能"或"民彝",人人天生就能分辨是非真妄,"是非真妄宜听民彝之自择"(《民彝与政治》,第1卷,第160页)。另一方面李大钊的"自我"是要发挥意志的力量,而不做环境的奴隶。他说:"盖文明云者,即人类本其民彝改易环境,而能战胜自然之度也。"(《民彝与政治》,第1卷,第163页)认为文明就是人类依据他们的天赋理性来改造环境、战胜自然所达到的程度。所以,他强调要以意志的力量来改造环境,反对消极顺应环境的宿命论。他说:"故吾人不得自画于消极之宿命说(Determinus),以尼精神之奋进。须本自由意志之理(Theory of free will),进而努力,发展向上,以易其境,俾得适于所志,则Henri Bergson氏之'创造进化论'尚矣。"(《厌世心与自觉心》,第1卷,第139页)李大钊要中国人凭自己的理性和意志力来创造新世界和新文明,改造旧社会和旧文化,而不应是顺应旧环境,安于命运。这虽是唯心论的观点,但包含有尊重真理、尊重群众意志的合理因素。

李大钊尊重"真理的权威"。他说:"真理者,人生之究竟,而自信者,又人生达于真理之途径也。"(《真理之权威》,第2卷,第103页)人只要相信自己有天赋的理性,努力加以扩充,就能达到真理。他还进一步指出,判断"言论之挟有真理否","一在查事之精,一在推论之正。二者交备,则逻辑之用以昭,而二者之中,尤以据乎事实为要"(同上)。这种理性主义无疑包含着唯物主义的因素。同时,李大钊认为天赋的理性对于任何人都是没有很大差别的,"秉彝之本,无甚悬殊也"(《民彝与政治》,第1卷,第157页)。英雄人物之所以有推动历史的作用,是由于他代表了群众的意志,"离于众意总积则英雄无势力焉"(《民彝与政治》,第1卷,第156页)。历史归根到底是按群众的意愿前进的。"历史者,不可以束制民彝",而"民彝者,凡事真理之权衡也"(《民彝与政治》,第1卷,第150页)。李大钊批评卡莱尔的英雄史观,认为如果一味仰仗英雄造福于民众,那么，民众"一方承其恩惠，一方即损其自性；一方蒙其福利，一方即丧厥天能"（《民彝与政治》，第 1 卷，第 157 页）。这种反对英雄主义而无限信任群众的思想是很可贵的。

陈独秀的进化论认为宇宙万物都遵循优胜劣败的法则。他说："自宇宙之根本大法言之，森罗万象，无日不在演进之途。"（《敬告青年》，第 1 卷，第 159—160 页）因此，万物能否存在和发展，取决于有无抵抗力和抵抗力的强弱，"万物之生存进化与否，悉以抵抗力之有无强弱为标准。优胜劣败，理无可逃"（《抵抗力》，第 1 卷，第 178 页）。然而中国人缺乏"以人胜天"的"抵抗力"，为了要培养这种不甘心听天由命的具有斗争精神的"抵抗力"，陈独秀甚至鼓吹"兽性精神"。他所谓的兽性就是，"意志顽狠，善斗不屈"；"体魄强健，力抗自然"；"依赖本能，不依他以活"；"顺性率真，不饰伪自文"（《今日之教育方针》，第 1 卷，第 174 页）。认为人不但应当有人性，也应当有野兽般的斗志、体力和本能冲动这样的兽性。只有这样，中华民族才能强大，"强大之族，人性兽性，同时发展"（同上）。这样的理论自然有片面性，但其目的在于鼓励人们敢于斗争，反对宿命论。

陈独秀的进化论的最大特点，是它和"现实主义"相联系。他用生物科学解释人生，以为个体有生灭，物种则遗传，所以"吾身现实之生存"是非常可贵的。这就产生了"现实主义"精神。他说："唯其尊现实也……此近世欧洲之时代精神也。此精神磅礴，无所不至：见之伦理道德者，为乐利主义；见之政治者，为最大多数幸福主义；见之哲学者，曰经验论，曰唯物论；见之宗教者，曰无神论；见之文学美术者，曰写实主义，曰自然主义。"（《今日之教育方针》，第 1 卷，第 172 页）他认为欧洲近代文明就是"一切思想行为，莫不植基于现实生活之上"（同上）。因此，中国要学习欧洲近代文明，就要注重现实主义精神。陈独秀的这种现实主义精神的基本倾向是唯物主义的，但他和严复相似，受到实证论的影响。

陈独秀的现实主义强调尊重科学，因为科学最注重"实证"。他说："科学者何？吾人对于事物之概念，综合客观之现象，诉之主观之理性而不矛盾之谓也。想象者何？既超脱客观之现象，复抛弃主观之理性，凭空构造，有假定而无实证，不可以人间已有之智灵，明其理由，道其法则者也。"（《敬告青年》，第 1 卷，第 162 页）这里他肯定科学是从客观事实出发，以实证来依据的，而不是凭空想象出来的，是可以进行逻辑论证，由人的理性来把握的，而不是违背矛盾律的。这是唯物主义的态度。当然，他在这里把科学与想象截然对立起来，低估了想象在科学中的作用。这表明他讲的"理性"和李大钊不同。李大钊的主张"自我之光明"的理性，比较接近于梁启超，而陈独秀则明显地承继了严复的"天演哲学"，把进化论与经验论相结合。他和严复同样注重归纳法，"今欲学术兴，真理明，归纳论理之术，科学实证之法，其必代圣教而兴欤"（《随感录·圣言与学术》，第 1 卷，第 427 页）。

陈独秀的现实主义的经验论倾向，也表现在伦理学上的功利主义。陈独秀把伦理道德的觉悟视为社会进化的根本之所在。他强调要以西方个性解放的功利主义来取代儒家封建宗法的纲常名教。陈独秀重复英国功利主义的说法，认为避苦求乐是人的天性，"人之生也，求幸福而避痛苦，乃当然之天则"（《新青年》，第 1 卷，第 209 页）。因此，"人生归宿"就是"内图个性之发展，外图贡献于其群"（同上）。人的活动所要达到的目标既求个性的发展，也要力图对社会作贡献。他说："个人生存的时候，当努力造成幸福，享受幸福；并且留在社会上，后来的个人也能够享受。递相授受，以至无穷。"（《人生真义》，第 1 卷，第 387 页）认为应当在利己的基础上利人。这种合理的利己主义也是严复所倡导的。陈独秀强调"个人的意志和快乐，是应该尊重的"（《人生真义》，第 1 卷，第 386 页）。认为道德行为就是要使自己和别人都获得快乐，使最大多数人获得最大的快乐；道德责任以意志自由为前提，因而要尊重个人独立自主的人格。由此，陈独秀批评封建道德的"存天理，灭人欲"违反人的避苦求乐的本性，是不道德的；三纲五常是培养"以己属人之奴隶道德"。这是有反封建意义的。但是，他认为"执行意志，满足欲望"是"个人生存的根本理由，始终不变的"（同上）。这是抽象的人性论，并有唯意志论色彩。

二、 李大钊和陈独秀向唯物史观转变

李大钊在1919年5月发表了《我的马克思主义观》，接受了唯物史观。

李大钊向唯物史观的转变，首先表现在运用唯物史观来回答心物关系、群己关系。他在介绍了马克思的经济基础决定上层建筑的观点后说："从来的历史家欲单从上层上说明社会的变革即历史而不顾基址，那样的方法，不能真正理解历史。上层的变革，全靠经济基础的变动，故历史非从经济关系上说明不可。"（《史学思想史讲义·马克思的历史哲学与理恺尔的历史哲学》，第4卷，第328页）他还指出，唯物史观认为："一个智识的发现，技术的发明，乃至把是等发明致之于实用，都是像我们一样的社会上的人人劳作的结果。这种生活技术的进步，变动了社会的全生活，改进了历史的阶段。这种历史观，导引我们在历史中发见了我们的世界，发见了我们自己，使我们自觉我们自己的权威，知道过去的历史，就是我们这样的人共同造出来的，现在乃至将来的历史，亦还是如此。"（《史学要论·现代史学的研究及于人生态度的影响》，第4卷，第445页）。从这两段话可以看到，关于社会历史中的心物关系、群己关系这两个互有联系的问题，李大钊的观点较之以前有了根本的变化。他不再把历史动因归于民众个人的理性、意志，而是从社会存在本身去说明社会发展的动因，认识到由经济基础决定上层建筑，劳动人民创造了历史。因此，他这时讲的"自觉"是在唯物主义基础上的心与物相符，己与群统一。历史辩证法由自发转向自觉。

李大钊由进化论转向唯物史观还表现在提出了唯物史观的社会组织进化论和"崇今"学说。他用生产力和生产关系的矛盾运动来说明社会经济形态的进化。他说："社会组织即社会关系，也是与布帛菽粟一样，是人类依生产力产出的产物。"但是，随着生产力发展，"与那不能适应他的社会组织间的冲突愈近，结局这旧社会组织非至崩坏不可。这就是社会革命。新的继起，将来到了不能与生产力相应的时候，他的崩坏亦复如是"（《我的马克思主义观》，第3卷，第27页）。这里科学地阐明了社会进化的动因和社会革命发生的规律，使得中国

近代的进化论历史观才真正具有了科学的形态。这也意味着历史辩证法由自发而进于自觉。李大钊还依据唯物史观，提出了"今是生活，今是动力，今是行为，今是创作"（《时》，第4卷，第350页）的思想。他认为"今"是人的生活、行为，亦即实践。人的每一实践活动都是现实的、现在的，都是"引的行为"，它纳过去于今，胎未来于此，是推动历史由过去趋向未来的动力；同时"今"作为现实的行为即是劳作，"我们的将来，是我们凭借过去的材料、现在的劳作创造出来的"（《史学要论·现代史学的研究及于人生态度的影响》，第4卷，第444页）。这种"崇今"的思想，表现了马克思主义的实践观点和历史辩证法思想。

陈独秀大约在1920年转变到马克思主义立场上来。这主要表现在他运用唯物史观来回答心物关系和群己关系这两个问题。

首先，心物关系——进化与革命、自然与人为的关系。在社会主义论战中，资产阶级改良主义者认为中国应从发展实业入手，逐渐改良，而不能马上实行社会主义革命。陈独秀批评了这种改良主义观点。他赞同蔡和森的以"综合革命说与进化说"为马克思主义"骨髓"的观点，认为"唯物史观固然含有自然进化的意义，但是他的要义并不只此，我以为唯物史观的要义是告诉我们：历史上一切制度的变化是随着经济制度的变化而变化的"，而"人为的革命"，则是依据历史随经济制度演变而自然进化的法则"创造历史之最有效最根本的方法"（《答蔡和森》，第2卷，第411页），即经济制度革命。在这里，陈独秀已不是像早先那样一般地讲现实主义，而是认识到现实生活的基础是社会经济制度，经济制度的变革有其自然进化的一面，同时也是人们进行社会革命的结果。这里肯定的"综合革命说与进化说"，也就是强调了自然和人力的统一。但是，陈独秀把唯物史观的科学性归结为"应用自然科学归纳法研究社会科学"（《马克思的两大精神》，第2卷，第453页），而完全没有提到辩证法，说明他未能克服其现实主义中的实证论或经验论倾向。

其次，群己关系——自由与制裁、个人与社会的关系。当时的无政府主义者反对马克思主义的无产阶级专政学说，主张根本废除国家、法律和一切社会制裁，宣传无政府主义的社会是自由的联合，个人绝对自由。陈独秀在与无政府主义者论战中，运用唯物史观回答了自由和制裁、个人和社会的关系问题。他说："人类自有二人以上之结合以来，渐渐社会的发达至于今日，试问物质上精神上那一点不是社会底产物？那一点是纯粹个人的？我们常常有一种特别的见解和一时的嗜好，自以为是个性的，自以为是反社会的，其实都是直接、间接受了环境无数的命令才发生出来的。"（《虚无的个人主义及任自然主义》，第2卷，第315—316页）认为个人是受社会制约的，要改善个人，就必须改革社会制度。同时，陈独秀也不否认个人努力的作用。他说："个人的意志固然不能创造客观上不可能的东西，而在客观上可能的范围以内，却有个人意志回旋的余地，并且必须有此个人的努力及天才的创见，这客观上的可能才能够适当的实现。"（《列宁之死》，第3卷，第202页）这里所说的基本上符合唯物史观，比之他原先光讲凭个人意志求自由解放的观点有了很大转变。但他的转变并不彻底，这表现在他一方面讲"人们的意志是人们物质的生活关系造成的"，另一方面又讲"人们的历史是人们贪欲无厌的意志造成的"（同上）。未能克服抽象的人性论和唯意志论倾向。而且他认为群众的心理往往是盲目的、非理性的，因此强调革命的成功是头脑清醒的"少数人压服了多数人"（《讨论无政府主义·三答区声白书》，第2卷，第406页）。这种蔑视群众的思想，使其唯意志论倾向具有独断论因素。

总之，在由进化论转向唯物史观的过程中，李大钊要比陈独秀彻底，在马克思主义理论水平上，李大钊也比陈独秀要高明得多。

三、李大钊的社会主义和人道主义统一的社会理想和人生观

李大钊指出，唯物史观的社会理想是社会主义和人道主义的统一。中国近代同西方一样，社会主义经历了由空想到科学的发展过程。康有为、孙中山讲的大同理想，都具有空想的性质。李大钊指出，"空想的社会主义与科学的社会主义的不同的点"，就在于空想社会主义"只以人的理性为根据"，因而"如砂上建筑楼阁一样"；科学的"社会主义思想，由马克思及恩格斯依科学的法则组成系统，以其被认为历史的必然的结果，其主张乃有强固的根据"（《史学思想史讲义·桑

西门的历史思想》，第 4 卷，第 316 页）。这就指明了在中国实现社会主义理想是人类历史的必然发展，使其有了科学性。李大钊认为要实现社会主义理想，应当要实行"物心两面的改造，灵肉一致的改造"（《阶级竞争与互助》，第 2 卷，第 356 页），他主张"以人道主义改造人类精神，同时以社会主义改造经济组织"（《我的马克思主义观》，第 3 卷，第 35 页）。认为通过阶级斗争来改造经济组织，使"互助""博爱"的人道主义精神得到真正的贯彻，因而科学社会主义和人道主义是可以统一的。

李大钊认为，不论是西方还是中国，近代社会进化都奔向大同世界：开始要求个性解放的反封建斗争，随后又兴起了社会主义的运动，而其目标就在于实现既有个性解放又有大同团结的社会新秩序。他说："现在世界进化的轨道，都沿着一条线走，这条线就是达到世界大同的通衢……这条线的渊源，就是个性解放……这个性解放的运动，同时伴着一个大同团结的运动。这两种运动，似乎是相反，实是相成。"（《平民主义》，第 4 卷，第 122 页）这标志着中国近代哲学关于社会理想的探讨提高到了一个新阶段。

李大钊认为唯物史观给人提供了新的人生观。这种新的人生观，继承了近代中国革命强调实事求是的"脚踏实地的人生观"和反对天命而为理想努力奋斗的"乐天努进的人生观"（《史学要论·现代史学的研究及于人生态度的影响》，第 4 卷，第 445 页）。同时这种新的人生观又有超越以前的革命者的地方。这突出地表现在李大钊提出了"尊劳主义"和群众"自己解放自己"的观点。李大钊同许多反封建的思想家一样，肯定"避苦求乐，是人性的自然"（《现代青年活动的方向》，第 2 卷，第 318 页），因而主张"求乐的人生观才是自然的人生观，真实的人生观"（同上）。他进一步指出："人生求乐的方法，最好莫过于尊重劳动。一切乐境，都可由劳动得来，一切苦境，都可由劳动解脱。"（同上）这种"尊劳主义"表现了劳动神圣的人生观。同时，李大钊认为劳动者要自求解放，不能乞求统治者的恩赐。他说："真正的解放，不是央求人家'网开三面'，把我们解放出来，是要靠自己的力量，抗拒冲决，使他们不得不任我们自己解放自己。"（《真正的解放》，第 2 卷，第 363 页）这种启发群众为自己的解放事业进行自觉的斗争的思想，包含着后来中国共产党人所十分重视的群众观点。

从上述李大钊和陈独秀的思想中，可以看到他们接受唯物史观绝非单纯地来自外来的影响，而是同中国近代哲学讨论的主要问题有机地联系在一起的，因而中国近代哲学由进化论向唯物史观转变，是合乎逻辑的发展，犹如水到渠成。李大钊代表了当时马克思主义理论的最高水平，使马克思主义在中国获得了一个富于生机的开端。

第二节　胡适的"实验主义"和梁漱溟的直觉主义

"五四"时期，西方资产阶级哲学流派在中国也得到了传播。胡适和梁漱溟分别介绍和发挥了杜威的实用主义和柏格森的直觉主义。

胡适（1891—1962年），字适之，安徽绩溪人。曾留学美国，师从杜威。1917年回国在北京大学任教，并参加《新青年》编辑工作，是五四新文化运动的著名人物。但他对马克思主义和中国共产党领导的人民革命一直持批评态度。1948年离开大陆。主要著作有《胡适文存》《胡适论学近著》《中国哲学史大纲》（卷上）等。

梁漱溟（1893—1988年），广西桂林人。早年潜心佛学，曾在北京大学主讲印度哲学，后来倡导儒学复兴，成为新儒学的先导者。曾从事村治运动，提出改良主义的"乡村建设理论"。主要著作有《印度哲学概论》《东西文化及其哲学》《中国文化要义》《人心与人生》等。

胡适在"五四"新文化运动中，倡导文学革命，抨击吃人的孔教，强调要以"评判的态度"来重新估定中国传统文化的价值，反对"古今中外的调和"（《新思潮的意义》，《胡适文集》第2册，北京大学出版社，1998年，第557页）[1]。这具有反封建的积极意义。但是，胡适反对马克思主义在中国的传播，提出"多研究些问题，少谈些主义"，引发了"问题与主义"的论战。他从实用主义观点出发，认为"主义"只是"抽象名词"，主张社会在解决人力车夫生计之类具体问题上逐步改良，而不应去求社会问题的根本解决。李大钊以马克思主义的社

---

[1] 以下出自《胡适文集》（欧阳哲生编）的引文，只注篇名、书名、册数和页码。

会革命论反对了胡适的这种资产阶级改良主义。在文化上的"古今中西"之争中，胡适主张中西文化汇合论。他认为新文化应当"能够成功地把现代文化的精神与中国自己的文化精华联结起来"（《先秦名学史·导论》，第 6 册，第 10 页）。他因而致力于从中国传统文化中寻找"可以有机地联系现代欧美思想体系的合适的基础"（同上）。他认为这合适的基础不是儒学，而是墨家、名家等"非儒学派"以及"汉学家传给我们的古书"（特别是清代汉学家的治学方法）。但他后来对民族文化越来越采取虚无主义的态度，走到了"赞成全盘西化"的立场上去了。

梁漱溟关于中西文化的观点，和陈独秀、胡适等"新青年派"是相对立的。他作为"东方文化派"的代表，在"五四"时期写作《东西文化及其哲学》一书，就是为了回答陈独秀、胡适等新派人物对孔教的责难。他认为中国人需要继承孔子精神，孔子的学说是不能丢的，将来的世界文化应当是孔子文化的昌兴。当然，他也主张中国人要学习西方的科学和民主，否则中国就无法立国。但他强调应当沿着孔子的道路前进，吸取西方的文化作补充。在陈独秀等已经猛烈打击了孔家店之后，梁漱溟要用某些西方文化来修复它，显然是一种在新的条件下的"中体西用"论。

一、 胡适的实用主义世界观和"科学方法"

胡适认为 19 世纪中叶以来的世界哲学的主流是实证论，可分为两个阶段，其代表人物分别是赫胥黎和杜威。他说："我的思想受两个人的影响最大：一个是赫胥黎，一个是杜威先生。"（《介绍我自己的思想》，第 5 册，第 507 页）认为自己是继承他们的。赫胥黎是达尔文进化论的捍卫者，胡适的进化思想，主要是由杜威的实用主义出发的，因为他认为只有"到了实验主义一派的哲学，方才把达尔文一派的进化观念拿到哲学上来应用"（《实验主义》，第 2 册，第 212 页）。所以，胡适的"实验主义"（这是他用以称呼实用主义的名词）基本上是重述美国实用主义者的理论。

胡适认为杜威"把欧洲近世哲学从休谟（Hume）和康德（Kant）

以来的哲学根本问题一齐抹煞"(《实验主义》,第 2 册,第 228 页),断言唯物论和唯心论的斗争是没有意义的,就使"哲学光复的日子到了"(《五十年来之世界哲学》,第 3 册,第 293 页)。实际上,杜威的实用主义并没有超越唯物论和唯心论。他以经验为第一原理,把经验看成是人征服环境的活动,即"人应付环境的事业"(《实验主义》,第 2 册,第 229 页),以为经验是主观的,而世界则由经验构造出来,这是唯心主义的经验观念。胡适引用实用主义的这种观点,说,"实在是一个很服从的女孩子,她百依百顺的由我们替他涂抹起来,装扮起来";因而"实验主义(人本主义)的宇宙是一篇未完的草稿,正在修改之中,将来改成怎样便怎样,但是永永没有完篇的时期……实验主义的宇宙是还在冒险进行的"(《实验主义》,第 2 册,第 226 页)。认为经验是冒险的活动,是人凭主观不断地改变宇宙实在。胡适完全接受了实用主义的主观唯心论的世界观。实用主义的主观唯心论表现在真理论上,提出了"有用即真理"的论点。胡适也接受了这种论点,强调真理是"人造的最方便的假设",否认真理的客观性和绝对性,认为只有相对真理,即"这个时间,这个境地,这个我的这个真理"(《实验主义》,第 2 册,第 212 页)。这具有反对把封建纲常绝对化的积极作用,但在理论上则是不正确的。

胡适在中国近代哲学史最主要的贡献,是他提出了以"大胆假设、小心求证"为核心的方法论。这一方法论既受到西方近代科学方法的洗礼,又继承了中国传统尤其是乾嘉学派的方法,在"五四"时期产生了比较广泛的影响。他把自己的方法论,归结为以下三方面:

第一,"拿证据来"。他说"赫胥黎的存疑主义是一种思想方法,他的要点在于注重证据。对于一切迷信,一切传统,他只有一个作战的武器,是'拿出证据来'"(《五十年来之世界哲学》,第 3 册,第 282 页)。赫胥黎的存疑主义即不可知论,确实有实事求是的唯物主义方面,因而恩格斯称其为"羞羞答答的唯物主义"。清代朴学正是以强调"实事求是""无证不信"为特征的,如梁启超所说:"凡立一义,必凭证据;无证据而以臆度者,在所必摈。"(《清代学术概论》,专集之三十四,第 34 页)所以,胡适的"拿证据来"正是赫胥黎的存疑主义和乾嘉学派的科学精神的结合。

胡适用"拿证据来"来对待传统的圣贤教训、制度风俗以及公认的行为与信仰等，强调"凡没有充分证据的，只可存疑，不当信仰"（《五十年来之世界哲学》，第3册，第275页）。这不仅具有反封建的意义，而且在方法论上体现了反对主观武断的态度。胡适说："历史家只应该从材料里，从证据里，去寻出客观的条理。如果我们先存一个'理'在脑中，用理去'验'事物，那样的'理'往往只是一些主观的意见。"（《古史讨论的读后感》，第3册，第84页）认为从证据中求理与以主观意见为理，是两种根本对立的方法。他指出梁漱溟的思想方法就是主观武断的。梁漱溟在《东西文化及其哲学》中说："我是自己有一套思想，再来看孔家诸经的；看了孔经，先有自己的意见，再来视宋明人书的；始终拿自己的思想作主。"胡适对此批评道："凡过信主观的见解的，大概没有不武断的。"（《读梁漱溟先生的〈东西文化及其哲学〉》，第3册，第186页）认为梁漱溟凭主观意见构造西洋、中国、印度三系文化的公式，而对许多事实材料"闭眼不见"（《读梁漱溟先生的〈东西文化及其哲学〉》，第3册，第195页）。这一批评是正确的。但胡适攻击马克思主义是主观武断，"武断的虚悬一个共产共有的理想境界"（《介绍我自己的思想》，第5册，第508页），则是出自于偏见。

第二，"科学试验室的态度"。胡适介绍了杜威的五步思想法："（一）疑难的境地；（二）指定疑难之点究竟在什么地方；（三）假定种种解决疑难的方法；（四）把每种假定所涵的结果，一一想出来，看那一个假定能够解决这个困难；（五）证实这种解决使人信用；或证明这种解决的谬误，使人不信用。"（《实验主义》，第2册，第233页）胡适认为，这五步中"最重要的就是第三步"，因为真正的科学方法就在于提出假设来解决疑难，并且设法加以证实或者否证。胡适还认为，杜威的五步思想法是归纳法和演绎法的结合，因为"从第一步到第三步，是偏向归纳法的"；"从第三步到第五步，是偏向演绎法的"（《实验主义》，第2册，第237页）。胡适的独特之处，在于把杜威的五步思想法概括为"大胆的假设、小心的求证"十个字，并将其和清代学者的治学方法相沟通。他说："他们用的方法，总括起来，只是两点。（1）大胆的假设，（2）小心的求证。假设不大胆，不能有所发明。证据不充足，不能使人信仰。"（《清代学者的治学方法》，第 2 册，第 302 页）自顾炎武开创的清代考据方法，根据对事实和文字资料的比较考订而提出独创的见解即假设，然后寻找证据，证据多而有力且无反证，遂为定论，如果有有力的反证，便抛弃这个假设。这里用的归纳论证方法，和近代实验科学方法有相通之处。所以，胡适将这两者沟通是有一定道理的。

　　但是，实验科学方法的显著优点，是运用实验手段，而这是汉学家的考据方法所不及的。胡适看到了这一点。他指出："考证学只能跟着材料走……从文字的校勘以至历史的考据，都只能尊重证据，却不能创造证据。自然科学的材料便不限于搜求现成的材料，还可以创造新的证据。实验的方法便是创造证据的方法。"（《治学的方法与材料》，第 4 册，第 110 页）认为实验的方法比考据的方法优越，就在于它不受现成材料的限制，能通过实验把证据逼出来。这个论点是正确的。但胡适把中国人未能在明清之际制定出西方那样的实验科学方法，归结为"顾氏、阎氏的材料全是文字的，葛利略一班人的材料是实物的"（《治学的方法与材料》，第 4 册，第 109 页）。这不免失之肤浅。实验科学方法的优越之处，还在于它运用数学方法，即对假设进行数学的论证。然而胡适对此是忽视的，在其科学方法论中没有提及数学方法的重要性。运用数学方法就是运用严格的演绎逻辑来进行论证、推导。胡适忽视数学方法，说明了他所理解的科学方法只是经验归纳法。他讲大胆假设，但并不要求假设经过演绎逻辑的严密论证而成为科学的假设，反映了他的方法论有经验主义倾向。

　　第三，"历史的态度"。胡适说："进化观念在哲学上应用的结果，便发生了一种'历史的态度'（The Genetic Method）。怎么叫作'历史的态度'呢？这就是要研究事务如何发生，怎样来的，怎样变到现在的样子：这就是'历史的态度'。"（《实验主义》，第 2 册，第 212 页）这也就是通常讲的历史主义的方法，即对事物的历史进化过程予以历史地考察。胡适在《中国哲学史大纲·导言》中把历史的态度规定为"明变""求因""评判"这三个环节。所谓"明变"，就是要考察"古今思想沿革变迁的线索"；所谓"求因"，就是要"寻出这些沿革变迁的原因"；所谓"评判"，就是要"把每一家学说所发生的效果表示出来",从这些效果看这些学说有些什么价值。这是从黄宗羲、浙东史学派演变下来的历史主义方法的发展,也是对王国维提出的"究其渊源,明其变化之迹"的方法的继承。但胡适明确地把历史的态度看作进化论在方法论上的运用,并且把它作为一般的科学方法的有机组成部分,这就比前人更具有自觉性。

但是,胡适的"历史的态度"并不能真正把握因果的线索和揭示进化的规律,因为他主张多元论的历史观。他说:"不过我们治史学的人,知道历史事实的原因往往是多方面的,所以我们虽然极欢迎'经济史观'来做一种重要的史学工具,同时我们也不能不承认思想知识等事也都是'客观的原因',也可以'变动社会,解释历史,支配人生观'。"(《答陈独秀先生》,第3册,第173页)这样对原因不分主次,不分根据与条件,不分本质联系与非本质联系,必然导致胡适说的"吐一口痰"或"起一个念头"也许会引发某种重大历史事变的结论。

总之,胡适的方法论把中国近代关于方法论的探索向前作了推进,但也有明显的局限性。

二、 梁漱溟的唯意志论和直觉主义

梁漱溟的《东西文化及其哲学》,从比较哲学的角度来探讨东西文化的哲学基础。梁漱溟认为,东西文化的差异,并非如陈独秀、胡适所说,是同一条路线上跑得慢与快的区别,而是根本的"路向"不同。他说:"文化是什么东西呢?不过是那一民族生活的样法罢了。生活又是什么呢?生活就是没尽的意欲。"(《东西文化及其哲学》,《梁漱溟全集》第1卷,山东人民出版社,2005年,第352页)[1]由于"意欲"的"路向"不同,因而造就了西方文化、中国文化和印度文化。西方文化"是以意欲向前为其根本精神的";中国文化"是以意欲自为调和持中为其根本精神的";印度文化"是以意欲反身向后要求为其根本精神的"(《东西文化及其哲学》,第1卷,第382—383页)。

---

[1] 以下出自《梁漱溟全集》(中国文化书院学术委员会编)的引文,只注篇名、书名、卷数和页码。

他认为这三条文化"路向"也是历史依次发展的"三步骤":首先是西方文化"着眼研究者在外界物质,其所用的是理智";其次是中国文化"着眼研究者在内界生命,其所用的是直觉";最后是印度文化"着眼研究者将在无生本体,其所用的是现量"(《东西文化及其哲学》,第1卷,第503—504页)。这样的东西文化观,是以唯意志论和直觉主义为基础的。因为梁漱溟把造成文化的原因归结为意欲的冲动,而作为"没尽的意欲"的"生活"只有直觉才能认识。他的这种哲学理论是糅合了柏格森的生命哲学,唯识宗和王学泰州学派而提出的。

梁漱溟以为,生命和生活是一回事,不过为说话方便,"一为表体,一为表用而已"(《朝话》,第2卷,第92页)。生活相续就创造出宇宙。他说:"尽宇宙是一生活,只是生活,初无宇宙。由生活相续,故而宇宙似乎恒在。其实宇宙是多的相续,不似一的宛在。宇宙实成于生活之上,托乎生活而存者也。"(《东西文化及其哲学》,第1卷,第376页)而生活相续的形成在于意欲,因为"生活的根本在意欲","生活就是没尽的意欲"(《东西文化及其哲学》,第1卷,第377页)。这与柏格森把世界看作"生命冲动"的意志的"绵延"是完全相一致的。梁漱溟的特点是,把构成世界的"生活"的"意欲"即柏格森的生命冲动,与唯识宗的阿赖耶识相比附,认为这个大意欲通过眼、耳、鼻、舌、身、意等六样工具而活动。他说:"生活即是在某范围内的'事的相续'。这个'事'是什么?照我们的意思,一问一答即唯识家所谓一'见分'——'相分'——是为一'事'。一'事',一'事',又一'事'……如是涌出不已,是为相续。"(《东西文化及其哲学》,第1卷,第366—377页)这里所说的"相分""见分",其实就是阿芬那留斯讲的物理要素、心理要素。"相分"与"见分","一问一答",就构成一"事"。每一刹那间的一个感觉、一个念头,都是"相分""见分"的统一,都是一问一答构成一"事","问不已,答不已,所以事之涌出不已"(《东西文化及其哲学》,第1卷,第377页)。事跟着事,涌现不已,就是生活。生活自答的相续,构成宇宙。这实际上是以一个人内心不断自问自答的精神活动的过程。这实际上是以唯识宗来解释柏格森的思想。

梁漱溟根据柏格森的学说,认为"宇宙的本体不是固定的静体,是生命,是绵延。宇宙现象则在生活中之所现,为感觉与理智所认取而有似静体的。要认识本体,非感觉理智所能办,必方生活的直觉才行。直觉时即生活时,浑融为一个,没有主客观的,可以称绝对"(《东西文化及其哲学》,第1卷,第406页)。柏格森认为,生命冲动即"绵延",是自由的创造意志,其向上运动创造精神,而物质是生命冲动被削弱、被阻塞的结果,是停滞僵化的东西。绝对的绵延,非感觉和理智所能把握,因为感觉只能把握部分而不能把握整体,理智运用概念,亦分解了事物,一纳入理智的形式,一用语言表达,那就不是生命的真相了。梁漱溟完全接受了柏格森的观点,强调只有凭生活的直觉,没有主客观之分,才是无对或绝对的境界,他在解释直觉时,以艺术欣赏为例,说我们欣赏名人的书画艺术时,能"凭直觉以得到这些艺术品的美妙或气象恢宏的意味",这种意味既不能靠感觉与概念去获得,也不是那客观事物所固有的,而是"由人的直觉所妄添的",也就是"我们内里的生命"即人的本能、情感添上去的。他说:"要晓得感觉与我们内里的生命是无干的,相干的是附于感觉的直觉;理智与我们内里的生命是无干的,相干的是附于理智的直觉。我们内里的生命与外面通气的,只是这直觉的窗户。"(《东西文化及其哲学》,第1卷,第468页)

梁漱溟认为只有通过直觉的窗户,使内里的生命与宇宙的生命相通,才能达到主客观融为一体的境界,即仁的境界。因而他用直觉主义来解释孔子的"仁",说:"此敏锐的直觉,就是孔子所谓'仁'。"(《东西文化及其哲学》,第1卷,第453页)他认为孔子讲仁是"完全凭直觉活动自如","仁就是本能、情感、直觉"(《东西文化及其哲学》,第1卷,第455页)。按照孔子的学说,凭生命的冲动,即凭本能活动,饮食男女的情欲都是好的。问题在于"理智出来分别一个物我,而打量计较,以致直觉退位,成了不仁"(《东西文化及其哲学》,第1卷,第455页)。不仁之所以产生,就是因为用理智计较利害关系,损害直觉,所以,"最与仁相违的生活就是算账的生活"(《东西文化及其哲学》,第1卷,第461页)。总之,只有超脱利害关系,无所为而为的生活,才是生趣盎然的绝对乐的生活。

在梁漱溟看来,这样生趣盎然,一任直觉活动的人是真正有美德的人。他说:"美德要真自内发的直觉而来才算,非完全自由活动,则直觉不敏锐而强有力。"(《东西文化及其哲学》,第1卷,第458页)如果计较功利成了习惯,就会妨碍直觉的自由活动,因而修养工夫就在破除这种功利之念与习惯。这种理论来自王阴明学派中的泰州学派。所以,梁漱溟说:"惟晚明泰州王氏父子,心斋先生、东崖先生为最合我意,心斋先生以乐为教,而作事出处甚有圣人的样子。"(《东西文化及其哲学》,第1卷,第465页)泰州学派认为人的意欲、情欲都是天然合理的,人心本是乐,凭良知自由活动,人就最快乐了。泰州学派本来就有唯意志论和直觉主义倾向,梁漱溟把它同柏格森的生命哲学结合起来,建立了比较体系化的唯意志论和直觉主义。

但是,梁漱溟的推崇本能,贬低理智,却是和孔孟的理性主义传统相违背的。梁漱溟也意识到了这个问题,因而他后来放弃了把人类心理分为本能、理智的两分法,而采取了罗素的三分法,即本能、理智、灵性,不过,梁漱溟把"灵性"改换作"理性"。这就把本能限制于生物学意义,而把人心的情意方面叫作理性。他把"理性"解释为对伦理情谊的体认和实践,并以为扩充之可达到浑然与物同体的境界。这仍然是直觉主义的,但唯意志论和非理性主义的成分确有减少。

总之,胡适的实验主义和梁漱溟的直觉主义,分别代表了"五四"时期将西方的实证主义、非理性主义和中国传统哲学相结合的努力,因而产生了一定的历史影响。

第三节 科学与玄学的论战及瞿秋白的历史决定论

1923年春夏间,学术界发生了一场"科学与玄学的论战",也叫作"人生观之论战"。"玄学派"的张君劢首先发难,"科学派"的丁文江起而反驳,于是展开了论战。论战所争论的中心问题是科学能否解决人生观的问题。站在张君劢一边的,有张东荪、梁启超、林宰平等;站在丁文江一边的,有胡适、王星拱、任叔永、唐钺等。这场论战也可以说是东西文化论战的继续,"玄学派"是东方文化派,"科学派"是西方文化派。在哲学上,前者主张柏格森的生命哲学(与陆王心学相结合),后者主张马赫主义和实用主义(与清代朴学传统相结合）。在论战后期，马克思主义者也表明了自己的观点，其中瞿秋白的《自由世界和必然世界》对这场论战作了批判的总结。

一、玄学派的唯意志论和科学派的实证论

张君劢等玄学派以为，第一次世界大战标志着西方物质文明的破产，预示着中国的传统精神文明将要复兴。张君劢说："自孔孟以至宋元明之理学家，侧重内心生活之修养，其结果为精神文明。三百年来之欧洲，侧重以人力支配自然界，故其结果是物质文明。"（《人生观》，张君劢、丁文汇等：《科学与人生观》，岳麓书社，2012年，第6页）[1] 张君劢讲人生观，正是为了弘扬孔孟以至理学家的精神文明。

张君劢和梁漱溟一样，也推崇柏格森哲学，也是唯意志论者。他认为人生观是出于意志自由的选择，而不受科学上因果律的支配。他说："人生观之特点所在，曰主观的、曰直观的、曰综合的、曰自由意志的、曰单一性的，惟有此五点，故科学无论如何发达，而人生观问题之解决，决非科学所能为力，惟赖诸人类自身而已。"（《人生观》，第6页）又说："科学上之因果律，限于物质，而不及于精神……人类活动之根源之自由意志问题，非在形上学中，不能了解。"（《人生观之论战·序》，第81页）在张君劢看来，意志具有绝对自由的品格，因而每个人都可凭"自身良心之所命"而主张某种人生观。其他几个玄学家的说法大体与张君劢相似，都认为人类的一切活动，以自由意志为根源，而出于意志自由的活动是不受科学的因果律约束的。

玄学派主张的人生观是以宋明理学为内核的。这从他们对于义利之辩和群己之辩的看法可以得到证明。张君劢说："若夫国事鼎沸纲纪凌夷之日，则治乱之理，应将管子之言颠倒之，曰知礼节而后衣食足，知荣辱而后仓廪实。吾之所以欲提倡宋学者，其微意在此。"（《再论人生观与科学并答丁在君》，第81页）又说："孟子之所谓'求在我'；孔子之所谓'正己'，即我之所谓内也。本此义以言修身，则功利之念在所必摈，而惟行己之心所安可矣。以言治国，则富国强兵之念在所必摈，而惟求一国之均而安可矣。吾惟抱此宗旨，故于今日之科学

---

[1] 以下出自《科学与人生观》的引文，只注篇名和页码。

的教育与工商政策,皆所不满意,而必求更张之。"(《再论人生观与科学并答丁在君》,第75页)这是用理学唯心主义来维护传统的"纲纪""礼教",坚决反对功利主义,甚至连洋务派那种富国强兵之术都予以排斥,竭力提倡个人修身养性的"内生活修养",以求得社会群体的"均而安",从而达到"德化之大同"(《再论人生观与科学并答丁在君》,第75页)。

这种人生观显然带有浓厚的封建宗法色彩,但与封建时代的儒学已有所不同。在中国古代的正统派儒学,用天命论来维护封建宗法制度,论证君权出于天命,要被统治者顺从命运的安排。到了近代,许多进步思想家用唯意志论反对宿命论,是具有反封建意义的。但到了玄学家手里,唯意志论却成了维持"纲纪""礼教"的工具。这一变化说明纲常名教已失去了现实性的内容,变成不合理的东西,只能凭主观意志加以维护了。

与玄学派相对立的科学派强调人生观并不出乎科学方法之外,丁文江指斥"玄学家先存了一个成见,说科学方法不适用于人生观"(《玄学与科学——评张君劢的人生观》,第10页)。胡适认为因果律"笼罩一切",各种人生观产生的"原因都是可以用科学方法寻求出来的"(《科学与人生观·序》,第23页)。这与"五四"时期倡导科学精神的潮流是相一致的。

但是,他们所谓用科学方法寻求因果律,是一种实证论(包括马赫主义和实用主义)的观点。丁文江接受并主张实证论的"存疑唯心论",即斯宾塞、杜威、马赫等"以觉官感触为我们知道物体唯一的方法,物体的概念为心理上的现象,所以说唯心。觉官感触的外界,自觉的后面,有没有物,物体本质是什么东西,他们都认为不知,应该存而不论,所以说是存疑"(《玄学与科学》,第15页)。从这样的实证论观点出发,丁文江说:"我们所谓科学方法,不外将世界上的事实分起类来,求他们的秩序。"(《玄学与科学》,第9页)在他看来,所谓事实不过是心理上的现象或主观感觉经验而已,因此,所谓将事实分类以求秩序,只不过是主观的安排方式或方便假设,是没有客观性和必然性的。丁文江说:"科学上所谓公例,是说明我们所观察的事实的方法,若是不适用于新发见的事实,随时可以变更。

马哈和皮尔生都不承认科学的公例有必然性,就是这个意思。这是科学同玄学根本不同的地方。玄学家人人都要组织一个牢固不拔的'规律'(System),人人都把自己的规律当做定论。"(《玄学与科学——答张君劢》,第147页)这里一方面正确地否定了把规律绝对化的形而上学,另一方面又错误地否定了客观的绝对的真理,导致相对主义的非决定论。

胡适把科学派的人生观称之为"自然主义的人生观",肯定人的生物学要求,赞赏"人欲横流"的人生观,因而在义利之辩上是提倡功利主义、快乐主义的。在群己之辩上,胡适称其人生观为"健全的个人主义的人生观"。他说:"社会最爱专制,往往用强力打摧折个人的个性,压制个人自由独立的精神;等到个人的个性都消灭了,等到自由独立的精神都完了,社会自身也没有生气了,也不会进步了。"(《易卜生主义》,第4册,第481页)[1]因此,他认为"自治的社会,共和的国家,只是要个人有自由选择之权,还要个人对于自己所行所为都负责任。若不如此,决不能造出自己独立的人格"(《易卜生主义》,第2册,第488页)。胡适斥责专制主义借社会之名摧残个性,具有反封建的意义;并正确指出要造就自由独立的人格,第一须有自由意志,即"个人有自由选择之权",第二个人要对自己的行为负责任。但是,胡适在个人主义基础上讲"为我"与"为人"的统一,是有片面性的,不可能正确阐明群己关系。

二、 瞿秋白对论战的总结及其理论局限性

在这场论战中,马克思主义者对玄学派和科学派都提出了批评,比较正确地阐明了社会历史中的心物(自由和因果律)关系、群己(社会和个人)关系,但也存在着某些理论的偏颇,预示着马克思主义在中国的坎坷道路。

陈独秀在这一论战中,基本上站在唯物史观的立场,着重批评了玄学派的唯意志论,强调"个人的意志自由为社会现象的因果律并心理现象的因果律支配,而非支配因果律者"(《答张君劢及梁任公》,

---

[1] 此处注明的卷数和页码,亦依据前引《胡适文集》。

第3卷，第280页）。同时，陈独秀也批评科学派的"存疑唯心论"是"沿袭了赫胥黎、斯宾塞诸人的谬误"（《科学与人生观·序》，第6页），指出胡适"主张心物二元论"的错误。但陈独秀把实用主义和唯物史观都看作关于社会历史的科学理论，没有能完全划清马克思主义和实证论的界限。

比较正确地用马克思主义理论来总结这场论战的，是瞿秋白。他于1923年写了《自由世界和必然世界》一文，指出这次论战中"所论的问题，在于承认社会现象有因果律与否，承认意志自由与否，别的都是枝节"（《瞿秋白选集》，人民出版社，1985年，第113页）。[1] 玄学派攻击唯物史观是宿命论，而科学派则主张非决定论。瞿秋白的这篇论文，用唯物史观比较正确地阐明了意识与存在、自由与必然、理想与现实的关系。他说："社会现象是人造的，然而人的意志行为都受因果律的支配，人若能探悉这些因果律，则其意志行为更切于实际而能得多量的自由，然后能开始实行自己合理的理想。因此，'必然论'是社会的有定论，而不是'宿命论'。"（《自由世界和必然世界》，第122页）这里所说的"社会的有定论"，首先是在意识和存在的关系上，说明了人的有意识有目的活动归根到底是取决于社会存在，人们的种种意向都是经济发展的结果，再回过来成为影响社会发展的因素；其次是在自由和必然的关系上，说明了社会现象都受因果律的支配，"只有认识此因果之必然，方能得应用此因果律之自由"（《自由世界与必然世界》，第127页）。再次是在理想和现实的关系上，说明了"社会有定论的科学方法断定社会现象里有因果律，然后据此公律推测'将来之现实'，就是'现时之理想'"（同上）。这就既驳斥了玄学派对唯物史观的攻击，又批判了非决定论。

瞿秋白根据社会的有定论的观点，讨论了社会和个性的关系。他说："社会发展之最后动力在于'社会的实质'——经济；由此而有时代的群众人生观，以至于个性的社会理想；因经济顺其客观公律而流变，于是群众的人生观渐渐有变革的要求，所以涌出适当的个性……由个性而阶级而人类，由无意识而有意识，成为群众的实际运动。"（《自由世界与必然世界》，第178页）认为无论是杰出人物还是一般群众，

---

[1] 以下出自《瞿秋白选集》（《瞿秋白选集》编辑组）的引文，只注篇名和页码。

他们的人生观是由经济基础决定的,杰出人物只是首先觉察到了历史流变的必然趋势,于是提出新的社会理想,这种合乎必然规律的社会理想,"由个性而阶级而人类"地扩展,使得革命的群众运动由自发而成为自觉。瞿秋白指出,在这社会与个性交互作用的过程中,杰出的个性都只是"历史的工具"。他说:"每一个伟人不过是某一时代、某一地域里的历史工具。"(《历史的工具——列宁》,第 137 页)伟人无非是先觉的个性,而这种先觉的个性都是应社会斗争的需要而产生的历史工具。正是由于有此历史工具能运用历史必然规律以武装群众,于是群众斗争发展为自觉运动,这就开始了"从必然世界进于自由世界之伟业"(《自由世界与必然世界》,第 128 页)。

  瞿秋白认为,这一由个性而社会、由自发而自觉的演变,也就是由利己而利他的过程。因为个性动机总是利己的,而社会中的个性动机实际上又是社会的和阶级的。他说:"无产阶级的'阶级个性'依利己主义而向现存制度进攻;阶级斗争的过程里发现社会现象的功利,能使无产阶级觉悟:'非解放人类直达社会主义不能解放自己',实在亦是利他。个性之于阶级,亦与阶级之于人类的关系相同。"(《自由世界与必然世界》,第 126 页)就是说,由个性而阶级,由"阶级个性"而人类,都是由利己而利他的过程。瞿秋白在这里用"利己主义"一词,并无贬意。他同李大钊一样,强调个人与社会、利己与利他的统一,以为在社会主义条件下,"不但各民族的文化自由发展,而且各个人的个性亦可以自由发展"(《东方文化与世界革命》,第 20 页)。

  但是,瞿秋白的"社会有定论"和"历史工具"说也有某些片面性。他说:"一切历史现象都是必然的。所谓历史的偶然,仅仅因为人类还不能完全探悉其中的因果,所以纯粹是主观的说法。决不能因为'不知因果'便说'没有因果'。"(《自由世界与必然世界》,第 116 页)这里把偶然性等同于主观性,就完全否定了偶然性的客观性,把必然性了解为完全摆脱偶然性的光溜溜的规律了。这是不正确的,不可避免地要导致教条主义。同时,他在强调杰出人物是历史工具时,没有适当地指明:在历史过程中,每个人既是工具又是目的。忽视了人本身是目的,便会忽视作为主体的人在历史发展中的作用,造成片面性。从群己关系来说,瞿秋白起初讲利己与利他的统一,后来又强调个人是集体的一分子，要"自己对于自己的个人主义作斗争"，要依靠群众来"克服他的个人主义"（《普洛大众文艺的现实问题》，第475页）。这就把集体主义与个人主义对立起来，要求用集体主义来克服个人主义，而不是像李大钊那样强调"合理的个人主义"与"合理的社会主义"的统一。这在20世纪30年代以后，成了马克思主义者的共同观点，因而对于个性自由和人是目的这方面未免有些忽视了。瞿秋白的"社会有定论"和"历史工具"说中的片面性，在以后的中国马克思主义理论中长期没有得到纠正。这里有深刻的理论思维的教训。

第四节　鲁迅论国民性及其美学思想

伟大的文学家鲁迅也是个伟大的思想家。鲁迅（1881—1936年），原名周树人，字豫山，后改豫才，浙江绍兴人。鲁迅早年接受了进化论思想，是激进的革命民主主义者。新文化运动中以鲁迅的笔名为《新青年》撰稿，以后发表了大量的小说、散文、杂文等。通过长期的革命实践，鲁迅转变为马克思主义者。鲁迅代表了中华民族新文化的发展方向。他的著作编为《鲁迅全集》等。

关于"古今中西"之争，鲁迅反对复古主义，猛烈地批判了封建文化"吃人"的罪恶；对于西方文化，他提出了"拿来主义"，强调要"运用脑髓，放出眼光，自己来拿"，把西方的东西拿来，"或使用，或存放，或毁灭"（《且介亭杂文·拿来主义》，《鲁迅全集》第6卷，第41页，人民文学出版社，2005年）[1]。就是说，吸取西方文化，要经过辨析，有所取舍，这样才能使其成为新文化的有机部分。鲁迅在哲学上的主要贡献，是对"国民性"的分析和现实主义的美学思想。

一、论"国民性"和自由人格

鲁迅早年是"相信进化论的"（《三闲集·序》，第4卷，第5页）。

---

[1] 以下出自《鲁迅全集》（《鲁迅全集》修订编辑委员会）的引文，只注篇名、书名、卷数和页码。

在自然观上是自然科学的唯物主义者。在人生观上,他当时的进化论思想是与尼采哲学相联系的,有唯意志论倾向。鲁迅认为,要真正革新中国社会,必须改变安于屈辱地位的"国民性",培养具有斗争精神的人格,因此,他赞成尼采的思想。瞿秋白曾经指出过这一点:"鲁迅当时的思想基础,是尼采的'重个人非物质'的学说……这种个性主义,是一般的知识分子的资产阶级性的幻想。然而在当时的中国,城市的工人阶级还没有成为巨大的自觉的政治力量,而农村的农民群众只有自发的不自觉的反抗斗争。大部分的市侩和守旧的庸众,替统治阶级保守着奴才主义,的确是改革进取的阻碍。为着要光明,为着要征服自然界和旧社会的盲目力量,这种发展个性、思想自由,打破传统的呼声,客观上在当时还有相当的革命意义。"(《鲁迅杂感选集·序言》,第530页)[1]在当时的历史条件下,鲁迅为了改变国民的顺从命运安排的奴隶心理,因而偏向唯意志论。

鲁迅转变为马克思主义者以后,就开始运用唯物史观分析"国民性"。他总结辛亥革命以来的教训,说:"最初的革命是排满,容易做到的,其次改革是要国民改革自己的坏根性,于是就不肯了。所以此后最要紧的是改革国民性,否则,无论是专制,是共和,是什么什么,招牌虽换,货色照旧,全不行的。"(《两地书》八,第11卷,第31—32页)这时候他已明白"国民性"不是抽象的,因为"国民"可分为不同的集团。他说:"我们要革新的破坏者,因为他内心有理想的光。我们应该知道他和寇盗奴才的分别;应该留心自己堕入后两种。"(《坟·再论雷峰塔的倒掉》,第1卷,第204页)认为应当区分革新者和寇盗、奴才,并努力使自己摆脱寇盗和奴才的影响。在他看来,旧制度就是由寇盗和奴才组成的秩序,而国民的"坏根性"既是这种秩序的产物,又是使这种秩序难以摧毁的原因。

鲁迅深刻地揭露了中国旧社会的寇盗(即上等人)和奴才的真实性格。鲁迅指出,所谓的"上等人",讲什么礼乐、尊孔、保存国粹、维持公理等等,并非出自内心,只不过是"做戏"罢了。他说:"看看中国的一些人,至少是上等人,他们的对于神、宗教、传统的权威,是'信'和'从'呢,还是'怕'和'利用'?只要看他们的善于变化,

---

[1] 此处注明的页码,亦依据前引《瞿秋白选集》。

毫无特操，是什么也不信从的，但总要摆出和内心两样的架子来。要寻虚无党，在中国实在很不少；和俄国的不同的处所，只在他们这么想，便这么说，这么做，我们的却虽然这么想，却是那么说，在后台这么做，到前台又那么做……将这种特别人物，另称为'做戏的虚无党'或'体面的虚无党'，以示区别罢，虽然这个形容词和下面的名词万万联不起来。"（《华盖集续编·马上支日记》，第3卷，第346页）

专制君主的统治需要培植一批奴才。鲁迅指出，奴才和奴隶是有区别的。奴隶总是不安于被奴役的地位，虽打熬着要活下去，却总不平着、挣扎着，而奴才则安于奴隶生活，甚至"从奴隶生活中寻出'美'来赞叹，抚摩，陶醉……使自己和别人永远安住于这生活"（《南腔北调集·漫与》，第4卷，第604页）。同时，鲁迅又指出，主子和奴才是可以一身而二任，也是可以互相转化的。他说："专制者的反面就是奴才，有权时无所不为，失势时即奴性十足。"（《南腔北调集·谚语》，第4卷，第557页）例如，孙皓、宋徽宗是由专制者变为奴才，而朱元璋则是由奴才变为专制者。

正是在主—奴等级制度的基础上，形成了中国人的礼教和"面子"观念。鲁迅指出："面子"是"中国精神的纲领"。他说："每一种身份，就有一种'面子'，也就是所谓'脸'。"（《且介亭杂文·说"面子"》，第6卷，第130页）可见，"面子"观念是礼教的重要内容，是用来巩固封建等级制度的。然而演变到后来，"体面"和'丢脸'的界限却模糊起来了，这在"体面的虚无党"那里尤为突出。所以鲁迅说："可惜的是这'面子'是'圆机活法'，善于变化，于是就和'不要脸'混起来了。长谷川如是闲说'盗泉'云，'古之君子，恶其名而不饮，今之君子，改其名而饮之'。也说穿了'今之君子'的'面子'的秘密。"（《且介亭杂文·说"面子"》，第6卷，第132页）为了维护主—奴等级制度，中国古圣人还用天命论来神化统治者和叫压迫者安于奴隶的命运。鲁迅也批判了这种"运命"观念。他在《运命》一文中指出：中国人的确是相信运命的，但又认为不论"命凶"或"命硬"，总有方法可以"禳解"。只要舍得花钱，请道士来画符咒施法术，便可以把那"命中注定"的改变了。所以，中国人对运命虽"相信"，却很少"坚信"。

"面子"观念和"运命"观念,同儒学的礼教和天命论联系着,是维护主—奴等级制度的重要精神支柱,对国民性或民族心理产生了重大的影响。但是,在封建制度已完全腐朽的时候,上等人成了"做戏的虚无党",奴才则惯耍流氓手段。他们都以"无特操"为特点,因而自己在破坏着礼教和天命论,使"面子"成了虚有其表,"运命"也不足以使人相信。鲁迅认为这种情况对人民群众是有利也有弊。他说:"人而没有'坚信',狐狐疑疑,也许并不是好事情,因为这也就是所谓'无特操'。但我以为信运命的中国人而又相信运命可以转移,却是值得乐观的。不过到现在为止,是在用迷信来转移别的迷信,所以归根结蒂,并无不同,以后倘能用正当的道理和实行——科学来替换了这迷信,那么,定命论的思想,也就和中国人离开了。"(《且介亭杂文·运命》,第6卷,第135页)鲁迅的这些分析是充满辩证法的。

鲁迅本来就和下层群众有血肉相关的联系,在他转变为马克思主义者以后,就有了更为鲜明的群众观点。他指出,人民大众"并不如读书人所推想的那么愚蠢。他们是要智识,要新的智识,要学习,能摄取的"。同时他也指出知识分子的作用不可轻视,"由历史所指示,凡有改革,最初,总是觉悟的智识者的任务"(《且介亭杂文·门外文谈》,第6卷,第104页)。他认为这些觉悟的智识者应具有这样的品格:"这些智识者,都必须有研究,能思索,有决断,而且有毅力。他也用权,却不是骗人,他利导,却并非迎合。他不看轻自己,以为是大家的戏子,也不看轻别人,当作自己的喽罗。他只是大众中的一个人,我想,这才可以做大众的事业。"(《且介亭杂文·门外文谈》,第6卷,第104页)鲁迅在这里描绘了一个自由人格的精神面貌。首先,这个人格要既有实事求是的研究,又有不屈不挠的毅力。其次,这个人格具有群体意识与自我意识统一的特点,他把自己看作大众中的一员,既尊重自己,也尊重别人。所以,他既不是"做戏"的寇盗也不是奴才气十足的喽罗,而是完全清除寇盗心和奴才气的自由人格。

鲁迅强调要造就这样的自由人格,必须改革由千百年习惯势力形成的国民性,否则社会改革或革命就不会获得真正的成功。他说:列宁"是将'风俗'和'习惯',都包括在'文化'之内的,并且以为改革这些,很为困难。我想,但倘不将这些改革,则这革命即等于无成,如沙上建塔,顷刻倒坏"(《二心集·习惯与改革》,第 4 卷,第 229 页)。鲁迅的这些话,即使在今天,依然发人深省。

二、 现实主义的美学思想

鲁迅的现实主义美学思想,在典型性格理论和意境理论方面都提出了一些很好的见解。

首先,鲁迅强调文艺为人生的思想。文艺必须是为人生的,这是"五四"时期启蒙思想家的共同观点。鲁迅也不例外。他说:"说到'为什么'做小说罢,我仍抱着十多年前的'启蒙主义',以为必须是'为人生',而且要改良这人生。"(《南腔北调集·我怎么做起小说来》,第 4 卷,第 526 页)鲁迅在接受唯物史观以后,赞同普列汉诺夫关于劳动先于艺术生产的观点,并说:"普列汉诺夫之所究明,是社会人之看事物和现象,最初是从功利底观点的,到后来才移到审美底观点去。在一切人类所以为美的东西,就是于他有用——于为了生存而和自然以及别的社会人生的斗争上有着意义的东西。功用由理性而被认识,但美则凭直感底能力而被认识。享乐着美的时候,虽然几乎并不想到功用,但可由科学底分析而被发现。所以美底享乐的特殊性,即在那直接性,然而美底愉快的根柢里,倘不伏着功用,那事物也就不见得美了。并非人为美而存在,乃是美为人而存在的。"(《二心集·〈艺术论〉译本序》,第 4 卷,第 269 页)这是从美与美感的起源来论证美为人而存在,艺术是为人生的,而不是无所为而为的。这种唯物论的观点,同唯心主义的形式主义美学观点是相对立的。

其次,鲁迅探讨了艺术的形象思维和典型化问题。他说:"漫画的第一件紧要事是诚实,要确切的显示了事件或人物的姿态,也就是精神。"(《且介亭杂文二集·漫谈"漫画"》,第 6 卷,第 241 页)所谓诚实,就是如实地反映现实;但也不能只求形似,重要的是画出精神来,要形神兼备。漫画常常用夸张的手法,夸张是为了显示精神,而不违背诚实。在谈到讽刺时,鲁迅指出:讽刺作品,大都是写实,"非写实决不能成为所谓'讽刺',非写实的讽刺,即使能有这样的东西,也不过是造谣和诬蔑而已"(《且介亭杂文二集·论讽刺》,第 6 卷,第 287—288 页)。同时,鲁迅说讽刺"常常是善意的",希望被讽刺者有所"改善"(《且介亭杂文二集·论讽刺》,第 6 卷,第 288 页)。所以,讽刺既是对现实的艺术概括,又是对某些人的善意批评,是现实因素和理想因素的统一。

要体现形神兼备、现实和理想的统一,就要用典型化的艺术手段。鲁迅谈及他怎样创作小说时,说:"所写的事迹,大抵有一点见过或听到过的缘由,但决不全用这事实,只是采取一端,加以改造,或生发开去,到足以几乎完全发表我的意思为止。人物的模特儿也一样,没有专用过一个人,往往嘴在浙江,脸在北京,衣服在山西,是一个拼凑起来的脚色。"(《南腔北调集·我怎么做起小说来》,第 4 卷,第 527 页)这是讲他如何运用艺术的形象思维来塑造典型的经验。他认为自己的办法也是中国艺术的传统方法。"例如画家画人物,也是静观默察,烂熟于心,然后凝神结想,一挥而就。向来不用一个单独的模特儿的。"(《且介亭杂文末编·〈出关〉的'关'》,第 6 卷,第 538 页)又比如,"中国旧戏上,没有背景,新年卖给孩子看的花纸上,只有主要的几个人……我深信对于我的目的,这方法是适宜的,所以我不去描写风月,对话也决不说到一大篇"(《南腔北调集·我怎么做起小说来》,第 4 卷,第 526 页)。鲁迅在这里讲了中国传统的塑造典型性格的艺术手法,并以为自己的艺术风格和传统的艺术手法是有关联的。造型艺术、叙事文学要塑造典型性格,中国古代在这方面颇有民族的特色,但在美学理论上没有充分地予以讨论。鲁迅受了西方美学理论的启发,研究了小说史和中国传统艺术,特别是总结了自己的创作经验,对塑造典型性格的理论作了探讨,在美学上做出了重要贡献。

再次,鲁迅对于艺术意境作了具体分析。鲁迅在论及文学的永久性和相对性问题时说:"文学有普遍性,但有界限,也有较为永久的,但因读者的社会体验而生变化。北极的遏斯基摩人和非洲腹地的黑人,我以为是不会懂得'林黛玉型的';健全而合理的好社会中人,也将不能懂得,他们大约要比我们的听讲始皇焚书,黄巢杀人更其隔膜。"(《花边文学·看书琐记》,第 5 卷,第 560 页)认为对艺术品的欣赏是有条件的，与欣赏者的社会体验有关。艺术价值的永久性、普遍性只能是相对的、有条件的，林黛玉不是什么无条件的永恒的典型。鲁迅根据这样的观点，批评了朱光潜。朱光潜认为"艺术的最高境界都不在热烈"，而在于和平静穆。古希腊人士都把"和平静穆看作诗的极境"，而"这种境界在中国诗里不多见，屈原、阮籍、李白、杜甫都不免要有些像金刚怒目、愤愤不平的样子。陶潜浑身是'静穆'，所以他伟大"。鲁迅对此批评道：艺术趣味本来有种种不同，艺术意境也有多样性。把和平静穆作为诗的最高境界，实际上是反映了某种文人自己的心情。而且，"倘要论文，最好是顾及全篇，并且顾及作者的全人，以及他所处的社会状态，这才较为确凿"。如果这样来看的话，陶潜并非"浑身是静穆"，因为他也写了"精卫衔微木，将以填沧海，形天舞干戚，猛志固常在"这样金刚怒目式的诗篇，所以，"陶潜正因为并非'浑身是静穆'，所以他伟大"。（《且介亭杂文二集·"题未定"草（六至九）》，第6卷，第436、441、444页）这就是说，在研究意境理论的方法论上，要根据唯物史观加以具体分析，而不能形而上学地作孤立的考察。

鲁迅认为"金刚怒目"式的艺术意境更应当引起人们的注意，因为那是为人生的艺术。要求文学艺术反映社会矛盾，对社会的不平表示愤怒、抗争，是从屈原、司马迁、韩愈到黄宗羲一脉相承的传统。中国古代美学的"言志"说和艺术意境理论是源远流长、丰富多彩的，其中有"温柔敦厚"的诗教，有"羚羊挂角，无迹可求"的传统，也有"金刚怒目"式的传统。司马迁说："《诗三百篇》，大抵贤圣发愤之所为作也。"（《史记·太史公自序》）韩愈提出"不平则鸣"之说。黄宗羲赞美寓寄着豪杰精神的"风雷之文"。鲁迅正是要叫人注意，中国古典美学有一个比"和平静穆""羚羊挂角"更为重要的"不平则鸣"的传统。

鲁迅运用唯物史观具体分析"国民性"，把中国近代哲学对主体性的考察推向前进了；他对典型性格理论和艺术意境理论的探讨，为建立中国化的马克思主义美学做了开拓性的工作。可以说，在鲁迅身上首先体现了马克思主义与中国革命实践（包括中国优秀传统）的结合。

第十二章　马克思主义哲学的中国化与专业哲学家的贡献

自"五四"以后，直至 1949 年新民主主义革命的胜利，人民大众反帝反封建的文化，即新民主主义文化获得了迅速发展。哲学是民族文化的精华，新民主主义文化的发展，意味着马克思主义哲学中国化的胜利。

马克思主义哲学中国化，是理论和实践相结合，哲学为群众所掌握的过程，也可以说，是中国人民大众的革命世界观由自在到自为的过程。马克思主义哲学中国化的过程又是通过理论斗争实现的。这些理论斗争表现在两个方面：一方面，是在革命阵营内部反对"左"、右倾错误思想，克服了教条主义和经验主义；另一方面，和非马克思主义哲学理论进行了斗争。通过这两个方面的理论斗争，并不断总结革命实践的经验和各个文化领域的成就，马克思主义哲学逐步地中国化了，毛泽东是其中的杰出代表。他用能动的革命的反映论，对中国近代哲学的"心物"之辩（主要是历史观和认识论两个领域中的哲学论争）作了总结，对"中国向何处去"的问题，做出了科学的回答。

另外，自 20 世纪 20 年代开始，不论是在马克思主义者还是非马克思主义者中，都产生了一批专业从事哲学的学者。一些哲学的马克思主义理论家，对马克思主义哲学中国化做出了贡献；一些非马克思主义者，试图融合中西哲学，建立自己的独特的体系，他们的体系在形式上是近代的，在内容上也有某些合理见解，因而对于中国哲学的近代化也是有贡献的。

马克思主义哲学的中国化以及专业哲学家的贡献，体现了中西哲学在中国土地上开始合流的总趋势。

第一节 李达、艾思奇：马克思主义哲学中国化的初步

马克思主义哲学传入中国后，经过普及（为群众所掌握）与应用（和实际相结合）而走向中国化。李达和艾思奇对此做出了重要贡献。

李达（1890—1966年），号鹤鸣，湖南零陵人。曾留学日本。毕生从事马克思主义理论的传播和研究。著作被编为《李达文集》。艾思奇（1910—1966年），原名李生萱，云南腾冲人，曾留学日本。一直从事马克思主义的研究和宣传教育工作。论著被编为《艾思奇文集》《艾思奇全书》。

李达指出，在"五四"以后，"马克思学说之在中国，已是由介绍的时期而进到实行的时期了"（《马克思主义学说与中国》，《李达文集》，第1卷，人民出版社，1980年，第202页）[1]。他认为要应用马克思主义来改造中国社会，必须一方面系统地掌握马克思主义理论，另一方面具体地研究中国的国情。他指出，马克思主义哲学是具有普遍意义的真理，但中国社会却又有其特殊的情形，因而在中国应用马克思主义哲学，就是要"建立普遍与特殊之统一的理论"（《经济学大纲·绪论》，第3卷，第24页）。李达正是这样去努力的。他的著作既研讨了马克思主义的普遍原理，又考察了中国的特殊国情。比如，他在1929年出版的《中国产业革命概观》，根据唯物史观认识和分析中国近代经济，有力地阐明了中国近代社会的半殖民地半封建性质。

艾思奇把马克思主义哲学的通俗化看作"中国化现实化的初步"（《哲学的现状和任务》，《艾思奇全书》第2卷，人民出版社，2006年，

---

[1] 以下出自《李达文集》(《李达文集》编辑部编)的引文，只注篇名、书名、卷数和页码。

第 491 页）[1]。因而他于 1934—1935 年在《读书生活》杂志上连续发表《哲学讲话》即《大众哲学》，通俗生动地应用马克思主义哲学回答了当时青年的很多思想问题。这就有力地推动了马克思主义哲学的普及。他认为要真正实现马克思主义哲学中国化，不能仅仅停留在通俗化上面，还要继续前进，做到："第一要能控制中国传统的哲学思想，熟悉其表现形式；第二要消化今天的抗战实践的经验与教训。"（《关于形式论理学与辩证法》，第 2 卷，第 23 页）也就是说，要运用马克思主义哲学来总结当前的实践经验，并使之与中国传统结合起来，取得民族的形式。

李达和艾思奇在努力从事普及与应用马克思主义哲学的工作中，也有所发挥，提出了一些新的见解，促进了马克思主义哲学的中国化。

一、李达对唯物辩证法的发挥

毛泽东曾把李达的《社会学大纲》称为"中国人自己写的第一本马列主义的哲学教科书"。这本著作在比较系统地阐述了马克思主义哲学基本原理的同时，如他自己所说还有"一些新的收获"（《社会学大纲·第一版序》，第 2 卷，第 6 页）。这些"新的收获"主要有以下几方面：

首先，关于实践的唯物论或能动的反映论。李达说："辩证法的唯物论，以劳动的概念为媒介，由自然认识的领域扩张于历史认识的领域，使唯物论发生了本质的变化，变成了实践的唯物论。"因此，"实践不单是社会科学的范畴，并且是哲学的认识论的范畴"（《社会学大纲》，第 2 卷，第 60 页）。又说："人类之实践的物质的能动性，在观念的形式上反映出来，就成为意识的能动性或认识的能动性。所以人类在意识上反映外物的那种反映，是能动的反映。"（《社会学大纲》，第 2 卷，第 235 页）李达在这里强调实践的唯物论就是能动的反映论，它既是指辩证唯物主义的认识论，也是指历史唯物主义关于社会存在与社会意识的学说。就认识论而言，应当把在实践基础上产生的表象、概念等等了解为能动的反映过程；就历史唯物论而言，

---

[1] 以下出自《艾思奇全书》（艾思奇著作编委会编）的引文，只注篇名、书名、卷数和页码。

应当看到不仅是社会存在决定社会意识,而且那近似地正确地反映了社会存在的社会意识,也能动地给社会存在以反作用。这种强调辩证唯物主义和历史唯物主义统一于实践的能动的反映论的观点,以后经过毛泽东的进一步发挥,成为中国化的马克思主义哲学的显著特点。

第二,关于认识的圆运动。李达指出:"关于客观世界的认识,是采取如下的过程,即:'实践→直接的具体→抽象的思维→媒介的具体→实践'——这是采取圆形运动而发展的。由直接的具体到媒介的具体——这是出发点与到着点之间的辩证法的统一。"(《社会学大纲》,第2卷,第266页)李达把作为出发点的直观的具体叫作"直接的具体",把辩证思维所把握的具体叫作"媒介的具体",以为由直接的具体到抽象的思维,再到媒介的具体,就是实践基础上达到了思维与存在、主观与客观的统一,完成了认识的圆运动。他认为"这个圆运动,不是形而上学的循环,而是辩证法的发展"(《社会学大纲》,第2卷,第266页),即随着实践的发展而不断反复的螺旋式前进上升的运动。所以,"认识的圆运动是一个历史的发展过程,是由相对真理到绝对真理的发展过程"(《社会学大纲》,第2卷,第267页)。这和毛泽东在《实践论》中所阐发的"主观和客观、理论和实践、知和行的具体历史的统一"的真理学说是基本一致的。

第三,关于矛盾分析的方法。李达根据马克思和列宁的见解,肯定对立统一的法则是辩证法的根本法则。要运用这个法则去认识事物,首先要抓住最单纯最根本的关系,即"本质的矛盾",一旦"抓住了这个本质的矛盾之后,就开始探寻这个本质的矛盾自始至终的发展的全过程、对象发展的全生涯。于是我们追求矛盾的发展怎样准备解决矛盾的条件而变化为新的矛盾,出现为新的阶段,新的形态;追求过程的各个阶段各个方面的质的变化,充满矛盾的各方面的运动的相互的特殊的质,矛盾的各个方面的相互渗透及相互推移;追求这对象在其内在的对立物的斗争的过程中如何转化为它的反对物的必然性,说明这必然性所由形成的全部条件及其可能性,并指出这种可能性如何转变为现实性,而由新的形态所代替"(《社会学大纲》,第2卷,第133—134页)。李达这里用了三个"追求",来说明三个层次的矛盾分析:一是考察对象的矛盾发展如何由于条件的变化而推陈出新,统一的过程便分为不同的阶段；二是进一步考察各个阶段矛盾的各个方面的质的特点及其相互作用；三是连贯起来考察对象由于内在的矛盾引起的必然运动提供了什么发展的可能性，并指明如何促使这种可能性转变为现实性。这和毛泽东在《矛盾论》中所阐发的对矛盾要进行"具体的分析"的方法，也是基本一致的。

二、艾思奇对唯物辩证法的发挥

艾思奇同李达一样，在理论上对马克思主义哲学也有所发挥。这主要表现在以下几个方面：

首先，关于实践和主观能动性。艾思奇在阐发马克思《费尔巴哈论纲》中的实践观点时说："在社会条件之下，加劳动于一定的对象，以改变对象克服对象，这就是人类历史活动。主观与客观的差别，到在'有对象性的活动'中具体地显现着，人类不仅仅是从内在的自觉上看的主观，作为与对象对立的活动着的主体，这才是现实的主观。主客的统一中，不仅是抽象地有差别，而且是在实际上有对立，有矛盾，有斗争。主观对于客观是能动地作用着的，是能于将客观施以加工改造的。"（《从新哲学所见的人生观》，第1卷，第230页）这是说，人类的实践是改变对象的具体的历史活动，在这样的活动中，主客观的对立统一是动态的、具体的，是两者交互作用的过程。因此，辩证唯物论不仅肯定"思想是客观世界的反映"，而且重视主观能动性，"如果没有实践的活动，如果主观不能自动地去改变客观，思想也不会有的，即使有思想，也不会进步的。在这一点，我们又看见主观也同样重要"（《客观主义的真面目》，第1卷，第286页）。他认为这种客观与主观、存在与意识关系的观点，不仅是辩证唯物主义的认识论，而且也是马克思主义的历史观。他与李达一样，强调辩证唯物主义与历史唯物主义相统一的能动的反映论。

第二，关于认识的螺旋式发展。艾思奇指出，认识过程是"从感性到理性，从理性到实践，又由实践得到新的感性，走向新的理性，这种过程，是无穷地连续下去，循环下去，但循环一次，我们的认识也就愈更丰富，所以这种循环，是螺旋式的循环，而不是圆圈式的循环，它永远在发展进步，决不会停滞在原来的圈子里"（《大众哲学》，第1卷，第495页）。把认识过程了解为开放的、无限前进的螺旋运动，这和李达是一致的。不过李达着重于实践基础上的由具体到抽象、由抽象再上升到具体的真理发展过程，而艾思奇着重于实践基础上的感性和理性循环往复的前进运动。后来毛泽东吸取了他们两人的见解，对人类认识运动的秩序作了更全面的理论概括。

第三，关于必然、偶然和自由。这几个互有联系的范畴曾在"科学与玄学的论战"中展开过争论，共产党人反对右的和"左"的倾向，也牵涉这些范畴。瞿秋白的历史决定论，以为偶然性是主观的。艾思奇批评了这种"机械论"，认为偶然性是客观的，它的产生不只是"外来的原因所引起的"，而是事物内部运动的表现，"偶然性在事物内部的变化中，也是无一处不钻到的。它和必然性是紧紧的结合着，不，一切事物的必然性，都是从许许多多的偶然事件中发展出来的"（《大众哲学》，第1卷，第580页）。这是对恩格斯《费尔巴哈论》中的观点的发挥。

同时，他也对恩格斯《反杜林论》中关于自由与必然的思想作了发挥。他指出斯宾诺莎"将自由消解在必然性中"，单纯认识和顺应必然性并不等于自由，"意志的自由也就是改变对象和克服对象的自由"（《从新哲学所见的人生观》，第1卷，第232页）。他进一步指出，事物的"必然性本身是有矛盾的。社会的进步是必然的，而进步过程中必有保守的阻力，这也是一种内在的必然，进步的必然性不进而克服了这保守的必然，进步就必不能成为现实性，这里，就说明了为什么需要人的努力。于是可以知道，自由不仅是顺应必然性就能成立，而是要依着必然性去克服必然性的体系自身的矛盾，才能显现的"（《从新哲学所见的人生观》，第1卷，第232页）。他认为必然性包含着内在的矛盾，因而发展的可能性不止一个，进步的必然性（可能性）与保守的必然性（可能性）在斗争着，所以革命者必须充分发挥主观能动性，抓住时机，依据规律来创设条件，努力去争取有利于进步人类的可能性化为现实。这个论点，在辩证逻辑上具有重要意义。后来毛泽东在《论持久战》的方法论里将这一论点作了充分的展开。

李达和艾思奇对唯物辩证法的发挥，都是对马克思主义哲学中国化的贡献。但是，他们的著作也受到苏联的僵化的教条的影响，因而在理论上也存在着某些片面性，比如把形式逻辑等同于形而上学加以否定，把阶级斗争观点绝对化等等。

第二节 熊十力："新唯识论"

在30年代的非马克思主义的哲学家中，熊十力首先建构成自己的哲学体系——"新唯识论"。

熊十力（1885—1968年），原名继智，又名升恒，号子真，湖北黄冈人。早年曾参加辛亥革命和护法运动。以后研究佛、儒，并在北京大学讲授"新唯识论"。主要著作有《新唯识论》《十力语要》《佛家名相通释》等。

"新唯识论"是立足于东方学术的玄学体系。熊十力认为西方的"科学文明一意向外追逐"，导致人类走向自我毁灭，而"东方学术"的精髓正在于"反本求己，自适天性"的玄学，恰恰可以救治西方文明的弊病，所以，"吾意欲救人类，非昌明东方学术不可"。（《十力语要》卷二，《熊十力全集》第4卷，湖北教育出版社，2001年，第274页）[1] 他主张在这样的基础上来会通中西哲学，因而他自己出入儒佛，并吸取柏格森生命哲学的某些思想。

熊十力在《新唯识论》（文言文本）的开始就说："今造此论，为欲悟诸究玄学者，令知实体非是离自心外在境界，及非知识所行境界，唯是反求实证相应故。"（《新唯识论·明宗》文言文本，第2卷，第10页）这里说明了他写《新唯识论》的目的，是为了让研究玄学的人懂得：实体不是离开心的外在境界，实体即自心；它不是知识的对象，决非由人的经验、科学知识而能获得的；只有反求于自己，用实证即直觉才能获得。这是《新唯识论》的基本宗旨。显然，这基本上是陆王心学和佛学的观点。"新唯识论"之"新"，在于它贯彻"体用不二"的传统观点，提出了"翕辟成变"和"性修不二"的学说。

---

[1] 以下出自《熊十力全集》（萧萐父主编）的引文，只注篇名、书名、卷数和页码。

一、"翕辟成变"

熊十力在"实体即自心"的主观唯心主义前提下，贯彻"体用不二"的观点，吸取了《易传》"一阖一辟之谓变"的思想和柏格森的生命哲学，提出了"翕辟成变"的宇宙论。

熊十力认为，宇宙本体既是空寂的，同时也是大用流行的。他用"翕辟成变"来说明实体的大用流行即显现为客观世界。他说："一翕一辟之谓变。原夫恒转之动也，相续不已。"本体显现为大用，是永恒的流转，绝对的运动，刹那生灭，相续不已。这种无间断的运动并非是"浮游无据"的，而是有"摄聚"的趋势，即凝固物化的趋势，这种趋势就称之为"翕"。但恒转按其本性来说，总是至健不息，"不肯化于翕"，"乃以运乎翕之中而显其至健"，这样一种刚健而不化物的作用就称之为"辟"（《新唯识论·转变》文言文本，第2卷，第33页）。他把"翕"看作物质化的趋势，"辟"则是精神现象，"依大用流行的一翕一辟，而假说为心和物"（《新唯识论·功能上》语体文本，第3卷，第177页）。实体的恒转有翕有辟，于是就表现为物质现象和精神现象，但是心和物并非二物，而是实体的相反相成的两个方面，"把物的现象（亦云法相）和心的现象（亦云法相）看作称体显用的大用之两方面，所以心和物根本没有差别，也都不是实在的东西"（《新唯识论·功能上》语体文本，第3卷，第154页）。唯一实体是本心，而不是和物相对的心。精神现象和物质现象只是"假说"为"心法"和"色法"，而"色无实事，心无实事"（《新唯识论·转变》文言文本，第2卷，第33页），现象非实事，是实体恒转的一翕一辟的分殊大用，是统一于作为实体的"本心"的。

熊十力的"翕辟成变"宇宙论是"实体即本心"的主观唯心论的虚构，但其中也包含有某些合理因素。熊十力用"相反相成"的法则论述"翕辟成变"，发掘了中国传统的朴素辩证法。他说："说到变化，就是有对的，是很生动的、有内在矛盾的，以及于矛盾中成其发展的……所以说变，决定要循着相反相成的法则。"（《新唯识论·转变》语体文本，第3卷，第96页）他认为翕和辟是不可分离的两极，构成具有内在矛盾的整体，而成其变化发展。所以，他又说，"每一功能都具有内在的矛盾","是浑一的全体,但非一合相的,亦非如众粒然"(《新唯识论·功能下》语体文体,第3卷,第249页)。就是说,变化发展的动力在于内在矛盾,所以世界的本原既不是无矛盾的单纯的"一合相",也不是各自独立的粒子。更值得注意的是,熊十力的"翕辟成变"在一定程度上克服了中国古代朴素辩证法具有的循环论的局限性。他说:"循环法则实与进化法则交相参,互相涵。道以相反而相成也。"(《十力语要》卷一,第4卷,第41页)他用循环与进化的交参互涵来解释"相反相成"之道,"进化之中有循环,故万象虽瞬息顿变,而非无常轨;循环之中有进化,故万象虽往复而仍自不守故常"(《十力语要》卷一,第4卷,第42—43页)。就是说,进化是既循环往复而又创新不已,既不守故常而又不是无常轨的,它是合乎规律的螺旋式上升的运动。这是近代进化论的观念。

二、"性修不二"

熊十力从"翕辟成变"的宇宙论推演到人性论,认为人的本性即本体,而本体之流行,不能不"翕而成物",于是"人物之气质,有通塞不齐",但不管气质如何偏塞,只要人们发挥了精神力量,则"气质可以转化,而不至障碍其天性"(《新唯识论·附录》语体文本,第3卷,第489页)。这便是"翕随辟运"。

根据这样的人性论,他讨论了传统哲学中的"天人(性习)"关系问题,提出了"性修不二"说。他说:"天人合德,性修不二故,学之所以成也。《易》曰:'继之者善,成之者性。'全性起修名继,全修在性名成。本来性净为习,后起净习为人。故曰:'人不天不因;天不人不成。'"(《新唯识论,明心下》文言文本,第2卷,第144页)意思是说,天(性)与人(习),本性(性)与工夫(修)是统一的;人若没有天然具足的本性,便不能因之而为善,但若不尽人力,则天性也不能充分显发;天性具足,因之而起修(从事学习、修养工夫),便叫"继",而努力修习,以求把固有的德性充分扩展,便叫"成"。所以在他看来,"成性"即是"复性"。

在中国古代哲学中,唯心论者大多认为本性一切具足,以为学习、修养的工夫就在于"复性"或"复心之本体";而唯物论者则讲"习与性成",以为人是环境和教育的产物,德性是在学习、修养中形成的。后来,王阳明提出"即工夫即本体",把"复性"看作随工夫而展开的过程;而王夫之则提出"性日生而成",认为德性的形成是人和自然界交互作用的日新不已的过程。熊十力的"性修不二"大体上继承了王阳明和王夫之的思想。他说:"功能者,天事也;习气者,人能也。"(《新唯识论·功能》文言文本,第2卷,第60页)"无事于性,有事于习,增养净习,始显性能,极有为乃见无为,尽人事乃合天德,习之为功大矣哉!"(《新唯识论·功能》文言文本,第2卷,第67页)就是说,既重视"天事",又重视"人能",既强调"复性",又强调"习"的作用,不断地增养净习,克服染习,让天赋的功能显发出来,以达到与天地合德的境界。这就在一定程度上把"复性"说与"成性"说统一起来了。

熊十力的"性修不二"说,尤其强调生命是个不断创新的过程。他说:"有生之日,皆创新之日,不容一息休歇而无创,守故而无新。"(《新唯识论·明心上》文言文本,第2卷,第87页)认为人生是个一息不停地创新的过程,但这个创新过程,只是发挥其固有之生命力,"虽极创新之能事,亦只发挥其所本有",因而这个过程也可以说是"复初"(《新唯识论》文言文本,第2卷,第88页)。但是,他认为这个"复初"的过程,并非是宋明儒者所谓"去人欲"的"减"的工夫而能达到的。他说:"先儒多半过恃天性,所以他底方法只是减……他们以为只把后天底染污减尽,天性自然显现,这天性不是由人创出来。若如我说,成能才是成性,这成的意义就是创。而所谓天性者,恰是由人创出来。"(《十力语要》卷四,第4卷,第492页)熊十力强调"成能才是成性",以为只有凭借"人能"不断创新,才能使本性得以发挥,达到完成。

熊十力的上述论述,高度重视人的主观能动性,但他不懂得精神主体所具有的一切能力、德性,主要是在社会实践中锻炼、教育成的,并不只是对于自然禀赋的天性予以充分发挥的结果。熊十力的"性修不二"和"翕辟成变"都吸取了柏格森"创造进化论"的一些观点,如其自己所说,西方生命派哲学"其所见,足与《新论》相发明者自不少"(《十力语要·印行十力丛书记》，第4卷，第10页）。但是，他对柏格森的唯意志论提出了批评。他说："柏氏言直觉不甚明了，时与本能混视。本能即是习气……柏氏犹在习气中讨生活，实未证见自性也。其言生之冲动，冲动即习气也。"（《十力语要》卷三，第4卷，第440页）认为柏格森的生命冲动，只是看到了与形骸俱始的习气（欲望、本能冲动），把直觉与本能相混淆，直觉就有了盲目的意志冲动的成分，因而就不能"实证"本心。因为在熊十力看来："哲学家如欲实证真理，只有返诸自家固有的明觉。即此明觉之自明自了，浑然内外一如而无能所可分时，方是真理实现在前，方名实证。"（《十力语要》卷二，第4卷，第199页）所谓"实证"，是指唤醒理性固有的明觉，直觉到我与天地浑然一体。这是直觉主义，而非唯意志论。熊十力认为，意志作用决不是盲目的冲动，"志愿是从自觉自了的深渊里出发的"（《十力语要》卷一，第4卷，第133页）。意志出自于理性的自觉，必定是合理的，而非盲动的。熊十力在唯心主义前提下强调德性培养中的明智与意志、自觉原则与自愿原则的统一，基本上复活了孟子和王守仁的观点，使之近代化了。

熊十力在法西斯主义者提倡"力行哲学"、鼓吹"权力意志"时，批评唯意志论，强调志愿是从自觉的本心发出的，无疑有其积极意义。但是，他讲自觉，是指"返诸自家固有的明觉"，既不靠科学知识，也不靠社会实践，"觉者，自明自见自证"（《十力语要》卷一，第4卷，第97页）。这种具有玄学意味的自觉，贬低了科学认识在培养人的德性中的作用，是不正确的。

熊十力的"新唯识论"在整体上是唯心主义的玄学体系，但其"翕辟成变"和"性修不二"之说，包含有一些辩证法思想因素，并在努力发掘中国传统哲学的积极成果方面，也有一定的贡献。

第三节　朱光潜：美学上的表现说

继熊十力之后，朱光潜会通中西，建构自己的美学体系。他也属于直觉主义流派。

朱光潜（1897—1986年），字孟实，安徽桐城人。香港大学毕业后，先后留学英、法等国。回国后，曾在北京大学等校任教。他一生著述丰厚，主要有《悲剧心理学》《文艺心理学》《谈美》《变态心理学》《诗论》、《克罗齐哲学述评》《西方美学史》等。朱光潜在20世纪三四十年代，是自由主义者，认为提倡"思想言论的自由"，就不能要求"思想统一"，"无论希图'统一思想'的势力是'右'还是'左'"（《我对于〈文学杂志〉的希望》，《朱光潜美学文集》，第2卷，上海文艺出版社，1982年，第497页）[1]。这是既反对当时法西斯的文化专制主义，也不赞同当时思想学术界的左翼，他在美学上主张形式主义的表现说，在20世纪50年代以后，转变到马克思主义的立场。

一、对审美经验的分析

朱光潜受到从康德到克罗齐的形式主义美学的深重影响，认为形式主义美学所肯定的一些基本原理是不可磨灭的。因此，他从形式主义美学的观点来分析审美经验。他说："我们在分析美感经验时，大半采取由康德到克罗齐一线相传的态度。"（《文艺心理学》，《朱光潜全集》第1卷，第314页）[2]这个态度主要是：第一，"把美感经验解释为'形象的直觉'"（《文艺心理学》，第1卷，第359页）；第二，"肯定美不在物也不在心而在表现"（《文艺心理学》，第1卷，第366页）；第三，反对以功利主义态度来对待艺术，"偏重形式主义而否认文艺与道德有何关联的"（《文艺心理学》，第1卷，第314页），"否认美感只是快感，排斥狭义的'为道德而文艺'的主张"（《文艺心理学》，第1卷，第357页），认为艺术的创作和欣赏都是"无所为而为"的。朱光潜赞成并接受了上述的以克罗齐为代表的形式主义和直觉主义美学的基本点。

朱光潜在分析美感经验时说："在美感经验中，心所以接物者只

---

1 本文为《文学杂志》的发刊词，原题为《我对于本刊的希望》，作者收入《我与文学及其他》时改为《理想的文艺刊物》，并略作修改，删去了"无论希图……"一语。现《朱光潜全集》第3卷按修改后的题目和文字收入。

2 以下出自《朱光潜全集》（《朱光潜全集》编辑委员会编）的引文，只注篇名、书名、卷数和页码。

是直觉而不是知觉和概念；物之所以呈现于心者是它的形象本身，而不是与它有关系的事项，如实质、成因、效用、价值等等意义。"（《文艺心理学》，第1卷，第209页）他强调在美感经验中只是直觉，在直觉中只有一个完整而单纯的意象占住你的意识，不但忘记了欣赏对象以外的世界，并且忘记了我们自身的存在，达到了物我两忘。朱光潜认为，直觉即表现，表现即创造，即艺术，即美。他说："美是一个形容词，它所形容的对象不是生来就是名词的'心'或'物'，而是由动词变为名词的'表现'或'创造'。"（《文艺心理学》，第1卷，第347页）这说明朱光潜在关于美感与美的理论上，基本上持唯心主义表现说的观点。

但是，朱光潜对从康德到克罗齐的形式主义美学也有批评。他认为克罗齐美学的毛病在于"太偏"，认为布洛的"心理距离"说提供了比"纯粹形式的直觉"更为广阔的准则（《悲剧心理学》，第2卷，第225页）。他指出审美主体一方面要从实际生活中跳出来，"超然物表"；另一方面又总要拿自己的经验来印证，这就产生布洛所说的"'距离'的矛盾"。因此，艺术创造和欣赏的关键在于把"'距离'的矛盾"安排妥当，"'距离'太远了，结果是不可了解，'距离'太近了，结果是不免让实用的动机压倒美感，'不即不离'是艺术的一个最好的理想"（《文艺心理学》，第1卷，第221页）。同时，朱光潜还引进了立普斯的"移情作用"说和谷鲁斯的"内模仿"说等近代心理学的一些成就，以此来补充形式主义美学。他在这方面的工作主要是介绍西方的学说，使中国的学术界了解西方美学所讨论的问题。

二、用表现说解释艺术意境

朱光潜将表现说运用于艺术意境理论的研究，继王国维之后，把西方美学与中国古典美学进一步沟通了。这主要有以下几方面：

第一，关于艺术意境。

朱光潜在讨论诗的意境时指出："王静安标举'境界'二字似较概括。"（《诗论》，第3卷，第50页）他正是沿着王国维的路子，把意境理论的探讨引向深入的。王国维指出，文学有两个原质：一是情，二是景。朱光潜也说："每个诗的境界都必须有'情趣'（feeling）和'意象'（image）两个要素。"（《诗论》，第3卷，第50页）情趣即情，意象即景，要形成艺术意境就必须具备这两个条件。他说："凝神观照之际，心中只有一个完整的孤立的意象，无比较，无分析，无旁涉，结果常致物我由两忘而同一，我的情趣与物的意态遂往复交流，不知不觉之中人情与物理互相渗透。"（《诗论》，第3卷，第53页）这种互相渗透表现为：一方面"以人情衡物理"，这就是移情的作用；另一方面是"以物理移人情"，这就是内模仿的作用。内在的情趣和外来的意象相融合而互相影响。一方面，情随景而变化，"睹鱼跃鸢飞而欣然自得，闻胡笳暮角则黯然神伤"；另一方面，景也随情而变化，"惜别时蜡烛似乎垂泪，兴到时青山亦觉点头"。（《诗论》，第3卷，第54页）总之，在诗、艺术的境界中，情感表现于意象。被表现者是情感，表现者是意象。情感、意象经心的综合（即直觉）而融贯为一体，就构成意境。

根据上述理论，朱光潜把中国古诗的演变分为三个阶段："首先是情趣逐渐征服意象，中间是征服的完成，后来意象蔚起，几成一种独立自足的境界，自引起一种情趣。第一步是因情生景或因情生文；第二步是情景吻合，情文并茂；第三步是即景生情或因文生情。"（《诗论》，第3卷，第71页）他认为汉魏以前是第一步，自《古诗十九首》到陶渊明是第二步，六朝开始是第三步，而前后转变的关键是赋的兴起。这不失为对中国古诗分期的一种比较系统的见解。

第二，古典的与浪漫的——两种人生理想。

朱光潜在运用表现说来解释诗的意境时，从意象与情感的两因素来看待古典派和浪漫派的对立。他说："古典派偏重意象的完整优美，浪漫派则偏重情感的自然流露。一重形式，一重实质。"（《诗论》，第3卷，第64页）这一分别也就是尼采所说的日神精神和酒神精神的对立。朱光潜指出，"阿波罗是日神"，意象是阿波罗的观照，"这种精神产生了史诗、图画和雕刻"；"狄俄倪索斯是酒神"，情感是狄俄倪索斯的活动，"这种精神产生抒情诗、音乐和舞蹈"。"这两种精神的分别可以说是静与动、冷与热、想象与情感、观照与活动的分别。人在心理原型上有偏向于前一类的,有偏向于后一类的。"(《诗的难与易》,第 9 卷,第 249 页)认为偏重日神精神的,产生了叙事诗和造型艺术,这些艺术最能体现古典派的特色;偏重酒神精神的,产生了抒情诗和音乐,这些艺术最能表现浪漫主义的精神。由此,朱光潜又引伸出"两种人生理想"的说法,以为艺术所表现的人生理想,不外乎"看戏"和"演戏"两种:"演戏人为着饱尝生命的跳动而失去流连玩味,看戏人为着玩味生命的形象而失去'身历其境'的热闹。"(《看戏与演戏》,第 9 卷,第 257 页)演戏要热要动,是狄俄倪索斯精神的表现;看戏要冷要静,是阿波罗精神的表现,两者往往难以兼顾。

他以这样的观点来看待中国古代文艺是如何表现儒道两家的人生理想的。他说:"就大体说,儒家能看戏而却偏重演戏,道家根本藐视演戏,会看戏而却也不明白地把看戏当作人生理想。"(《看戏与演戏》,第 9 卷,第 258 页)朱光潜认为,"人生理想往往决定于各个人的性格"(《看戏与演戏》,第 9 卷,第 269 页),所以,有人生来喜欢演戏,倾向于儒,有人生来喜欢看戏,倾向于道。同时,他也指出,不能把这种分别绝对化。"第一流文艺作品必定同时是古典的与浪漫的,必定是丰富的情感表现于完美的意象。"(《看戏与演戏》,第 9 卷,第 268 页)就戏剧艺术而言,"好的表演以及正确的鉴赏,都要求既有感情又有判断,既要把自己摆进去,又要能超然地观照"(《悲剧心理学》,第 2 卷,第 281 页)。归根结底,一切艺术无论是抒情诗还是造型艺术,都以情趣与意象恰相契合为目标,都要求"演"与"看"的统一。

第三,所谓"实现自我"。

朱光潜论诗的意境和人生理想,都归结到"自我"。他不赞成王国维《人间诗话》作"有我之境"与"无我之境"的分别,认为"严格地说,诗在任何境界中都必须有我,都必须为自我性格、情趣和经验的返照"(《诗论》,第 3 卷,第 60 页)。人生理想虽有"演戏"和"看戏"之区分,但都在"实现自我"。他说:"演戏要置身局中,时时把'我'抬出来,使我成为推动机器的枢纽,在这世界中产生变化,就在这产生变化上实现自我;看戏要置身局外,时时把'我'搁在旁边,始终维持一个观照者的地位，吸纳这世界中的一切变化，使它们在眼中成为可欣赏的图画，就在这变化图画的欣赏上面实现自我。"（《看戏与演戏》，第 9 卷，第 257 页）朱光潜早年受叔本华、尼采、柏格森等人的影响，以为人都有"求生意志""生命力"，正是这种力量推动生命前进，而生命也就是这种力量的自我实现。他说："当生命力成功地找到正当发泄的途径时，便产生快感。所以，任何一种情绪，甚至痛苦的情绪，只要能得到自由的表现，就都能够最终成为快乐。"（《悲剧心理学》，第 2 卷，第 373 页）他用这种观点说明悲剧的快感：观赏悲剧时，正是由于痛苦的情绪得到自由表现而唤起一种生命力感，使得痛感转化为快感；而这种转化之所以能实现，则是同悲剧艺术"借引起怜悯和恐惧来使这种情感得到陶冶"（亚里士多德：《诗学》，人民文学出版社，1962 年，第 19 页），以及悲剧作为艺术品还具有形式美是相联系着的。

朱光潜对悲剧快感的问题的探讨是有启发意义的。但是他用活力论（Vitalism）来解释艺术，却是唯心主义的观点。他从唯心论出发，反对唯物主义的反映论，不赞成亚里士多德以来的"艺术模仿自然"的理论。他认为，艺术上的自然主义、写实主义主张艺术是模仿，这是没有经过选择的依样画葫芦；而理想主义要把握类型，类型就是最富于代表性的事物，因此，理想主义是"精炼的写实主义"，是有选择地依样画葫芦。然而"要明白艺术的真性质，先要推翻它们的'依样画葫芦'的办法"（《谈美》，第 2 卷，第 53 页）。这就对现实主义、理想主义都予以否定了。西方的现实主义和理想主义的美学理论有其发展的过程，关于典型化的理论也有其发展过程，然而西方美学的主流正是发展了关于典型性格的理论。朱光潜所讲的艺术是"自我实现"，既脱离了现实主义的前提，也忽视了典型性格的理论。

朱光潜对于艺术意境理论的探讨，细致地分析了情趣与意象这两种要素，进而说明意境如何体现人生理想，表现自我性格。这比之王国维，确实是更深化了。

第四节　金岳霖："以经验之所得还治经验"
——在实在论基础上的感性与理性、事与理的统一

在当时的非马克思主义的专业哲学家中，最值得注意的是金岳霖。他的"实在论"颇有唯物主义倾向，他在认识论和逻辑理论上有独特贡献。

金岳霖（1895—1984年），字龙荪，湖南长沙人。曾留学美国，回国后，主要从事哲学和逻辑学的教学和研究。他的主要著作有《知识论》《论道》和《逻辑》等。金岳霖在《中国哲学》一文中对中西哲学传统作了比较，认为西方从希腊以来便有比较发达的逻辑和认识论意识，而中国思想家的这种意识则不发达，无意于把观念安排成严密的系统。这是中国哲学的一个弱点，但同时也造成了中国哲学的一个优点，即非常简洁，观念富有暗示性。在中国哲学传统中，哲学和伦理不可分，哲学家和他的哲学合一，"中国哲学家都是不同程度的苏格拉底式人物"（《金岳霖文集》第2卷，甘肃人民出版社，1995年，第548页）[1]，而在现代西方，苏格拉底式的人物早已一去不复返了。

金岳霖把上述关于中西哲学的见解贯彻在自己的哲学活动中，在认识论和天道观两个领域都做了会通中西哲学的工作。他为了使中国哲学的逻辑和认识论意识发达起来，系统地把西方的形式逻辑，特别是罗素的数理逻辑介绍到中国来，并对西方从休谟、康德到罗素的认识论传统作了深入的研究，在实在论的基础上阐明了感性和理性、事与理的统一。这是他在认识论方面的重要贡献，也是中国传统哲学的认识论发展的结果，因为从孔、墨、荀到王夫之、戴震等，贯穿其间的主流，正是主张感性与理性、事与理的统一的。他在天道观上也复活了在近代被冷淡的"理气"之辩，接上了中国哲学传统。同时，他的著作，无论是天道观方面的《论道》，还是认识论方面的《知识论》，

---

[1] 以下出自《金岳霖文集》（《金岳霖文集》编委会编）的引文，只注篇名、书名、卷数和页码。

都运用逻辑分析的方法，把概念编织成为秩序井然的系统，克服了传统哲学在这方面的弱点。

一、"所与是客观的呈现"

金岳霖说他的《知识论》一书的"主旨是以经验之所得还治经验"（《知识论》，第3卷，第608页），这一主旨是建立在肯定感觉能给予客观实在的基础上的。

感觉能否给予客观实在？这是哲学史上争论了几千年的老问题，在西方近代，更为突出。从贝克莱、休谟、康德到罗素以及现代实证论各流派，都以"主观的或此时此地的感觉现象"作为认识论的出发点，断言感觉不能给予客观存在。金岳霖认为这种"唯主方式"（即主观唯心主义）有两大缺点：一是"得不到真正的共同的客观和真假"，必然导致否认客观真理；二是从主观经验无法"推论"或"建立"外物之有，必然导致否认独立存在的外物（《知识论》，第3卷，第65页）。他认为认识论应当从"有独立存在的外物"这一无可怀疑的命题出发，说："在实在主义底立场上，'有独立存在的外物'是一无可怀疑的命题。"（《知识论》，第3卷，第107页）在他看来，这首先就要肯定"对象的实在感"：对象的存在是不依赖于人的认识的；对象的性质虽在关系网中，却独立于人的意识；对象具有自身绵延的同一性，即在一定的时间内具有相对稳定状态。显然，这种实在主义已突破了一般的实证论的界限，具有唯物主义的倾向。

正是由此出发，金岳霖提出了"所与是客观的呈现"的理论。"所与"（Given）即感觉所给与的形色、声音等，它是事物在人们正常感觉活动中的呈现，是知识的最基本材料。他说："所与就是外物或外物底一部分。所与有两方面的位置，它是内容，同时也是对象。就内容说，它是呈现；就对象说，它是具有对象性的外物或外物底一部分。内容和对象在正觉底所与上合一。"（《知识论》，第3卷，第117页）就是说，在正常的感觉（正觉）中，人们看到的形色、听到的声音，既是见闻的内容，又是见闻的对象，既是呈现，又是外物，所以在正常的感受中，"所与是客观的呈现"。他肯定了感觉的内容和感觉的对象有一致性，也就肯定了感觉能给予客观实在。

关于呈现（感觉内容）和外物（感觉对象）的关系，旧唯物主义通常用"因果说"与"代表说"来解释，以为原因（外物）与结果（呈现）、代表（呈现）与被代表者（外物）是两个项目或两个个体。这就遭到贝克莱、休谟等的诘难：既然呈现于外物是两个项目，而一个在意识中，一个在意识外，那么你怎么能证明感觉是由外界对象引起而不是别的原因引起的呢？或者，你怎么能证明颜色、声音这些观念作为外物的"摹本"是和那"原本"相似的呢，他们认为感觉给人的认识划定了界限，越出这界限是非法的，所以经验不能够在意识和对象之间建立任何直接联系。从贝克莱、休谟直到现代实证论，一直用这种划界的办法向唯物主义提出种种诘难。

金岳霖关于"所与是客观的呈现"的理论，肯定感觉内容和感觉对象是"合一"的，克服了旧唯物论以呈现（内容）与外物（对象）为两个项目的理论上的困难，冲破了实证论设置的界限。按照金岳霖这一理论，感觉不是如实证论者所说的是把主体与客体分割开来的屏障；相反，正是通过感觉，外物即对象不断地转化为经验内容，感觉成为沟通主、客观的桥梁。可见，金岳霖的这一理论比之旧唯物论和实证论，都大大地前进了。不过，他没有马克思主义的实践观点，不懂得对象的实在感首先是由实践提供的，没有把感性活动了解为实践，不懂得人是在变革现实中感知外物的。

二、概念对所与的双重作用

在概念论上，金岳霖提出了概念对所与具有"摹状与规律"的双重作用的学说。这一学说突出地表现了《知识论》的主旨。

金岳霖说："所谓知识，就是以抽自所与的意念还治所与。"（《知识论》，第3卷，第165页）认为从所与抽象出概念（意念），转过来又以概念还治所与，这便是知识。概念是人们通过对具体事物的抽象获得的，但它又超越具体的特殊的东西而具有普遍性。因此，抽象概念对于所与就具有双重作用："摹状与规律"。

所谓"摹状"，金岳霖说："是把所与之所呈现符号化地安排于意念图案中，使此所呈现的得以保存或传达。"（《知识论》，第3卷，第315页）认为意念是通过抽象作用得自所与，这抽象过程本身就是对所与的一种摹状。比如说，指着当前一所与作判断说："那是一只狗。""狗"这个概念是对于所与之所呈现的抽象，即"符号化地安排"，因为概念是抽象的符号，而"狗"这个概念是个概念图案，即它是和"家畜""动物""四只脚"等相关联的结构。因此，当做出"那是一只狗"的判断时，就是把"那"（所与之所呈现）安排在"狗"的意念图案之中，这就是用"狗"摹状了"那"，使其得以保存和传达。

所谓规律，金岳霖说："是以意念上的安排，去等候或接受新的所与。"（《知识论》，第3卷，第322页）"规律"（规范）的意思就是用概念去接受对象。意念作为接受方式，是抽象的，而被接受的所与是具体的、特殊的。用意念去规范现实，同引用法律的条文或者某某章程的规则有相似之处。例如，法律上有"杀人者死"的条文，它没有规定人的行动，它只规定了一个办法：如有杀人者，便以处于死刑的办法去应付杀人者。与此相似，意念的规范作用，"不是规定所与如何呈现，它所规定的是我们如何接受"（《知识论》，第3卷，第323页）。

金岳霖认为，摹状和规律是不能分离的。在引用概念（意念）于所与，总是既摹写又规范。从传达方面说，如果不摹写而规范，别人就会觉得太抽象，不好懂，会叫你举例子。举例子，就是要你提供摹写成分。如果不规范而摹写，那么也不能表达清楚，因为只有真正能够运用某种概念作为接受的方式，才是真正能用这概念去摹写。所以，概念的双重作用是不可或缺的。

金岳霖认为，用得自所与的意念规范和摹写所与，即以所与之道还治所与之身，这从对象方面来说，就是化所与为事实；而从主体来说，便是主体有意识，知觉到一事实。所以，所与并不因为概念对于它的既摹写又规范的关系而改变了本身的性质。

金岳霖的概念双重作用的理论，是他在深入地批判了休谟、康德之后得出的结论。他批评休谟"不承认抽象的思想"（《论道》，第2卷，第145页），认为休谟把概念看作摹状某一具体事物的意象，而不是看作经过抽象作用的意念，所以就不承认概念是对某一类事物的共同本质的把握，具有对这类事物的普遍的规范作用。康德则认为只有把感性和知性、直观和概念结合起来才能产生知识，但他认为两者的来源是不同的，一个来自感觉，一个来自先天的原则。金岳霖批评了康德把概念（范畴）归之于先天的人类心智的先验论（《知识论》，第3卷，第412页），说明了知识经验就是以得自所与（经过抽象）来还治所与，比较辩证地解决了感觉和概念的关系问题。不过，金岳霖的这一理论并不是彻底的辩证法。他只承认"抽象概念"而不承认辩证法的"具体概念"。认识过程中从抽象上升到具体这一阶段在他考虑范围之外。

三、知识经验的必要条件：逻辑与归纳原则

金岳霖认为，知识经验提供的普遍必然的科学知识之所以可能，首先在于思维遵守逻辑。其次在于归纳原则永真。

金岳霖说："逻辑命题是摹状和规律底基本原则……是摹状底摹状和规律底规律……是意念所以能成为接受方式底条件。"（《知识论》，第3卷，第362页）认为逻辑命题本身虽对事实无所表示，但任何概念及概念结构，必须遵守形式逻辑，才能成为接受方式，才能对现实起摹写和规范的作用。因此，他把形式逻辑的同一律、排中律、矛盾律称为"思议原则"，对他们的性质作了深入的探讨。

关于同一律，金岳霖指出："三思议原则之中，同一原则的确基本……它是意义可能底最基本条件。"（《知识论》，第3卷，第367页）认为违背同一律，概念没有确定意义，思维便无法进行。同一律并非讲一件东西与其自身的同一，客观事物总是在不断变化的，然而"变化"的概念也是遵守同一律的。关于排中律，金岳霖说："排中律是一种思议上的剪刀，它一剪两断，它是思议上最根本的推论。"（《知识论》，第3卷，第367页）对任何一所与，总可以说他或者是甲，或者是非甲，因为排中律揭示了"逻辑的必然"。这里讲的形式逻辑的必然，就是指言尽可能的必然，所以，排中律的实质是以析取地穷尽可能为必然。关于矛盾律，金岳霖说："思议底限制，就是矛盾，是矛盾的就是不可思议的。"（《知识论》，第3卷，第368页）认为思维若有逻辑矛盾，内容就不能成为结构，所以概念结构必须排除逻辑矛盾，才可以成为接受方式。归结起来，金岳霖认为形式逻辑基本规律性质是："同一是意义的条件，必然是逻辑之所取，矛盾是逻辑之所舍。"(《逻辑》，第1卷，第871页）

正是由于形式逻辑基本规律的上述性质，决定了逻辑是"意念之所必须遵守的基本条件"，是"摹状和规律底基本原则"。因此，在以概念摹写和规范所与时，"所与绝对不会有违背逻辑的呈现，这就是说，我们底接受方式底引用总是可能的"（《知识论》，第3卷，第413页）。同时，从逻辑和科学的关系来说，逻辑的功用则在于："一方面它排除与它的标准相反的思想，另一方面因为它供给能取与否的标准，它又是组织其他任何系统的工具。"（《逻辑》，第1卷，第872页）各门学问要系统化，都必须遵守逻辑，所以逻辑对各门学科都具有方法论意义。

当然，在各门学科中，命题对取舍与否，除了逻辑标准之外，还有其他标准，而在其他标准中，金岳霖认为最重要的是归纳方面的证据。他提出了"归纳原则是接受总原则"的论点。他说："我们从所与得到了意念之后，我们可以利用此意念去接受所与。在此收容与应付底历程中，无时不应用归纳原则……凡照样本而分类都是利用归纳原则，所以引用意念同时引用归纳原则。"（《知识论》，第3卷，第406页）所谓归纳，就是从若干特殊事例来加以证实或否证。所以，以一事例作为"类"的样本，而把新的事例归入"类"中去，也就是"归纳"，而引用概念的过程正是这样的。金岳霖在《知识论》和《论道·绪论》中详细论证了归纳原则的永真。他说，除非时间停止，经验打住，归纳原则才失败，然而"我们决不至于经验到时间打住，所以我们也决不至于经验到归纳原则底失效"（《知识论》，第3卷，第407页）。

金岳霖关于归纳原则的探索是富于启发的意义的，但我认为，接受总则虽包含归纳，却不止于归纳。显然，以概念规范事实，也包含由普遍到特殊的演绎。人们以得自所与的概念还治所与，概念作为接受方式引用于所与，实践上已具体而微地体现了分析与综合相结合、归纳与演绎相结合的辩证过程。金岳霖在谈到科学方法时说："所谓科学方法，即以自然规律去接受自然，或以自然律为手段或工具去研究自然……所谓利用自然律以为手段，就是引用在实验观察中所用的方法底背后的理,以为手段或工具。"(《知识论》,第3卷,第450页)这里讲到了方法论的基本原理:在实验观察中运用自然律作为接受方式,即以自然过程之"理"还治自然过程之身,科学理论便转化为方法。这样的科学方法,在本质上是辩证的,不止于归纳而已。而这种辩证方法的原则,在以得自所与的意念还治所与的日常经验中,已经具有了胚胎。所以,应该说,形式逻辑和辩证逻辑是知识经验的必要条件。金岳霖在关于科学方法的基本原理的探讨中接触到了辩证逻辑的思想,但他当时以为唯一的逻辑是演绎逻辑,即形式逻辑,否认了辩证逻辑。

金岳霖认为逻辑虽然对一件件事实毫无表示,但是,逻辑却是任何可以思议的世界所不能违背的,所以他称逻辑为先天原则。他还认为经验总是遵守归纳原则,而绝不会违背归纳原则,所以归纳原则是知识经验之所以可能的先验原则。他把先天原则和先验原则都看作有本体论根据的:"逻辑的源泉"就是《论道》中的"式",而先验原则可归纳源于"能有出入"。这就导致了先验论的形而上学。

四、"居式由能,莫不为道"

金岳霖的《论道》是论述天道观的。《论道》第一章的第一条是"道是式——能",最后一条是:"居式由能,莫不为道。"可见,他的"道"就是"式"与"能"的统一。他的"式"接近于朱熹的"理"或亚里士多德的"形式";而他的"能"则接近于朱熹的"气"或亚里士多德的"质料"。中国传统的天道观上的"理气"之辩,在近代久被忽视了。直至金岳霖、冯友兰,才又将其重新提出来,作了新的探索。金岳霖说的"式"与"能",已经建立在近代科学的基础上,和宋明哲学家说的"理"与"气"有了很大的不同。

金岳霖说:"式是析取地无所不包的可能。"(《论道》,第2卷,第161页)这里说的可能,是指逻辑上没有矛盾的可能,包括一切实的共相和空的概念。把所有的可能,"包举无遗地,用'式'的思想排列起来",就是"式"。这个"式"的思想是从现代数理逻辑吸取来的。至于"能",是指纯粹的质料。金岳霖认为,不论是宏观事物的变更还是微观粒子的转化，都是"能"在改变其形态，"能"是永恒地活动的，是感觉和概念所不能把握的。金岳霖认为"式常静，能常动"，把"能"而不是把"式"看作动力因，这和亚里士多德以形式而非以质料为动力因是不同的，比较接近中国传统哲学所讲的"气"。金岳霖还说"能无生灭、无新旧、无加减"，并把这一思想同 Indestructibility of Matter—Energy 的原则联系起来，说明他讲"能"，也是试图对近代科学关于物质——能量的理论作哲学的概括。同时，金岳霖又把"能"与"可能"联系起来，"所谓可能是可以有而不必有'能'的'架子'或'样式'"（《论道》，第2卷，第160页）。而"能"的活动就是不断地出入于"可能"，"能"之入于或出于一"可能"，即一类事物或一具体事物的生和死。因为式包括了所有的可能，所以能有出入，但总在式中。"无无能的式，无无式的能"，式与能不能分离，而"居式由能，莫不为道"。（《论道》，第2卷，第177页）

金岳霖从"可能底现实"（即"可能"由"能"而成为现实）和"现实底个体化"来讲客观世界的演变，认为川流不息的现实的历程中既有共相的关联，也有殊相的生灭。共相的关联即实理，殊相的生灭则形成他所谓的"势"。他说："个体底变动，理有固然，势无必至。"（《论道》，第2卷，第318页）中国传统哲学认为"理有固然，势无必至"，"在势之必然处见理"，强调现实的发展有其必然趋势，那正是规律性的体现。金岳霖所说的"势"不同于以往说的"趋势"。"势无必至"，是说殊相生灭有其偶然性。所谓偶然性，不是不能理解的意思。从理（即共相的关联）方面来说，"无论个体如何变动，我们总可以理解（事实成功与否当然是另一问题）"。但从势（即殊相的生灭）方面来说，则"无论我们如何理解，我们也不能完全控制个体底变动"（《论道》，第2卷，第288页）。因为殊相的生灭是一个"不定的历程"，即不能完全知道以往历程的历史陈迹，也不能预测和决定将来有什么样的殊相出现，所以说"势无必至"。但他又说："势虽无必至而有所依归。势未成我们虽不知其方向，势既成我们总可以理解。势未成无必至，势既成，仍依理而成。"（《论道》，第2卷，第323页）这样，金岳霖既肯定了现实的演化遵循客观规律，世界不是没有理性的世界，也承认现实的历程中有"非决定"的成分。这一论点基本是正确的，对于进一步探索必然、偶然和自由、理性和非理性的关系问题是有启发的。

《论道》最后一章论述"无极而太极"，金岳霖认为，道无始无终，但虽无始，追溯既往，无量地推上去，其极限可以叫无极；虽无终，瞻望未来，无量地向前进，其极限可以叫作太极。无极是天地万物之所从生的混沌，而太极则是"至真、至善、至美、至如"的理想境界。他说："无极而太极是为道。"（《论道》，第2卷，第335页）"无极而太极"就是宇宙洪流或自然演化的方向，同时也表示目标、价值。金岳霖认为，万物都是情求尽性，用求得体，势求归于理，其终极目标是"绝逆尽顺，理成而势归"的"至真、至善、至美、至如"的太极。这是形而上学的目的论的宇宙观。他的"式"是析取地无所不包的可能，也是把形式逻辑的必然形而上学化的结果；他的"能"非感觉和概念所能把握，则包含有不可知论的倾向。但他在认识论和逻辑学领域的创造性贡献是不可忽视的。

第五节　冯友兰："新理学"

同金岳霖相似，冯友兰也很重视逻辑分析。他称自己的哲学体系为"新理学"。

冯友兰（1894—1990年），字芝生，河南唐河人。1918年毕业于北京大学，曾留学美国，获博士学位。归国后任清华大学、西南联合大学、北京大学等校教授。代表其"新理学"哲学体系的著作，是"贞元之际所著书"，即《新理学》《新事论》《新世训》《新原人》《新原道》《新知言》等六书。

在古今中西之争上，冯友兰倾向于洋务派的"中体西用"论。但他认为自己的"中体西用"，和洋务派"以五经四书为体，以枪炮为用"有所不同。他说："如所谓中学为体，西学为用者，是说，组织社会的道德是中国人所本有底，现在所须添加者是西洋的知识，技术，工业。则此话是可以说底。我们的《新事论》的意思，亦正如此。"（《新事论》，《三松堂全集》第4卷，河南人民出版社，2001年，第332页）[1]

1　以下出自《三松堂全集》的引文，只注篇名、书名、卷数和页码。

这实际上是变相的"中体西用"论。

冯友兰运用这样的变相的"中体西用"的方式，创立他的会通中西的"新理学"：继承由孔、孟、老庄、名家、董仲舒、玄学、禅宗到程朱理学而集大成的这样一个唯心论的传统，给它施以西方新实在论和逻辑实证主义的洗礼，使之取得"新"面貌。

一、"最哲学的形上学"

冯友兰认为自己的"新理学"是"接着"程朱理学传统的"最哲学的形上学"，是超越唯物论和唯心论的。关于他的"最哲学的形上学"，我们从以下三方面来论述：

第一，"新理学"的基本观念：理、气、道体和大全。

冯友兰赞同程朱理学的说法，认为实际事物是理和气的结合，他说："凡实际底存在底事物，皆有两所依，即其所依照，及其所依据。"（《新理学》，第4卷，第43页）实际事物所依照的是理，也就是柏拉图说的理念或亚里士多德说的形式；所依据的是气，也就是质料。作为事物的依照者的理，是抽象的，是形而上之道，而实际事物是具体的，是形而下之器。冯友兰又根据亚里士多德的说法，分析了事物之所依据的气，即质料。冯友兰认为，质料有绝对和相对之区分，比如，砖瓦是房屋的材料，是房屋存在的依据。砖瓦是由泥土做成的，它对于泥土来说，虽然是某种实际的物，但它对于房屋来说，仍然是某种材料。这就是质料的相对方面。如果抽去砖瓦之性，使其不成其为砖瓦，成为泥土；再将泥土之性抽去，则泥土不成其为泥土。如此层层抽去，抽到无可再抽，便得到绝对的质料。这绝对的质料，冯友兰称之为"真元之气"，它没有任何形式，是不可言说，不可思议的。

冯友兰把"理"的总和称为"真际"，亦即柏拉图的理念世界或朱熹的太极。他认为实际蕴涵真际，有某事物就一定有某类之理，但有某理不一定有某理的实例，因而他强调在逻辑上"理先于其实际底例而有"。（《新理学》，第4卷，第54页）

冯友兰又认为，"真元之气"没有任何形式，可以叫作"无极"，而总一切理也可叫作"太极"。实际世界包括由气至理之一切程序，亦即"无极而太极"。他说:"就无极而太极说,太极是体,'而'是用,一切底用,皆在此用中,所以此用是全体大用。"(《新理学》,第4卷,第64页)大用流行,就是所谓"道体"。他又认为,"无极、太极,及无极而太极,换言之,即真元之气,一切理,及由气至理之一切程序",总括起来,从动的方面说,名之曰"道";从静的方面说,名之曰"宇宙"或"大全"。(《新理学》,第4卷,第63页)大全也是不可思议,不可言说的。

由这四个主要观念构成的"新理学"体系,是形而上学的客观唯心主义体系。

第二,形而上学的方法。

冯友兰说:"新理学的工作,是要经过维也纳学派的经验主义,而重新建立形上学。"(《新知言》,第5卷,第194页)维也纳学派是逻辑实证论者,认为形而上学命题是综合的,但这些命题无法用经验来证实,因而是无意义的虚妄命题,应予取消。冯友兰恰恰认为,正是经过维也纳学派的经验主义,他找到了一种形上学的方法。

他认为自己的形上学命题只有四组,表示理、气、道体、大全这四个观念。这四个观念无非是对经验作了形式上的解释。他说:"事物存在。我们对于事物及其存在,作形式底分析,即得到理及气的观念。我们对于事物及存在作形式底总括,即得到大全及道体的观念。此种分析及总括,都是对于实际作形式底释义,也就是对于经验作形式底释义。"(《新知言》,第5卷,第195页)由于这四个形上学观念只是对实际作形式的释义,并未对实际作任何肯定,因而便不会被实际所否定。冯友兰把这种形而上学的方法称作"过河拆桥"的方法,他从对经验或事实命题的分析中获得形式、质料的概念,把它们形而上学化为真际(理世界)和真元之气(绝对的料),于是"过河拆桥",把原有的一点经验事实的根据完全抛弃,"理""气"及理气结合成"道体",总括为"大全",都成了对实际无所肯定的一些空的观念。这就是把从经验抽取出来的概念加以绝对化,使之与事实割裂开来而成为"形而上者"。这其实是形而上学思辨的旧路。他也把上述逻辑分析方法叫作"正的方法"。后来,他又认为"负的方法",如道家、禅宗所用的"破"的方法也很重要,甚至更重要。他说:"一个完全的形上学系统，应当始于正的方法，终于负的方法。如果它不终于负的方法，它就不能达到哲学的最后顶点。"（《中国哲学简史》，第6卷，第288页）他认为"负的方法"就是"神秘主义的方法"。

这样，冯友兰的形而上学方法以逻辑分析为始，而以神秘主义告终。

第三，对中国哲学范畴作逻辑分析。

冯友兰的"新理学"肯定超验的超时空的"真际"为本体者，在沟通超验与经验、真际与实际（现实世界）的问题上，有着难以自圆其说的困难。"新理学"的真正贡献，在于它将逻辑分析方法运用于中国哲学，使得蕴藏在中国传统哲学中的理性主义精神得到了发扬。

自严复以来的许多人都指出，中国传统哲学的术语不够明晰，冯友兰指出："中国的哲学概念将因欧洲人的逻辑和清晰思想而得到净化。"（《当代中国哲学》）[1] 他在运用西方的逻辑分析方法来净化中国的哲学概念方面做了不少的努力。

例如"气"字，严复已经说它意义歧混，有待廓清。冯友兰进一步对"气"的用法作了如下区别：（一）他说："绝对底料，我们各之曰真元之气，有时亦简称曰气。"这在"新理学"系统中完全是一逻辑的观念，它不可名状，"气"之名应视为私名。（二）程朱所说的气，是质料的意义，但"不似一完全逻辑底观念"，如他们常说的清气、浊气等，而"气之有清浊之说者，即不是气，而是气之依照清之理或浊之理者"。（三）张载等气一元论或唯物论者所说的气，是一种实际的物，"以为一件一件底实际底物之成毁，由于其所谓气之聚散"，这"完全是一科学概念"（《新理学》，第4卷，第44—45页）。（四）至于孟子所谓"浩然之气"，则与"勇气""士气"之气，"在性质上是一类底"，指一种精神状态（《新原道》，第5卷，第20页）。

再如"道"字，冯友兰经过分析，指出"道"有六义：（一）道字之本义为路，引申为"人在道德方面所应行之路"。（二）指真理

---

[1] 译自《冯友兰哲学文集》（英文），外文出版社，1991年，原标题为"Philosophy in Contemporary China"。此句原文为"the Chinese philosophical ideas will be clarified by European logic and clear thinking"，亦参见《哲学在当代中国》，《三松堂全集》第11卷，河南人民出版社，2001年，第270页。

或最高真理,如孔子说:"朝闻道,夕死可矣。"(三)道家所谓道,无形无名,有似于"新理学"的真元之气,但是,"道家所说之道,靠其自身,即能生万物,而我们所说真元之气,若无可依照之理,则不能成为实际底事物"。(四)"真元之气,一切理,及由气至理之一切程序",总而言之,"新理学"名之曰道。此道即指动的宇宙。(五)"无极而太极此'而'即是道。"这是指宋儒所谓道体。(六)道亦指"宇宙间一切事物变化所依照之理",天道即天理,如程朱所说的"形而上者谓之道"(《新理学》,第4卷,第43—66页)。

这样,一方面力求说明历史上各派哲学使用"气""道"等范畴时的本来意义,另一方面又为这些范畴在"新理学"中的涵义作了明确的规定。这使得中国传统哲学的许多重要范畴得到"净化",促进了中国哲学的近代化。

二、人生境界说

冯友兰认为,"新理学"对实际无所肯定,但它却有着指点人们进入圣贤"境界"的"大用"。

他的人生境界说以"觉解"说为基础。他说:"人生是有觉解底生活,或有较高程度底觉解底生活,这是人之所以异于禽兽,人生之所以异于别底动物的生活者。"(《新原人》,第4卷,第472页)所谓觉解,就是人做了一件事情,了解这是怎么回事,了解就是"解";同时,人又是自觉地做这件事,自觉就是"觉"。了解是一种运用概念的活动,自觉则是一种心理状态,了解而又自觉,就合称为"觉解"。这种觉解,在冯友兰看来,是来自人的"知觉灵明",如果没有人心的"知觉灵明",宇宙的存在和人类的生存都变得毫无意义。

冯友兰在《新原人》中进一步指出,人们的觉解程度不同,则宇宙人生对人的意义也有差别,这就使人生的境界不相同。他以为有四种境界,即:自然境界、功利境界、道德境界和天地境界。在自然境界的人,行为都是自发的,是近乎凭本能在那里活动,都是"顺习""顺才"而行,很少有自觉。在功利境界的人,人的行为是"为利"的,都是出于对自己的利益的觉解。在道德境界中的人,行为是"行义"的,

"以尽伦尽职为目的",在他所处的伦理关系和社会职务中遵循着当然之则,他能对道德的当然之则有觉解,于是就尽伦尽职,不计成败。天地境界的人,自同于大全。这一最高的圣人的境界是由"新理学"的四个观念获得的:理和气两个观念使人"游心于物之初",大全和道体两个观念使人"游心于物之全"。由此,人们便可以知天、事天、乐天以至于同天,达到最高的境界。

在中国古代,儒家已反复阐明,道德行为必定是有觉解的行为,必须对道德价值有觉解,自觉遵循道德准则的行为,才是真正道德的行为。所以,同样做一件事,是否有出自理性的自觉,意义是不同的,思想境界是有差别的。冯友兰继承和强调了儒家的这种理性精神和自觉原则,在当时法西斯主义者大肆鼓吹唯意志论的时候,是有积极意义的。而且从辩证的观点来看,人的思想境界的提高和德性的形成要经历由自在而自为、自发而自觉的过程。它以自在状态为出发点,因正确地解决了义和利、群和己的关系而有自觉的人生观,并进而要求提高到科学的宇宙观。冯友兰的人生境界说涉及了这一过程中的一些基本问题,因而对后人有参考价值。

但是,冯友兰的人生境界说离开社会实践来谈论觉解,实际上是接受了道学家空谈心性、修养以求"受用"的境界的传统。同时,他片面强调了自觉原则而忽视了自愿原则,继承了正统派儒学的宿命论传统。在义利之辩和群己之辩上,冯友兰肯定正统派儒学的观点:"所谓义利的分别,是公私的分别。"(《新原人》,第4卷,第550页)他不仅以非功利主义的态度贬低了人的欲望,而且要求"人心听命",忽视了道德行为的自愿原则。冯友兰认为有两种"命":一是"天命之谓性"之命,一是命运之命。他说,理赋予物为性,就是天命;一切事物,不论自然的还是人为的,均依照天命而有其性,这就是"天命之谓性"。人不能违抗天命,只能认识它,自觉地依照它。就人的行为说,"无论在何种社会之内,其分子之行为合乎其社会之理所规定之规律者,其行为是道德底,反乎此者是不道德底"(《新理学》,第4卷,第104页)。认为社会之理规定了社会中人们的道德规范,"理"不变,道德规范也不变,这就是"天不变,道亦不变"。所以人只能顺从天命,循规蹈矩,在自己的位分上尽伦尽职。至于命运之命,即偶然遭遇。这种"人的一生的不期然而然的遭遇"，只能"知其不可奈何而安之"。(《新原人》，第 4 卷，第 600 页) 无论是哪一种命，都只能自觉地顺从它，"命是人所只能顺受，不能斗底"(《新原人》，第 601 页)。这实际上是承续了中国传统的宿命论。

与冯友兰同时期的熊十力、朱光潜等也都讲"境界"，而含义颇不相同。熊十力讲境界，其旨趣在辨真妄；朱光潜说的则是艺术境界；冯友兰的人生境界说，其旨趣在论善有等级。实际上，他们三人分别考察了真、善、美的领域。金岳霖不大使用"境界"一词，但他在《论道》第八章中说太极是"至真、至善、至美、至如"，"太极不是不舒服的境界，它不仅如如，而且至如"。所谓"至如"即绝对自由。他所说的"太极"是永远达不到的极限，是个形而上学的观念。但他以为这个理想境界就是真、善、美和自由的统一，也可以说，真正的自由是达到真、善、美的统一。这是个很好的论点，可惜语焉不详。人的自由和真、善、美三者的关系是价值论中的重大问题，这个问题在近代哲学中没有得到充分的展开。

第六节　马克思主义者对传统思想的批判研究

当熊十力、朱光潜、金岳霖、冯友兰等专业哲学家在试图建立自己的现代哲学体系的时候，马克思主义哲学的中国化已取得了重大进展，其表现之一，就是马克思主义者通过对传统思想的批判研究，使马克思主义与中国传统文化的结合有了科学的根据。

一、对唯心主义哲学史观的批判

从 20 世纪 20 年代戴季陶鼓吹的"孙文主义"，到 20 世纪三四十年代蒋介石提倡所谓"力行哲学"、陈立夫宣传"唯生论"，他们都把自己的反动腐朽的理论说成是继承了从孔夫子到孙中山的"道统"。这种以唯心主义道统说为基础的专制主义理论，遭到马克思主义者的驳斥，指出他们的理论是法西斯主义在中国的变种。

在 20 世纪三四十年代，一些非马克思主义的学者，反对蒋介石的法西斯专制统治。但他们也称自己的哲学理论是接续了中国的传统，以复兴儒学为使命，试图以此来发扬民族传统，激发人们抗日救亡的爱国热情，如冯友兰、熊十力、贺麟等。然而他们的哲学史观是唯心主义的，马克思主义者对此提出了批评。

熊十力说："中国哲学思想，要不外儒佛两大派（佛虽外来，而自汉迄今，已成固有。道家宗《易》，实儒氏之旁支，其崇无，亦有近于佛，故不别提），而两派又同是唯心之论。吾故汇通儒佛及诸子，析其异而观其通，舍其短而融其长，于是包络众言而为《新论》。"（《新唯识论·附录》语体文本，第3卷，第522页）认为自己的《新唯识论》会通了儒道释各家唯心论。冯友兰宣称"新理学"是"接着"宋明理学讲的，"所以它的应用方面，它同于儒家的'道中庸'"，同时它于"'极高明'方面，有似于道家，玄学及禅宗"，"超过先秦及宋明道学"（《新原道》，第5卷，第127页）。他认为"极高明而道中庸"即不离人伦日用的最高境界，代表了"中国哲学的精神"，是中国哲学的主要传统，而"新理学"就是"中国哲学的精神的最近底进展"（《新原道》，第5卷，第126页）。熊、冯都认为中国传统哲学的主流是唯心论和形而上学，他们继承和发展了这一主流。

对于这样的唯心主义哲学史观，杜国庠用马克思主义观点作了分析批判。

杜国庠指出，中国哲学的优秀传统不在于唯心论和玄学，而在于实事求是的精神。在整个中国哲学史上，并非只有一个如熊、冯所说的唯心论的玄虚的传统。杜国庠说："思潮的发展，确如社会阶级的代兴一样，唯物论与观念论也迭为盛衰，时有偏倚，或继承或批判，交织成一条总流。其间实有一脉之潜通，但无道统的独霸……魏晋的玄学，唐代的禅学，宋明的道学，这些都是所谓'经虚涉旷'的，但同时也有相反的实事求是的思想。及至有明末叶，王学势衰，明清之交，黄顾王颜都重'致用'。前清朴学大盛，戴氏哲学也痛斥宋学的玄虚，控诉'人死于理，其谁怜之'。这些都是实事求是的。"（《玄虚不是中国哲学的精神》，《杜国庠文集》，人民出版社，1962年，第413—414页）[1]认为应该把哲学史看作唯物论和唯心论互相斗争、

---

[1] 以下出自《杜国庠文集》（《杜国庠文集》编辑小组编）的引文，只注篇名和页码。

互相作用的历史，决不是唯心论道统的独霸天下。马克思主义认为实事求是的传统是中国古代哲学的优秀传统之所在，是应当要着重研究的，同时也要实事求是地对待唯心论各流派，还它们以历史的本来面目。而熊、冯等为了使中国哲学史成为他们所说的是唯心论和形而上学占主导地位，往往断章取义、牵强附会。杜国庠批评这是"不惜强使古人以就自己"的"六经注我"的独断论方法（《红棉屋札存》一，第477页）。

杜国庠特别指出，冯友兰把中国哲学的主流归纳为"极高明而道中庸"的"宇宙人生观"，在当时有其"实际上的弊害"。这就是把统治者说成是"天纵之圣"，而叫老百姓乐天安命。（《玄虚不是人生的道路》，第434页）这是一种维护主—奴等级秩序的意识形态。由这种意识形态培养成的习惯势力，在中国是根深蒂固的。鲁迅毕生为破除这种习惯势力而进行韧性的战斗。马克思主义者对唯心主义哲学史观的分析批判，是这一战斗的继续。

二、对中国传统哲学的开拓性研究

在20世纪三四十年代，一些马克思主义者开始系统地研究中国传统思想，并发表了几种重要著作，如郭沫若的《青铜时代》《十批判书》，侯外庐、杜国庠等的《中国思想通史》。他们在中国哲学史的领域做了开拓性的工作。

他们运用唯物史观来研究中国传统哲学，着重探讨社会史和思想史的关系。郭沫若说："我尽可能搜集了材料，先求时代与社会的一般的阐发，于此寻出某种学说所发生的社会基础，学说与学说彼此间的关系和影响，学说对于社会进展的相应之或顺或逆。"（《青铜时代》，《郭沫若全集·历史编》第1卷，人民出版社，1982年，第617页）[1]杜国庠也说，历史上种种学说之间有其"纵的承借和横的感染（或反拨）的关系"，有其"自身的逻辑的发展"，但是，"这种关系和发展，归根结蒂仍须从它的社会根据去找它的原因和说明：这里我们便看到

---

[1] 以下出自《郭沫若全集·历史编》（郭沫若著作编辑出版委员会编）的引文，只注篇名、书名、卷数和页码。

了'逻辑的'和'历史的'之一致"(《魏晋清谈及其影响》,第337页)。马克思主义者依据这样的观点来研究中国传统思想,提出了许多创见。如郭沫若论证了春秋战国是奴隶制向封建制的过渡时期,由此来说明这个时期百家争鸣的高潮及其各家学说的立场和进展。再如,《中国思想通史》的作者认为中国古代文明是东方型"早熟"的文明,走的是维新的路线,氏族制的遗留,规定了国民思想的晚出;在封建社会的土地所有制的基础上,地主阶级可分为豪族地主和庶族地主,这成为封建社会中正统思想和异端思想相斗争的一个根据。

为了还传统思想以历史的本来面目,马克思主义者既批判传统思想,又批判前人在研究传统思想中所作的这样那样的歪曲。这样做的目的,是为了剔除传统思想的腐朽的糟粕,而把民主性、科学性的精华和唯物主义的传统发掘出来。郭沫若写《十批判书》,对先秦诸子的是非曲直是以"人民为本位"的思想来判断。他说:"我之所以比较推崇孔子和孟轲,是因为他们的思想在各家中比较富于人民本位的色彩。荀子已经渐从这种中心思想脱离,但还没有达到后代儒者那样下流无耻的地步。"(《十批判书》,第2卷,第482页)他不仅区分了先秦儒家和"后代儒者",而且还要破除当代"'新儒家'的迷执"(《蜥蜴的残梦——〈十批判书〉改版书后》,《奴隶制时代》,第3卷,第78页)。这比"五四"时期笼统地喊"打倒孔家店"是进步了。与郭沫若重视发掘民主性精华有些不同,《中国思想通史》则更注意传统思想中的科学性因素。如在先秦部分,突出地考察了孔墨显学、墨辩、荀子的认识论与逻辑思想,指出其中合理的科学成分。《中国思想通史》还着重发掘了在封建社会中被目为"异端""非法"的思想以及长期被埋没的许多唯物主义者,从而证明了:中国哲学史有着反对正统思想的异端的传统,有着富于实事求是精神的唯物主义传统。这是真正可宝贵的思想遗产。

马克思主义者对新理学和新唯识论、新心学的批判,在某种意义是重复了明清之际黄、顾、王、颜对宋明理学的批判。新唯识论和新心学是心学和生命派哲学等非理性主义哲学的结合,新理学是理学与新实在论的结合,它们可以说是西方现代两大非马克思主义的哲学思潮(非理性主义与实在论)与中国传统结合的产物。马克思主义者对它们的批判以及对中国传统思想的研究，正是在现代国际哲学思潮的背景下，找到了辩证唯物主义与中国哲学优秀传统的结合点，把马克思主义哲学的中国化向前推进了。尽管他们的研究还是初步，有些论断也有偏颇，但其历史功绩是无可否认的。

第七节 毛泽东：能动的革命的反映论
——历史观与认识论中的"心物"之辩的总结

中国近代哲学经过一百多年的发展，由毛泽东作了一定历史阶段的总结。

毛泽东（1893—1976年），字润之，湖南湘潭人。在"五四"时期积极投身新文化运动，并开始接受马克思主义，是中国共产党的创建者之一。1935年遵义会议后，担任党中央的主要领导工作，直至逝世。毛泽东为中国人民的事业奋斗终身，写下了许多具有重要指导意义的著作。1949年以前的主要著作结集为《毛泽东选集》。我们这里不是阐述毛泽东思想的哲学基础，而只限于从历史的进程来考察：毛泽东在1949年以前如何以独创性的理论丰富和发展了马克思主义哲学，从而对中国近代哲学革命做出了巨大贡献；同时也指出他的哲学理论的某些不足之处。

一、"古今中西"之争的历史总结与能动的革命的反映论之基本观点

"古今中西"之争制约着近代哲学的发展，因而对近代哲学的总结是以对古今中西之争作了科学的总结为基础的。

马克思主义作为西方传来的真理，必须与中国的实际相结合，取得民族的形式，因而它不仅不能脱离中国的现实，而且不能与中国的历史相割裂。所以必须解决古今中西的关系问题。毛泽东继承了"五四"的精神，分析了中国的历史和现状，反对了种种主观地公式地应用马

克思主义的"左"的和右的、教条主义和经验主义的错误方向，把握了中国民主革命的规律。他指出：由于中国在西方资本主义的侵略下沦为半殖民地半封建的社会，中国现阶段的革命是反帝反封建的民主革命，这个革命应由无产阶级领导，建立以工农联盟为主体的民主统一战线，通过武装斗争的形式，走农村包围城市的道路；在民主革命胜利后及时转变为社会主义革命；在文化上要建设民族的、科学的、大众的中华民族的新文化。这就正确地回答了近百年来"中国向何处去"的问题，也对近百年来的古今中西之争在政治上、文化上作了科学的总结。

在古今中西之争的制约下，近代哲学关于思维与存在关系的争论（心物之辩），首先集中在历史观和认识论领域。毛泽东的"能动的革命的反映论"，是对历史观和认识论领域的"心物之辩"的总结，也是总结古今中西的凭借。毛泽东说："一定的文化（当作观念形态的文化）是一定社会政治和经济的反映，又给予伟大影响和作用于一定社会的政治和经济；而经济是基础，政治则是经济的集中表现。这是我们对文化和政治、经济的关系及政治和经济的关系的基本观点……马克思说：'不是人们的意识决定人们的存在，而是人们的社会存在决定人们的意识。'他又说：'从来的哲学家只是各式各样地说明世界，但重要的乃在于改造世界。'这是自有人类历史以来第一次正确地解决了意识和存在关系的科学的规定，而为后来列宁所深刻地发挥了能动的革命的反映论之基本观点。"（《新民主主义论》，《毛泽东选集》第2卷，人民出版社，1991年，第664页）[1] 毛泽东在这里用"能动的革命的反映论"既概括了辩证唯物主义思维和存在关系问题的基本观点，也概括了唯物史观关于社会存在和社会意识关系问题的基本观点，因而集中体现了辩证唯物主义和历史唯物主义的统一。

曾经有不少人把近代中国的社会动荡归结为东西两种文化的冲突。按照能动的革命的反映论，作为观念形态的文化以经济为基础的，而经济的集中表现是政治；因为文化的冲突根植于社会经济基础，而

---

[1] 以下出自《毛泽东选集》（中共中央《毛泽东选集》出版委员会编）的引文，只注篇名、卷数和页码。

要变更经济基础，必须进行政治革命，文化则是在观念形态上反映政治和经济变革的要求，并转过来为他们服务。然而在中国革命过程中，既要反对"左"的和右的错误倾向，又要克服教条主义和经验主义。这些错误的倾向，如毛泽东在《实践论》中所批评的，其认识论的基础是唯心论和机械唯物论。可见，必须按照能动的革命的反映论的观点，正确地在历史观和认识论领域解决思维与存在关系问题，以求科学地回答"中国向何处去"的问题，达到主观和客观、理论和实践的具体的历史的统一。

马克思提出科学的实践的观点，把基于实践的社会历史和认识活动了解为客观过程的反映和主观能动性的作用，从而唯物且辩证地解决了意识和存在、社会意识和社会存在的关系问题。这里包含了三个相互联结的环节：客观过程的反映、主观能动性的作用、革命的实践。"能动的革命的反映论"把三个环节统一起来，对认识论和历史观中的心物之辩做出科学的规定，标志着以认识论和历史观的心物之辩为中心而演变的中国近代哲学实现了一个革命的飞跃。

能动的革命的反映论的观点，体现在党的实事求是的思想路线之中。毛泽东对"实事求是"一语作了新的解释："'实事'就是客观存在着一切事物，'是'就是客观事物的内部联系，即规律性，'求'就是我们去研究。我们要从国内外、省内外、县内外、区内外的实际情况出发，从其中引出其固有的而不是臆造的规律性，即找出周围事变的内部联系，作为我们行动的向导。"（《改造我们的学习》，第3卷，第801页）就是说，一方面要坚持唯物主义，从社会实际情况出发，力求把握客观事物固有的规律性；另一方面要尊重辩证法，发挥人的自觉的能动性，在详细占有材料的基础上引出规律性的认识，用这种认识来指导实践。所以，实事求是的思想路线就是要求在一切工作中贯彻能动的革命的反映论的基本观点。

以毛泽东为代表的中国共产党人依据能动的革命的反映论之基本观点，正确地指明了中国革命的道路，科学地总结了古今中西之争，也科学地总结了历史观和认识论中的心物之辩。这是马克思主义哲学中国化了的成就，是中国近代哲学革命发展的最基本的积极成果。

二、关于认识运动秩序的理论

毛泽东在《实践论》的结尾写道:"通过实践而发现真理,又通过实践而证实真理和发展真理。从感性认识而能动地发展到理性认识,又从理性认识而能动地指导革命实践,改造主观世界和客观世界。实践、认识,再实践、再认识,这种形式,循环往复以至无穷,而实践和认识之每一循环的内容,都比较地进到了高一级的程度。这就是辩证唯物论的全部认识论,这就是辩证唯物论的知行统一观。"(第1卷,第297页)这里讲的辩证唯物论的知行统一观,包括三个内容:第一、实践是认识的基础,真理是在实践过程中发现,并在实践中证实和发展起来的;第二、一个完整的认识过程要经过由感性认识到理性认识,由理性认识到实践的两次能动地飞跃,达到认识世界和改造世界、改造客观世界和改造主观世界的统一;第三、认识运动的总秩序是实践、认识,再实践、再认识……螺旋式的无限前进的运动。毛泽东对辩证唯物主义的知行统一观的贡献,特别在于他在阐述认识运动的总秩序时做出了新的理论概括,这可以从以下几点来说明。

第一,实践和认识反复的螺旋式前进运动。

上述《实践论》的最后一段阐明了认识运动的总秩序:"实践、认识,再实践、再认识,这种形式,循环往复以至无穷,而实践和认识的每一循环的内容,都比较地进到了高一级的程度。"这里说实践和认识的每一反复,是指从实践取得感性认识,进而发展到理性认识,又转过来指导革命实践这一过程。但是,一般地说来,这个实践和认识的循环往复,不能看成是一次完成的,因为人们受着许多主客观条件的限制,所以,当着人们用他们的理论来指导实践的时候,部分错了或全部错了的事,是常常有的。这里包含着这样的思想:实践和认识的每一次反复,都是实践对认识的检验。而这种检验就是经过成功和失败的比较,使人能够证实真理的成分和发现错误的成分。对于特定的客观过程来说,人们往往要经过实践和认识的多次反复、成功与失败的比较,才达到主观认识和客观规律的基本相符,解决主观和客观、理论和实践的矛盾。这样,人们对于某一发展阶段的某一客观过程的认识运动就算完成了,也就是获得了对这一客观过程的真理性的认识。当然,这种真理性认识是相对真理。但相对之中有绝对,绝对真理正是通过无数的相对真理而展开的。毛泽东说："客观现实世界的变化运动永远没有完结，人们在实践中对真理的认识也就永远没有完结。"（《实践论》，第1卷，第296页）就是说，客观真理是永远不可穷尽的。已经获得的真理（包括马克思列宁主义）为进一步探索真理开辟道路，正是通过一次又一次的"主观和客观、理论和实践、知和行的具体的历史的统一"，人们对于客观真理的认识就一次又一次地深化，一次又一次地扩展，认识运动的总秩序就表现为实践、认识、再实践、再认识的螺旋式的无限前进的运动。毛泽东这一对认识运动的总秩序的表述，把人类认识世界的过程看成是无限前进的运动，其中包含着无数次实践和认识的反复，无数次主观和客观的具体的历史的统一；人类获得的每一次具体的历史的真理都是相对的，而绝对寓于相对之中，绝对真理的长河就展现为无限前进的运动。

第二，特殊和一般反复的螺旋式前进的运动。

毛泽东在《矛盾论》中写道："就人类认识运动的秩序来说，总是由认识个别的和特殊的事物，逐步地扩大到认识一般的事物。人们总是首先认识了许多不同事物的特殊的本质，然后才有可能更进一步地进行概括工作，认识诸种事物的共同的本质。当着人们已经认识了这种共同的本质以后，就以这种共同的认识为指导，继续地向着尚未研究过的或尚未深入地研究过的各种具体的事物进行研究，找出其特殊的本质，这样才可以补充丰富和发展这种共同的本质的认识，而使这种共同的本质的认识不致变成枯槁的和僵死的东西。这是两个认识的过程：是一个由特殊到一般，一个是由一般到特殊。人类的认识总是这样循环往复地进行的。而每一次的循环（只要是严格地按照科学的方法）都可能使人类的认识提高一步，使人类的认识不断深化。"（第1卷，第309—310页）

实践和认识的反复，也就是由感性认识到理性认识，又由理性认识到实践的反复。人们在实践中间所接触的和所变革的，总是一个一个的物质的个体。所以，在实践中获得的感性经验是个别的。而理论则要把握一般的东西。所以，理论从实践中来，又回到实践中去，同时也就是从个别概括出一般，又由一般来指导个别的过程。但是一般的东西又是可以分为等级的。相对于高一级的一般来说，低一级的一般就成了特殊，而一般又寓于特殊之中。因此，基于实践的理论认识的深化的运动，就必然是由特殊到一般，又由一般到特殊反复进行的。理论认识经过特殊到一般又由一般到特殊的反复，就能够越来越深刻地揭示出事物变化发展的一般的本质，以至于达到对物质运动的最一般的规律，即唯物辩证法的规律的认识。

人们通常说，个别事物是具体的，一般概念是抽象的，经验是具体的，理性是抽象的。但从辩证法的意义说，经过特殊到一般的反复而达到的一般本质的认识，才是真正具体的，所以说"没有抽象的真理，真理总是具体的"。认识由特殊到一般，又由一般到特殊的反复的运动，也就是由具体到抽象，又由抽象到具体的反复的过程。人们在实践中接触和变革的对象是具体事物，所以认识总是开始于具体的东西，而后随着实践的深入，经过科学的分析、比较和研究，逐步揭露出事物的本质属性和因果联系，才在人的头脑里形成抽象的概念。这就是认识由具体到抽象的运动。但抽象的东西是包含着矛盾的：一方面，因为它是抽象的，所以能比低级的具体的认识更深刻地反映现实；另一方面，也正因为它是抽象的，所以又包含着"变成枯槁的僵死的东西"的可能。为了防止这种可能转化为现实，也为了促使认识再往前发展，认识必须由抽象再回到具体。这样，就使具体事物的研究由于有了科学的抽象概念的指导而避免了盲目性，而抽象的东西也由于充实了生动的内容而变得具体化了，变成了具有真正的"完备的客观性"的东西。概念有了完备的客观性，那就是主观与客观达到"具体的历史的统一"，这是可以由实践证实的。实践和认识反复不已，特殊和一般反复不已，抽象化和具体化的矛盾运动也永远没有完结。因此从它的发展方向来看，认识的总过程就是一个不断地由（低级的）具体到抽象，又由抽象到（高级的）具体的螺旋式的无限前进运动。

第三，认识论和群众路线的统一。

毛泽东认为，认识从实践中来，又到实践中去，就是从群众中来，又到群众中去的过程。他后来在《工作方法十六条》（草案）中说："概念、判断的形成过程、推理的过程，就是从群众中来的过程。把自己的观点和思想传达给别人的过程，就是到群众中去的过程。"（《毛泽东文集》第7卷，人民出版社，1999年，第358页）这种从群众中来，到群众中去的认识过程,对于领导者来说,就要求工作方法上走群众路线。他说:"在我党的一切实际工作中,凡属正确的领导,必须是从群众中来,到群众中去。这就是说,将群众的意见(分散的、无系统的意见)集中起来(经过研究,化为集中的系统的意见),又到群众中去作宣传解释,化为群众的意见,使群众坚持下去,见之于行动,并在群众行动中考验这些意见是否正确。然后再从群众中集中起来,再到群众中坚持下去。如此无限循环,一次比一次地更正确、更生动、更丰富。这就是马克思主义的认识论。"(《关于领导方法的若干问题》,第3卷,第899页)群众路线之所以要求从群众中集中起来,再到群众中坚持下去这样的无限循环,是因为认识过程本身是一个从群众中来,再到群众中去的不断反复的螺旋式无限前进的运动。群众的实践经验是人类智慧的唯一源泉,它有着科学理论所不可比拟的生动丰富的内容。不过,它是粗糙的东西,可以说,是一个庞杂的库藏,是由无数分散的、良莠不齐、精粗不分的经验构成的。群众的实践经验反映在人们的思想、言论中,就表现为形形色色的意见。客观现实世界是无限多样的,而认识又要受千差万别的条件的限制,因此,群众的意见必然是丰富多彩,但也分散而无系统。就一定领域说,为要形成理论以指导革命实践,就必须把这种分散的、无系统的意见经过比较和鉴别,分析和综合,然后概括起来,形成科学的概念和判断,并运用推理的方法,做出合乎逻辑的结论。这样就把来自群众的那些原料、半成品,经过加工制作而为成品,即成为科学的论断了。这种科学论断比之群众意见更高,更有集中性和系统性,因此也就更正确、更深刻、更完全地反映了客观事物的本质。但是,为要使科学的理论、计划变为群众的行动,就必须以恰当的方式对群众作宣传、教育,不论是科学研究还是实际工作领域,通常总是由个别的人从群众的实践中,当然也从自己的科学实验中,概括出科学的理论。而群众中比较先进的分子,首先接受这种理论,用他们的言论、行动来为真理开辟道路。然后经过一段时间的宣传、教育,经过逻辑论证和事实验证,科学的论断才会更为多数人所接受,成为多数人所公认的意见。理论为群众所掌握,就会在现实中发挥出它的力量。

实践和认识的辩证运动是无穷的,那么,从群众中来,到群众中去的辩证运动也是无穷的。一种系统的集中的意见、一种科学的理论、计划，为群众掌握了，贯彻于实践了，群众必然又在工作实践中依各自的条件而创造出丰富多样的新经验来，这种新经验又表现为新的分散的无系统的意见，又需要加以集中，加以提高，使之上升为新的理论。然后又回到实践中去，指导实践。这是一个由多样到统一，又由统一到多样循环往复的运动。

总之，毛泽东用了三个"循环往复"来表述认识运动的总秩序：以群众的实践为基础的认识的运动，是一个从多样到统一，又从统一到多样的反复过程；也是一个由特殊到一般，由一般到特殊的反复的过程；而总起来从它的发展方向来看，则表现为从片面发展到更多的方面，从个别、特殊上升到一般，从具体到抽象又由抽象上升到（辩证法的）具体这样一个无限前进的运动。这在马克思主义文献中是新的理论概括。同时毛泽东对辩证唯物论知行统一观的系统的论述，也是对中国哲学尤其是近代哲学讨论的知行问题的科学的总结。

三、客观辩证法与主观辩证法的统一

毛泽东在《矛盾论》中系统地论述了对立统一法则，其主要之点是：第一，指出矛盾是运动的源泉，内部矛盾是事物变化发展的根据，但内部根据和外部条件又是互相联结着的。第二，考察了矛盾的普遍性和特殊性，针对教条主义的错误，尤为详细地考察了矛盾的各种特殊性；并强调不同质的矛盾要用不同质的方法来解决，事物的各种矛盾和矛盾的各个方面还有主要、次要之分。第三，考察了矛盾的诸方面的斗争和统一性关系，并用"相反相成"一语来说明；并指出矛盾的转化表现为新陈代谢的过程。毛泽东对于对立统一法则的系统论述，是中国近代进化论发展到唯物史观进而达到的一般发展观的科学总结。

但是毛泽东在辩证法方面的贡献尤其在于其著作极好地体现了宇宙观和方法论、客观辩证法和主观辩证法的统一。他说："这个辩证法的宇宙观，主要地就是教导人们要善于去观察和分析各种事物的矛盾的运动，并根据这种分析，指出解决矛盾的方法。"（《矛盾论》，

第 1 卷，第 204 页）这是说宇宙观即方法论。又说："什么方法呢？那就是熟识敌我双方各方面的情况，找出其行动的规律，并且应用这些规律于自己的行动。"（《中国革命战争的战略问题》，第 1 卷，第 178 页）这是讲认识论即方法论。他又说："客观矛盾反映人主观的思想，组成了概念的矛盾运动，推动了思想的发展，不断地解决了人们思想问题。"（《矛盾论》，第 1 卷，第 306 页）概念的矛盾运动即逻辑。唯物辩证法是客观辩证法、认识论和逻辑的统一。逻辑是客观辩证法的反映，认识史的总结，而方法无非是逻辑的运用。《矛盾论》和《实践论》所阐明的辩证法和认识论，也就是《论持久战》《新民主主义论》中所运用的逻辑。

对立统一规律作为逻辑思维的根本规律来运用，就是分析和综合相结合的方法。毛泽东在他的很多著作中熟练地运用这些方法。以《论持久战》为例，毛泽东驳斥了亡国论与速胜论从而论证抗日战争将是持久的但一定会胜利的，就运用了分析和综合相结合的方法，具体来说，包含着以下三个环节：

第一，必须从实际出发，客观地全面地考察现状和历史，把握变化发展的根据。这种变化发展的根据是从考察事物的原始的基本关系中得到的，如《论持久战》的根据是由中日双方互相矛盾着的全部基本要素规定的。毛泽东指出：论军力、经济力和政治组织力，敌强我弱；论战争的性质，我们是进步的和正义的，敌人是退步的和野蛮的；再加上我地大、物博、人多、兵多，国际上得道多助，对比之下，敌人恰恰相反。这种客观全面地把握了战争的基本要素，就把握了规定战争的持久性和最后胜利属于中国的根据。

第二，通过对矛盾的分析来指出各种发展的可能性，并揭示发展的必然趋势。如《论持久战》中，具体考察了中日双方在战争中各种矛盾的展开，指出战争发展有亡国和解放两种可能性，而经过持久战以获得民族解放，则是占优势的可能性。毛泽东指出：战争是敌我双方的特点的比赛，矛盾运动的发展将使开始时的不平衡（敌强我弱）转变为平衡（敌我相持）再转变到新的不平衡（敌弱我强），于是持久战将分为三个阶段，中国将由战略防御阶段，经战略的相持阶段，达到战略反攻阶段，"这是战争的自然逻辑"。

第三，阐明如何创造条件，使有利于人民的可能性变为现实，以达到革命的目的。《论持久战》后半部分就是讲"怎样做"，即中国人民怎样依据规律有计划地来创造条件，经过持久战取得最后胜利，实现"驱逐日本帝国主义、建立自由平等的新中国"的目的，这就要发挥人的自觉的能动性，把自然逻辑和主观努力结合起来，进行政治动员，在战争中采取正确的战略和战术等。毛泽东说："客观因素具备着这种变化的可能性，但实现这种可能性，就需要正确的方针和主观的努力。这时候，主观作用是决定的了。"（第2卷，第487页）

《论持久战》的逻辑结构和它所运用的分析与综合相结合的方法，大体就是如此。毛泽东在继《资本论》之后，为我们提供了运用辩证逻辑的典范。列宁曾说《资本论》对商品的分析包括"两重分析——演绎的和归纳的，逻辑的和历史的"（《哲学笔记》，《列宁全集》第55卷，人民出版社，1990年，第291页）。也就是说，辩证逻辑的分析和综合相结合的方法，是包括演绎和归纳统一、逻辑和历史统一两种方法的。毛泽东在运用对立统一规律对事物作矛盾分析时，也正是如此。演绎和归纳的统一就是一般与个别相结合。毛泽东说矛盾的共性与个性的道理是"关于事物矛盾的问题的精髓"。依据矛盾的普遍性和特殊性相互联系的理论，在逻辑和方法论上，就要求在"研究一定事物的时候，就应当去发现这两方面及其互相联结，发现一事物内部的特殊性和普遍性的两方面及其互相联结，发现一事物和它以外的许多事物的互相联结"（《矛盾论》，第1卷，第319页）。逻辑和历史的统一，作为客观辩证法，是说规律是随着历史发展的，矛盾运动的逻辑体现在新陈代谢的历史过程中。这就要求在方法论上从逻辑和历史的统一来分析事物的矛盾转化过程，考察事物如何由于新旧力量的斗争而不断地推陈出新，由量变引起质变，由低级阶段发展到高级阶段。

毛泽东的辩证逻辑是值得重视的财富，但其中也存在着某些不足之处。这主要表现在两方面：一是他的辩证逻辑思想基本上是从社会历史领域中概括出来的，同近现代自然科学的联系较薄弱；二是他的辩证逻辑思想虽然有反对教条主义的作用，但是没有能够明确地揭示出教条主义是封建经学方法在马克思主义外衣下的重演，因而对经学方法的批判是不力的。

四、由人民民主专政到达大同之路

毛泽东为中国的社会革命勾画了理想的前景。他在关于人民民主专政的理论中，指明了到达大同之路。他说："资产阶级的民主主义让位给工人阶级领导的人民民主主义，资产阶级共和国让位给人民共和国。这样就造成了一种可能性：经过人民共和国到达社会主义和共产主义，到达阶级的消灭和世界的大同，康有为写了《大同书》，他没有也不可能找到一条到达大同的路。资产阶级的共和国，外国有过的，中国不能有，因为中国是受帝国主义压迫的国家。唯一的路是经过工人阶级领导的人民共和国。"（《论人民主专政》，第4卷，第1471页）

什么是人民民主专政？他说："对人民内部的民主方面和对反动派的专政方面，互相结合起来，就是人民民主专政。"（第4卷，第1475页）这就是运用人民民主专政来正确处理两类社会矛盾的学说，毛泽东后来在《关于正确处理人民内部矛盾的问题》中更详细地论述了这一学说。

在中国古代，儒家和法家曾展开所谓"王霸（德力）之争"，论争的结果是地主阶级国家需要"霸王道杂之"，即把德教和暴力两手结合起来。旧时代的国家机器掌握在少数剥削者手里，它实质上是镇压人民大众的暴力工具，所谓"仁政""德教"只是用来掩盖暴力的欺骗手段。人民共和国则掌握在人民大众手里，它对少数反对派是暴力，而对人民来说，则是保护人民用民主的方法进行自我教育的工具。过去的"王霸（德力）"之争，这才真正获得了解决。当然，这是在理论原则上的解决，在实践中人民如何当家做主人翁，如何正确区分和处理两类不同性质的社会矛盾，如何由群众自主地用民主的方法进行自我教育，都是复杂的问题。

毛泽东关于经过人民共和国来消灭阶级、实现大同理想的学说，把近代哲学关于理想社会的探讨推进了一大步。不过，现实的进程是复杂的、曲折的，不像人们在新中国即将诞生时预想的那样简单。毛泽东的人民民主专政理论是在阶级斗争十分尖锐的条件下提出来的，其中的某些提法，随着现实条件的改变，应该有所改进。比如，他在《论人民民主专政》中正确地指出"严重的问题是教育农民"；但他一直没有指明问题的严重性特别在于：在一个以农民为主体的国家里，行政权力支配社会的现象和农业社会主义的空想是极难克服的，因此，经过人民共和国来实现大同理想的学说，容易受到小农眼界的歪曲。又如，毛泽东在《论人民民主专政》中说："有了人民的国家，人民才有可能在全国范围内和全体规模上，用民主的方法，教育自己和改造自己，使自己脱离内外反动派的影响。"（第4卷，第1476页）这个论断在建国初期是正确的。但是在宣布社会主义改造基本完成之后，仍然执着这一论断，把人民内部的种种矛盾都看作"内外反动派的影响"或阶级斗争的反映，并且用"全国范围内和全体规模上"的急风暴雨式的群众性斗争的方法来处理，这就导致了阶级斗争的严重扩大化。

五、 革命的功利主义和群众的观点

毛泽东描绘了共产主义的自由人格的精神面貌：首先，应当是马克思主义者，在理论和实践、理想和现实上是统一的。"共产党员应是实事求是的模范，又是具有远见卓识的模范。"（《中国共产党在民族战争中的地位》，第2卷，第522页）其次，必须一切以合乎人民利益为出发点，和人民结合起来，在人民中生根、开花。这就是党的三大作风的前两条，是共产主义精神面貌的根本特征，而从人生观的理论来说，它们也意味着对中国近代哲学中的义利之辩与群己之辩做出了马克思主义的回答。

关于义利之辩，毛泽东提出革命的功利主义，他说："世界上没有什么超功利主义，在阶级社会里，不是这一阶级的功利主义，就是那一阶级的功利主义。我们是无产阶级的革命功利主义者，我们是以占全人口百分之九十以上的最广大群众的目前利益和将来利益的统一为出发点的，所以我们是以最广和最远为目标的革命的功利主义者，而不是只看到局部和目前的狭隘的功利主义者……任何一种东西，必须能使人民群众得到真实的利益,才是好的东西。"(《在延安文艺座谈会上的讲话》,第3卷,第864页)毛泽东的革命功利主义不仅认为革命的道德以革命的利益为基础,二者是统一的,而且还有更广泛的含义。他认为,一切"好"的东西,归根到底都以人民的利益为内容。这最广义的"好",亦即价值,包括道德的善、艺术的美、科学的真以及一切有益的制度、设施等等,都是为了使人民群众能得到真实利益。这里包含有一种价值观,它涉及价值判断的根据是效果还是动机的问题。同义利之辩相联系,志功(动机与效果)之辩也是哲学史上争论不休的问题,功利主义者多主张效果论,而非功利主义者则主张动机论。毛泽东说:"我们是辩证唯物主义的动机和效果的统一论者。为大众的动机和被大众欢迎的效果,是分不开的,必须使二者统一起来。"(《在延安文艺座谈会上的讲话》,第3卷,第868页)毛泽东把能动的革命的反映论贯彻于价值领域,一方面指出,"社会实践及其效果是检验主观愿望或动机的标准",行为的好坏、作品的美丑,都要看社会效果。另一方面,他又指出动机与效果的统一是一个过程,"真正的好心,必须顾及效果,总结经验,研究方法",发现了错误,就作诚恳的自我批判,决心改正。只有在这种力求动机与效果统一的"严肃的负责的实践过程中,才能一步一步地掌握正确的立场"(《在延安文艺座谈会上的讲话》,第3卷,第874页)。而掌握了(或转变到)正确的立场,即无产阶级的立场,才真正开始有了共产主义者的德性。

关于群己之辩,毛泽东提出群众观点,反对个人主义。他说:"共产党员无论何时何地都不应以个人利益放在第一位,而应以个人利益服从于民族的和人民群众的利益。"(《中国共产党在民族战争中的地位》,第2卷,第522页)20世纪三四十年代的马克思主义者,包括毛泽东、刘少奇等在内,不再像李大钊那样主张"合理的个人主义与合理的社会主义的统一",而是强调个人主义与集体主义的对立,以为个人主义把个人利益放在第一位,把党和群众的利益放在第二位,对革命事业有极大危害。

但毛泽东是把个性发展和个人主义区别开来的,反对个人主义而鼓励个性发展。他说:"解放个性,这也是民主对封建革命必然包括的。

有人说我们忽视或压制个性,这是不对的。被束缚的个性如不得解放,就没有民主主义,也没有社会主义。"(《毛泽东书信选集》,中央文献出版社,2004年,第216页)个性的发展是和近代商品经济的发展互相联系着的。从革命的过程来说,只有经过民主主义,才能到达社会主义。

正是因为要解放个性,所以群众观点中包含有尊重群众的个性的意思。毛泽东说:"在一切工作中,命令主义是错误的,因为它超过群众的觉悟程度,违反了群众的自愿原则,害了急性病……在一切工作中,尾巴主义也是错误的,因为它落后于群众的觉悟程度,违反了领导群众前进一步的原则,害了慢性病。"(《论联合政府》,第3卷,第1095页)一方面要群众出于自觉和自愿,自己下决心,而不是由领导者去包办代替;另一方面又要善于把群众的意见集中起来,领导群众不失时机地前进。毛泽东说:"只有民主集中制的政府,才能充分地发挥一切革命人民的意志。"(《新民主主义论》,第3卷,第677页)要发挥革命人民的意志,那便要尊重每个人的意志,使每个人都发表出于内心自愿的意见,而又集中起来,形成统一意志成为集体行动的动力。这就是毛泽东后来说的"又有集中又有民主,又有纪律又有自由,又有统一意志、又有个人心情舒畅、生动活泼,那样一种政治局面"(《一九五七年夏季形势》,《建国以来毛泽东文稿》第6册,中央文献出版社,1992年,第543页)。这同李大钊所说的"个性解放和大同团结的统一"是一个意思。当然,如何来实现这种近乎理想的政治局面,那是一个很复杂的问题。

毛泽东关于培养共产主义理想人格的理论,十分强调提高自觉性,克服盲目性。他指出,党的三大作风还有一个重要方面,即认真的批评和自我批评。他认为经常地检讨工作,进行认真的批评与自我批评,就是为了提高实事求是、紧密联系群众的自觉性。他还提倡"放下包袱,开动机器"。他说:"所谓放下包袱,就是说,我们精神上的许多负担应该加以解除,有许多的东西,只要我们对它们陷入盲目性,缺乏自觉性,就可能成为我们的包袱,成为我们的负担。"(《学习与时局》,第3卷,第947页)"放下包袱"即解放精神,"开动机器"即"要善于使用思想器官……学会分析事物的方法,养成分析的习惯"(《学习与时局》，第 3 卷，第 948 页）。这样既放下包袱，又开动机器，便能不断地增强自觉性了。毛泽东引了孟子的话"心之官则思"，说"他对脑筋的作用下了正确的定义"。以为使心灵解除束缚，理性不受蒙蔽，于是"多想出智慧"，便能不断提高自觉性。这种主张可说是对孔孟荀以来的崇尚理性自觉的儒家传统的发挥。孔孟荀都讲仁智统一，认为真正的道德行为应该是自觉的，而这种自觉性出于理性认识；正是根据这一点，他们认为通过教育、修养和身体力行，人人都可以成为有道德的人；而修养的任务就在于"解蔽"和提高理性的自觉性。儒家重视道德行为的自觉原则的学说，在历史上产生了积极的影响，中国共产党人批判地继承了这一传统。

刘少奇的《论共产党员的修养》突出地表现了中国共产党人对这一传统的批判继承。他在指出古代儒家所谓修养的唯心主义性质的同时，也肯定了孔孟讲锻炼和修养有合理成分，以为儒家讲"三省吾身""慎独"，勇于公开和改正错误犹如"日月之食"等等自我修养方法，都有可取之处。他还说共产主义的道德表现在对同志的"忠诚热爱"，能够"'将心比心'，设身处地为人家着想，体贴人家"，这便是讲的无产阶级的"忠恕之道"。他又说共产党员要有"先天下之忧而忧，后天下之乐而乐"的胸怀，要有"'富贵不能淫、贫贱不能移、威武不能屈'的革命坚定性和革命气节"，并认为"'杀身成仁'，'舍生取义'，在必要的时候，对多数共产党员来说，是被视为当然的事情。这不是由于他们的个人的革命狂热或沽名钓誉，而是由于他们对于社会发展的科学的了解和高度自觉"。（《论共产党员的修养》，《刘少奇选集》上，人民出版社，1981 年，第 132—134 页）毛泽东以及刘少奇关于理想人格或共产主义者的德性的理论，也是马克思主义哲学中国化的重要方面，包含着富于创造性的见解。但是，他们的上述学说也有不足之处。这里着重指出他们的理论中的一个不足之处——对道德的自愿原则的忽视。传统的儒家一直重视道德行为的自觉原则（这是优点）而忽视自愿原则（这是缺点），共产党人也受了它的影响。刘少奇认为对于共产党员而言，"应当说：'工作重要不重要'；不应该说：'我愿意不愿意'……愿意与强迫是相反相成的，是矛盾的统一，要使愿意与强迫在自觉的基础上统一起来。人觉得天冷就要穿衣，肚饿就要吃饭。这都是强迫的。但是因为人都自觉地去做，便成为愿意的了。如果党员自觉到哪种工作的重要，是革命的必需，他就会努力去担负那种工作，这样便成了自愿的了。"（《论党员在组织上和纪律上的修养》，中央党校出版社，1981年，第46页）就是说，一切客观需要对人都是一种强迫，但一经认识其为客观需要，有了自觉性，强迫便变成自愿了。这等于完全忽视了自愿原则，在理论上有片面性。道德行为不仅要自觉，而且要以意志自由为前提（党员宣誓入党出于自愿，便是接受党的任务的基本前提）。当然，自觉和自愿都有一个随实践、教育和修养而提高的过程，亦即不断克服盲目性和被动性的过程，而在这过程中，理智和意志互相促进，是不可偏废的。如果陷入片面性，忽视自愿原则，忽视意志自由和独立人格的前提，实际上也就是忽视了个性解放，忽视了每个人本身都是目的，这不但违背了"个性解放和大同团结统一"的原理，而且鼓励了把群众视为阿斗的习惯势力，为"个人迷信"开辟了道路。

总起来看，毛泽东用"能动的革命的反映论"来概括辩证唯物主义和历史唯物主义的基本原理，对中国近代哲学中的历史观和认识论中的"心物（知行）"之辩做出了科学的总结，对认识运动的秩序做出了新的理论概括，在运用矛盾法则研究事物的逻辑方法上做出了典范，关于到达大同之路和人生观理论方面也提出了创造性的见解，这些都是马克思主义哲学中国化所取得的重大发展，也是中国近代哲学革命的最主要的成果。当然，他也有欠缺之处，由于历史的原因，他过分强调阶级斗争（政治斗争、意识形态的斗争）的作用，这便潜伏着向独断论的斗争哲学和唯意志论转化的可能。在方法论上，他对经学方法批判不力；在自由理论上，他对自愿原则有所忽视。这些同他晚年所犯的错误有着一定联系，包含有深刻的理论思维的教训。

第三篇小结

一

中国近代哲学革命体现了哪些规律性，它与西方近代哲学革命相比较有些什么共同点和差异点？这主要从以下三方面来说明：

第一，社会阶级斗争制约着哲学的发展。哲学革命又转过来作了政治变革的"前导"。在近代西方，英、法、德、俄都是哲学革命作了政治变革的"前导"。中国近代也是如此。但是中国有它的特殊性。中国的政治革命是一个民族解放运动，是中国人民反帝反封建的斗争，这与西方很不一样。中国的时代中心问题是"中国向何处去"，反映在政治思想领域是"古今中西"之争，这也与西方不一样。在中国近代，中国人民反帝反封建的斗争由自发到自觉，与之相适应，中国人民的革命的世界观由自在而自为。这样的一个过程，在哲学领域就表现为一场哲学革命。这个哲学革命的胜利成果，实际上就是根源于中国人民实践的革命世界观取得了科学的形态，从而为中国人民的民主主义革命和社会主义革命作了理论的准备。

在哲学革命时代，经济上落后的国家，在理论上可以像恩格斯所说的"演奏第一提琴",后来居上。不妨说,"后来居上"是哲学革命时代的一个规律性的现象。在18世纪,法国原来较英国落后,但当时法国人如伏尔泰等,以极大的热情介绍英国的哲学,介绍洛克、牛顿,为法国革命寻找理论武器,并产生了一代的启蒙思想家,使唯物论在法国获得了比英国更大的发展。到19世纪,德国本来落后于英、法,但德国人向英、法寻找理论武器,向英、法的启蒙思想家学习,后来德国古典哲学却成了欧洲近代哲学发展的高峰。并从这里产生出马克思主义哲学。同样,俄国原来比西欧落后,但他们向西欧学习,俄国的革命民主主义者发展了费尔巴哈的学说,列宁又进而发展了马克思主义的理论。近代中国比之欧洲各国更要落后得多,但是中国人向西方寻求真理,经过一百多年的艰苦努力,确实也使哲学获得了很大发展。中国人学习了进化论,使进化论在中国的土地上得到了发展,又学习了马克思主义哲学,使马克思主义哲学中国化了,使中国近代哲学革命结出了丰硕的成果。和西方相比较,中国近代哲学革命尤其有它特殊的重大意义。中国近代哲学革命不仅为民主革命的胜利作了"前导",而且为社会主义革命作了准备。在这一点上,与英、法、德诸国不同,而与俄国则较为相似。但是,俄国文化还是属于西方文化的传统,中国文化和西方文化本来是两个各自独立发展的系统,差别很大。中国近代哲学革命就使西方的先进思想和中国的优秀传统结合起来了。可以说,由于中国近代的哲学革命,中西哲学、中西文化在中国的土地上开始汇合了,预示着中国哲学将成为统一的世界哲学的重要组成部分。当然,这只是一个发展趋势的开始,但它是一个具有重大历史意义的可贵的开始。

第二,恩格斯在《反杜林论》中指出:西方哲学史由古代的朴素唯物论和朴素辩证法相结合的阶段,经过近代的机械唯物论阶段,发展到辩证唯物论和历史唯物论的阶段。这方面中西哲学的发展有共同的规律性,但是,中国和西方又各有其特殊性。

同西方比较,中国古代经历了一个特别长的朴素唯物论和朴素辩证法的阶段,出现了战国和明清之际两个发展高峰。所以,中国哲学中有着特别深厚的朴素唯物论和朴素辩证法的传统。

在近代,与西方的机械唯物论的阶段相当,中国哲学则是经历了一个进化论的阶段。这是由自然科学的发展和中国社会需要所决定的。当中国资产阶级登上政治舞台时,即19世纪末,从世界范围来说,最发展的科学是达尔文的进化论,而不是与机械唯物论相联系的牛顿力学。中华民族要解放,也正需要进化论来鼓励中国人"自强保种",反对维护封建传统的天命论和复古主义。所以,进化论在当时成了先进的中国人手中的哲学武器。

中国近代哲学在进入了辩证唯物主义和历史唯物主义阶段之后,也有着显著的民族特色。这不仅表现在毛泽东运用了"实事求是""相反相成"这一类传统的哲学术语,更重要的是,在内容上,马克思主义哲学已经与中国的优秀传统结合了。中国古代一些杰出的哲学家,在哲学根本问题上提出了一些很好的见解。例如,关于"天人"之辩,荀子提出"明于天人之分"和"制天命而用之"的学说,王夫之提出"天之天"转化为"人之天"和人能"相天""造命"的理论等等;这些见解都是既坚持了唯物主义的前提,又重视了人的主观能动作用,体现了朴素唯物主义与朴素辩证法的统一。荀子和王夫之对知行关系问题也提出了朴素的辩证法的见解,而且在他们那里也已经有了辩证逻辑的雏形。经过近代哲学一百多年的发展,当毛泽东运用马克思主义哲学来作总结的时候,仿佛是在向荀子、王夫之复归。因为"能动的革命的反映论"的思想,可以说,已经潜在地包含在荀子、王夫之的理论中。当然,古代人的思想是朴素的,而现在我们讲能动的革命的反映论、辩证唯物主义的知行统一观、矛盾法则及辩证逻辑的环节等,已经具备了科学的形态,因而就与过去的朴素观念有着本质的区别。所以,这个仿佛"复归",在实际上是实现了一次前所未有的哲学革命。

第三,列宁在《谈谈辩证法问题》中对欧洲哲学发展的规律性作了科学的概括,认为从文艺复兴时期到近代是经历了三个发展的圆圈。我认为,列宁讲的这三个圆圈是包含了三个对立:一是唯理论和经验论的对立;二是独断论和怀疑论的对立;三是直观唯物论和唯心辩证法的对立。在克服了这些哲学体系之后,我们可以看到,哲学史作为根源于人类的社会实践,主要围绕着思维和存在的关系问题而展开的认识的辩证运动,是通过感性和理性、绝对和相对、唯物主义和辩证法(包括客观规律和主观能动性)这样的一些环节而展开的。总起来看,它就表现为一个近似于螺旋式上升的前进运动。

中国近代哲学是否重复了列宁所说的欧洲近代哲学的发展规律？对此不能拿西方的模式来套，而要具体地分析中国近代哲学的发展，同时将中国和西方作比较。从龚自珍、魏源提出某些具有近代意义的命题开始，后来康有为建立了一个先验论的体系，严复主张经验论，章太炎的思辨哲学则从唯理论走向唯意志论。到"五四"时期，那些唯意志论和直觉主义者，如梁漱溟、张君劢等，他们讲玄学，是独断论的；而那些实证论者，如胡适、丁文江等，则有相对主义、不可知论的倾向。最后达到辩证唯物主义和历史唯物主义，并实现唯物主义和辩证法的统一。所以，我们粗略地回顾一下，也可以说，中国近代哲学是近似地重复了欧洲近代哲学发展的一些环节。但是，中国近代虽然有经验论和唯理论的对立、独断论和相对主义的对立，但和欧洲近代是有差别的。英国的经验论在培根、霍布士、洛克、贝克莱、休谟，还有法国的伽桑狄等那里，曾得到了充分的发展。欧洲大陆的理性主义在笛卡儿、斯宾诺莎、莱布尼兹、沃尔夫等那里，也得到了充分的发展。经验论和唯理论在中国近代并没有这样充分发展。而且既没有像法国霍尔巴赫等那样具有独断论倾向的哲学家建立机械唯物主义体系，也没有像休谟、康德那样的哲学家，成为不可知论、怀疑论的典型的代表。在中国近代，没有产生斯宾诺莎，没有产生黑格尔。中国近代的特点是在一百年内走完西方几百年走过的历程。所以，必须像孙中山所说的那样要"迎头赶上"，要尽可能快地接受西方的新的真理。正因为这样，所以哲学在前一阶段没有得到充分发展，还来不及总结，就很快进入了后一阶段。这种情况类似于学生受教育的过程。学生在教师的指导之下受教育，教学过程不能违背认识的自然过程。认识的自然过程经历的那些必要环节是不能跳越的。比如说，要学高等数学，总得先学初等数学；要学达尔文进化论，总得先学植物分类学；要理解爱因斯坦相对论，总得先学牛顿力学。但是，教学过程是在教师指导之下进行的，学习是一种在外力诱发之下产生的认识的运动，其中的某些具体环节不一定都要充分地展开。在近代，因为中国人要迎头赶上，所以西方近代哲学的某些环节在中国确实没有充分展开，并且也不需要充分展开。但是，列宁所说的"每一种思想等于整个人类思想发展的大圆圈（螺旋）上的一个圆圈"（《列宁全集》第55卷，人民出版社，1990年，第207页），也是黑格尔的意思，仍然是正确的。按黑格尔和列宁的观点，每一种哲学思想都只有经过曲折的发展，经过一些对立的环节而展开，最后达到了对立的统一，才是相对地完成。中国近代哲学革命所达到的成果，就是马克思主义哲学和中国革命的具体实践（包括和中国的优秀传统）相结合，从而完成了一个发展的圆圈。这个圆圈正是通过感性和理性、绝对和相对、客观规律和主观能动性这样一些互相联系的环节而达到的。它没有越过必要的环节。前人来不及批判地总结，马克思主义者则补上了这一课。

在马克思主义哲学中国化的过程中，在革命阵营内部既批评了经验主义和教条主义，又反对了右倾和左倾的错误。在中国，右倾的思想往往表现为相对主义和折衷主义，讲矛盾调和论而忽视斗争，强调客观条件而忽视主观能动性；而左倾的思想往往表现为独断论，讲"斗争哲学"而忽视统一，强调主观能动性而忽视客观条件。所以，克服这种"左"、右倾向，克服经验主义和教条主义的倾向，实际上也就是对于感性和理性、绝对和相对、客观规律和主观能动性以及对立面的斗争和统一等等环节，经过批判的总结而达到比较全面的把握，这样就使哲学思想变得比较完整，也就是相对地完成了一个发展的圆圈。马克思列宁主义与中国革命实践的结合，确实使马克思主义哲学中国化而成为一种相对完备的思想，达到了主观和客观、理论与实践、知和行的具体的历史的统一。所以，在一定意义上，我们可以说，中国近代哲学是重复了西方从文艺复兴到近代的哲学发展的那些环节。正是通过这些环节，中国近代哲学完成了一个发展的圆圈，取得了革命的胜利成果。

不过，相对地完成一个发展的圆圈，正是新的发展的开始。古今、中西之争和哲学革命并没有结束，在新的历史条件下，它正以新的方式在继续着。

二

中国近代哲学演变的主要线索是：历史观和认识论两个领域的哲学论争，后来在心物之辩上结合为一，由马克思主义者用能动的革命的反映论作了科学的回答。这就是中国近代哲学革命的最主要的积极成果。

心物之辩在中国和西方都由来已久，问题是这一论争在中国近代有些什么特色？这可以从正反两面来说明。

从反面即从哲学革命要批判和反对的主要对象来看。孔子首先提出"君子有三畏，畏天命，畏大人，畏圣人之言"。以后正统派儒学从董仲舒到程朱，都讲天命史观，在认识论上都以圣人之是非为是非，所以是一种经学的独断论（权威主义）的学说。一旦这种圣贤的教训被戳穿，变成了骗人的把戏，独断论便走向反面，转化为相对主义或虚无主义（虚无主义其实是变相的独断论）。这种唯心主义的天命论和经学的独断论形成了中国哲学中的腐朽的传统，它在古代也曾遭到进步思想家的多次冲击，但在封建专制的统治下，不可能真正被冲破。近代的进步思想家经过艰巨而复杂的斗争，用进化论和唯物史观反对天命史观，用唯物辩证法反对独断论和虚无主义，最后归结到能动的革命的反映论，在认识论和历史观（以及一般的发展观）上批判了这个腐朽的传统。

从正面，即能动的革命的反映论对心物之辩的解决来看，其特点就在于把认识论和历史观结合为一。中国古代的心物之辩主要是天道观和认识论的论争，古代哲学没有社会存在和社会意识的观念，不会讨论这两者的关系。在西方近代，认识论也首先是和自然观相联系着的。而在中国近代，为了回答中国向何处去的问题，社会历史观的问题突出了，它和认识论问题互相影响，历史观渗透到认识论中，认识论又渗透到历史观里，最后达到能动的革命的反映论的结论。

能动的革命的反映论把基于实践的社会历史和认识活动了解为客观过程的反映和主观能动性的作用。它把唯物主义的反映论同重视主观能动性的观点和实践的观点统一起来了。所以对认识论和历史观中的心物之辩的科学的规定，是同对主体性的考察和实践观点的提出分不开的。

近代开始，龚自珍提出"众人之宰，自名曰我"的命题，便突出了对主体性的考察。龚、魏讨论"我"和"物"的关系问题，梁启超进而明确指出：它包括有两方面的内容：一是己和群的关系，一是心和物的关系，这个"心物""群己"之辩既是社会历史观（以及人生观）的问题，也是认识论的问题。梁启超在唯心论的形式下，既着重考察了认识论中的自我，也对社会心理和群体意识作了第一次认真的探讨。

同时，自魏源提出"及之而后知"以来，认识论上的知行之辩经历了经验论和先验论的分别发展，发生了"知先于行"还是"行先于知"的争论。章太炎和孙中山在这一争论中对知行关系的论述都包含有某些辩证的见解。章太炎提出了"竞争生智慧"的命题，又用"竞以器，竞以礼"来说明人群的进化。在他的进化论的"竞争"观念中，有了社会实践观点和唯物史观的胚芽，也体现了认识论与历史观的结合。

"五四"时期，李大钊首先由进化论者转变为马克思主义者。他的历史进化论具有理性主义的特色。后来他接受了唯物史观，便开始用社会存在来说明社会意识、用生产力和生产关系的矛盾运动来说明社会形态的进化。这是反映论的理论。他指出：正是因为有了唯物史观这种理论，才使得我们这些普通人认识到历史就是我们劳动者创造出来的，于是便把个人和求进步的人民群众结合在一起，这才是真正"自觉我们自己的权威"。李大钊认为历史的火车头是敢于投身现实斗争的人们，认为人们只要抓住"今"，即现在的劳作，便能凭借过去，以创造未来，能动地推动历史前进。李大钊把握了马克思主义的实践观点，高度颂扬了主体的能动性，他对心物、群己、知行关系问题的解决，已包含有能动的革命的反映论的基本点，不过他较多地论述历史观，而较少论述认识论。

以后，马克思主义哲学随着中国革命实践的发展而经历了一系列的斗争，在党外，批判了唯意志论、实用主义、"新儒家"等哲学流派；在党内，瞿秋白着重反对了经验主义和右的错误倾向，毛泽东、刘少奇着重反对了教条主义和"左"的错误倾向，马克思主义的普遍真理和中国革命的具体实践相结合，回答了"中国向何处去"的问题，也使历史观和认识论中的心物之辩达到科学的总结，这个总结由毛泽东用"能动的革命的反映论"一词作了概括。毛泽东根据能动的革命的反映论来阐明认识运动的秩序（包括吸取了李达、艾思奇等的某些贡献在内），把认识的辩证运动描述为实践、认识、再实践、再认识这种形式，循环往复以至无穷，而实践和认识之每一循环（如果是相对地完成的螺旋），都是达到主观与客观、理论与实践、知与行的具体的历史的统一，都使人对真理的认识比较地进到了高一级的程度。这种辩证唯物主义的知行统一观，把基于实践的认识过程理解为螺旋式的无限前进的运动，并从这样的观点来考察认识过程中的感性与理性（个别与一般）的反复，意见与真理（把群众的意见经过分析批判而集中起来，形成正确的结论以指导群众）的反复，认为绝对的东西即寓于相对的东西之中，绝对真理正是不断地在相对真理中展开，而表现为无数次的主观与客观、理论与实践、知与行的具体的历史的统一的螺旋式上升运动。毛泽东的认识论具有强烈的历史感。同时，他又把历史观提高到一般的辩证发展观，多层次地考察了矛盾的普遍性和特殊性的互相联结，内因与外因的互相联结，着重指出事物的各种矛盾和矛盾的各个方面有主要、次要之分，现实的进化规律内在于新陈代谢的历史过程中；并强调不同质的矛盾要用不同质的方法来解决，因此，决不可混淆两类不同性质的社会矛盾，等等。毛泽东的这些理论概括体现了认识论和历史观（以及一般的发展观）的统一，是同他对心物、知行、群己关系问题作了唯物主义和辩证法统一的回答相联系着的。

哲学是时代精神的精华。历史观和认识论上的心物之辩，集中地反映了时代的问题。所以对它做出正确的答复，也就找到了解决时代的中心问题的钥匙。能动的革命的反映论体现在党的实事求是的思想路线之中。正是在它的指引下，中国人民取得了新民主主义革命的胜利，解决了"中国向何处去"的问题。

时代精神也曲折地反映在某些专业哲学家身上。例如，金岳霖在《知识论》中论证了感觉能给予客观实在，提出"所与是客观的呈现""概念具有摹写与规范的双重作用"的理论，阐明了感性与理性、事与理的统一，并用"以得自经验之道还治经验之身"来概括他的全部认识论，也正是把认识了解为客观过程的反映和主观能动性的作用。当然，金岳霖当时未能像马克思主义者那样把认识论和历史观在社会实践基础上统一起来，但他循着自己独特的道路前进，其发展的趋向也正是能动的革命的反映论。

能动的革命的反映论体现了时代精神，也是马克思主义与中国哲学的优秀传统结合的结果。它批判地继承了朴素唯物主义与朴素辩证法的传统，经过革命的飞跃，而达到了新的高度。它作为中国近代哲学革命的最主要的成果，是历史观和认识论中心物之辩的科学的总结，也为方法论的近代化与探讨人的自由问题提供了理论依据。

但是，有了能动的革命的反映论，并不等于万事大吉了。把这一理论从各方面加以阐发，特别是贯彻到方法论和自由理论的领域，还有待哲学工作者的努力。从批判的主要对象来说，天命史观和经学的独断论（以及虚无主义）的思想影响是非常顽固，并且像变色龙那样善于改变色彩的。所以，如何识别它们，运用能动的革命的反映论（或者说实事求是的思想路线）来同它们进行韧性的战斗，仍然是很艰巨的任务。

三

哲学革命包括着逻辑思想和方法论的革命。这方面，中国近代的哲学家作了很多的探索，有积极成果，也有不足之处。

方法论革命的最本质的要求，是要用近代的科学方法取代古代的经学方法。正统派儒学认为孔孟之道和四书五经已具备了全部的真理，后人只能对这些经典作注释，如果提出什么新见解，也一定要引经据典来作论证。这种经学方法严重地束缚了人们的思想，阻碍着中国走向近代化。康有为的哲学虽然还保留着经学形式，但他已在一定程度上看到了方法论需要近代化的问题。他尝试将几何学和代数学的方法运用于社会历史领域，这虽然导致了先验论，却也预示着：哲学将从近代科学吸取丰富的营养而取得新的方法，最终抛弃陈旧的经学外衣。

梁启超反对把一切"依傍比附"于孔子的经学传统。他提出"除心奴"的学说，强调思想的自由是真理之源，认为理性一旦获得自由，真理就会如泉水般源源不绝而来。到了"五四"新文化运动时期，陈独秀高举"民主"和"科学"两大旗帜，打倒孔家店的呐喊震天动地。新文化运动的主将们都强调百家争鸣，他们意识到，科学和民主不可分割，要用科学方法取代经学方法，一定要"循思想自由原则"，反对"定于一尊"的独断论，李大钊特别指出要反对对英雄、圣人的崇拜，认为即令圣人能造福于人民，对圣人的崇拜也会产生很大的副作用；受了圣人的恩惠，就会使群众失去独立的人格而堕于奴隶服从之地位。所以他说，"孔子生，吾华衰"。

那么，为要取代经学方法，应当用什么样的科学方法呢？

严复第一个比较自觉地介绍了西方的逻辑学。他批评了中国人从"诗云""子曰"出发的"论辨常法"，认为真正要获取新知识必须用归纳法。他说归纳法包括四层功夫：一是观察、试验，收集有关的事实材料；二是在占有事实材料的基础上建立假设；三是运用演绎法对假设进行论证、推导；四是用事实或实验来印证假设。这四点大体包含了近代实验科学方法的基本环节。这确实是中国人需要的新工具。不过严复注重的是归纳法，章太炎与严复不同，他注重演绎法。他认为"辨说之道"即逻辑论证的方法在于：首先是提出论题，其次是阐明根据或理由，再次是依据类进行比较。这就是因明的宗、因、喻三支作法，而因明的喻体包含了喻依，也就是演绎法中包含了归纳。梁启超、王国维也都重视逻辑学的研究，不过他们的贡献主要在历史主义的方法。他们有了历史进化论作为理论基础，超越了浙东史学家们。

胡适试图把前人的探索加以总结。他提出的方法论，首先一条是"拿证据来"，没有论据便只能"存疑"。在这个前提下，他讲两个基本方法——"科学试验室的态度"和"历史的态度"。所谓"科学试验室的态度"就是"大胆假设，小心求证"。胡适把清代朴学的考据方法和近代科学方法相沟通，认为两者都是根据事实材料，提出假设，然后进行验证，证据多而有力遂为定论，有有力反证则被否定。他指出，自然科学家比考据学家优越之处，在于可以用实验的方法"创造证据"，而不是被动地跟着材料走。但他讲"大胆假设"，未免忽视了数学的论证和推导在形成科学假设中的重要性，表明他和严复一样，是偏向归纳法的。至于胡适所谓"历史的态度"，就是要求用进化论的观点寻求历史演变的线索、演变的原因，并加以评判。这有其合理之处，不过他主张多元论的历史观，因而并未能真正阐明历史的因果律。

金岳霖又和胡适不同，他把罗素的数理逻辑介绍到中国，并对方法论的原理作了比较深入的探讨。他指出，形式逻辑的规律是思维必须遵守的基本条件，为各种科学提供了取舍标准，任何科学要构成严密的系统，都需要运用形式逻辑作工具。因此，形式逻辑就有了一般的方法论的意义。希腊人早就注意到了形式逻辑对科学系统化的重要性（欧几里得几何学最能说明这一点），而这是过去中国人所忽视的。金岳霖对此作了比较透彻的理论说明。同时，他还指出："所谓科学方法，即以自然律去接受自然，或以自然律为手段或工具去研究自然。"就是说，科学家在观察、试验中运用自然律作为接受方式，即以自然过程之"理"还治自然过程之身，科学理论便成了工具，转化为方法了。这样讲实验科学方法的基本原理，已接近辩证法的观点。但金岳霖当时把接受总则归结为归纳原则则是不够正确的。

在马克思主义哲学中国化的过程中，历史主义方法获得很大发展。如果说，浙东史学主张即事而求道（笼统的一般的道），进化论者提出明变而求因（实证科学的因果律），那么唯物史观则进而要求从历史和逻辑的统一中来揭示发展的真正根据，把握矛盾发展的全过程。毛泽东很重视方法论的研究，他讲了调查研究的方法、群众路线的工作方法、军事研究的方法等等，也指出了认识论、辩证的发展观和方法论的统一。从他的著作里，我们可以概括出辩证逻辑方法论的一般环节，这大体包含以下的要点：

第一，从实际出发，客观地全面考察历史和现状，把握事物的原始的基本的关系，从而把握事物变化发展的根据。

第二，运用对立统一规律作为根本的方法，其核心是分析与综合相结合。这包含着"开始、进展和目的"三个环节；要求通过对"根据"作矛盾分析来指出不同的发展的可能性，其中什么是占优势的可能性（亦即发展的必然趋势），并说明如何依据规律来创造条件，使有利于人民的可能性变为现实。

第三，归纳和演绎相结合。

第四，历史和逻辑相结合。

第三、第四点是分析和综合相结合的组成部分。对事物矛盾的研究，如果着重横的剖析，归纳和演绎的结合便成为主要的；如果着重纵的考察，历史和逻辑的统一便成为主要的。

第五，每一步都要用事实来检验，对现实的矛盾分析要联系到对不同意见、不同观点的评论。理论和实际相联系贯穿于整个过程中。

上述简要的概括，既是根据唯物辩证法的观点，也把中国近代哲学家对方法论的探索的成果批判地包含在其中了。前人提出的用科学方法取代经学方法的要求，归纳方法、演绎方法和历史主义方法的精华，类（一般）、故（根据）、理（规律、逻辑）范畴作为方法论来运用，都已被有机地结合在一起，安置在唯物辩证法的基础上。当然，形式逻辑作为思维必须遵守的基本条件和组织任何科学系统的工具，仍然保持着它的独立性，那不是辩证逻辑所能取代的。运用形式逻辑的分析方法于哲学研究（包括对中国传统哲学的研究），使概念明晰，论证严密，也是必要的。

但这是我们今天在作历史的回顾时得出的粗略的概括。实际上，直到1949年中国近代史的结束，对近代哲学家在方法论上的探索并没有进行系统的总结。正因为如此，就使得马克思主义者在方法论问题上的偏差没有被揭示出来。这种偏差主要有两条：一是同夸大阶级斗争相联系，有把阶级分析的方法简单化、绝对化的偏向；二是对中国传统思维方式的分析很不够，尤其表现在对经学方法的清算不力，甚至披着革命的外衣来贩卖经学方法。所以，在十年动乱期间，个人迷信代替了民主讨论，语录代替了科学论证，但大家没有意识到这是封建主义的遗毒。

四

哲学革命归结到社会的改造和人的改造，亦即归结到人的自由的问题，这方面，中国近代的哲学家也作了很多的探索，有积极成果，也有不足之处。

人的自由问题也可以从正反两面来说明。

从反面，即从批判的对象说，近代意义的自由就在于反对封建的权威主义和纲常教义的束缚。自龚自珍对"衰世"进行揭露批判开始，近代的进步思想家不断地批判旧世界。谭嗣同猛烈抨击名教，冲决网罗。梁启超提出"道德革命"的口号，反对在上者的专制压迫，也批评在下者的奴性。"五四"新文化运动时期，对旧礼教、旧道德更展开了空前的暴风雨般的袭击。鲁迅毕生从事"国民性"的分析，他看到了社会的改造和人的改造的复杂性和艰巨性。在他看来，中国的社会是一个主—奴等级秩序，维护这一秩序的工具是儒家的礼教和天命论。正由于长期受儒家教义统治，便养成了中国人的"面子"观念和"运命"观念。但随着封建制度的腐朽崩溃，统治者及其奴才都已变成"无特操"的"做戏的虚无党"。他们的这种虚无主义也影响了社会，是使社会成为散沙的毒素。鲁迅认为由千百年习惯势力形成的"坏根性"是非常顽强的，"倘不将这些改革，则这革命即等于无成，如沙上建塔，顷刻倒坏"。

从正面，即从人类所追求的目标来说，自由就是要建立理想的"自由王国"和养成理想的自由人格，达到合乎人性的真善美统一的境界。下面分三点来说：

首先，从社会理想来说，近代思想家认为理想在未来，反对复古主义。洪秀全重新提出《礼运》的"大同"理想，鼓吹通过革命群众的斗争在地上建立"天国"。康有为的"大同之世"则是一种自由、平等、博爱的人道主义的乌托邦。孙中山讲"天下为公"，先是以"民有、民治、民享"为主要内容，后又强调它和共产主义的一致性。中国近代同西方一样，社会主义也经历了由空想到科学的发展。李大钊开始把大同理想建立在唯物史观的科学基础上，并着重指出科学的社会主义和人道主义的统一，大同团结和个性解放的统一。这也就是《共产党宣言》所说的："代替那存在着阶级和阶级对立的资产阶级旧社会的，将是这样一个联合体，在那里，每个人的自由发展是一切人的自由发展的条件。"（《马克思恩格斯选集》第1卷，人民出版社，1995年，第294页）

其次，从人生理想来说，近代哲学家提出平民化的自由人格来取代封建时代的圣贤。龚自珍已强调众人自作主宰。严复、章太炎在伦理学上虽有功利主义和非功利主义的对立，却都肯定每个人有独立人格、自由意志是行为可以区分善恶、功过的前提。在封建制度下，讲纲常名教，在上者可以主观武断，在下者只能唯命是从，所以不必讲"言必信，行必果"。而在民主制度下，个人有独立人格、自由意志，对自己的言行有高度道德责任感，便重视"言必信，行必果"了，这种对道德行为的自愿原则（出于自由意志）的强调，具有反封建的意义，也是后来新文化运动中许多人的共同观点。不过若强调过分，忽视了自觉原则，便可以引导到唯意志论和非决定论去。所谓"科学与玄学的论战"，就是唯意志论和非决定论两派的论战。此后有一个时期，鉴于法西斯主义者鼓吹唯意志论，马克思主义者和某些专业哲学家便都比较强调了道德行为的自觉的原则。瞿秋白讲历史决定论和"人是工具"说，虽有其历史的理由，也包含有理论上的片面性。而冯友兰从"觉解"来区分人生境界，虽也有一点合理成分，同时是在替正统派儒学作辩护。

但鲁迅已描绘了一个真实的自由人格的精神面貌。他指出，一个先驱者要能够把清醒的理智和强毅的意志力统一起来，为大众的利益进行韧性的战斗。他说，真正的先驱者始终把自己看作大众中的一员，"他也用权，却不是骗人，他利导，却并非迎合。他不看轻自己，以为是大家的戏子，也不看轻别人，当作自己的娄罗"。用权骗人的"做戏的虚无党"是寇盗，唯命是从的小娄罗是奴才。革新或革命，旨在破坏这由寇盗、奴才组成的秩序，所以一定要有完全清除寇盗心和奴才气的自由人格。鲁迅所说的这种人格，同真正具有能动的革命的反映论观点和三大作风的共产党人是一致的。这样的人格具有革命的功利主义的态度，在他的活动中义和利、动机和效果，是在人民大众的立场上统一的。他自尊无畏，也尊重别人，对己对人都体现了自愿原则和自觉原则的统一，比较正确地解决了群己关系问题。

再次，人的自由问题涉及人性理论和价值学说。

正统派儒家讲"天命之谓性"，认为人的自由就在"顺命""复性"。近代进步思想家反对这种宿命论观点，而从进化论和唯物史观来说明人性。进化论者把人看作生物学上的"种"，虽是抽象的人性论（或说感性、或说理性、或说意欲），但讲人人平等，具有反封建意义。马克思主义者则认为"只有具体的人性，没有抽象的人性，在阶级社会里就是只有带着阶级性的人性"（《在延安文艺座谈会上的讲话》，第3卷，第870页）。唯物史观的人性论，虽吸取了过去"习与性成"说的合理因素，但在社会实践的基础上来理解环境的改造和人性的发展的一致——亦即自由，已超过了以往一切人性学说。

马克思主义认为劳动是人的最本质的特征，所以在价值观上，十分重视社会物质财富的创造，肯定自由劳动是合理的价值体系的基石；并从劳动者的观点出发，认为"任何一种东西，必须能使人民群众得到真实的利益，才是好的东西"（《在延安文艺座谈会上的讲话》，第 3 卷，第 864—865 页）。人民群众的真实利益是最基本的"好"，在此基础上产生真、善、美的理想是和人的本质力量——理智、意志、情感相联系着的。理想的"自由王国"和理想的自由人格都应是真善美的统一。这是个古老的观念，不过能动的革命的反映论已为它提供新的理论前提。如果我们作一点引申，可以这样来说明哲学上的自由概念：自由意味着理想化为现实。从认识论说，自由是对必然的认识以及根据这种认识改造世界，也就是真理性的认识作为科学理想而得到实现；从伦理学上说，自由是人们自觉自愿地在行为中遵循"当然之则"（道德规范），也就是体现了进步人类道德理想的准则，在人们的社会行为和伦理关系中得到实现；从美学上说，自由就如马克思说的在"人化的自然"中直观人自身，也就是人的本质力量在人化的自然或艺术品中对象化了，形象化了，于是审美理想在灌注了人的感情的生动形象中得到实现。这是我们从辩证唯物主义观点出发给自由下的几个定义。在不同领域，自由有不同的含义；并且自由作为一定理想的实现，都是历史地有条件的。同时，政治上的自由概念与哲学上的自由概念虽有差别，但两者又是密切联系着的。

马克思主义者关于人的自由问题的探索已取得了多方面的成果：提出大同团结和个性解放统一的社会理想来作为全民族奋斗的目标，是根据真理性的认识来争取自由。要求培养平民化的自由人格，这种人格在人民的立场上解决义利、群己关系问题，体现了自觉原则与自愿原则的统一，这是一种新的伦理关系中的自由。鲁迅从革命的功利主义出发来讲美学，对典型性格理论作了探讨，并着重指出中国艺术中有个勇于揭发现实矛盾的"金刚怒目"式的传统，为建立中国化的马克思主义的美学作了开拓性的工作。

一些专业哲学家分别对认识论、伦理学、美学作了研究，也有所贡献。金岳霖对真理问题作了较深入的探讨，不过他把自由问题归之于"元学的题材"了。冯友兰讲"觉解"和熊十力讲"性修不二"，对儒家伦理思想中的合理因素有所发掘，也是有意义的。至于美学，中西方传统本来各具特色，西方人比较早地发展了关于艺术描写典型性格的理论，中国人则比较早地发展了关于抒情艺术的意境理论。进入近代，中国人和西方的艺术与美学理论接触了，便极自然地感到其间的差别，而试图把它们沟通起来。王国维借鉴西方的典型学说来解释中国的意境理论，使人感到耳目一新；朱光潜运用表现说来说明：在意境中意象与情趣两要素如何结合而表现了自我；宗白华则更重视"艺中之道"，强调了意境的理想性；虽然都引导到唯心论去了，但他们已使传统的美学取得了近代的形式。

尽管有以上这些成果，但应该指出，近代哲学关于人的自由和真善美理论的探索是没有得到系统的总结的。正因为如此，所以某些理论问题上的偏差没有被揭示出来。这种偏差主要也有两条：首先，人的自由问题要归结到人的本质或人性的理论。马克思主义对人性已作了科学的说明。但是，在中国近代阶级斗争十分尖锐的历史条件下，马克思主义者有一种把人性简单化为阶级性的偏向，既忽视了个性，也忽视了对民族心理、国民意识等的探讨。鲁迅对"民国性"的深刻研究后来被遗忘了，对千百年的传统思想影响和习惯势力的顽固性失去了警惕。忽视个性，也就忽视道德行为的自愿原则，群众成了被动的"工具"，助长了"个人迷信"，终于造成了像"文革"那样的"运动群众"（非群众运动）。其次，宿命论和唯意志论的对立，没有从理论和实践上加以解决。共产党人由此陷入盲目性，犯了"右"的和"左"的错误，以致到"大跃进""文革"，更是片面地夸大主观能动性和上层建筑的作用，鼓吹独断论的斗争哲学和唯意志论。唯意志论走向反面，便成为宿命论、虚无主义。十年动乱中，唯意志论泛滥，宿命论也泛滥，而一旦迷信被粉碎，许多人成了虚无主义的俘虏，产生所谓"信仰危机"了。

五

以上我们简要说明了中国近代哲学革命的积极成果（当然远不止这些）。但是，中国近代哲学革命也有着缺点。我们把哲学史了解为根源于社会实践而相对独立地发展着的过程。因此，我们也从哲学的根源和哲学的相对独立发展这两方面来分析近代哲学革命的缺点。

从哲学的根源来说，社会实践一方面通过政治思想领域的斗争，另一方面通过科学（自然科学和人文科学）来促进哲学的发展，两者不可偏废。中国近代首先要解决"中国向何处去"的问题，这是关系到民族的生死存亡的问题。这个非常迫切的问题，在政治思想领域表现为"古今中西"之争，推动着中国近代哲学的发展。因而中国近代哲学有个显著的优点：从社会政治斗争中获得动力和革命精神，并有力地为政治斗争服务。但是，与此同时也带来了缺点：中国近代先进的思想家（包括马克思主义者）过分注意了哲学作为意识形态的政治功能，对于哲学作为理论思维的科学性质及其与具体科学的联系则未免有所忽视。

正由于中国近代哲学革命有这样的缺点，所以中国近代的思想家没有像欧洲近代的思想家那样，使哲学和自然科学结成紧密的联盟。西方近代的许多哲学家同时就是自然科学家，对自然科学发展有很大贡献。中国近代的哲学家是关心自然科学的，他们的世界观和近代自然科学是有联系的。但由于他们以极大的热情关注着最具迫切性的政治问题，也由于近代自然科学在中国非常薄弱，所以，他们并没能给哲学提供深厚的自然科学基础。从康有为、孙中山到毛泽东都是如此。无论是中国近代的资产阶级哲学家还是马克思主义者，在自然观方面都没有取得比较大的成就。

从哲学的相对独立的发展来说，中国近代哲学的思想资料来自西方及中国的传统。这里也存在着古与今、中与西的关系。中国近代哲学革命在解决这两个关系上也有着缺点。

在"中西"关系上，中国近代绝大多数的思想家对于西方思想的吸取存在着急功近利的倾向，常常在急切的政治斗争的催促下，迫不及待地将西方某种理论搬来，运用于指导社会改革。他们对于西方文化的理解和吸取往往是肤浅的。马克思主义哲学中国化是中西哲学合流的伟大成果，但中国人主要是通过苏联的著作（这些著作里有不少僵化的教条）来学习马克思主义的，而对马克思主义所赖以产生的西方文化背景及其演变缺乏全面的了解和系统的研究。某些教条主义者甚至把马克思主义中国化与学习西方文化对立起来，他们所说的马克思主义中国化便成了封闭的体系。

在"古今"关系上,中国近代的先进思想家急于解决当前实际斗争中的问题,在为了要打破强大封建传统对于人们的束缚的时候,往往容易提出比较激烈的抨击传统文化的口号和主张,而在需要激励人们的民族自信心的时候,又常常较多地肯定传统文化。这说明在中国近代哲学革命的过程中,对悠久的文化传统及其现实影响,缺乏深入的具体分析。中国近代有一个可注意的现象:很多向西方寻求真理而对传统文化作过猛烈批判的先行者,在其晚年却回归于故纸堆里。这正是对传统陷入盲目性的表现。中国的马克思主义者虽然对传统文化作过一些分析研究,但从总体上说,也只是初步的研究,并且对传统的惰性力量未免估计不足,以至于在十年动乱中,传统文化中的腐朽的东西,可以在马克思主义的旗号下得到泛滥。

可见,从"源"和"流"来考察,在中国近代哲学的革命过程中是有缺点的。正是这些缺点,使得中国近代哲学革命的理论成果有其不足之处。以上讲到的马克思主义者在方法论问题上的两方面偏差和在人的自由问题上的两方面的偏差,就是最明显的不足。

近代哲学革命的缺点及其成果的不足之处,在"文革"中已充分暴露了出来。在经历了十年动乱之后来回顾历史,使我们比较清醒地看到了中国传统文化在近代哲学演变中的消极影响。对于这种影响,过去是估计不足的。这里包含有重要的理论思维的教训。它可以从以下三方面来说明。

首先,近代哲学革命的主要批判对象——天命论和经学独断论(以及它走向反面成为虚无主义),不仅是哲学的理论,而且体现于一种历史悠久和善于伪装的社会势力,所以要真正克服它,决不是轻而易举的事。

自汉代以来,儒学定于一尊,而实际上是王霸杂用、儒法合流。封建专制主义者惯用董仲舒所谓"居阴而为阳"的统治术,公开标榜天命垂教,尊孔崇经,而把暴力刑罚那一手掩盖起来。这样,在儒学独尊的传统下,却造成了王夫之所说的"其上申韩,其下佛老"的情况。专制统治者打着"礼教""天命"的招牌,实行"以理杀人",庶民(包括一般儒生)无力与"天命""天理"相对抗,就变成或者是麻木不仁,随波逐流，或者是消极厌世，看破红尘。天命论、独断论与虚无主义互相补充，这就是两千多年来专制统治下形成的腐朽传统。

到了近代，这种腐朽传统有了新的特点。随着封建制度的日趋崩溃，名教、经学、天命都已成了"僵尸"。但僵尸披上戏装，还能继续用"居阴而为阳"的办法进行讹诈、欺压。这就是鲁迅所说的"做戏的虚无党"。他们在骨子里什么都不信奉，除了权力迷信和拜金主义。在他们那里，一切庄严的口号都成了伪装的外套，而裹在外套里面的是价值的虚无主义者和实用主义者。这些人对社会起了极大破坏作用。因为他们不仅居于统治地位，直接干祸国殃民的事，而且他们和他们的御用文人，以其所作所为（表里不一，言行相悖，看风使舵，毫无操守），在社会上广泛散播虚无主义影响和引起普遍"狐疑"情绪。可以说，"其上做戏，其下狐疑"就是"其上申韩，其下佛老"在近代的发展。年深月久，社会上便形成了一种以"无特操"为特征的习惯势力或国民心理，即鲁迅所说的"坏根性"。

鲁迅说的是旧社会的情况。但新社会是从旧社会演变过来的。千百年来形成的社会习惯势力非常顽固，它能使马克思主义也变成"戏装"，把独断论与虚无主义互相补充的腐朽传统乔装打扮，登台表演。"文革"掀起个人崇拜的狂热，一小撮"居阴而为阳"的野心家、文痞趁此兴风作浪，终至造成了严重的"信仰危机"，正说明了这一点。

第二，农民意识的两重性给中国近代哲学以深刻影响。近代哲学的革命进程，作为中国人民的革命世界观由自在而自为的发展过程，突出地表现在"通过群众的革命斗争来实现社会理想"这种观念的发展上。这种观念在太平天国那里是潜在的，到共产党人才逐渐取得科学形态，达到了自觉。中国的民众（其主体是农民），正如鲁迅所说，既相信运命而又相信运命可以由人的想法来改变，这是值得乐观的。只不过原来想用迷信的办法（从请道士"禳解"到信拜上帝教等）来改变，所以毫无结果。等到科学取代了迷信，自觉代替了自发，人民革命便取得了胜利。这就是由洪秀全经康有为、孙中山到共产党人的发展过程。

但是任何"自觉"都是相对的。中国共产党依靠革命的农民，走农村包围城市的道路，取得了革命的成功。但革命的、勤劳的农民和保守的、迷信的农民是同一个农民阶级。与自然经济相联系的小农，不是新生产力的代表，他们怀着农业社会主义的空想，迷信那高高站在他们上面的权威，而在失去权威时便如一盘散沙，受自发势力的支配。这种小农意识非常顽强，它与上面说的长期专制统治下形成的国民心理相结合，使近代中国一直处于矛盾的境地：在散漫的小农经济条件下，为了要抵抗外侮，进行革命和建设，必须有集中的权力来把分散的革命力量组织起来，这就难免造成行政权力支配社会的现象；而由于旧体制缺乏民主和习惯势力的影响，掌权者极易成为言行不一、无特操的官僚，转过来又助长了一盘散沙的状态和自发势力的泛滥，使得集中的力量趋于瓦解。从晚清以来，中国几度经历了这样的反复，虽然有所前进，却始终未能摆脱这种困境。

这种反复反映到理论领域，便使得革命的世界观由自在而自为的发展表现为曲折的历程：前进中有后退，成就后有挫折。近代哲学革命在取得重大积极成果之后，却遭到"文革"那样的严重破坏，这同农民意识具有两重性是相联系着的。

第三，中国的马克思主义者由于革命斗争的需要和国际共产主义运动的影响，产生了过分强调阶级斗争（政治斗争、意识形态的斗争）的偏向；这种偏向，因为受了儒家重视政治、伦理的传统的影响而得到加强。20世纪30年代以后，马克思主义者有忽视个性解放和自愿原则的倾向，对经学方法清算不力，都显然是同儒家的思想影响分不开的。特别是在建国后，利用行政手段多次发动批判斗争，以求意识形态领域"定于一尊"，这实际上在变相地重复"罢黜百家、独尊儒术"的办法，使得"百花齐放、百家争鸣"的方针受到严重歪曲，而最后竟演变为"文革"那样的意识形态领域的"全面专政"，达到了"万马齐喑"的地步。

以上说明对传统文化在近代哲学发展中的消极影响，决不可低估。这就是重要教训。传统是个庞杂的库藏，精华与糟粕难分难解。中国固有的优秀传统——朴素唯物主义与朴素辩证法的理论，历代进步思想家的深厚的爱国热忱和不屈不挠地为真理而战斗的精神，人民大众中潜在的革命的世界观等——在近代哲学革命和马克思主义中国化的过程中，起了极重要的作用，但是传统文化中的糟粕——天命论、独断论与虚无主义，儒学独尊下的"居阴而为阳"的统治术，小农的狭隘眼界与迷信等——也继续在起作用。随着近代哲学革命的展开，精华有了发展，显得前途无量，糟粕也在演变，并不自行消亡。不能否认，像毛泽东这样的杰出人物的个性特点和文化修养，在历史发展中有其重要影响。毛泽东自称有"虎气"，也有点"猴气"。他敢于藐视权威，真正深入地把握了中国传统文化的精髓，所以能在马克思主义中国化的过程中做出巨大的贡献。但他在后期鼓励个人崇拜，正说明他也难免受了传统文化中的糟粕的浸润，吸取了其中的毒汁。当个人崇拜的狂热达到沸点，以致全民族只许一个头脑思考时，这种腐朽传统的破坏作用就达到史无前例的规模了。

认识中国近代哲学革命的缺点及其在理论上的不足之处，吸取其中的理论思维的教训，对发展哲学革命是非常必要的。

六

中国近代哲学革命并没有因为人民革命的胜利而结束。《周易》在"既济"之后，"受之以'未济'终焉"，说明一切完成（既济）是相对的，发展是无止境的。中国近代哲学达到马克思主义哲学中国化而相对地完成了一个发展的圆圈（螺旋）。但是"完成"之中包含着"未济"。

历史已经翻开新的一页。时代的中心问题已经由"中国向何处去"这个革命问题，转变为"如何使我国现代化"这个建设问题。我们在改革开放中建设有中国特色的社会主义，古今中西之争有了新的历史内容。如果说近代哲学要研究"革命的逻辑"，那么当代哲学便应研究"建设的逻辑"了。在新的历史条件下，如何进一步发展哲学革命？我们在回顾过去的基础上，谈谈对未来的展望。以下分三点来说。

第一，要积极发展已经取得的成果，认真吸取理论上失足的教训。

能动的革命的反映论作为近代哲学革命的最主要成果，必须进一步加以发展。我们要根据国情来逐步实现现代化，逐步实现李大钊所说的社会主义和人道主义统一的理想，使社会发展成为能够自我调节、自我改善的富有活力的机体，便必须实事求是地认识新情况，解决新问题，总结新经验。而真正要在新的历史条件下贯彻实事求是的思想路线，那便要发展能动的革命的反映论的原理，使之取得新的面貌。

同时，也要认真吸取历史的教训，继续深入批判和清算腐朽的传统。旧社会遗留下来的权力与金钱结合而成为异化力量的现象以及天命论、独断论与虚无主义相互补充的传统，还会在新的条件下，以新的特点出现，这是不可掉以轻心的。

哲学革命的成果之所以遭到破坏，从主观方面说，也是由于没有自觉地运用能动的革命的反映论的观点对逻辑方法和自由理论进行总结，从而未能对经学方法以及唯意志论和宿命论观点进行彻底清算。经过历史的反思，我们可以体会到，为了要用民主的方法进行群众的自我教育，中国人在逻辑思维方式和伦理价值观念上的民族特点（优点和弱点）；逻辑和方法论的一些基本原理（如形式逻辑和辩证逻辑的关系、逻辑的范畴的认识论意义以及它们和方法论的关系、思想解放和科学方法的关系等），关于人的自由的理论（如社会理想和人生理想的统一、伦理学上的自觉原则和自愿原则的统一、合理的价值体系的基本原则、人的本质和真、善、美三者的关系等），都有待深入的研究。这些是关系到建设社会主义精神文明的重要理论问题，对发展我国科学文化和培养社会主义的新人是有重要意义的。我们若能吸取过去教训，总结近代哲学在逻辑方法和自由理论方面的成果而补其不足，那就会推进哲学革命，使马克思主义哲学得到更大的发展。

第二，要加强哲学和科学，特别是自然科学的结合。

由于中国近代哲学革命存在着和自然科学联系薄弱的缺点，所以辩证的发展观主要是从社会历史领域概括出来的。这在进化论哲学和《矛盾论》中都可以明显地看到。近代哲学的这一缺点，在建国以后"以阶级斗争为纲"的"左"的影响下，不仅没有得到克服反而得到了强化。而现在正面临新的科技革命，自然科学发展非常迅速，向辩证唯物主义提出了许多新问题，需要回答。所以加强哲学和自然科学的结合，尤其显得重要。

中国古代的哲学，特别是朴素唯物主义的传统，与自然科学本来是紧密联系着的。但是，中国古代哲学家的自然观与西方古代哲学家的自然观颇有不同。中国人比较早地发展了气一元论形态的自然观，以为万物的本源是气,气分阴阳,阴阳的对立统一形成天地万物。这种自然观包含有朴素的辩证法,"气"这一观念比较接近于现代自然科学中的"场"。而西方人则是比较早、比较长期地发展了原子论的思想。原子论对近代自然科学的发展影响很大。在机械唯物论的阶段,原子论是占支配地位的。中国近代和西方的自然科学相接触,对原子论也作了介绍,但是,在中国近代哲学中,"以太"显得比原子更加受到重视,这多半是因为"以太"这一观念比较接近于"气"。一般地说,传统哲学的天道观上的"理气"之辩,在近代是被冷落了。金岳霖、冯友兰对此作了探讨,但引导到形而上学上去了。熊十力讲的"翕辟成变",则缺乏近代科学的基础,但某些当代的杰出的科学家却从中国古代的朴素的辩证法自然观得到启发。最新的科学从古代东方的哲学汲取到了智慧。所以,我们一方面要运用唯物辩证法来概括现代自然科学的成就,回答现代自然科学提出来的问题,另一方面,也要研究中国传统的自然观,对它进行分析、批判;将这两方面结合起来,发展唯物辩证法的自然观。这对于我国社会主义现代化建设,特别是发展科学文化,是至关重要的。

第三,开辟"同归而殊途,一致而百虑"的唯物辩证法的新阶段。

"同归而殊途、一致而百虑",表达了一个认识的规律:只有通过不同意见的讨论、不同观点的争论(当然要用逻辑论证、实验检验),才能明辨是非,达到一致的正确结论,获得科学的真理性认识。所以,要发展真理,就要贯彻百花齐放、百家争鸣的方针,而这对于彻底克服经学方法和培养平民化的自由人格也都是必要的。

在中国近代,正是通过百家争鸣,中国的先进分子经过比较、鉴别而选择了马克思主义,并促使马克思主义哲学中国化而取得了重大发展。"文革"结束后,百家争鸣的气氛有所恢复,马克思主义哲学将通过"殊途百虑之学"而获得多样化的发展,不断丰富自己的积累。为要对哲学命题作精深的分析和严密的论证,并使哲学与科学和其他文化部门保持巩固的联系,这是需要有一批人专门从事哲学研究的。虽专职从事,但是不要脱离人生,不要忘了"传道"(要给人以智慧、理想和信念);虽热心"传道",但也不要流于简单的说教,而要用清晰的概念作严密的论证,不断概括各方面的新的科学文化的成就来丰富和发展马克思主义哲学。这也是"同归而殊途"。

从世界范围来看，今天我们正处于一个东西文化互相影响，趋于合流的时代。所以，应该说我们正面临着世界性的百家争鸣。中西文化、中西哲学在中国土地上已经开始汇合，这不仅表现在马克思主义哲学的中国化，而且表现在某些专业哲学家尝试建立中西结合的哲学体系。今后也还会如此，中国土地上还会出现这样那样的中西哲学的结合，结合得好的，便有生命力，而且在世界范围内可以独树一帜，成一家之言。辩证唯物主义要通过世界范围内的百家争鸣发展自己，要以平等的自由讨论的态度，而不能以"定于一尊"的态度来对待各家（不论是马克思主义的学派还是非马克思主义的学派）。不过由于"同归于殊途，一致而百虑"是认识的客观规律，通过争鸣，自由讨论，必然是唯物辩证法的发展。这是马克思主义者应有的自信。

中国近代哲学革命已为社会变革作了"前导"，中国的民主革命和民族解放运动已经取得胜利，这是具有世界意义的大事情。中国的社会主义现代化建设正在进行之中，在中国这么一个有几千年历史的大国，在占世界人口近四分之一的土地上，要实现现代化和实现社会主义和人道主义统一的理想，这也是具有世界意义的大事。同时，中西方的文化，中西方的哲学在中国的土地上已开始趋于合流，有待于进一步推进，这也是一件具有世界意义的大事。所以，社会的实践和哲学本身都要求继续发展哲学革命。实践唯物主义的辩证法将在"同归而殊途，一致而百虑"的新阶段中取得新的更大的发展，是可以预期的。

引证书目举要

（先秦诸子典籍的点校通行本较为普及，这里不再列出）

何宁校释:《淮南子校释》，北京：中华书局，1998年。
钟肇鹏校释:《春秋繁露校释》，石家庄：河北人民出版社，2005年。
黄晖校释:《论衡校释》，北京：中华书局，1990年。
楼宇烈校释:《王弼集校释》，北京：中华书局，1980年。
戴明扬校注:《嵇康集校注》，北京：人民文学出版社，1962年。
郭庆藩撰、王孝鱼点校:《庄子集释》，北京：中华书局，1961年。
王明校释:《抱朴子内篇校释》，北京：中华书局，1985年。
张春波校释:《肇论校释》，北京：中华书局，2010年。
僧祐、释道宣:《弘明集·广弘明集》，上海：上海古籍出版社，1991年。
丁福保笺注:《六祖坛经笺注》，台北：新文丰出版社，1984年。
石峻等编:《中国佛教思想资料选编》，北京：中华书局，1983年。
韩廷杰校释:《成唯识论校释》，北京：中华书局，1998年。
李申、方广锠校注:《敦煌坛经合校简注》，太原：山西古籍出版社，1999年。

萧萐父等点校:《古尊宿语录》,北京:中华书局,1994年。
释道原:《景德传灯录》,上海:上海书店出版社,2010年。
柳宗元:《柳河东集》,上海:上海古籍出版社,2008年。
李筌疏:《阴符经疏》,北京:中华书局,1991年。
李筌:《神机制敌太白阴经》,北京:中华书局,1985年。
《刘禹锡集》整理组点校:《刘禹锡集》,北京:中华书局,1990年。
王孝鱼点校:《二程集》,北京:中华书局,2004年。
陈克明点校:《周敦颐集》,北京:中华书局,2009年。
郭彧点校:《邵雍集》,北京:中华书局,2010年。
章锡琛点校:《张载集》,北京:中华书局,1978年。
朱杰人等主编:《朱子全书》,上海:上海古籍出版社,合肥:安徽教育出版社,2010年。
容肇祖辑:《王安石老子注辑本》,北京:中华书局,1979年。
秦克等标点:《王安石全集》,上海:上海古籍出版社,1999年。
刘公纯等点校:《陈亮集》,北京:中华书局,1987年。
叶适:《习学记言序目》,北京:中华书局,1997年。
刘公纯等点校:《叶适集》,北京:中华书局,2010年。
钟哲点校:《陆九渊集》,北京:中华书局,1980年。
吴光等编校:《王阳明全集》,上海:上海古籍出版社,2011年。
陈仁仁校释:《焚书·续焚书校释》,长沙:岳麓书社,2011年。
李贽:《藏书》,北京:中华书局,1974年。
《船山全书》编辑委员会编校:《船山全书》,长沙:岳麓书社,2011年。
吴光主编:《黄宗羲全集》,杭州:浙江古籍出版社,2012年。
黄坤等主编:《顾炎武全集》,上海:上海古籍出版社,2011年。
王星贤等点校:《颜元集》,北京:中华书局,1987年。
戴震研究会等编纂:《戴震全集》,北京:清华大学出版社,1991年。
王佩诤校:《龚自珍全集》,上海:上海古籍出版社,1999年。
《魏源全集》编辑委员会编校:《魏源全集》,长沙:岳麓书社,2011年。
姜义华、张荣华编校:《康有为全集》,北京:中国人民大学出版社,

2007年。

蔡尚思、方行编:《谭嗣同全集》,北京:中华书局,1981年。

王栻主编:《严复集》,北京:中华书局,1986年。

林志钧编:《饮冰室合集》,北京:中华书局,1989年。

朱维铮、姜义华编注:《章太炎选集》,上海:上海人民出版社,1981年。

沈延国等点校:《章太炎全集》,上海:上海人民出版社,1982年。

章太炎:《国故论衡》,上海:上海古籍出版社,2006年。

谢维扬等主编:《王国维全集》,杭州:浙江教育出版社,广州:广东教育出版社,2009年。

中国社会科学院近代史研究所、中华民国史研究所合编:《孙中山全集》,北京:中华书局,2006年。

中国李大钊研究会编注:《李大钊全集》,北京:人民出版社,2006年。

任建树主编:《陈独秀著作选编》,上海:上海人民出版社,2009年。

欧阳哲生编:《胡适文集》,北京:北京大学出版社,1998年。

中国文化书院学术委员会编:《梁漱溟全集》,济南:山东人民出版社,2005年。

张君劢:《科学与人生观》,长沙:岳麓书社,2012年。

《瞿秋白选集》编辑组:《瞿秋白选集》,北京:人民出版社,1985年。

《鲁迅全集》修订编辑委员会:《鲁迅全集》,北京:人民文学出版社,2005年。

《李达文集》编辑部编:《李达文集》,北京:人民出版社,1980年。

艾思奇著作编委会编:《艾思奇全书》,北京:人民出版社,2006年。

萧萐父主编:《熊十力全集》,武汉:湖北教育出版社,2001年。

《朱光潜全集》编辑委员会编:《朱光潜全集》,合肥:安徽教育出版社,1989年。

《金岳霖文集》编委会编:《金岳霖文集》,兰州:甘肃人民出版社,1995年。

冯友兰:《三松堂全集》,郑州:河南人民出版社,2001年。

《杜国庠文集》编辑小组编:《杜国庠文集》,北京:人民出版社,1962

年。

郭沫若著作编辑出版委员会编:《郭沫若全集·历史编》,北京:人民出版社,1982年。

中共中央《毛泽东选集》出版委员会编:《毛泽东选集》,北京:人民出版社,1991年。

再版后记

冯契先生是20世纪50年代以后，中国最重要的哲学家之一。他的主要论著收入10卷本的《冯契文集》。此书则是其《冯契文集》之外的著作，最初出版于1991年，出版的原委，冯契先生在"前言"中已经作了说明。本书的优点是在比较小的篇幅里，简洁地将冯契先生共计100多万字的《中国古代哲学的逻辑发展》和《中国近代哲学的革命进程》作了概括，展现了两千多年中国哲学发展的历史进程。因此，此书亦可以作为中国哲学史的教材和入门书。

此次再版主要做的工作是将先秦以后典籍的引文，加注了近些年出版的整理点校本的页码、出版社以及出版年份，以便于读者进一步阅读和研究。先秦诸子的典籍由于点校的通行本十分普及，而且先秦诸子的文章篇幅不长，因而没有选定某一版本加注页码等。另外，对于初版版本的个别文字作了改动。

此次再版得到生活·读书·新知三联书店的支持，在此深表感谢。同时感谢负责书稿校对、引文加注的上海师范大学哲学学院研究生张盈盈、王泽春。

2015年华东师范大学将隆重纪念冯契先生百年诞辰，此书的再版是这一纪念活动的组成部分，也是我对老师怀念之情的一点表达。

陈卫平
2013年5月8日